新编 新闻通讯写作全书

张 浩◎编著

中国文史出版社

图书在版编目（CIP）数据

新编新闻通讯写作全书／张浩编著. —北京：中国文史出版社，2017. 1

ISBN 978－7－5034－8677－7

Ⅰ. ①新… Ⅱ. ①张… Ⅲ. ①新闻通讯—新闻写作 Ⅳ. ①G212. 2

中国版本图书馆 CIP 数据核字(2016)第 278510 号

责任编辑：詹红旗　戴小璇

出版发行：**中国文史出版社**

社　　址：北京市海淀区西八里庄 69 号院　　邮编：100142

电　　话：010－81136606　81136602　81136603（发行部）

传　　真：010－81136655

印　　装：廊坊市海涛印刷有限公司

经　　销：全国新华书店

开　　本：1/16

印　　张：25. 75

字　　数：490 千字

版　　次：2017 年 3 月北京第 1 版

印　　次：2021 年 3 月第 3 次印刷

定　　价：49. 80 元

目　录

上编　新闻通讯概论

下　编　新闻通讯写作

上　编

新闻通讯概论

第一章　新闻报道和通讯员的重要理念

第一节　新闻与新闻报道概述

一、新闻的含义

新闻，是以宣传为手段反映当前生活的一种社会意识形态。新闻是报刊、广播、电视经常大量运用的一种文体。

新闻，是消息、通讯、新闻特写、速写等体裁的统称。

二、新闻的发展和功能

（一）新闻的发展

从人类诞生以来，新闻作为人际间传播新信息的一种社会现象就产生了。随着人类文明的里程，新闻也在不断地发展。至于新闻是如何发展的，以下从两方面进行介绍。除了日常生活中的口头传播方式，早期的新闻都是以书面文字的方式传播的，以报纸为主要载体。

20 世纪初，无线电技术得以发展，随之，广播新闻开始出现。1919 年，英国开办了第一家广播电台。

20 世纪 20 年代，随着光学和化学工业的进步，又相继出现了图片新闻和电影新闻。

20 世纪 30 年代，电视开始成为新闻的主要载体。

目前，电脑网络又成为新闻传播的重要渠道，由于电脑的发展速度日新月异，网络新闻有可能成为将来新闻传播最主要的方式之一。

（二）新闻的功能

新闻不仅是人写的，也是写给人看的，而且是以表现人的行动为主的。新闻是人的精神需要的产物，它充满对人的关怀，具体而言，新闻有以下四种功能：

（1）新闻是人类生命最鲜活的本真状态的呈现；

（2）新闻是心灵沟通的有效手段；

（3）新闻是现在进行时态的历史；

（4）新闻是一种社会批判工具。

三、新闻报道的含义和种类

（一）新闻报道的含义

所谓新闻报道，就是对新近发生的事实的报道。新闻的本源是讲究用事实说话，新闻是对客观事实进行报道和传播而形成的信息，反映在新闻信息中的内容必须对事实真实传达。但是，客观事实本身不是新闻，被报道出来的新闻是在报道者对客观事实进行主观反映之后形成的观念性的信息，是记者把自己对客观事实的主观认识传达出来而产生的信息。

（二）新闻报道的种类

1. 按照新闻事实发生的地域和范围来分，有国际新闻和国内新闻。

2. 按照新闻的性质来分，有政治新闻、经济新闻、科教新闻、军事新闻、社会新闻、文艺新闻、体育新闻和会议新闻等。

3. 按照新闻的特点来分，有事件性新闻与非事件性新闻，单一性新闻与复杂性新闻，动态性新闻与静态性新闻，本体新闻与反映新闻。

4. 按照新闻的题材来分，有典型报道、综合报道、述评性报道、批评性报道。

5. 按照新闻传播的手段来分，有口头新闻、文字新闻、广播新闻和电视新闻。

四、新闻报道的方法

一般来说，新闻报道的基本方法大致如下：

1. 概括事实

这是报道新闻的基本功之一，任何新闻报道都离不开对客观事实的概括，这不仅因为要用语言传达任何客观事件的总体情况和来龙去脉都需要概括，还因为新闻一般要求精练、简明。对新闻事实的概括要立足全局，抓住特征，正确反映整体。

2. 精选事例

在报道中，结合对事实的概括报道，选择一定的具体事例，既能揭示新闻报道的主题，又能使报道生动感人，这些事例不应随便选，而应具有典型性、具有鲜明个性、能够说明问题、能够给人留下深刻印象。

3. 再现场景

再现场景就是将新闻事实的现场情况逼真地描写出来，产生使人如临其境、如闻其声、如见其人的效果，从而增强报道的说服力和感染力。

4. 对比衬托

在新闻报道中使用对比性材料能够更明确地表达记者要说的话，比如揭示新闻事实的意义，突出新闻事实的变动程度等。

总之，新闻报道与文学作品、评论文章、理论文章不同，它的主要内容是对事实的报道，记者的观点、感情也要通过对事实的报道来体现。但是，新闻报道用事实说话，并不是绝对排斥议论和抒情，有时在报道事实的同时加上一两句精辟议论，可以使人们更好地理解新闻事实；真诚而自然的一两句抒情，可以增强新闻报道的感染力。

第二节　新闻报道要真实、客观、公正

一、真实

（一）新闻真实性的含义

新闻真实性指的是在新闻报道中的每一个具体事实必须合乎客观实际。即表现在新闻报道中的时间、地点、人物、事情、原因和经过都经得起核对。

1. 新闻真实是事实性真实

新闻真实是事实性真实，强调新闻报道的内容与客观事实的符合性，落到新闻传播活动的实处，一定“全体”报道与相应时空范围内整体事实对象的符

合性。

2. 新闻真实是过程性真实

新闻传播的过程性决定了新闻真实是一种过程性的真实，表现为这样几个实际与逻辑相统一的环节。

对事实的反映和再现产生了“再现真实”的问题，这是新闻真实性的核心环节。

3. 新闻真实是即时性真实

新闻真实是即时性真实，是以一定时间点为节点的真实。新闻真实最直接的表现方式是即时性，这是由新闻传播方式上的及时性，甚至是实时性所决定的。新闻的真实总是针对一定事实对象在某一时间范围内的存在状态、变动情况而言的，是以一篇篇具体报道的即时性而存在的。

4. 新闻真实是有限度的真实

作为一种理想追求，新闻传播的目标应该达到这样的境界，即新闻报道与对象的本来面目绝对符合。然而，绝对真实观是不符合新闻传播实际的，实际的情况是：新闻传播达到的真实性是有限度的。

（二）新闻失实的原因

导致新闻失实的原因是复杂的。既有客观环境方面的原因，也有传播者主观方面的原因。

1. 体制性失实

体制性失实是指因某种价值观对新闻报道发生强烈作用时而造成的新闻失实。

2. 经济性失实

经济性失实是指由于金钱等经济利益对新闻报道发生强烈作用时所造成的新闻失实。

3. 故意失实与非故意失实

（1）故意失实

这类失实是指媒体或者新闻报道者事先明知报道内容不符合客观事实，具有虚假成分，但却出于种种主客观因素的制约和影响，而有意为之所导致的新闻报道失实。

（2）非故意失实，也称业务性失实

这类失实是指新闻报道者并无故意造成失实报道的动机，而是由于种种主客观条件的限制或影响，未能按照客观事实的本来面目如实做出报道所导致的新闻失实。

（三）规避新闻失实的措施

1. 在确定主题和选择报道角度时要坚持独立思考

2. 在谋篇布局时要避免片面性

新闻写作的谋篇布局，即消息或通讯的结构设计、段落安排，实际上体现着写作者对所报道事实的认识与分析。此时此刻，要掌握与运用科学的方法，辩证地、全面地反映和报道事物是防止新闻失实的一个重要方面。

3. 在写情节细节时严禁想当然

新闻写作与文学创作有着本质的区别。将推测、推论、合理想象的东西作为事实来写均属想当然，无可非议地在严禁之列。

4. 培养质疑意识，注意核对引用资料

（1）稿件中所引用的材料，包括采访中获取的各种素材、背景资料、史料，要通过不同的途径查询与核对。

（2）对被采访者的自述，即记者通过采访所获得的第一手材料，也要保持质疑意识，也要核对。

（3）要注意核对数字。

5. 描写要有分寸感

新闻界最常见的是滥用溢美之词，描写时夸大、渲染、拔高。新闻描写是否恰如其分从根本上说，起决定作用的是记者的态度，能否保持客观公正和实事求是。如果带着个人的好恶，就会有意无意地夸大或缩小有关的事实。

6. 要注明新闻来源

一般来说，新闻来源主要包括新闻事件的参与者、新闻事件的目击者、新闻事件的知情者等。

7. 严格执行稿件送审制度

审稿者主要是被采访对象。这个程序不仅有助于纠正稿件中的失实之处，而且在某种意义上相当于二次采访。记者写出来的稿件，也还要经过所在传媒内部的审改。

二、客观

（一）新闻客观性的概念

新闻客观性一词有多层含义：有时被用于表示某一类陈述即科学主张的性

质，这时它被称作“客观真理性”；有时被用于表示人们在科学研究过程中所应遵循的程序和步骤，这时它被称作“客观程序”；有时它也被用以指称合格的研究者所应具备的精神面貌，这时它被称作“客观态度”。

新闻客观性一直是一个颇有争议的概念，西方新闻学者和记者将之奉为圭臬。而在我国的新闻理论界，有不少学者认为，新闻记者总是代表一定阶层的利益，基于一定的立场和态度来报道新闻，不可避免地具有主观倾向性，因此，新闻报道不可能完全客观。

（二）叙述视角与新闻客观性

视角原本是摄影术语，指摄影镜头所能摄取的场面上距离最大的两点与镜头连线的夹角，应用于叙事学理论，则是指叙述者叙述的视点，按照托多罗夫的解释，就是叙述者与人物之间的关系，在《叙事作为话语》中，他将叙述的视角分为三种：叙述者 > 人物，叙述者 = 人物，叙述者 < 人物。热拉尔·热奈特则用“聚焦”代替视角，也提出三种聚焦模式：①零聚焦或无聚焦，即无固定视角的全知叙述，其特点是叙述者说出来的比任何一个人物都多，他俨如上帝，无处不在。②内聚焦，叙述者展示某个人物或某些人物的所见所闻，其特点是叙述者仅说出人物知道的情况。③外聚焦，其特点是叙述者所说的比人物所知的少。

关于视角，有以下几个问题与新闻的客观性密切相关：

1. 视角的广度和深度

面对突发的新闻，记者不可能是全知全能的，他对新闻事实的了解，是基于调查采访以及自身的行动参与（多见于体验式报道）。因此，新闻报道不宜采用无聚焦的全知型视角。外聚焦方式叙述者所知比人物少，叙述者不一下子把情况和盘托出，有利于制造悬念，在一些侦探小说中经常被采用。但这种聚焦方式，不利于让受众迅速获知新闻事实，与新闻传播的特性相违背。因此从聚焦方式上来讲，最适用于新闻报道也最有可能实现新闻客观性的，是内聚焦方式。

2. 叙述视角的单项性与多项性

在上面的分析中，我们说最适宜于客观地报道新闻的视角是内聚焦方式。而根据叙述视角单项与多项，稳定与变化的对立，内聚焦又分为固定式的内聚焦、不定式的内聚焦和多重式的内聚焦三种。固定式的内聚焦其聚焦点即人物的视点只有一个，不定式的内聚焦其视点则可以变化转换，多重式的内聚焦，则是用不同人物的眼光来看同一事件。

在新闻报道中，固定式的内聚焦一般是以记者自身为视点。记者通过叙述自己接到新闻线索、到达采访现场、完成采访的过程，将新闻事实展现出来。目前新闻媒体上所见最多的就是这种聚焦方式的新闻报道。不定式的内聚焦和多重式的内聚焦被西方记者熟练使用，如今也被我们的记者所接纳采用。通过变换视点，记者可以反映各方面观点，力求做到公正与平衡。

3. 叙述视角的可信度

任何一种视角都有可信度的问题。比如在报道一个刑事案件时，犯罪嫌疑人对自我的行为进行辩解，通过他的视角反映出的信息，其可信度是值得怀疑的甚至是虚假的。因此，为了给受众提供真实的权威的信息，记者在报道时经常采用权威视角，比如专家学者、政府官员对事件的叙述和评论。

但需要指出的是，视角不是唯一的，可信度低的甚至没有可信度的视角并不影响新闻的客观性。无论一种视角的可信度多么低，增加此种视角比忽略这种视角更能增加新闻报道的客观性。因为在新闻报道中，叙述的视角，一方面向我们提供了新闻事件的相关信息，另一方面也提供了观察者自身的信息。

（三）新闻客观性和倾向性

客观性与倾向性是辩证统一的，客观性是倾向性的基础，倾向性寓于客观性之中。

1. 新闻的客观性

新闻的客观性即新闻按照事物的本来面目如实报道的特性，包括内容、形式两个方面。内容上的客观，指新闻事实是一种客观存在，形式上的客观，指新闻的倾向性是通过新闻事实的逻辑力量显现的，报道者属于寓贬褒于客观叙述之中，而不随意加以主观的解释。

所以，新闻的客观性是新闻的一条基本规律。

2. 新闻的倾向性

新闻的倾向性是新闻媒介或明或暗地表现出的特定的政治立场。

（1）新闻事实本身就有明显的倾向；

（2）新闻事实反映着两种或更多的倾向；

（3）在报道新闻事实的同时，还可以通过评论、版面安排、电视新闻图像的解说、新闻照片的说明反映倾向。

3. 倾向性和客观性的关系

新闻必须是客观的、真实的、公正的、全面的，同时必须是有立场的。对于这一论述，要全面理解，不能割裂出来片面地应用。必须使倾向性与客观性密切结合，做到互为辩证统一。客观报道是基本表现形式，所表现的倾向有直露的、十分明确的，也有比较含蓄的，带有“润物细无声”的意味。

三、公正

（一）公正的含义

什么是新闻的公正性？这是一个见仁见智的问题。记者和读者对公正性的看法有不同的立场和出发点。读者期望记者在新闻采访、写作、编辑过程中，能采取一种专业化操作方式，能从公众的利益和视角架构新闻，而不是从记者个人的偏好出发。由于个人对每个新闻事件的感知是有差异的，再加上个人的偏见和价值观上的差异，纯客观的新闻报道是不存在的。但是新闻报道应当尽量追求客观的、真实的、准确的和公正的。

（二）新闻不公正性的体现

新闻不公正性包括：事实的不准确、不完整、不全面、不深入、没有解释、没有背景、没有语境。此外，还包括事先策划、拒绝报道某件新闻、拒绝更正失实报道、记者采访报道过程的傲慢无礼、报道传言、报道谎言、不核实事实、无信源报道、匿名信源、煽情、渲染暴力、侵犯隐私，等等。

（三）公正报道的基本做法

（1）记者应坚持客观公正的职业理念，坚持深入实际，调查研究，忠于事实，追求真理的职业精神。

（2）坚持准确、公正、全面、客观的报道原则。不从个人或小团体利益出发进行影响公共利益的报道。

（3）区分报道事实和评价事实，不将评论或猜测作为认定的事实发表。

（4）案件报道不应影响司法公正和法律判决。不偏袒诉讼任何一方；案件判决前，不作定罪、定性报道；不针对法庭审判活动进行暗访；报道公开审理的案件，应遵守相关法律规定。

（5）报道中避免对种族、性别、年龄、职业、宗教信仰、教育程度、居住地等的任何歧视。

第三节　新闻报道要全面、时效、趣味

一、全面

（一）全面性的含义

新闻报道的全面性是指新闻报道要提供新闻事件各方面的事实、进展、意见，不片面报道和不隐匿事实。

片面报道是指对新闻事实的描述不完整，对新闻事实加以歪曲，从而未能够还其本来面目，不能够将新闻事实真实展现在受众面前，使受众对新闻事实产生误解。

隐匿事实，是指那些题材重大的事实的隐瞒不报，这些事实具有重要性、重大性的特点，广受人们关注，是不允许也无法隐匿不报的、危害群众的知情权。

（二）新闻报道全面性原则

（1）向新闻受众全面地提供事实与情况，尤其是看法对立的事实与情况，才能保证新闻传播的宏观真实全面与客观公正。

（2）全面报道事实，全面提供各方面情况与进展。

（3）全面报道与评论事实。

（三）新闻报道不全面的危害

新闻报道不全面的情况有两种，一是片面报道，一是隐匿事实。

（1）片面报道的危害。新闻报道内容片面，就是对新闻事实的歪曲，就会使受众对新闻事实产生误解。

（2）隐匿事实的危害。隐匿事实，就会危害群众的知情权，损害新闻媒体形象，甚至损害政府形象。

（四）如何维护新闻报道的全面性

新闻是对新近发生或正在发生的事实的报道。正在发生的事实，一般是指有重大政治意义的会议或体育赛事或电视庭审等，这些事件的背景知识相对简单，且其发生或其发生的概率是可以被预知的，因此，新闻媒介对这些事件的报道，通过电视、广播、网络的现场同步直播展现在受众面前的事实基本上就是全面、真实的。但是对于已经发生的事实的报道，则需要记者通过现场调查、电话采访、人物

专访等，通过对有关人员的采访才能了解事实的全过程，然后通过记者的文字描述、图像及对新闻事件当事人、目击者的采访实录，将事件展现在受众面前。新闻记者能否全方位调查，然后通过报道，将事实再现，是保证新闻全面与否的关键。

（五）做到新闻报道全面性的具体要求

（1）对一件新闻事实的报道过程要完整，情节要详尽，尤其是对不可或缺的重要过程与情节，必须作出细致的报道，如果实在无法提供有关信息，要作出明确交代或说明。

（2）对一种社会现象的报道，要提供纵向与横向的全方位材料与分析，既不隐恶显善，也不隐善显恶，使公众毫无障碍地获得关于这些社会现象的整体资讯和全部看法，以便通过独立的观察与思考，得出他们自己的印象与结论。

（3）对有争议问题的报道，要全面顾及和充分报道各种情况、意见与看法，即使是少数人的意见，或者在传播者看来是错误而不加认同的意见，也应无保留地向公众公开报道，而不是将自己的看法强加于公众。

二、时效

1. 时效性的含义

时效性是指新闻事件的发生与报道之间的时间差，时间差越短，则时效性越强，即新闻产生应有社会效果的时距限度。也就是说新闻很重要的就是时间。时效性不仅是新闻的价值也是新闻的质量。记者应有新闻敏感与正确的时效观（即快采快写），以传播新闻信息为使命，以先声夺人的速度吸引受众，满足受众求新求快的欲望。尤其是对突发事件的报道，不仅要快速、准确报道突发事件，还要做到有形有神，再现现场可以加强新闻的真实性、可信性。在市场经济条件下激烈的新闻竞争中时效往往决定胜负。

2. 新闻时效性的表现

新闻时效性表现在时新性、时宜性两个方面。所谓时新性是指力求时间上的最新报道。

所谓时宜性主要是指新闻什么时间发布最恰当最有利，抓住火候，趁热打铁，是对某些社会问题、社会现象的新的发现、新的思考，是适应观众需要的。

失去了时新性，电视新闻也就失去了播放的价值，一条过时的新闻人们当然没有必要去看；失去了时宜性，电视新闻将没有新鲜感，将无法调动观众的积极性，无法使他们从情感上参与到其中来，更别说观众“看与不看”。因此要辩证地处理好先发制人与后发制人的关系。

3. 时效性的认识

时效性又包括“新”和“快”二字。所谓新，就是新鲜、新奇、新生。新闻离开了新，便成为明日黄花，就不能称之为新闻，而只是旧闻了。新闻的这一特性决定了新闻的时效性，及时报道新近发生或发现的事物，向读者提供多方面新鲜的信息，如果反应不迅速，不讲求时效，更不用谈“新”和“快”，就一定失去应有的价值了。

新闻的“新”，这是新闻的生命力，也是对新闻的起码要求。新闻的新有两方面的含义：

一是时间要新，是新近发生的事实；二是内容要新，所反映的事实具有新鲜性。

时间不新，有两种情况：

第一种是事情已经发生，应该报道，可是由于某些原因，如不知道或是没有及时得到有关情况。还有许多人为的因素，如当下新闻界存在的某种程度上的等新闻、等消息的现象。外国新闻媒介的一个“抢”字，值得学习和借鉴。比如说某地发生了火灾，等你知道后火灾已扑灭，你就不能拍到好的抢险照片，看不到现场的英勇壮烈场面和大无畏的精神风貌，自然就写不出有情感的文章。事后再报道也许别的报刊已在收尾了，而你还在叙述事件经过，这无疑吃别人嚼过的馍——没味。

另一种“不新”体现在虽然情况及时掌握了，但由于思想观点、业务能力、采访写稿、审稿、发稿等环节上的原因，稿件发迟了，读者看到的新闻也就不新了。因此，编辑记者应密切配合，克服慢慢腾腾的“老牛拉破车”的作风，提高发稿效率。

4. 新闻时效性的要求

首先，事实要新。新闻不是记历史，新闻不是讲故事，它报道的是新近发生或发现的新闻事实。

其次，视角要新。新闻不仅要有新鲜的事实内容，而且还应给人以新意，使人读后能得到新的收获、感受、启迪。有的主题虽然很老，已经是多人写过，但只要转换一个角度，善于抓事实的不同点，选择新的角度进行报道，不走寻常路，另辟蹊径，用独立的视角去选择新的着眼点、支撑点，推陈出新，同样可以“老树发新芽”，旧事翻新意来。

5. 新闻工作者应有新闻敏感与正确的时效性观念

所谓新闻敏感就是新闻工作者能够敏感地发现新闻线索的一种能力和本领，也是衡量新闻工作者工作能力的重要标志。又称“新闻嗅觉”、“新闻鼻”。它是新闻工作者迅速识别和判断新闻事实中的新闻价值的能力，其核心就是政治敏感。这种敏感是在长期的新闻工作实践中锻炼培养出来的。

新闻敏感要求新闻工作者在努力学习理论知识的同时，还要积极进行指导实践，着眼于对实际问题的理论思考，着眼于新的实践和新的发展，努力使自己从理论的高度观察分析社会问题；平时注意深入社会生活和社会基层，特别注意和普通人和基层的同志保持密切的联系，和群众的喜怒哀乐息息相通，广泛接触；有发现新闻的“慧眼识珠”敏感，从习以为常的现象中发觉新闻，预见新闻背后的新闻；还要能够从同一件事物用不同的角度，找出最有价值的新闻，并选择最佳的新闻角度及时报道。

6. 突发性事件的时效写作技巧

在突发事件面前，记者的唯一选择就是快——快采、快写、快发。新闻现场不“抢”就会失之交臂，尤其是突发事件，它对时间性的要求更严格。它往往没有征兆，而是瞬间发生的。但这些却又是人们关注的。俗话说“眼见为实”这就说明人们都有亲眼看见的欲望，要使新闻报道做到有形有神，使受众仿佛身临其境、亲眼所见，就要做到再现现场。克里姆斯曾说：最好的写稿人总是把报道写成似乎可以触摸到的有形物体。如果你不这么做，那么你写的报道就会变成过眼云烟，读者也就感觉不到它的存在。因此要想增强新闻的真实性、可信性就应该充分发挥现场的“魅力”。

对于突发性新闻事件的报道可以遵循以下要诀。①在第一时间赶到现场，抢拍火灾、抢救等突发现场，并尽量从有利问题解决的方向进行采访报道。特别要注意把握事实分寸，对于事故的地点、时间、伤亡情况要认真核实。注意与相关部门通气和必要的请示，把握政策性，同时也寻找一些采访上的支持。如对丑恶现象的曝光要争取公安机关的配合。要想第一时间报道突发事件，记者不仅要注意观察和积累，还要听取受众等的意见来获取新闻线索。因为新闻线索一般比较简单，有的只是事物的表象。②新闻线索往往是转瞬即逝的，看似不起眼，而其中却可能蕴藏着重要的新闻价值。记者只有掌握第一时间的新闻线索才能第一时间赶到现场，“抢”到新闻，并写出第一时间的新闻作品。

三、趣味

（一）趣味性概述

新闻的趣味性是指新闻的内容引人入胜和行文的涉笔成趣，能最大化地追求内容真实、新鲜。它有两层意思：一是指内容新奇曲折，富有情趣；二是指写作形式和表现手法生动活泼，具有吸引力。有关反映社会风尚、风土人情、山川景物、旅游探险、科技发明、诉讼案件的新闻，更注重趣味性。

（二）加强趣味性技巧

1. 加强副刊内容策划，提高趣味性和可读性

文艺副刊必须时时刻刻、毫不动摇地围绕“新闻中心”选素材、找作者、列题目。

体育新闻一直是某报的热捧品牌，欧洲足球锦标赛期间，体育部在原有的基础上又增加了10个版面，并根据比赛时差，全体工作人员实行夜班制度，“第一时间全程追踪报道、第一视角全方位报道”，请名家、名记者开辟特色专栏，如“女性侃球”“冷眼观潮”“记者点评”等等，渗入实质，彻底剖析。

娱乐新闻坚持“三不”原则：不炒作、不渲染、不走低俗路线。

2. 报纸版式创新的主流趋势

（1）版面简约化

近年来“简约”似乎主宰着主流报纸的版面，而且最有人气。一些极富创新精神的报纸，版面上尽量避免复杂的花线、变化的字体、可有可无的底纹，使整个版式看起来“眉清目秀”，趣味性也油然而生。

（2）“厚图”面积化

随着时代的进步和生活节奏的加快，传统的读文时代进入“厚图”时代。这既是对读者变化了的阅读习惯的主动适应，也是发挥图片的视觉优势、实现版面革新的要求。“厚图”版式深化了“图文并重、两翼齐飞”的办报思路，为创新版面设计带来了极有利的条件。

（3）个性突出化

鲜明个性的版式，会在潜移默化中被读者认同，成为读者识别媒体的重要标识。一个成功的版式，一个富有个性的版式，读者即使捂住报头，也能从版式上轻而易举地识别出这张报纸来。

（三）新闻的趣味性与实用性相结合

其实趣味性和实用性二者是不可分的，是有机地联系在一起的。

趣味性不是低级趣味，不是猎奇，更不是要求胡编滥造。读者读新闻的要求同样是与时俱进的，在阅读已经进入了读图时代的时候，读者更是要求在阅读中获得更多的信息量，来满足快节奏的生活要求。因此，与其说实用性是晚报新闻的属性所要求的特征，还不如说是时代生活的要求。

读者要求“开卷有益”，那就是不仅仅要满足读者的趣味性要求，还要让读者在满足了兴趣的同时得到一定的知识储备，也就是说新闻的实用性属性是和新闻与生俱来的。

我们只有把报纸新闻的趣味性和实用性相结合才能最大化地满足读者对报纸新闻的阅读需求，满足读者的阅读兴趣，提升报纸对读者的吸引力。

第二章　新闻报道的构成元素

第一节　标题的提炼

一、新闻标题的含义

新闻标题是在一篇或一组新闻正文之外，用以提示消息内容或特点、区别于正文字体或字号的简要文字。

标题是新闻的“眼睛”，是对新闻内涵的高度概括和浓缩。新闻的内涵包括两个方面，一是新闻事实；二是媒介对新闻事实的评价、态度。制作标题是新闻报道的延续和新闻稿的最后完成。“题好一半文”，好的标题是作者智慧的结晶。

二、新闻标题的作用

新闻标题的作用主要体现在以下六个方面。

1. 尽快选择信息帮助读者

人们总是根据自己的需要有选择地接受信息。哪些看，哪些不看；哪些先看，哪些后看；哪些粗看，哪些细看，各人不同。由于标题是新闻事实的浓缩，因此能够满足读者选择的需要。

2. 帮助读者理解新闻主旨

标题透射着媒体对新闻事实的评价，凝练了报道的主旨，便于读者理解。

3. 向受众广告新闻内容

在新闻中，那些最有价值的内容，往往是报道意图的集中体现，也是受众最关心的东西。但是，它往往会被隐藏在长篇的文字叙述之中，不容易为人们所注意。

4. 强调和评价核心内容，吸引读者注意

新闻标题的字号比行文的字号大，并且版面编辑常给标题加上一些装饰图案，使标题显得很打眼，吸引读者去看。同时，标题还对所报道的事实有一定的评价作用。如：

雅安地委领导班子深入基层形成风气

（新华社 1996 年 3 月 27 日发）

吓得鸟兽直跳脚　拔得孔雀羞见人

“人与动物同过年”活动惨遭夭折

（《大河报》2000 年 2 月 10 日）

5. 满足读者了解基本新闻事实的需要

有的读者时间很紧迫，不可能把一张报纸从头看到尾，浏览标题则可以使他们尽快了解其中的大事，了解一张报纸的主要信息。一些完全式标题所陈述的往往是新闻的核心，看一眼这样的标题，也就了解了新闻的基本内容。

6. 突出重点美化版面便于阅读

标题是新闻的“眼睛”，一则新闻的“眼睛”加上栏题、通栏题，构成了报纸版面的“眼睛”。倘若没有这些“眼睛”，整版文字黑压压一片，令人感觉沉重，分不清眉目。各种标题大小相应，疏密相间，错落有致，再加上文字符号变化，线条、图像以及色彩等手段的运用，使版面主次分明，富于变化，呈现动态，既能给读者以美的感受，又能方便阅读。

一般情况下，报纸的正文都是用五号或小五号宋体排印，显得洁净、庄重，阅读时的视觉感也比较舒服，不易疲劳。但是，如果标题也这样，就太死板了。新闻标题的排印，字体字号和版式都十分丰富多彩。仅从字体上说，目前常用的就是标宋、黑体、楷体、魏碑、准圆、舒体、隶书、隶变、行楷、琥珀、水柱、综艺等，再加上字号大小的变化，版面显得十分活泼美观。

如果一个版面上有几个精彩的标题，马上就能吸引读者的注意力，使他迫不及待地开始阅读。

三、新闻标题的分类

1. 完全式标题

既有主标题，又有肩题（也叫引题）和副题。完全式标题多用于报道重大事件、重要因素较多的新闻。如：

〈肩题〉四架飞机、一辆汽车攻击世贸中心、五角大楼、国会山、戴维营

〈主题〉恐怖分子袭击美国

〈副题〉江泽民当夜致电布什向美国政府和人民表示深切慰问，向死难者家属表示哀悼

江泽民对我在美工作人员、留学人员、旅美华侨和在美港澳台同胞的安全深表关心

（《北京青年报》2001 年 9 月 12 日头版）

2. 主肩式标题

由主题和肩题构成。如：

〈肩〉在不少严肃艺术场所举步维艰纷纷“转向”的时候

〈主〉北京音乐厅缘何“火爆”?

（《人民日报》1995 年 4 月 1 日）

3. 主副式标题

由主标题和副标题构成。如：

〈主〉金瓶掣签在佛教界反响热烈

〈副〉高僧大德们表示这一盛事完全符合历史定制宗教仪轨

（《人民日报》1995 年 12 月 1 日）

4. 主标式标题

只有一个主标题，这是短讯、国际新闻采用最多的标题形式。如：

拉宾遇害，举世震惊

有史以来第一只太空鸡破壳而出

北约野蛮轰炸我驻南使馆

中国克隆牛诞生

一般来说，主标题较短，也实，标的是新闻最主要内容。肩题，有两种情况，一种比较实，或者是对主要新闻事实的概括，或者交代新闻事件的条件或新闻事件中的主要人物等。如：

〈肩题〉上午回答清华学生提问，中午与江泽民话别，下午游八达岭

〈主题〉布什昨日满载而归

（《北京青年报》2002 年 2 月 23 日头版）

另一种比较虚，是从主要新闻事件中引申出来的思想、观念等。

副题，比较实，是主标题的具体化。主标题一般较短，副题和肩题往往比主标题长。有些副题，类似于新闻提要。如：

〈肩〉坚决惩治腐败　带头廉洁奉公

振奋党心民心　保证改革开放

〈主〉中共中央国务院决定近期做七件群众关心的事

〈副〉中共中央政治局全体会议通过要做的七件事是……

在一些重大题材的报道中，有时在副题之外还加提要题，提示新闻的主要内容，放在副题之后，也以串文方式安排，既可运用于单篇新闻报道，也可运用于组合性报道。

四、新闻标题的构成

1. 正题

正题也叫主题或母题，是标题的核心部分和精华所在，它表达新闻的主题思想和核心内容，在新闻标题中的地位最为重要。如果新闻采用的是无正副、主辅可言的单标题形式，这个标题就相当于正题。如果新闻采用的是多题式，那个字体最醒目、字号最大的标题就是正题。

正题一般是一个句子，只排印为一行。个别时候也可以排为两行，由两个分句组成。正题要做到一目了然，独立成句。编写正题需要注意以下两个方面的

问题。

（1）完整清楚地表达新闻事件

正题不能依赖引题和副题而存在，相反，引题和副题是依赖正题而存在的。正题要能较完整地表达新闻事件。

（2）可以虚实结合，但要以实为本

为了写得新颖活泼，生动有趣，正题可以采用虚实结合的写法，但必须以实为本。这里的“实”，是指直述其人其事；“虚”，是指运用比喻、象征、双关等修辞手法，间接揭示事实。

2. 引题

引题又叫肩题，放在主题的前面，其字号一般小于主题而大于副题。引题是将新闻中的一个侧面作为前导引出主题，同时具有辅助阐明主题思想的任务。

引题的字数不宜多，一般不超过一行。多数是一句话，也可以是大致对偶的两个分句，如果分成三个分句，注意各个分句要短小，彼此要大致匀齐。引题的作用主要有以下几个方面。

（1）概括意义

把新闻事件的意义和价值用简要的语言概括出来。

（2）说明来源

新闻事件或某一重要观念来自哪里？在引题中交代它的来源。

（3）渲染气氛

先描绘出现场那种特有的气氛，然后在正题中叙述主要新闻事件。

（4）提出问题

新闻事实有时是由现实中存在的某一问题引发出来的，把这个问题在引题中提出来，既能交代事实产生的根源，又能引起读者对这一问题的重视。

（5）交代原因

在引题中需要交代新闻事件的发生原因。

3. 副题

副题又称子题，是对正题的内容进行补充的标题。副题的位置在正题后面，字号较小。在复合结构的标题中，它与引题的分工一般是“引题主虚，副题主实”。由于是实题，副题字数比主题和引题都要多，字号较小。根据需要可以做成多行副题。

副题的形式比较灵活，可以是一句完整的话，也可以是用逗号隔开的几个分句；可以在正题下面居中排印，也可以在正题下面像正文一样（但比正文字号大，字体也跟正文有明显区别）排印，一行印不完折到下一行，并不居中对齐。

副题的作用就是对正题的补充。它通常比正题要具体，其表现如下。

（1）作出评价

就是对新闻事件的性质和意义得出一个结论。如：

本报记者电话采访显示2000年文学期刊变化不大

表明文学期刊趋于理性，立足于自身定位

（《文汇报》1999年12月15日）

“文学期刊趋于理性，立足于自身定位”是新闻作者的认识和评价，这一补充可以帮助读者理解正题。

（2）交代详情

对在正题中不能涉及的详细情况进行交代。如：

我国自然保护区面积逐年扩大

占陆地国土面积7.64%，超过世界平均水平

（《人民日报》1999年12月29日）

虽然正题“我国自然保护区面积逐年扩大”是基本事实，但有些笼统。在副题中补充一些详细材料，整个事件就清晰得多了。

（3）强调特征

对新闻事件的特点和特殊意义作些强调。如：

我国传统医药研究与开发获重大成果

纯中药强力镇痛剂“康赛德”问世

首次以纯天然植物制成；打破吗啡类药物一统局面

（《经济日报》1999年11月29日）

“纯天然植物制成”是其独特之处，“打破吗啡类药物的一统局面”则是其主要意义。

4. 组合类型

作者可以对新闻的三个标题，根据需要加以选择，组合成几种不同的标题类型。

（1）全题式

正题、引题、副题俱全，各司其职。如：

干流封冻长达1100公里

严防黄河闹“凌灾”

党中央、国务院高度重视，国家防总和水利部已派工作组赴现场协助抢险

（新华社北京2000年2月11日电）

（2）单标题

这是一篇新闻的首选。如果用一个标题就能完成表达，那就绝不再用第二个、第三个。比较单纯的新闻，用一个标题完全可以把新闻事件表达得清清楚楚。如：

长江巫峡溶洞发现古人类遗址

（《光明日报》1999年12月3日）

（3）引题式双标题

就是引题加正题，没有副题。如：

投资空间大工农都得益

大中型企业悄然进军农业

（《人民日报》1996年1月14日）

（4）正副式双标题

没有引题，由正题和副题组成。如：

我国将全面推动养老金社会性发放

到2000年底，80%以上企业离退休人员实现由社会服务机构发放养老金

（《人民日报》1999年12月2日）

五、标题的结构安排应注意的问题

1. 必须正确体现副题与主题之间的逻辑关系。

主副题之间存在着一定的逻辑关系，如因果关系、目的与手段的关系等。制作标题时要注意把这种逻辑关系正确清楚地表现出来。

2. 主题的分行要自然，便于阅读。

六、标题的制作

（一）题文一致

即新闻标题必须与新闻内容相一致。这种相一致包括两方面含义：

1. 标题所提示的事实，要与新闻内容一致。具体来说，其一，标题所写的事实应是新闻中本来就有的，不是虚构的。其二，标题可以从新闻中选择某一事实，但是这种选择不能不顾及事物全貌，不能歪曲整个新闻的基本事实。

2. 标题中的论断在新闻中要有充分依据。标题可以具体描述新闻事实，也可以对新闻中的事实进行概括，作出论断，但所作概括和论断一定要有充足的新闻事实作为根据，而不能片面、夸张、拔高。

（二）制作程序

一般都要经过读稿、命意、立言、修正四个步骤。

1. 读稿，即精心阅读稿件，这是制作标题的第一步。认真阅读导语及全文，提炼出最重要、最新鲜的内容。

2. 命意是对标题内容的酝酿与构思过程，目的是在通读原稿的基础上，把新闻中最具有新闻价值和社会意义的事实提炼出来。

3. 立言在标题制作过程就是把命意阶段已经确定的标题的内容和表现方式用适当的文字把它表达出来。标题立言要注意力求深入浅出、通俗易懂、生动引人。

4. 修正是制作新闻标题最后一个程序，也是必不可少的一个程序。只有时间允许，编辑应对标题进行仔细推敲。

（三）制作要求

准确鲜明，言简意明，易读易懂，突出精华，生动活泼。

1. 准确鲜明：新闻要准确地宣传马克思主义，宣传党的各项方针政策，所以新闻标题须切实做到表意要准确，表态要鲜明。表意准确：标题表意要准确；评价事实要准确；运用文字要准确。表态鲜明：即指标题报告事实有鲜明的倾向性，笔下带有感情。态度可分为肯定、否定和中立三种。实题表态主要是通过叙事中对事实和词语的选择以及表现方式的运用来表示。虚题表态则主要采用议论的方式来表现。

2. 言简意明：简洁明快的标题使读者一瞥就能了解其中的意思，被读者接受。要使标题简洁明快，应做到：善于省略；锤炼语言；善于利用标题之间的关联性。

3. 易读易懂：标题文字应生动易懂，少用古字、方言、技术术语等，如果搬到标题之中，有的会造成阅读及理解障碍。

4. 突出精华：①将新闻中的精彩部分作为标题的写作内容。即将新闻中最具有新闻价值和社会意义的事实写在标题之中。②将标题所写内容中的精彩部分放在主题之中。

5. 生动活泼：标题要把新闻中的精华告诉读者，还应讲究生动性，以优美的形式吸引读者。

七、提高新闻标题的写作水平的要求

1. 标题文字的简练

标题是标明文章内容的简短语言，新闻及时迅速地报道新近发生的事件，篇幅一般不长。因此，题目更求措辞精练。但精练并非无限制地压缩文字，而要以概括文章的内容为前提。标题文字简练是以恰到好处为原则而非一味简短。

2. 标题语言的概括性强

新闻常以导语的形式来概括事件的主要内容和中心意义，语言简明。标题也用来概括新闻的主要事实。可见标题的概括性更高。正因此特点仅阅读标题就能获得许多信息。

3. 标题语言的修辞艺术

修辞的运用从表达需要出发，为传情达意服务，不脱离内容的表达而沉湎于形式技巧的玩味，即通过完美的形式表达健康的思想内容并取得良好的表达效果。

八、“比较”与“否定”做好标题

做出一个好题目来就必须多动脑。自觉多拟出几个题目来进行比较，这往往不仅是必要的，而且是必须的。特别是要勇于对拟出的题目进行否定，否定的过程其实正是激荡脑力、有所创新的过程。没有否定的过程，脑力激荡不起来，“灵感”不出现，好题目往往做不出来。同时要注意听取别人的否定意见，从别人的否定意见中脑力往往更容易受到激发和震荡，进而拟出一个更好的题目来。只有广纳博采、反复比较、多次否定，才能做出好题目来。

九、做新闻标题的十忌

1. 新闻标题中严禁出现重复字眼。

2. 在主题中回避字数太多的人名和地名，处理方式是转放在副题中。

3. 严禁在标题中出现不常用或引起误解的地名简称。

4. 标题尽量不折行，不裂句；迫不得已转行的时候，要注意单独成行的一句要意义完整，不引起歧义。

5. 新闻事实是一个个例的情况，新闻标题中要慎用宏观表述。

6. 如无特殊需要或者明显的是非判断，避免在标题中出现主观色彩浓厚的字眼，如“竟然”、“胆敢”等字眼，尽量保证报纸的理性色彩和客观形象。

7. 不提倡在新闻标题中使用问句，新闻内容是什么就告诉读者什么，无须哗众取宠、欲擒故纵。

8. 新闻标题中做出的判断，要在正文中有足够的证据支持，避免出现孤证、过头的判断。

9. 标题中尽量不要出现专业性过强的词汇，善于用已知的事物作为桥梁，将生僻的专业词汇翻译成通俗的语汇。

10. 标题中的数字，尽量将之具化为读者有生活经验和尝试的具体描述。如果你要传达一个巨大数字，就要使人们可以理解。

第二节　导语的魅力

一、导语的含义

导语就是以凝练的文句提示新闻要旨，吸引受众阅读新闻开头第一段或第一句话。导语往往是新闻事件的高度概括，使读者看过导语后，不用看下文，就能了解消息的主要内容，这种结构形式的特点避免了消息写作中把最重要、最新鲜的事实淹没在大量一般性事件中，突出了“新”字。

新闻导语按照其表现形式，大体可分为硬式导语、软式导语、复合导语等几种，由于其表现形式不同，因而在写作上所运用的手法也就不同。

二、突出不同导语要素

在设计导语时，人们常把新闻六要素（何时、何地、何事、何人、为何及如何）作为所选用的基本“材料”，缺一不可，以呈现新闻内容之梗概。

早期的导语写作是六要素俱全，但不免文字多，句子长，重点难以突出。现代的导语写作中，不必硬性规定要把六个新闻要素统统塞进导语中，而应该根据每则新闻的特点，从六要素中挑选一两个最重要的、最能激发人们兴趣的要素，突出地写入导语，其余的要素可以放到后面各个段落分别叙述。

（1）突出何时要素。何时要素在导语中，是很少能成为重点的，只有在特定的情况下，有特定的意义时，才必须特殊处理。

（2）突出何地要素。和何时要素一样，何地要素虽不可缺少，但也并不是最重要的，只有在特殊情况时才需用何地要素在导语中突出处理。

报道即将举行的一次会议、一场演出、一场比赛、一次展销会的地点，往往为读者所关心，导语中应首先考虑。

（3）突出何事要素。何事要素是新闻的核心。没有“何事”，就没有新闻；没有“何事”，何时、何地、何人、为何及如何，在新闻中就没有归宿，何事是新闻六大要素的核心。因此，导语最通常的方式，是以何事为核心展开的。

(4) 突出何因要素。一般来说，何因要素在导语中极少能成为重点要素，但只要有可能，在导语中就必须注意挖掘“何因”要素，尤其是当原因比结果更引人注目的时候，更需要突出“何因”要素。

(5) 突出何人要素。绝大多数新闻涉及人。如果这个人为大家所熟悉，具有特别重要的显著性，或者较之发生的事更为重要，设计导语时必须以“何人”居先。

(6) 突出如何要素。如何要素往往是指一条新闻的发展过程或情节的展开或新闻事件中的细节。如何要素一般放到新闻主体中展开。但在需要特别强调时，应在导语中处理。

三、花时间写个好导语

1. 要明确新闻导语写作的基本要求

导语在写法上自身存在一定的灵活性，但也有一默认的准则：要把通篇新闻所报道的主题思想加以突出，事物的实质内容往往是最有特色的，把事物特点紧紧抓住了，就能起到提纲挈领的作用；最好用经过提炼的简洁、凝练、精彩的文字表达最主要最新鲜或富有趣味的事实，做到简明扼要，开门见山；巧妙地运用生动形象而朴实的语言来润色导语，表现形式上要不落俗套，新颖别致，讲究文采，表现手法多样化，丰富文章的可读性。

2. 要有鲜明的主题思想

导语要有文采，具有鲜明性。许多导语常常是突出“为什么”这个新闻要素，变成了概念化的语言，新闻的思想性主要在事实本身的分量上，而不在普遍性的尽人皆知的口号上，应尽量避免那些空泛的套话。

3. 要学点语法、修辞，打好写文章的基础，还要学点逻辑学

写起导语来很容易冗长繁杂、眉目不清。由于导语要求简洁明快，一般要求只有几十个字甚至十几个字，这就必须字斟句酌，反复推敲。

4. 要占有丰富的新闻素材，关于突出一些形象化的事物、形象化的语言、形象化的细节

形象化的东西容易吸引人，但是，导语毕竟是新闻事实的核心和精髓。新闻导语中要写出点形象，需要抓住事物的特征，截取新鲜的画面，也要讲究表现的角度。大体可以运用以下几种表现方法使新闻导语形象化：一是通过群众的声音

说出新闻的形象。二是抓住最能体现事实本质的形象写。三是抓住新闻事实中新鲜而有具体感觉的形象写。要写好新闻导语，还要在深入采访上下功夫，只有这样，才能写出深刻、鲜明、形象的好导语。

总之，做好上述四点，是写好新闻导语的基本要求。有些经验丰富的通讯员，在写一条新闻时，往往写出几个导语加以比较、研究后，再选用其中最精彩的一个。有的老新闻工作者说，写新闻时，先把导语写好，通篇新闻就可一气呵成、顺理成章了。

四、导语的写作要求

1. 要有时间观念，并注意新闻根据

新闻的信息量既与新闻自身的重要程度有关，也与它的时效性有关。越是及时的新闻，其信息量也就越大。在导语中要突出最新鲜的事实，突出距报道最近的时间。

2. 导语必须有实质性内容，不能虚晃一枪、空泛无物

所谓实质性内容，即指新闻事实，或者事实中的要点，如某人讲话中特别值得关注的部分等。既然导语的任务是开门见山，报告新闻事实、吸引读者，它就不能不按照这个要求来写，否则，读者从导语中一无所获，甚至感到莫名其妙，便会对整篇新闻失去兴趣。

3. 将最具新闻价值、最有吸引力的事实写进导语

导语写作仅有明确、具体的事实还不够，记者必须将新闻事实中的精华挑选出来，写入导语。只有抓住了特点，才能使导语具有鲜明的个性，脱出一般化、公式化、概念化的窠臼。中外新闻学家都曾指出：导语必须与报道的主题相一致，必须在导语里糅进包含主题的东西；导语必须反映出新闻的核心与精华。

大体上有三类材料应在导语写作的首选之列。

（1）最新鲜的材料

这类材料主要指在时间上它们是刚刚发生、新近出现的，或者虽然不是新近发生的，却是至今为止人们尚未知晓的。

对于刚刚发生的事件，视情况而定，导语可突出“何时”要素。广播电视新闻常用“本台刚刚收到的消息”来显示时效，报纸上的某些快讯，导语中注明的事件发生时间，甚至具体到几时几分几秒。

有些事件错过了最佳报道时机，只好寻找与该事件有关的新变动，以此为由头，在导语中突出新意。尤为重要的是，切记将最新的事实、信息置于导语，而不要让它淹没在一般性的事实之中。

（2）要选择最重要、最具影响力的材料写作导语

开始构思导语之前，不妨先将有关材料分解成若干独立的部分，比较、掂量一下，看看哪部分材料最有资格充当导语。

（3）选用最有趣、最富有戏剧性和人情味的材料写作导语

导语的基本目的是吸引读者。能够吸引读者的第一要件是新闻事实和信息的重要性、影响性；其次便是能够引起读者兴趣的新奇的、有故事性、有人情味的事实。在分拣材料构思导语的过程中，如果发现这类材料，不妨将其推至导语中去写。

4. 炼字炼句，简明扼要

导语不可太长。字数过多，会淹没“亮点”，冲淡趣味性；还会导致沉重，令读者失去耐心。导语要写得简洁，简洁是和明了相联系的。句子越短，概念越少，越容易理解。

5. 力求优美生动

导语应给人以美感，这是导语吸引读者的又一手段，也是导语写作的更高追求。导语的美，来源于开掘、反映出新闻事实内在的美；讲究文采，做到语言美。

第三节　引语的底蕴

一、引语的震撼力和感染力

合理而精彩的引语运用无疑会使报道锦上添花，是一则消息或特写的灵魂。当前的财经新闻报道中，引语的使用既是陈述事实的方式，也是一种增强新闻可读性的表现手法。引用当事人富有美感的语言，一方面让枯燥的财经新闻报道增加生动的情景，使事实有血有肉；另一方面可以增强冲突悬念、戏剧性效果，给读者带来阅读外的享受。而通过引用与之相关的权威人士的一些不同观点，给出尖锐的权威分析，则更有利于解释报道的内容。引语正确而恰当地使用会给枯

燥，有时还会为略显深奥的财经报道添色不少，增加了报道的感染力。

二、引语的运用

1. 直接引语的含义

直接引语一般指新闻报道中人物说的话，并且加有引号。现在新闻写作越来越重视直接引语的应用。特别是民生新闻的兴起，以及讲故事的手法在新闻写作中的应用等，这些都要求在新闻写作中重视直接引语的应用。这是遵循新闻写作规律的一种表现。受众在看新闻的时候，更愿意看到直接引语。受众看到直接引语的时候，感觉如同在和新闻中的人物面对面的交流。这就延伸了新闻的空间，使新闻变得更真实，更具有人情味。

2. 如何使用直接引语

间接引语报道的是新闻人物所讲的主要意思，引文不用引号，它可以是讲话的原话，也可以是记者用自己的话进行转述。

使用间接引语时虽然不加引号，但引述的内容也必须与讲话人的原意相同或者相近。不能断章取义，不能“各取所需”、不能“移花接木”、不能根据个人需要任意杜撰，更不能把新闻人物从未讲过的话加在他们的头上。

使用直接引语时，记者的叙述频率明显放慢，叙述集中于某个时间某个人的说话状态，引语叙述时间基本与实际事件发生时间在频率上同步，而且受众被引入新闻人物当时事件发生的语境。

而到了间接引语时，由于引语经过了记者的总结，用词减少了，呈现出节俭的特点，叙述速度得到了加快，读者的心态又发生了变化。而一旦转入记者对事件的陈述时，叙述频率和语境又进入起初状态。这种变迭在文中的交替使用，可以刺激受众的阅读神经，产生新鲜感。

三、使用直接引语需注意的问题

众所周知，在新闻报道中引上几句直接引语，是让新闻活起来的重要方法之一。如何恰当、准确地使用直接引语，成为当前国内新闻工作者必须正视、思考和解决的一个重要问题。

第一，使用直接引语必须原原本本，一字不差。引用新闻人物的语言时必须做到真实、准确，完全忠实于新闻人物的原话，切不可断章取义，任意肢解，歪曲说话人的语意。

第二，使用直接引语必须同时交代清楚新闻来源。报道中经常出现“相关负责人说”、“围观的市民说”、“有关专家说”等字眼。这些所谓的新闻来源，实际上是一种“说”的含糊化，其实这些说法往往就是记者自己的意见和看法，其可信度和权威性或多或少都会受到削弱。所以，为了提高直接引语的可信程度，在直接引述新闻人物的话语时，记者有必要清楚地交代新闻来源，写明白采访对象的姓名和职务。必要的话，还应该进一步提供他（她）的年龄、特点或其他与新闻事件有关的细节。

第三，直接引语要与说话者的职业、身份、性格等相吻合，做到“话如其人”。记者在使用直接引语时，人物话语也要有个体差异。若出现张冠李戴的现象，专家说市民的话，市民说话的口气反而像专家，则会成为读者茶余饭后的笑柄。

第四，直接引语不是越多越好，必须少而精当，一针见血。直接引语应当引用新闻人物原话中最精彩、最核心的部分。一般情况下，记者用引号引起来的当是“一针见血”的关键部分，以“一石激起千层浪”的效果为最佳。

第四节　消息源的归属

某教授说：“媒体若想在新闻报道方面有吸引力，就必须在原创和第一手信息的采集方面下功夫，舍此难以建立起新闻报道的权威地位。”

一、消息源的含义

这里所讲的消息来源，不同于作为新闻线索的新闻来源，而是新闻作品中的“消息出处”——包括新闻的由头、新闻根据，人物话语、观点、事实信息的来源，引用数据的出处，也就是说，新闻作品中的信息数据的出处，就是消息来源，也称为“消息源”。

消息来源是新闻作品中较为隐匿的元素，它不直接构成新闻的信息内容。尽管如此，作为一种重要的辅助性构成元素，消息来源是不可或缺的。所有新闻作品都应有消息来源，而新闻作品中的所有引语和信息的出处，都应该清晰署明，没有消息出处或者是模糊的新闻来源，不符合新闻报道的表达原则，也无法在读者心中建立起权威性和可信度。

二、消息来源的作用

消息来源的明确是新闻报道赖以存在的基础。其作用主要体现在以下两个方面：

第一，从新闻采写的角度看，消息来源是记者采访、写作的入口，没有广泛的消息来源，新闻报道将失之单薄。一个新闻事件可能涉及非常多的消息来源，记者首先根据自己的判断作出选择，并在写作中直接引用。优秀的记者，在接到新闻采访任务的那一刻，就能预知新闻来源的渠道并进行多角度的采访。消息来源是记者进行新闻报道工作的渠道，渠道不通，新闻采写就无法进行，渠道不畅通，也会影响信息的采集。

第二，从客观报道的要求出发，明确的消息来源，详细的出处体现记者的采访作风，从而影响着新闻报道的公正与平衡。

第三，从受众的角度看，明确的、多元化的消息来源是新闻报道产生公信力的必备条件，提供清晰的消息来源也是一种对受众负责的态度，受众有权知道真相，知道信息的出处，据此以求证事实的真伪。

三、使用消息来源的基本原则

1. 真实原则：即消息提供的信息来源必须真实，不欺骗造假。

真实是使用消息来源首先应遵循的原则。根据路透社等传媒的规范，新闻传媒在使用消息源时应避免以下不诚实的行为：

谎报消息来源的数量，无中生有，以少充多，添枝加叶。

虚假描述、编造消息来源提供新闻的信息的方式。

2. 多源核实原则：即通常情况下，消息内容应具有多个消息来源共同的相互佐证，而不应只是依靠单一消息源做报道。

注重多个消息源的平衡性。即一般情况下，争议双方或多方消息来源的数量要保持适当的平衡，不能“一头热”，只采访争议一方的消息来源，否则采访的消息来源愈多就越可能适得其反；也不能在一方消息源的立场上采集消息源，这样必不可少消息源的不完整性。

注重多个消息源之间的独立性。就是警惕消息来源之间互通有无，用同一个声音说话。

那么，在什么情况下可以使用单一消息来源做报道呢？

这是在极少情况下，一个消息来源才是足够的，也就是当资料来源于一个完全提供详细信息以至于其准确性毫无疑问的权威人物或者是记者直接能够得到第一手资料时。

3. 透明原则：即尽可能向受众提供有关消息来源的信息，以使受众对消息来源的情况有一个比较具体明确的认知，以便对消息来源及其提供信息的可信度能有准确的判断。

该原则中可归结为一点，就是尽可能具体、准确地交代消息来源的背景信息，匿名消息来源也不例外。一般来说，消息源越透明，报道的可信度就越高。透明度是其可靠性的关键。

第五节　背景的穿插

一、新闻背景的含义

新闻背景是指新闻事实发生发展的历史条件和环境条件。历史条件指事实自身的历史状况，环境条件指事实与周围事物的联系。

介绍背景，能对新闻事实起到说明、补充、衬托作用，又称为“新闻背后的新闻”。并且有利于了解新闻发生发展的来龙去脉，加深对新闻的认识和理解，深化新闻的主题，并有丰富内容、增加知识性和趣味性的作用。

新闻背景有广义和狭义之分：

广义上有三重含义：对导致新闻事件发生发展的广阔的时代背景的了解；与新闻人物和新闻事件发生发展过程直接有关的背景材料；向记者提供消息、介绍情况的人的背景情况。

狭义上单指与新闻人物和事件形成有机联系的一定的环境和历史条件。

二、运用背景材料应注意的问题

1. 紧扣主题，不要脱离题意。应当明确这样一个概念：新闻报道运用背景材料，目的是为更好地说明主题，表达主题，帮助读者理解新闻的主要事实和意义，而不是为交代背景而交代背景，更不能冲淡主题或冲击主题。

2. 简明扼要，不可喧宾夺主。在新闻报道中处于从属地位的背景材料，一般作为新闻的概述部分，应该言简意明，抓住最能说明问题的实质性事实，寥寥数语，颇有分量地点明要害问题，而不能展开细写，以致造成主次不分，喧宾夺主。要知道在有限的篇幅里，背景材料一多，势必会冲淡、影响主要新闻事实的连贯和展开。

3. 自然联系，防止生硬脱节。文中运用的背景材料，务必要同新闻事实有本质的、内在的联系，或互相映衬，或互相对照，或互相依存，或互相制约，而且在表达时要自然、严密，有机结合，水乳交融，背景和事实完全化为一体，方能收到好的效果。切不可生搬硬拉，牵强附会，故作姿态。

4. 区别对待，不可无的放矢。不同的媒体拥有不同的受众群，他们对事物的接受能力、关心程度、了解程度也各不相同，新闻背景的交代也应有的放矢，区别对待。这就要求我们研究受众对象，懂得受众心理，运用背景材料要有明确的目的性，注重回答大多数群众所关心的问题。

第六节　影响的向度

一、影响的“行为力”

一些新闻报道不仅可以影响到受众的态度，还可能影响到他们的行为思想。例如关于白血病人的报道如果打动人心，可能会带来人们的自发捐款。而另一方面，一些关于杀人犯罪的行为报道，则可能会引起社会上无判断力或者人心不善者的模仿。因此，新闻对于受众行为的影响，有时是积极的，有时则可能是消极的。新闻报道带来的后果，并不一定与传播者的初衷一致。但对于出于良好愿望的报道带来的消极后果，需要特别警惕。

应该说明的是，新闻影响，并不单纯取决于新闻报道本身的质量因素，它还与新闻报道对象本身的特质相关，与受众的兴趣、需求，以及作用于受众的社会环境相关，它是多种因素共同作用的一个复杂结果。

二、多媒体互动产生广度与深度

报纸广播电视媒体所反映出的影响力，终究只是一时一地的、有限量的民意、民声和回应答复，对瞬息万变的新闻发展缺乏实时追踪。传统媒体也完全意识到了这一问题，为了增强竞争力，同时加大新闻报道影响力度，不少报社和广播电视台开始开设自己的网站门户，以网络载体，随时随地对民生新闻进行低成本、无限量、广范围的实时跟踪，同时收集汇聚最广泛、最真实、最代表“民众利益”的民众声音，并使之与政府、社会管理方、非利益相关方等多方面进行意见交流及对话，形成了一个民生新闻报道的大合唱，一起实现维护“民众利益”的可能途径。

当下应该说是报纸、电视、网络同时并存的“战国时代”，从新闻报道的现状看，这个新兴媒体与传统媒体形成了既是竞争者，又是合作者与同盟者的关系，他们取长补短、优势互补、互相依存、彼此融合，将新闻事件的影响力扩展到一个让人难以意料的广度与深度，新旧媒体的联合掀起了一个新闻风暴潮。

新闻具有媒体性、官方性，这使得其传播内容及形式都非常正统，同时网络新闻又具有传统新闻所不具备的独特魅力，它以新闻化写作手法为操作手段，对传统传播形式进行了革命性的变革和创新。新闻营销具有鲜明的双重属性：与广告相比，它更具有新闻的特质，以热点话题或新闻事件为切入点，与品牌信息产生联系，运用大量的数据或事实进行信息佐证；与新闻相比，它更具有广告的特征，标题定位与内容描述都要求与品牌信息关联，产生广告传播功能。使人们如同在媒体中不知不觉地接受新闻信息的同时，达到广告主的宣传品牌的初衷。

第七节　主体的丰满

一、新闻主体的含义

主体是新闻的躯干部分，紧接导语之后，其内容比导语更详尽、充实，也有人把它称为“新闻的展开部分”，新闻导语具有解释和深化导语的功能，同时可以为新闻导语补充新的事实材料。

二、新闻主体的写作要求

1. 围绕主题取材。主体部分内容较多，故而要重视材料的取舍。应紧扣导语中所确立的主题来选用材料。若与主题无关或无多大关系，即便具体、生动、感人，也应割爱。

2. 层次清晰，环环紧扣。新闻主体部分的容量是很大的，它所包括的内容也是比较复杂的，写作中必须从全盘出发，抓住主线，按照层次步步展开，只有这样，才能主题鲜明，层次清晰，结构严谨，顺理成章。

3. 叙述为主，事实说话。新闻主体部分的写作要求以叙述为主，用事实说话。要选择那些具有代表性、典型性的事实，用事实来阐明观点或倾向，表达主题思想。这样的新闻才能令人置信，可读性强。

4. 通俗易懂，生动引人。新闻应为大多数人所接受。所以，在写作中应注意雅俗共赏，要符合广大群众的口味，力求通俗易懂，使其准确、朴实、鲜明、生动，并有起伏、波澜，符合广大读者的阅读习惯。

5. 简短凝练，寓意深远。新闻提倡简短凝练，主体部分的写作尤其是这样。“新闻要写短，主题是关键。”写作中不能因为主题的容量大而洋洋洒洒。相反，它的写作是非常考究、非常严谨的。动笔之前作者必须首先在认识事物、提炼主题、剪裁取舍、结构设计、谋篇练字等方面下一番功夫。这样才能使主体部分语言凝练，以一当十，含蓄有味。

三、新闻主体常见的结构形式

新闻主体的结构顺序一般有三种，即时间顺序、逻辑顺序、时间与逻辑结合顺序。

1. 时间顺序

时间顺序就是根据事实的前后次序排列层次，亦即按时间顺序步步推进，层层深入，使读者对消息的全过程有明晰完整的印象。这种按时间顺序的写法，可以顺叙，即由远及近；也可以倒叙，即由近及远。

用倒叙的写法，往往可以引人入胜。但在倒叙中往往也有顺叙，顺叙中又有追叙，因此写作时一定要注意衔接自然，不要跳跃过大，使人觉得突然。

2. 逻辑顺序

它是根据事物的内在联系、问题的逻辑层次来安排主体结构的，或是主次关系，或是因果关系，或是并列关系，或是点面关系，等等。写作时可并列出几个问题，一一加以阐述；也可围绕主题，层层展开，有如剥笋，步步深入。

主次关系即先把主要的、重要的事实或问题写在前面，然后再叙述次要的事实或问题，以突出重点，照顾一般因果关系，先摆出事实或问题，然后再阐述产生这一事实或问题的原因。

并列关系从主体开始，各层次之间的关系是相对独立的、平等的，为消息的同一个主题服务。

3. 时间顺序与逻辑顺序相结合

消息写作中主体结构的安排常常是时间顺序与逻辑顺序紧密结合，交叉使用，这样做便于安排材料，既使事实叙述得条理清晰，又能把事物各个方面的逻辑联系讲清，更好地为主题服务。

四、新闻主体应注意的问题

1. 主干突出

新闻的主体是主干，典型材料要用在主干上。与主题无关的要舍弃，次要材料要简略。

2. 内容充实

回答导语中提出的问题，其内容必须具体、充实，这样才有说服力，才能紧扣中心，突出重点。

3. 结构严谨，层次分明

要恰当地划分段落，有条不紊地展开叙述。

五、新闻主体的传达能力和展开

1. 可接受性

新闻是写给人看的、听的。在新闻写作流程中，反馈期也是一个必不可少的环节。一则新闻没有被受众所接受，没有被社会所理解，这则新闻的写作就不能算最后完成。记者的传达决不能无视受众的存在，这就要求主体不仅对难以传达的东西要准确地传达出来，而且对可以传达的内容，要采用最优化的方式传达出来。

2. 逻辑性

新闻写作的传达要符合逻辑。新闻事实本身存在着复杂的内在逻辑，新闻写作也有其特殊的规律。记者通过自己对客观事物的认识，挖掘出符合事物本来面目的内涵，并合乎写作规律地表达出去，这正是新闻写作传达的难点所在。记者不具备这种传达能力，就无法从事新闻写作。

3. 精细性

记者用语言把构思的结果传达出去，称得上是一项精细的工作。构思是内隐的，而传达则是外显的。新闻写作要求记者高度准确地报道事实，将头脑中的种种判断、设想以文字的形式传达出来，没有情人般体贴细致的精神，很容易出现偏差。

第八节　结尾的点睛

一、新闻结尾的含义

结尾，是新闻的最后一句话或最后一段话。好的结尾，是主体部分的自然延伸或归结，它常与导语相呼应。它的作用是结束全文，加强主题的表达，加深受众对新闻的感受，使内容得以升华。

一般来说，除了简讯因篇幅很短无须结尾之外，绝大多数新闻报道需要对全文内容作概括性的总结，以加深读者的印象。因此，写新闻要有好的结尾，作者就必须掌握写好结尾的技巧。

二、新闻结尾的方法类型

结尾被称为永恒的印象。对于许多写作者来说，结尾同报道的开头一样重要，遗憾的是，许多读者不会读到结尾，但是如果他们读了，就应该用一个值得怀念的结尾来回报他们。下面来介绍几种新闻的结尾方法。

1. 意尽则止式结尾

这种结尾从表面上看好像还没有写完，其实已有了结局，在恰到好处的地方收笔。

2. 循环式结尾

形象地说，循环式结尾是以一种绕圈子的方式返回导语，以求获取一个想法，用来结尾时，就已经在使用循环结尾方法了。

3. 用引语结尾

特定报道和硬新闻最普遍的结尾样式是引语结尾。寻找一条能够总结报道主题或主要观点的引语，当用一句引语作为结尾时，把消息源放在引语之前，如果用两句引语作为结尾，消息来源就放在第一句引语后面。

4. 用高潮结尾

这种类型的结尾出现在悬疑小说写作手法的报道中，让读者把悬念一直带到小说的结尾。这种结尾更适合叙述式的特写报道或者那种在一开始就抓住读者并驱使读者找出真相的短新闻，它能被用在采用金字塔结构的报道中。

5. 用未来行动结尾

新闻报道以一个事件的下一步发展情况来结尾，只有在报道本身具备未来发展动向时这种技巧才有效。如果下一步对于追踪报道至关重要，它在报道主体中的位置应该更靠前，但是如果它以自然结论的方式起作用的话，它就可以成为结尾，它可以采用陈述的形式也可以采用引语的形式。

6. 用事实结尾

事实具有强有力的事实陈述，它们有时可取代导语，总结报道基调、口吻或总体特征的陈述。比引语结尾更难写，但是如果处理得好，会给读者强有力的震撼力。

力求浓缩一个非常短而精湛的陈述事实的句子，一定要选择一个意味深长的事实，这个结尾将留给读者持续的印象。

7. 感情激射式结尾

这种结尾的特点是包含了情感，以情感激射读者。它以含蓄、深沉、热情、委婉的手法运笔，令人深刻思索，受到感情的激射。

8. 用悬念结尾

悬念技巧更普遍地用于结尾，尤其经常用在连载的系列追踪报道中，这一技巧也能用在分节式报道中彰显魅力，每小节的结尾都设置一个悬念，这样就迫使读者继续阅读下去了，它的吸引力就是："下一步将会发生什么?"

9. 燃气用完式结尾

这个方法适合于硬新闻报道，可能在没话可说时结尾，尤其是使用概括式导语和按重要程度降序排列支持要点的报道，结尾可以是一句引语、未来行动或报道中的其他事实。

10. 启发式结尾。这种皆为形式是在结尾时交代作者的感受和态度，或者表示作者的希望，让读者明确方向，唤起联想、启迪、思考，加深印象。

此外，还有叙述式、点题式、反问式、广告式等多种结尾，但不论采用哪种形式结尾，都要力求新颖、生动、风趣、别致，或者耐人寻味，或者发人深省，或者激人奋进，或者戛然而止，或者动之以情，或者画龙点睛，总结全文。

三、新闻结尾的写作要求

要写好新闻结尾，一般需要注意以下几点：

1. 结尾要紧扣主题，使其为表现和深化主题服务

《闾丘露薇的打工岁月》（《解放日报》2003 年 8 月 8 日）新闻结尾（即最后一段）是："随后，闾丘露薇告别女儿，来到了前线，成为伊拉克战场上一朵耀眼的'战地玫瑰。'"短短几句话，就突出了这位香港名记者的敬业精神，使人赞叹不已。

2. 新闻结尾要以叙事为主，切忌空话套话

结尾同样不能墨守成规，套死格式，需要不断创新，类似“深得干部和群众的好评”“向党交上一份满意的答卷”等空洞套话尽量少用。

3. 新闻结尾要顺势而为

当必要的新闻内容、事件、新闻六要素已交代完毕，水到渠成，就应戛然而止，不要拖泥带水，旁生枝蔓，增添所谓的“结束段”，也不要草草收尾，不该结尾硬结尾。

4. 新闻结尾应力求简洁、生动

就像刚才所举的例子把闾丘露薇比作一朵“战地玫瑰”那样结尾，不仅丰富了这个人物的形象，还能使读者掩卷为之长思，取得更好的阅读效果。

第九节　图片的内外美

精心选择新闻图片，提高新闻图片的质量，加强图片对新闻感染力的运用，是策划编辑的另外一项重要工作。图表新闻一出现，就以它的直观、形象、生动、一目了然的鲜明特点，受到读者的喜爱。有人说：在信息社会，紧张而忙碌的读者往往没有时间阅读海量的新闻信息，更乐意接受图形符号所要传播的信息。

一、新闻图片的含义和特点

图片新闻是用文字和图片两种手段表达内容的新闻体裁。具有形象性、现场性、直观性和贴近性。

1. 形象性

图片新闻所表现的都是具体的新闻事物，是新闻事物发生、发展、变化的外部形象，图片新闻虽然也可以表达抽象的道理，但道理是通过图片所展示的不同形象的对比显示出来的，寓道理于形象之中。因此，所有的图片新闻都具有形象性。

2. 现场性

图片新闻，多是从新闻事物发生的现场抓拍的。现场的环境、气氛和新闻事物一起摄入镜头，因此，读者从图片中可以感受到强烈的现场气息。

3. 直观性

文字新闻中的形象，都是间接形象。记者把自己直观到的形象，或者把听来的形象性描述，转换成文字描述。读者只能根据记者的文字描述，在脑海中想象、再现新闻形象。这种再现形象就是间接的，它不可避免地会与原本的新闻形象有这样那样的距离。而图片新闻与此不同，它不需要文字的转述，它是用镜头直接摄取新闻形象，并以图片形式直接展示给读者，读者是用眼睛接受形象，而不是用大脑想象形象。因此，所有图片新闻都具有直观性。

4. 贴近性

图片新闻由于它直观、形象、生动，所以易读易懂，贴近生活，贴近受众，为读者所喜爱。

二、图片新闻的写作格式

1. 图片必须有新闻

图片是形式、是手段，新闻是内涵，是图片新闻的灵魂。没有新闻，其图片也就没有价值。

2. 图片必须真实自然

图片新闻被誉为“瞬间的历史”。历史是真实的，不能伪造。历史也是自然的，不能摆布。摆布，使图片失却自然，失却自然也就减少了真实度。

3. 图片应抓住动人的瞬间

记者要善于捕捉最富信息量、最动人的瞬间形式，凝聚于镜头，使之成为历史的存照。最动人的瞬间形象，往往就是典型环境中富有人情的细节与动态。

4. 图片也需背景衬托

图片新闻交代背景的方法有二，一是文字，二是图片。图片中的背景旨在突出图片中的新闻，背景不能杂乱，更不能喧宾夺主，也不能随意删除。

5. 图文并茂

配发式图片新闻，其文字体裁可以是消息，也可以是通讯、特写。这里侧重说说主打式图片新闻的文字表述。

（1）说明图片，图片主要是展现新闻形象，表述新闻诸要素中的“怎么样”。对于其他新闻要素，图片或者只能模糊地表述，或者根本无法表述，这就需要文字说明。必须的要素，必须交代清楚。

（2）说明性文字要简短，明快。图片交代清楚了的，文字不须重复。

（3）把新闻画面内蕴的意义点化出来，使文字与画面水乳交融，营造出一种引人联想和想象的意境。

三、图表新闻的含义和特点

图表新闻是通过计算机绘图手段，以图形、表格的方式，表现新闻内容、诠释新闻主题的一种新闻形式。

随着科学技术的不断发展，图表新闻已蔚然于报端，还扩展到电视屏幕、网络终端，深得受众喜爱。快速增长的各种数据，是图表新闻勃兴的社会基础，快捷方便的电脑制图，是图表新闻发展的技术条件。

图表新闻具有以下特点：

（1）数据性

图表新闻也可以叫作形象化的数据新闻，数据是图表新闻的基本内容。

（2）对比性

图表新闻的数据间，都直接、间接地有一种比较、比例、对比关系，新闻的意义正是在数据的对比、比较中显示出来的。有的是单项的纵剖面对比，有的是多项的横截面对比，也有纵横交叉型的对比。

（3）直观形象化

图表新闻与图片新闻所不同的是图片显示的是新闻事物本身的形象，而图表是将新闻事物内在的抽象数据，转化为可以直观的图表，使之形象化，由于其直观、形象，所以易读易懂，贴近受众。

（4）精确性

图表新闻因为是表述数据的，数据建立在统计的基础之上，统计数据一就是一，二就是二，不是“大概”、“差不多”等模糊语言所能表述的。图表新闻属于“精确新闻”。

四、图表新闻的写作格式

1. 图表新闻必须有新闻

新信息，是文字新闻的灵魂，是图片新闻的灵魂，也是图表新闻的灵魂。

2. 图表新闻的数据必须真实精确

图表所显示的各种数据，必须是从新闻事实中抽象出来的，而且必须是精确的。精确的程度，体现着真实的程度。

显示数据的图形，也要力求精确。

3. 图表新闻的题材必须具备量的可比性

选择报道题材时，首先要弄清量与量之间，即数据与数据之间是什么关系，是否适宜做图表式报道，适宜做什么样的图表式报道。

4. 图表、数据、文字必须有机结合

图表显示数据或者集合、序化数据；数据证实或者充实图表；文字解释说明图表与数据。

5. 图表新闻贵有创意

图表新闻要把枯燥的数据表述生动，就要在表现形式上、手法上追求新的创意。

创意的实质是创造表现形象，创设新闻意境。

第三章　新闻报道的角度策划

第一节　新闻报道策划概述

一、新闻报道策划的含义

新闻报道策划是报社采编人员根据客观存在、读者需要和报社自身条件对报道选题进行决策，对新闻采编活动进行规划和设计，并且在报道实施过程中不断接受反馈、修正原先设计的行为。

二、新闻报道策划的特征

策划一词引入新闻传播领域并广受欢迎，是有一定道理的。策划概念在思维方式、知识结构、运作方式上与传统的"计划"有天壤之别，具有全新的色彩。总括而言，新闻策划的特征主要表现于以下几点：

1. 创新性

与众不同是新闻策划的首要要求。成功的策划总与创造性思维密切相连。从选题构想到传播手段，都需要策划者创造出能引起受众关注的，并能实现新闻资源最优化配置的独特之点，同时辅以不同寻常的外化手段，由此获得传播的良好效果。

2. 前瞻性

总体来说，新闻策划是一种超前行为，需要传播者在新闻事实尚未发生或还未充分展现之前，就对其发展前景和相关影响进行预测和展望，并衡量与定夺行动的步骤、结构及人员安排、协调等，特别是对报道广度、深度、强度、密度进行恰当的定位。需要注意的是，前瞻性与机动性是相辅相成的。新闻事实发展的难以预见性使新闻策划在前瞻性的同时表现出“滚动”特征，即对报道活动的定位与实施不会一成不变，更不会按部就班，而是随时对策划内容进行调控。

3．现实性

离开了实现可能性，再超前的策划也如空中楼阁。要对内部、外部诸多条件作出科学的调研、预测、分析、判断，制订的目标和方案既是先进的，又是可能实现的。要把长期目标、中长期目标和近期目标的实现步骤与措施很好地结合起来。对于一些反映社会问题的选题，必须首先考虑这一选题是否在政策、法律、道德的框架内，文章提出的问题，政府部门能否较快、较好地解决。策划选题的可行性还须考虑参加这一选题的人员和经费是否充足，人员的素质是否精良，掌握的线索是否够用，采访的工具是否适应，采访是否适宜等。

4．群体性

任何一项新闻策划都不只是个人行动，而是内外人员的群体性行为，是集体智慧的结晶。这既指策划本身的群体参与、群体认可，也指实施策划要内部人员、外部人员群体间的配合、支持、协调。

5．选择性

最好提供几套方案，经论证、评估、筛选，确定最佳方案，或集各套方案之长，避其所短。

三、新闻报道策划的依据

新闻报道策划从本质上说是一种运用脑力的理性行为，是对未来报道活动的规划和设计。这种规划和设计不是凭空产生的，而是组合、分析信息和选择、决策的结果。新闻报道策划有其客观存在的依据，它是客观存在作用于主观意识，主观意识又产生能动性反作用的产物。构成新闻报道策划依据的主要有三方面因素：

1．可供传播的客体。指为报道策划者所意识到的客观变动的事实。它有两个特点：一是客观存在，二是被策划者所觉察。

2．读者的获知需求。新闻报道策划要以报纸读者的获知需求为依据，报道什么、如何报道，都要根据读者的需要进行选择和设计。

3．实现传播的条件。外部条件主要有：该新闻报道为有关法律和政策所允许、为报纸控制者所允许、为社会道德观念及文化环境所允许等，内部条件主要有：报社具备采集该新闻信息的资金、技术设备和人力资源，具备必要的运行机制与管理水平等。

第二节 新闻报道策划的内容

一、策划的范围和重点

策划范围是全部报道客体的组合，规定了报道对象是哪些人和事，报道面有多大。日常的、大量的、一般性的新闻题材，不需要新闻策划，唯有较为重大、有开掘意义的新问题，才值得费心费力地去策划。标准有二：一是读者意义，题材健康向上，读者喜闻乐见。适宜于一般的、生活类的报刊和一部分都市报。二是社会意义，题材本身能够深刻反映现实社会中的问题，揭示某种有普遍意义的社会现象，对社会的进步有一定的推动作用。

策划重点是报道客体中最重要的部分，规定了报道的核心人物或核心事件、核心问题，需要报道者投入最多的力量，在媒体上也要予以突出表现。策划之前要考虑读者的心理，考虑到电子媒体的覆盖，考虑到读者最想了解什么。变“告诉这个事情”为“解释这个事情”。

二、报道规模与进程

报道规模是报道的时间、空间与人力三方面因素组合的概念，即报道在报纸上持续进行多少时间、占据多大版面空间和多少栏目配置、动用多少采编力量。报道进程是指报道全过程中时段的分割和安排，规定报道分多少阶段进行、何时开头、何时推进与扩展、何时结束，以及各阶段之间如何转接。

三、发稿计划

发稿计划是报道进程中各阶段刊出新闻稿件的统筹规划，包括确定每条稿件的题目、内容、体裁和篇幅，确定稿件刊出的先后次序与具体时间，稿件在版面上的位置。发稿计划是对报道规模与报道进程的具体落实。

四、报道方式与表现形式

报道方式是指将零散的新闻报道整合为报道整体的操作模式，即新闻编辑根据报道目标，运用某种手法组织若干相关报道，使之形成具有一定报道规模或持续一定时间的报道整体。常用的报道方式主要有：集中式、系列式、连续式、组合式、读者参与式、报纸介入式、媒介联动式。

报道方式作为组织报道的手段，是一种相对抽象的概念。报道方式最终在报纸上的具体展示及形象化，就是报道的表现形式。

五、报道力量配置与报道运行机制

报道力量配置是指参与报道的人力、资金和技术设备的配置。报道运行机制是指为实施报道而临时建立的组织机构、工作流程及其管理制度。报道力量配置与报道运行机制是根据报道内容、报道规模和报道方式确定的。

第三节　角度策划的六个步骤

新闻策划是新闻报道工作中一项非常重要的内容，是一项建立在实践基础上的智力劳动。一般来说，新闻策划大体分为以下五个步骤：

一、主题策划

主题策划是整个新闻策划的灵魂，是统率整个活动的思想纽带和思想核心。搞策划就像出作文题，题目太宽泛，叫人摸不着边际。同样，所出的策划选题太宽泛，叫记者写起来也找不着感觉、找不到激情，写出来的东西也是陈词滥调。主题的确立往往建立在掌握种种资料和整合种种资源的基础上。而确定这个主题的标准即新闻价值的大小，即追求新闻价值的最大化。发掘有价值的新闻可以提升传播效应，引导舆论。

二、新闻组合

通常是指新闻信息之间的内在结构组合。结构必须坚实而稳固，与此同时，它应该由多个结构单元组合而成。往往一个结构单元代表了一个次主题。为了寻找到尽可能理想的单元组合，在策划的这一阶段，我们往往采取穷举法进行无限制列举，然后再通过筛选和归纳的方法得到一个真正科学、高效、具有阅读价值的内在结构。让浅层次的新闻组合引发深层次思考。

三、目标任务描述

这是一个对文章总体结构和每一个目标单元任务作进一步细化的设想：每一单元将会包括哪些内容？具体要采访什么？难点和重点是什么？成稿后的面貌如何？要达到怎样的传播效果？等等。对于职业新闻记者而言，目标任务的描述无异于是对于即将写作的相关文本工作量的全貌描述。

四、分工与计时

分工策划主要是基于文本目标任务的单元数，或者根据采访工作的不同视角，把采访对象和采访内容分配到每一个相关人员，并提出注意事项。分工的策划将会最终形成两张表：任务人表和日程表，交与主持者和每个相关人员共享、掌握。任务人表便于每一单元的任务人职责明确，有章可循，主持者通过对任务人作必要的讲解交代、认真的督促，保证新闻活动顺利开展。日程表主要用于时间的安排控制，一般以时间进度表（倒计时）的方式来表现。一般来说：日程表上前面的时间进度较紧凑，后面可以留有时间余地来调整。同时，时间的安排要合理，在考虑新闻同业竞争的同时也要留有余地。

五、体裁策划

新闻体裁与报道的性质、受众对象有密切的内在关系。如：在创作深度报道的写作时可以选择解释性报道、预测性报道或者是调查性报道的新闻体裁，也可以在分析研究的基础上提出对策性很强的研究报告，也可能策划为整合报道或是连续报道、系列报道、组合报道。

六、表现风格策划

风格是独特性加一贯性的综合体；表现风格策划，关乎文章的外在表现形式，更重要的是它可以产生独特的叙事修辞。通常，风格的策划背后，独特的新闻视角和敏感度彰显个性化风格的“独门绝技”，但也多少会存在一个较为理想化的摹本——它或是本媒体的典范作品，或是一个存在于新闻人心灵深处的经典范例。

第四节　新闻报道策划的四个窍门

一、要注重人文精神

好的新闻策划应当有忧患意识和人文情怀在里面。

新闻策划就要以老百姓最为关心的内容为出发点和立足点，更多的是关注当下社会普通人的生存境遇和发展要求，新闻采访学上有一个公式：平常人 + 不平常事 = 新闻。将新闻策划的视点下移到普通民众身上，挖掘平凡人不平凡的经历，反映普通人的声音。特别是重大主题报道，要求编辑把心思和目光投向人，从人的生活细节、情感因素着手，摸准受众需求的脉搏，最大限度地保证新闻策划的百姓关注度，这样才能使重大主题报道鲜活起来。

二、挖掘新闻背后的新闻

独家新闻不易碰到的情况下，新闻发现大多为非“原创型”的，非“制造型”的，而是“挖掘型”的，是一种再发现，即发现新闻背后的隐性信息新闻策划若只满足于表面的现象，即使范围很广，仍难以给人留下深刻印象，既满足不了读者了解事情真相的需要，更不用说针砭时弊，倡导新风了。因此新闻策划要善于用联系和发展的观点看问题，当媒体一窝蜂报道新闻的显性信息时，新闻记者运用独特的视角，独树一帜地发现新闻背后的隐性信息，总会有不同凡响的收获。在中国 361 号潜艇失事后，南方周末却进行了整体策划、深入挖掘，以“涛声悼忠魂”为主题，用《潜 361：最后的出航》对潜艇事故综合报道，用《418 艇：中国首次潜艇沉没悲歌》对新中国历史上首次潜艇遇难事件进行回顾，同时还邀请曾在潜艇上服过役的士兵和相关军事专家就潜艇员日常生存和逃生技术做讲座，掘深了报道的主题，开阔了读者的视野，颇有新意地阐发出新的观点，给人启示。

三、要坚持正确的舆论导向

坚持正确的舆论导向意义十分重大。适时引导热点，化解难点，是引导公众思考方向、化解社会矛盾、构建和谐社会的关键所在。新闻宣传具有鲜明的舆论导向性，而舆论导向的正确与否，直接关系到党和人民的祸福。作为媒体的编辑，在作选题策划和报道时必须与党的路线、方针、政策保持一致，围绕百姓关心、社会关注、党和政府重视的难点和热点，以高度的政治责任感和新闻敏感性，选取那些“含金量”高，针对性强、有卖点的新闻题材，提炼出新闻主题，精心策划组织一系列报道。如徐州广播电视台 2009 年策划推出的《建国六十周年大型系列报道》，通过深入采访，精心制作，在“十一”前后，共播出了20多篇有着广泛影响、可听可读性极强的专题报道，全方位反映了徐州新中国成立六十年来的巨大变化，展示了人们对美好生活的追求和向往，收到了较好的社会效果。

四、新闻报道策划的个性化

策划的核心是“创意”，必须打破陈规，走出新路。策划的创新意识，要求我们的编辑在报道策划中，大至主题结构，小至一篇稿件，找准合适的切入点，选取别人未曾选取的角度，涉足别人未曾涉及的领域，提炼别人未曾提炼的主题，报道别人未曾报道的内容。2010年秋末初冬，徐州广播电视台以“秋天落叶的另一番美景”为主题，策划了一组报道。采访目标有：具有落叶景观和清扫干净的公园景区、市民、环卫部门领导、清扫落叶工人等。在主题上看，以前很少有人关注这个题材，在角度上看，立意新颖，具有独特性，从而获得了最佳的传播效果。由此看来，编辑的思维和能力会直接导致整个报道节目和新闻报道的传播效果。一组新闻节目如果没有个性化的张扬，没有独特的视角，新颖的内容，就必然流于常规、平庸。这就要求编辑在报道策划中不仅需要付出更多的努力，而且需要运用更大的智慧，做到人无我有，人有我新，人新我优。只有这样才能在各自的媒体中树立起个性化的发展道路。

第四章 新闻报道的信息选择

第一节 信息过滤与信息组合

一、人们需要筛选后的新闻

现在是一个信息爆炸的时代，实际上现在人们需要的是筛选。报纸恰恰是一个有限的载体，报纸必须做出筛选。今天有一千件事，对于报纸来讲可能最后只能登十件，这就要求报纸必须要有一个筛选、有一把尺子。每个报纸都有自己的特色，报纸的价值判断标准决定了筛选什么新闻、把什么上在头条、头版等等。如果媒体对新闻的筛选和读者对新闻的认知是吻合的，这样就会产生共鸣。报纸就会得到读者的认同。如果读者想获取的东西跟报纸提供的完全不一样，读者可能就流失了。

二、信息板块组合的构成

信息组块是指报道中由多个信息源构成的一个信息体。它通过信息与信息之间不同的组织方式，构成一个新的信息板块，传达出新的信息意义。文学创作中，这种情况极为常见。马致远的《秋思》——

枯藤老树昏鸦，小桥流水人家；古道西风瘦马，夕阳西下，断肠人在天涯。

由此可见，通过组织后构成信息板块，可以增大信息的容量，丰富乃至改变当前单个信息的含义。在新闻报道中，这种方法常常用来表达作者的客观写作报道，达到“用事实说话”的目的。

信息组块可以从正、反两方面进行：

从正向可黏合单个信息体，起到整体强化作用；信息组块构成，必须讲究信息之间的黏连性。实践证明，这种黏连性越强，其传播效果也就越强。而这种黏连性的实质，就是信息之间存在着的内在联系。

从反向组块，可以起到弱化传播的效果。如果不注意各信息单位之间的内在联系而随意拉郎配，就等于在信息组织中掺入了杂质，增加了噪声，不仅不能强化传播效果，反而会形成内耗，使传播的信息大为衰减。

三、信息组合板块的形式

1. 同一主题组合

同主题组合，即将同一主题下不同角度、不同侧面、不同着重点的多篇稿件形成一个稿群，聚集在一个主题下，如重大事件的主题报道的深度剖析稿件、重大新闻事件的多面解读稿和评论稿等。

同主题组合的优点，首先是稿件主题集中化，便于读者对稿件的阅读和理解。其次，对于有限的报纸版面来讲，可以通过减少新闻主题要素的重复而节省珍贵的报纸版面。

2. 同类型组合

同类型集纳组合，可按照不同的类型的组合形式，如同一时段组合、同一区域组合、同一内容组合、同一形式组合、同一性质组合，将同一类型的稿件集合到一起。这是时政报道乃至所有新闻报道中比较常用的一种新闻策划方式。如按内容属性区分的政策性稿件、法规类稿件、社科类稿件、体育类稿件、文化类稿件、娱乐类稿件、军事类稿件、趣味性稿件；按政治属性区分的领导人活动的演讲稿件、政府机关发布会的信息或数据稿件，等等。

同类型方式组合稿件，是按照一定的内在联系对稿件进行梳理和分类策划，让版面上的稿件有序分割，条理组合。同时，这种信息组合式稿件在版面中往往可以自成格局，具有相对独立性和集中性，有利于读者全面了解和深刻思考，同时也方便了读者阅读和收集、剪辑信息。

3. 相关性组合

相关性组合是将一些有内在逻辑联系的稿件形成组合板块，正确引导读者阅读思维，引导舆论。

相关性组合的板块，最大的优点是扩展新闻信息的内涵，使稿件之间相互补充、相互印证，具有论证、补充和解释的功能。使新闻信息由单向变为多向，增加新闻信息的广度和深度。扩展新闻信息内涵的具体方式有：配加相关稿件、配加评论、配加资料、配加图片或图表等。

此外，在策划报道中，还有对比组合、联想组合等板块组合方式，也是提高报道效果、引导舆论的重要手段。

四、信息组合的目的运用技巧

如何在有限的版面空间里，有限的稿件篇幅内，尽可能地增加稿件的信息含量，提高稿件的利用率？这就是稿件组合首先要突破的问题。

1. 有效利用新闻资源

通过对稿件“重组”后的策划编辑，可以根据不同报纸的不同目标受众群，对新闻信息进行重新组合；可以将多条稿件的精华集于一体；也可以根据策划编辑站在不同角度对新闻事实的不同判断，对信息进行不同的取舍，从而大大提高新闻资源的利用率。

例：××××年6月8日××日报第七版关于××暴雨的报道。这一组报道由3条稿件和一张图片组成。

主稿：“××发布黑色暴雨预警信号”

相关稿件：①××4681名考生延期高考。××市地处××山区，是此次暴雨洪水灾害的重灾区。受此影响，××市5个考点、196个考场、4681名考生因不可抗拒的洪涝灾害而启动延期高考应对预案。②××铁路多处塌方。受水害影响，××至××1003次、××至××1681次、××至××2026次等旅客列车滞留××线沿线各车站。③图片：××省××市××镇长边小学学前班的孩子们在临时搭建的教室上课。

显然，这些稿件围绕暴雨这一主题，其中单体之间具有很强的关联性，虽然每一条都具有单发的新闻要素和信息含量，但组合之后，由于集纳使用同一新闻主题，让这一新闻事件具有立体感和整体性。同时，稿件篇幅被大大压缩，3条稿件总数不过300来字，使有限的版面容纳了更多的发稿量和信息量。

2. 深度挖掘有价值新闻信息

这种“重组开发”编辑的“作为”，就体现在对稿件的“二次开发”和

“深度开发”上。而对稿件进行“重组”，就是对杂乱且庞大的新闻资源的“二次开发”、“深度开发”的一种有效方式。

这种“深度开发”的方式需要根据媒体自身功能和定位、风格和特点，针对目标受众的信息需求，以个性化的角度和方法展现其内涵和实质，进一步揭示新闻信息资源所蕴含的本质意义，从而提升新闻信息资源的利用价值。

例如日本大地震这一新闻主题报道，网络和电视都可以 24 小时滚动式连续报道，观众和网友可以不间断地了解地震的最新动态，大大增加了报道信息量，而报纸不仅发行周期长，而且版面容量极为有限，在这方面报纸注定是淘汰者。此时，报纸的取胜之道，必须是以少胜多，以质求精，通过稿件的优化组合，提升稿件的信息含量和报道分量。

3. 以新闻发展趋势寻找组合归宿

事物的发展有其内在规律、逻辑和趋势。要厘清事实思路，善于发现稿件间相同的因素，特别是有意义的相同因素，同时，更要有一双慧眼，洞察出稿件之间的区别。

另外，任何事物的发展都会有其节点，这些节点或者是一个阶段或是一个转折，是进行稿件组合的归宿。

新闻的组合并不适用于任何时候、任何稿件，不适当的强行组合只会浪费版面，让读者生厌。

4. 紧扣主题，补充呼应

不管是同主题组合，还是同类型组合或者是相关性组合，稿件的组合必须紧紧围绕同一个主题进行，所有的稿件都只能有一个中心事件。要在主题确立之后，使稿件信息丰富化、多元化，围绕主题多层次展开搜集，依次递进。

要发掘稿件的不同特点，使稿件间能够相补，提高整体传播效果。稿件具有相补的因素，是指稿件之间存在着连接、呼应、补充、发展等关系。以主题思想作为相同因素的稿群，要求在内容、角度、体裁等方面相补；以体裁为相同因素的稿群，则要求在主题、内容、角度等方面相补。

5. 以敏锐的新闻视角确定报道着眼点

做好稿件的组合，首先要对新闻的发展趋势有一定的预见性和敏感性，要做航船的“瞭望者”，敏锐捕捉到蝴蝶翅膀的扇动；没有这样的新闻敏感，就会对应该进行组合的稿件“视而不见”，而对意义不大的稿件大做文章。

6. 稿件取舍要以少胜多

报纸稿件的信息量无疑应该包括深度和广度两个方面。稿件的“条数”仅仅只是信息量的浅层含义，深层含义应该是稿件本身信息量的深度和厚度。

第二节　新闻写作中不同信息的选择

一、必要信息凸显新闻价值

所谓必要信息，就是指能消除主要信息的不确定因素。具体来说，必要信息的功能主要表现在两个方面：报道的事实清楚、传达的信息准确明了，读者读后不生疑惑；使事实的新闻价值体现出来，加强读者对事实意义的理解。

例：

一位29岁的美国留学生今晚在这里主演了中国京剧优秀传统剧目《贵妃醉酒》。京剧是一种只有中国演员才演得了的戏。主角魏莉莎出生在美国的堪萨斯州，现在南京大学学习。

这里主要新闻信息是美国留学生演中国传统剧目《贵妃醉酒》，其他都是背景材料做补充交代，这种写作很好的交代必要信息，显示这一事实的新闻价值。

与这一情况相反，必要信息的有意缺省，即人们所批评的“媒体障眼法”。在这种情况下，我们千万不能为追求新闻价值而将必要交代的信息省掉了。要判断这些批评是否可靠，主要是看这些信息与主要信息之间是否构成“必要”的关系。

有媒体曾报道某市市长从湖里救起落水者。报道说，某市市长早晨在湖边晨练，救起一落水者。这一消息被国内不少媒体转载，市长救人美名广传。后来有媒体披露“内幕”：落水者并不是市长一人救起的，还有一位无显赫地位的普通老人。

新闻报道的确要学会对某些信息的缺省，但一定是在不改变事实真相的基础上对信息进行选择。有意缺省必要信息的做法，既改变了事实的价值，也伤害了受众的知情权，违背了新闻报道的客观公正的原则。

二、控制冗余信息，增强传播效果

在传播学中，冗余信息这个概念是指：信息中包含的、不影响信息完整的、不容读者自由选择的那一部分。人们进行传播的时候，所发出的信息并不是彻底精练的，它所包含的除了能够消除不确定性的那一部分以外，还有重复的，可以使整个信息更完整、更是与传播的那一部分。

冗余信息对于一篇报道来说是可有可无的部分，因为少了它，报道仍然可能是完整的或能够使之完整的。但在传送渠道受到干扰时，为了保证传播效果所作的重复，也是一种冗余信息。一篇报道中冗余信息越多，它们所包含的信息量就越少。

一个优秀的传播者要在信息编码时找出最佳的冗余度，以抵消传播渠道中的干扰，提高传播的效果。比如，我们见面时招呼对方："吃饭了吗?"这句话并不是真正的传递信息，而是一种维持相互关系的方式。这就涉及语言冗余信息的容忍度，"语言冗余信息的容忍度，是指语言使用人运用、控制语义性冗余信息时所掌握的分寸。

语言冗余信息的容忍度可分为三种情况：

（1）容忍度为零，力求简要，彻底删除多余信息。

（2）容忍度很大，对语言多余信息采取纵容态度。这种情况最典型地表现在文学作品里，大量的冗余信息可以制造一种特殊的语言环境，传达一种言外之意。

（3）较小容忍度。新闻报道中就是采取这种情况。它追求的是用语的简练。啰唆、冗长是报道的大忌。这一点，特别在消息报道中体现得十分突出。

总之，释放适当的冗余信息，或者说掌握冗余信息的分寸，便是适当冗余信息策略。

第三节　最佳的报道角度与信息选择

不同角度的新闻。往往会产生不同的反响，新闻报道需要选择一个巧妙的角度，选择角度的目的，是要把事实的新闻价值更加充分、突出地挖掘和显示出来，更好地起到新闻报道吸引人、感染人、教育人的作用。为什么有时在采访同一新闻事件中，有的新闻记者作品发表后，不仅产生强烈的社会反响，甚至获大奖，有的新闻记者作品发表后，却没滋没味，引不起读者、听众或观众的兴趣呢?

不论是选择新闻的立意角度，还是选材角度或表现角度，一定要突出一个"新"字。新闻"新"，所以报道所选的角度必须做到立意新，题材新，表现手法新。

一、新闻的选材角度

新闻选材角度的把握要注意以下几个方面：

（1）求新求异寻素材。面对一大堆新闻素材，选择怎样的新闻题材，选择题材的角度如何掌握，是每个新闻传播者写作报道时首先面临和解决的文体。选材是把原始材料变成表现主题的题材的提炼过程。这个提炼过程是新闻写作的又一个重要环节，直接关系到报道内容是否充实、扎实、精当，关系到报道意图是否与血肉好坏直接相关，一篇报道的成败与选材角度是否适当密不可分。同样的题材，要做得比别人更具特色，过去已经报道过的题材，要想办法赋予其新意。

（2）要与报道的主题需要相吻合。新闻主题靠新闻题材体现，不同主题需要不同的题材。一旦报道的主题确定以后，选材角度就要围绕这个中心来寻觅材料，对于新闻写作来说，报道新闻事件的种种材料，包括人证材料、物证材料、口头材料、文字材料、图片材料、数字材料等，但因受新闻主题、新闻体裁和记者个人写作风格的制约，决不能兼收并蓄，全部写进新闻作品中，而是选取的题材紧扣这个主题，为表现这个主题服务。因此，新闻的选材角度一定要把住“主题需要”这一关。

（3）要瞄准典型材料。要是材料很好的表现报道的主题，就需要从占有的大量新闻素材中，瞄准并选择那些最具典型性、最有代表性、最能体现本质的材料。通常是把新闻主体事实、重要数据、典型细节或事例、必不可少的背景及相关的具体材料选作题材。典型性和最具代表性的材料能更好地解释新闻人物的精神面貌，反映新闻实务的本质，从而深刻地表现报道的主题。

二、新闻的立意角度

对新闻事实材料的选择，不是一种随意性的行动，更不是“拾到篮子都是菜”，而是要在立意的角度上截取其中的“闪光点”。

（1）选择好新闻立意的角度。在新闻报道活动中，主题被视为报道的灵魂。因此，确定什么样的立意角度，即选择什么主题，是关系到给报道铸造什么灵魂的大事，是确定什么导向的重大问题。那么，在选择新闻的立意角度时，应该把握哪些东西呢？首先是政治动向，要紧扣党和政府的路线、方针、政策及中心工作。只有这样，才能抓住具有指导意义的重要材料。其次是思想动向，一个重大事件的发生，一个热点问题的出现，人们会有不同的看法和认识，也有可能有不同的思想情怀。最后是经济动向。就是一切以经济建设为中心，熟悉和掌握全国的地方经济形势，特别是各项经济改革政策的出台。因此，新闻报道要把握正确舆论动向，对实际工作有指导作用，对人民群众有引导作用，只有这样的新闻，才会有强烈的思想性和权威的指导性。

（2）要紧扣受众心理。新闻报道不仅要有指导性、引导性，还必须具有针对性，没有针对性，指导性、引导性就无从谈起。新闻应该面向大众，读者和听众有什么认识需要澄清，有什么疑难需要解答，报道的立意角度就要针对这些做出选择。新闻还应具有贴近性（或称接近性），新闻必须贴近受众，读者和听众最关心什么、最想知道什么，新闻的立意角度就要对准什么。只有这样的新闻，才能与受众产生共鸣，具有可读性和可听性。

（3）要紧扣新闻的价值。新闻价值蕴含于新闻事实之中，如何把它挖掘出来，并使立意角度与之紧扣，这完全取决于新闻编采者的功夫。新闻材料的选用，切忌“千篇一律，千人一面”，应该尽可能多取那些独具特色的材料，选用别人没有用过的材料，深度挖掘新闻材料的主题内涵，从多个角度去比较主题，选择最有新闻价值的主题。

4. 抓住焦点聚目光。新闻报道既要在尽可能短的时间内，又要在有限的篇幅中，反映丰富的新闻内容，表达出重大的、有意义的或有意思的主题，就必须选择一个能聚集受众目光的好角度。

受众在特有的认知结构的影响，热点、疑点、难点、争论的集中点等问题，往往是读者倍加关注的焦点所在，选择的新闻报道角度，若在情绪上、心理上拨动读者的心弦，产生“心有灵犀一点通”的共鸣，就能轻而易举地获得非同一般的社会宣传效果，实现新闻的真正价值。

5. 切入角度小为妙。小角度，即小口子，一个典型的细节，一个有特色的情节，一个真实的小故事，都有血有肉，有生活气息，具体感人，有说服力。

新闻报道切忌如工作总结那样甲乙丙丁，面面俱到，抓不住关键，同样的主题，凡是选准了一个小的角度，易避免事无巨细地罗列材料，与别的记者“撞车”，写起稿来显得生动活泼、短小精悍、引人入胜，容易把主题写得有深度，微言之中显出大气。需要注意的是，角度的“口子”要尽量具体些，开得小一点，避免那些宽而大的角度。

6. 逆向思维找角度。逆向思维，是指遇到有些事，可以倒过来想一想，在这种类似“反思”的过程中寻求新闻角度。平常在我们的新闻工作中习惯了顺向思维，结果往往把复杂的主体的事实写得简单、平面了。而逆向思维可以帮助我们摆脱困境，突破老一套的模式。

三、新闻的表现角度

表现角度也是新闻写作的重要环节，与报道能否充分表现题材和深刻揭示主题关系极大。最佳表现角度，就是新闻编采者在写作时要从最能说明主题的那个方面去表现事实、反映事实，也就是说要通过对材料的巧妙安排和新颖构思，写出别具一格的又能充分体现报道意图的新闻作品来。语言怎样表达才精美，结构怎样安排才合理，如何构思才新颖，都是表现角度涉及的范畴。我们这里谈的表现角度，主要指构思方向的问题。表现角度的选择应着重把握住两点：一是要扣住新闻的本质，不能追求形式而忽视内容。我们说报道要形式新颖，要有独特的表现手法，其前提是要有利于内容和主题的表达，要在真实反映题材、深刻揭示主题的情况下力求形式的新颖，不能因讲究形式而损害主题和内容。

第五章　新闻报道的“度”和“点”

第一节　新闻报道的思想深度

新闻报道的引导力度在于思想深度，新闻报道的思想深度取决于报道者的认识能力。

一、新闻价值在于思想深度

列宁悼念恩格斯，用了一位诗人的诗句：“一盏多么明亮的智慧之灯熄灭了。”一切社会现象都是一定的思想作用的结果。思想源自实践，而新的思想一经出现、形成，就必然高于原来实践中的思想，引发高于原来实践水平的新的实践。如此周而复始，就是人类的历史。毛泽东思想使中国人民站起来，邓小平理论使中国人民富起来，这已成为亿万人民的同感共识。不敢想象，如果没有蔡伦、毕昇、牛顿、爱因斯坦等科学家的思想贡献，今天的人类社会该是什么样子。任何物质只有在人的思想操纵下才能产生力量。从这个意义上说，思想是社会的灵魂，力量的油门。

新闻报道中不着边际的“空话”、“大话”，其实正是新闻报道的要害所在。既然一切文明史都是思想的历史，新闻是历史的记录，记录者就不能没有新闻的思想深度；不是说新闻工作者是社会活动家吗？社会活动家不能没有社会灵魂；不是说要发挥新闻的指导、引导、导向作用吗？没有思想的事实如何显示力量？没有思想深度，哪来“导”的力度？

新闻的思想深度观念强了，搞深度报道也就有了主观能动性的前提。如果这个前提不明朗，深度也就无从谈起。

二、和谐的客观性与思想性

新闻报道是发生客观事实的反映，一味地追求报道的思想深度会不会违反新闻的客观性原则呢？这里需要弄清两个问题：一是新闻所体现的思想从哪里来，二是如何体现新闻的思想性。

首先，新闻报道的思想性与新闻事实的客观性并不矛盾，恰恰相反，两者是完全一致的。“事实是形，思想是魂”。《中国人民解放军在北京小汤山建立治疗非典定点医院》这一客观的新闻事实，包含丰富的思想，比如：党和国家采取果断措施坚决遏制疫情、关键时刻凸显中国共产党一心一意为人民服务的崇高宗旨、军中白衣天使在无烟战场上的英雄风采，等等。同新闻事实一样，这些思想也都是客观的，看如何认识，抓取哪一个切入点。强调新闻报道的思想性，并不要求也不允许杜撰个什么思想强加到新闻事实中去，而只是要求报道人员挖掘新闻事实本身所反映的思想性，再用客观的语言组织报道出来。如果报道人员主观杜撰，那就违反了新闻的真实性原则，也就难以取信于受众。所以，新闻报道的思想性一定要追求，杜撰、编造思想的做法一定不可取。

其次，在体现新闻的思想性方面，消息、通讯、新闻追踪等纯事实报道，除了需要特别强调者外，通常都让事实本身来体现，字面上“引而不发，跃如也”。“引而不发”的好处是，可以让受众更充分感悟新闻的思想，而不至局限在报道所点明的某一个思想里。新闻分析、新闻述评等叙、议结合的报道，也要注重以事实说话；议论要以事见理，既见解新鲜又恰如其分。纵观 2011 年的日本大地震重大题材的报道，思想性步步深入：世界人民伸出援救之手帮助震后灾区——赞颂了世界人民“一方有难，八方支援”的美好心灵——世界各国的人道精神——激励互相关切、生死与共的人文关怀——强化了地震安全知识和救援行动——真爱生命；如具体细化开来说，当然还可以说上很多思想。各新闻媒体共同走在这条“大路”上，这表明，一方面，各媒体都积极贯彻中央精神；另一方面，各路新闻人员面对这一国际的重大灾难性事件都遵循了新闻报道的一般规律，并且拿出了真功，努力开拓报道的深度。

总之，坚持新闻报道的思想性与新闻事实的客观性相统一，坚持以新闻事实体现思想性与恰当地阐发新闻事实的思想性，是开展深度报道的基本要求。

三、认识能力与报道深度

报道的思想深度与报道人员的认识能力成正比，思想深度是认识能力的具体表现，认识能力是思想深度的主观前提。

然而，不管认识能力如何，在具体的新闻采写实践中，还少不了从三个方面力求报道的思想深度：

一是采访，抓思想。采访过程中，一开始就全神贯注地注意对象讲话的思想内涵。抓住容易一闪而过的思想火花，特别是有新意、有个性的想法、说法。思想火花是新闻事实所含思想深度的闪现，在整个写作布局中，有的用作大标题，有的用作副标题。抓住它们，也就在一定程度上抓住了报道的思想的纵深。

二是学习，炼思想。联系报道对象的具体实际，学习党中央的有关精神，学习有关的理论和经典著作，学习同类内容的优秀新闻作品，等等。这种学习，不是简单地“拿来”，而是以学求悟，求有所发现，悟有所创新，从而更深刻地认识对象、认识对象的新闻传播意义。一般新闻工作者，在采写过程中如不下一定的学习功夫，要搞好深度报道、很有生命力的新闻作品，怕还是有一点路要走的。

三是研讨，汇思想。在采写过程中，注意同所有对象讨论思想；必要时专门邀请一些善于思考、认识水平高的人开研讨会。多多与不同新闻战线的记者们探讨新闻写作经验，请他们谈见解、感想，共同感悟，让别人的丰富思想融入自己长期积累的认识水平中去。要是仅仅作者孤求，也许“众里寻他千百度”，“衣带渐宽”终不见。

第二节　新闻报道的舆论度

新闻舆论监督是舆论监督的重要形式，舆论监督控制力的加强，有利于优化舆论监督效果，增强主流媒体的舆论监督地位，对引导新兴媒体舆论监督方向也具有重要意义。

非流言、及时性而非滞后、真实性而非跟风、系统性而非分散，体现在对事件发展和解决中推动作用的关键性。因此，主流媒体必须把握好契机，更及时、准确、全面地对社会热点加以报道，既不同于小报、网络的无原则炒作，也不同于境外媒体歪曲事实或节外生枝，而是做到“掷地有声”、“言出必信”。

主流媒体舆论监督报道不可小看。以发生的“石首事件”为例，《人民日报》就于6月24日及时地针对该事发表文章，在第一时间传递了明确的态度，获得了民众叫好。它批评了地方政府在处理突发“群体性事件”时的“缺席、失语、妄语”，以及“甚至想要遏制网上的‘众声喧哗’，这样既不能缓和事态、化解矛盾，也不符合十七大提出的保障人民知情权、参与权、表达权、监督权”的精神。

尽管常规性报道是媒体的立足之本，但公众聚焦的突发事件往往会形成报道亮点与焦点，最能吸引受众的关注，也最能考量一家媒体的素质和高度。从舆论监督的报道实践来看，应在以下几个方面加以注意：

一、报道时机的把握

主流媒体的舆论监督要实时、适时，除了在新闻事件发生后即时予以报道跟进外，还应注意两个时段。首先，在网络等社会舆论出现混乱时，主流媒体要及时发布权威声音，说明真实情况，疏导不良的群体性情绪。其次，主流媒体应在社会问题凸显之前就先行给予预警和疏导。2009年6月的成都公交车自燃事件，相关安全隐患早在2006年《四川质量报》就有披露，但仅指出问题牌号，缺乏后续追踪，收效甚微。

二、报道内容的扩展

媒体舆论监督，不仅包括新闻批评，还包括公众对民主法制、两个文明建设广提建议等多方面内容。伴随国民民主意识增强，传统的批评报道要向更为广泛的公众参与方向发展。过去的舆论监督对象，多集中在滥用职权、行贿受贿、关注弱势群体等领域，如今，主流媒体亟须扩展监督触角，做好社会变革的第一瞭望人。以三鹿“奶粉门”为例，奶粉安全问题在三聚氰胺突现、大量患儿受害的爆发之前，一直未受到重视，媒体在该领域的舆论监督上存在不力。可见，主流媒体应借助信息资源优势，把目光投向问题尚在暗处、民众无法触及的角落，做好社会利益的代言者，化被动为主动。此外，增强新兴媒体的舆论引导能力需要进一步加强主流新闻网站建设，扩大主流新闻网站在读者中的影响力，以人民网、新华网等为代表的主流新闻网站不断创新，已成为有巨大影响的新闻网站，为我国新兴媒体的发展做出了巨大贡献。总之，新闻舆论监督是维护人民群众根本利益的重要途径，主流媒体要坚持以监督促发展，思考好“何以服民，何以抚民，何以富民”的问题，把握住监督力度、密度和节奏，不断提高舆论监督效率，提高自身公信力，为形成政府、媒体、公众三力融合的良好舆论格局发挥积极作用。

三、报道表达的理性

舆论监督报道并不等同于负面报道，而是从实际出发，以积极的建设性立场，在本着对公众负责的态度揭露不良现象的同时，积极探讨解决方案，推动社会进步。这要求主流媒体以理性的思维来审度问题。不回避，也不激进，不把舆论监督弄成剑拔弩张、不留余地的角斗场。首先，采访要全面深入，挖掘极具说服力的事实，实现新闻要素零误差。其次，做到公正客观，将批评与肯定相结合，用辩证眼光去看待问题。再次，坚持正确导向。以解决问题为落脚点，分寸恰当、适时适宜、注重实效。此外，还要慎重分析问题的探讨能否促进党政工作，能否给公众带来利益，当好选题的把关人，抓住主要矛盾，发挥好议程设置的重要作用。

第三节　新闻报道的关注度

一、引入故事化

1. 以人为故事主体，新闻故事化

英国记者鲍勃·希契科克认为：“受众对人比对事件本身更为关心，对人们在干什么比对人们在说什么更为关心。”

新闻故事化首先应将人物作为报道关注的焦点。其目的为避免受众注意力倦怠，将人物作为报道关注的焦点，改变了以往从整体上、宏观上以某一事件进行

“大特写”“大透视”的写作手法，转而关注个体的生命。新闻故事化正是以个体的故事、经验为切入点和线索来引出重大的新闻事件，或揭示新出台的法规政策，或反映社会变迁，尤其是本身比较抽象、内容较为平直，或者情节曲折性不强的新闻事实，选择故事化新闻报道方式，从与该事实密切相关的某个人写起，抓住具有新闻意义的鲜活的人，写他们的思想、情感、言论、行为和命运，使缺乏活力的新闻事实产生故事化的效果，记叙也因此会变得生动有趣，进而激起受众的阅读兴趣，以此“软化”硬新闻，受众在报道中看到的将不再是干巴巴的事实罗列，而是真实的生活。充分的描写能使读者读起报道来有强烈的现场感。

在讲故事时，应努力挖掘新闻事实中具有人性、人情的色彩因素，描述人的生存境遇，捕捉生动传神的生活细节，展现人性的真善美，把情感因素融入理性思索中。近年来媒体流行的“讲述老百姓自己的故事”，就是捕捉到了普通人身上闪动着的人性光辉和生命活力，显示了平淡中的伟大，琐碎中的崇高，展示了一种人性的崇高美。

提到新闻的故事化就不能不先提到新闻的娱乐化。娱乐化是对严肃刻板的宣传说教方式的一种矫正，但同时它又给新闻报道带来了浅俗化的趋向，新闻故事化正是对娱乐化的矫枉过正所进行的又一次修订，是强调报道的细节化和情节性，在顾及受众阅读快感的同时更重视挖掘新闻的社会价值。

2. 设置悬念

构成故事的重要成分是悬念和细节。悬念的功能是要吊住受众的胃口，使之非看出个结果来。要把新闻当故事讲，且要讲得娓娓动听、扣人心弦、层层剥茧、渐释悬念、揭示主题，就一定要善于运用“曲折”。这是一个技巧，也是牵引受众眼球的妙招。

3. 巧妙运用细节

老子说：天下难事，必做于易；那么细节从何而来？细节源自交流的对象。每个人与众不同的地方，或是心理，或是性格，或是经历，或是情绪。在“共性”与“个性”之间，对新闻对象的细节的关注，对细节的捕捉，对细节收放自如的运用，就是抓住了新闻对象的个性。放大与深入个性的挖掘，对理解认识新闻对象，对展示事件及人物的精神世界、展现被采访者的真实情感经历有着至关重要的作用，这也决定了采访是否成功。

好的新闻作品依赖于对于细节内容的巧妙运用。细节展现着人物的行为和事态的进程，用细节展现的新闻报道才能够再现新闻事实本身的生动性、独特性、丰富性和深刻性，从而给受众留下深刻的印象。

故事化新闻报道十分注意形象化的描述，善于捕捉生动的细节，好的细节不仅增加了新闻的可信度，而且增加了故事的现场感和画面感。细节是具体的，只有记者在采访中才能获得，而编辑是无法提供的。细节的表述绝不是为了细节而细节，为了故事而故事。所有的细节、所有的表达形式，应该是为描述与解释事实本质服务，这样才能使新闻报道文本简洁、流畅、直击人心。

4. 让场景“说话”

在新闻报道时活化关键点的场景是非常必要的。把场景逼真地再现出来，才能够使新闻报道做到有神、有形。场景描写能够烘托气氛，帮助读者更好地理解人物的性格、行事的动机和戏剧化矛盾冲击。一个好的环境描写包括视觉感受、听觉感受、嗅觉感受和触觉感受四个部分。场景的描写要力求细致，运用每一种感觉，将你所看到的、听到的、闻到的和触摸到的场景全部描写出来，不仅反映了事件本身的真实，更重要的是折射出一种背景的真实。这样的画面就能在读者心里留下有声有色的鲜活印象，情节的起伏跌宕。需要引起记者注意的是，故事化的语言应该把直接引语写入新闻材料背景中。因为直接引语能使受众直接聆听新闻人物“说话”，能使新闻事件更增添戏剧化色彩。此外，直接引语还能轻而易举地帮助记者做到客观报道，使受众直接感受到新闻事件真实可信。

二、选题的平民化

题材平民化的目的就是要突出新闻的群众性。新闻关系到千家万户的生活、学习、工作、消费、娱乐、理财，关系到千万家企业商品的生产、经营与流通，牵动着人民群众的切身利益。新闻在面向领导的同时，更要面向群众，选取老百姓最关心、最容易理解的新闻角度，来反映和报道与老百姓日常生活息息相关的时政报道、经济现象、法治教育等，引起老百姓的共鸣。

阜阳的劣质奶粉案被媒体曝光后，在全国范围内引起了老百姓的广泛关注。因为该事件让读者以平等的地位发现了最大受害者是消费者，是那些可怜的孩子和他们的家长，从而感悟自己。群众对受害者的关注和支持是这些报道引起强烈反响的原因。另外，老百姓也会注意到自己身边是否存在有类似的安全事件，就是最贴近老百姓的健康题材。先以此来吸引读者，然后才能使相应事件的追踪报道、深度报道、新闻评论和政府措施的出台为读者从头到尾的了解，并解答读者心中的疑问，这样的报道无疑是很成功的报道。

以平民视角，讲述老百姓自己的故事，从平凡生活中挖掘有新闻价值的素材。“报道强调实录和客观，尽量减少主观性成分，参与性的表现”；“讲述”注重人情事理，对故事中的人物和行动做出一定的分析评价，更注重从人物的命运来折射社会背景变化。

三、报道的人文化

重视人文关怀已成为新闻传播界提高自身文化品位的关键，并已经体现在新闻传播的实践中。新闻题材的选择、新闻采访手法以及新闻传播效果中，都不同程度地体现人文关怀。

目前，许多传媒邀请专家学者和权力精英来设置选题，报纸的版面、电视台的访谈节目和收音机里的脱口秀更是充满了这些“精英”的话语。事实上新闻的选题应当来自新闻工作者的采访，来自老百姓关心的问题，应该对老百姓给予严肃的关注，重点报道老百姓关注的严肃的和有新闻价值的重要问题，媒体的议程设置更多地根据新闻工作者在基层采访的线索或公众反映的问题。

英雄是时代的代表，群众是生活的主流。历史唯物主义肯定了个人在历史上的特殊或杰出的作用，揭示了杰出人物在历史中发挥领导和榜样作用的必然性。与此同时，也强调了人民群众是历史的创造者。在新闻传播中，对英雄与群众任何一方的“一边倒”，都可能造成对社会价值取向的误导，都不利于受众把握社会价值的平衡，不利于建设一个有益于社会健康发展的文化环境。

一位哲学家说过：“从事任何职业，如果没有来自人这方面的热情，都是搞不好的。一个学者如果没有对人生的追求，没有对社会进步的追求，科学上的成就必然会受到限制。”同样，新闻报道离不开对人的关怀。真正的“人文关怀”是对“人”的“存在”的思考；是对“人”的价值、“人”的生存意义的关注；是对人类命运、人类痛苦与解脱的思考与探索。它是道德价值的基础与出发点，而不是道德价值本身。应有意识地调整自己的报道思路和写作方式，尤其在深度报道中注意人文视角。有了这样的视角，报道才能更加深入、全面，才能有灵魂。

第四节　新闻报道的关键点与节奏点

一、新闻报道的关键点

（一）选取恰当的新闻价值点

按照新闻价值的“效应说”，从受众角度来看，新闻价值是指为受众所喜闻乐见的程度以及它在社会中所产生的影响或效应。

新闻价值点就是我们所说的认识事物的出发点，出发点不同，人们认识事物的角度就不同；出发点不同，人们认识的侧重点就不同。

美国记者克莱尔·萨夫安的经典新闻作品《冰河英雄》，此为灾难性新闻，但记者并没有按照概括现场残局及死伤数据的灾难性新闻写作模式进行报道，而是以一个人的维度描绘事件，着重于新闻人物本身，将之放到典型环境中刻画。记者紧紧抓住了威廉斯个人在灾难当时的表现，由点及面，从而自然而然地描绘出灾难现场，如“在捞起的79具尸体中……”意在叙述事件，实则交代了灾难数据。这是对新闻事件本身负责，对受众负责。在灾难性新闻中，记者并不是客观报道泛泛的灾难现场和乏味痛心的死伤数据，而是选取威廉斯舍己为人的典型人物形象，能为受众所喜闻乐见。同时挖掘出正面的人物形象，将人性的闪光点真实呈现在受众面前，引发人们的深思，升华了主题，将灾难性报道变为社会问题，产生了积极的社会影响。

（二）寻觅最佳的采访切入点

采访活动质量的好坏直接影响到新闻报道质量的高低，选择什么作为采访的切入点，显得尤为重要，尤其是电视采访何时开机很有讲究，有些被采访者和记者在私下交流很顺畅，但一打开摄像机，立刻就显得不自然，从而影响了采访效果。所以一方面记者采访前的准备工作要充分，另一方面要寻找最佳的采访切入点。

采访问题就是记者采访的敲门砖，也是采访切入点的外在表现。采访问题一定要变换角度，一定要有旧瓶装新酒的创意。威廉·罗彻斯特采访肯尼迪总统：“提出他早已回答多次的问题是对他莫大的侮辱，你的问话应该是他前所未闻的，这样他就会有兴趣跟你交换意见。”记者设计采访问题一定要是采访对象感兴趣的问题。采访前他查阅总统特别助理和内阁顾问的名单80%的人比总统年轻，问他是不是年纪沙文主义者。这引起了总统的兴趣，原定只能十分钟，实际持续了三个半小时。

（三）紧抓新闻的关联点

新闻事物包括多侧面、多角度的内容信息。可是新闻报道不是事无巨细、面面俱到地进行反映，必须有内容的取舍。特别是在重大新闻报道中，必须跳出一般事件信息常规视角，而是把新闻视觉扩展到新闻信息之外的高度上，细致挖掘信息之间的关联点，让次要信息辅助重要信息源，抓住与事件主题的相关点，以突出和深化报道主题，增强报道的力度和广度。

如在第17届“中国新闻奖”的评选中，荣获消息类三等奖的《奥运“鸟巢”用钢全部“中国造”》一稿，便是记者高屋建瓴、总览全局后采写出的具有宏观思维和微观描写的消息新闻的精品之作。

这篇消息所报道的是奥运“鸟巢”需要攻克技术难关，实现用钢全部实现中国制造的事实，而整个报道的源头始于一次钢材供需会：对于“鸟巢”工程所用的我国从未生产过的产品——厚扳，这种产品的规格、强度特殊，生产难度很大，但邯钢集团主动承担了任务。记者在会议上敏锐地捕捉到这一重大事件背后的新闻，在会后立即进行了全方位跟踪报道，直至研发成功。这个例子中，记者并没有简单地“就会报会”，而是下了功夫去做深主题，深思熟虑，结合各方面的背景材料，牢牢抓住“奥运鸟巢用钢全部中国造”这一独特新颖的内容，运用高起点、全方位、掘进式的思考方式，深入剖析这一新闻事实的内涵，记者运用宏观性思维和微观描写，捕捉新闻关联点，站在全国的制高点，见微知著地揭示出了我国钢铁工业所取得的进步，增强了新闻信息量和新闻价值。

二、灵活把握统筹节奏点

节奏，原意是指音乐中有规律出现的强弱、快慢的变化。而这里所说的新闻报道节奏，是指在新闻写作过程中，通过作者的主观努力，使新闻呈现一种文字上或结构上或不同报道之间符合事件特点的、有规律的变化。

在新闻节奏的控制上，记者采用娓娓道来及直逼结局一紧一慢的步调。新闻现场的报道紧扣主题，吸引受众注意力；穿插的采访回忆放慢节奏，吊起受众胃口。两种截然相反的节奏有机混合使用，调动受众的阅读欲，紧紧抓住读者的注意力。

下面介绍三种节奏点的表现：

（一）清晰的谋篇布局

节奏就像不同的行军步伐，通篇的节奏就像是不同的语言节奏的结合，有时可以一种节奏到底，而有时则晦明晦暗，需要节奏上的变化，就仿佛阅兵时齐步与正步的互换，这种节奏的突然变化同样会带来变换的美感。

这种谋篇节奏是建立在语句节奏基础上，但同时又要超越单纯语句节奏。因为单纯语句的节奏控制，使新闻读起来朗朗上口，而新闻节奏最主要的作用还是要使新闻报道前后脉络清晰，事实发展水到渠成，或意料之外、情理之中。所谓“大象无形”，就是虚与实、抑与扬、动与静相结合，也是控制节奏的有效方法。

（二）拿捏故事情节

新闻故事情节上的抑扬也同样可以形成节奏。火山被压抑得越久，喷发的力量也就越大，同理，新闻故事情节上的先抑后扬亦可达此效果。经过这“抑—扬—抑—扬”的节奏变化，整个报道呈现出明显的节奏感。

（三）精设小标题

使用小标题是节奏调整的最简洁最有效的方法。有时只要一句话，就可挥洒自如地在不同的节奏场景进行切换，不同报道节奏之间才会得到自然、顺畅地过渡、发展。值得一提的是，每一组新闻小情节还要很精巧配合宏观节奏的步伐，达到前后呼应效果。

第六章 新闻报道前的采访工作

第一节 新闻采访的主体和客体

一、新闻采访及其主体

（一）新闻采访概述

1. 新闻采访的含义

新闻采访就是指为了获得某一信息、某一新闻事实而进行的一种观察、询问、查考。新闻采访的特色就是它必须在采访以后才可写作。没有采访，就没有新闻写作。采访的成功与否，直接关系到新闻写作的质量。我国著名记者穆青曾指出：“写作固然是个重要问题，但同采访比起来，后者是个更为重要的问题。手里没有好的素材，文字再考究，也弄不出好东西的。”《新民晚报》前社长林放在阐述采访与写作的关系时也说：“多年从事新闻工作的同志，都有这样一点体会：如果采访的时间是一，而写作的时间是十，就颠倒了新闻采访和写作的常规。应该是采访的时间是十，写作的时间是一，在写作之前，必须深入采访，下大功夫。”

在获取素材的手段上，采访与调查报告基本上相同。同样是运用询问、观察和阅读的办法，而“看”、“听”、“问”、“记”、“想”更是它们的共性。但它们的目的有所不同。调查报告是为了了解情况，研究问题，指导工作实践；采访则是为了捕捉新闻事实，进行信息传播。有时，调查报告所研究的问题也带新闻性，采访的事实报道也具有指导性，但从整体上看，前者主要是研究生活中、工作中比较重大、带有普遍性的问题，后者主要着意新闻事实的报道。

2. 采访的种类

采访的种类很多，与初学者关系密切的，有直接采访、间接采访、谈话采访、观察采访、书信采访等。

直接采访、间接采访是根据采访者与报道对象的关系来划分的。我们要报道某一事物，直接找当事人采访，这是直接采访。直接采访是采访的主要形式。有的时候，报道对象太忙，或是外出，或是去世了，我们不能直接找他本人采访，就找他的领导、同事、亲戚朋友、知情者进行采访，间接地了解有关情况，这是间接采访。一般情况下，都是直接采访与间接采访结合起来使用。

根据采访的方式，我们通常将采访分为“谈话采访”（口头采访）、“观察采访”（目击采访）和“书面采访”。

“口头采访”是通过交谈方式进行的采访。口头采访是一种重要的采访方式。它是采访者接近采访对象的第一步，是取得主动性的关键，是打开采访对象心灵的钥匙。绝大多数采访是通过口头采访或主要通过口头采访完成的。“目击采访”主要是现场观察。它可以获得大量的第一手材料和生动的“独家细节”，可以丰富“口头采访”的内容，可以避免采访对象的限制。“目击采访”通常用来补充和丰富“口头采访”，加强报道的现场实感。“目击采访”要注意观察的重点，要注意捕捉现场实感，要善于分辨假象。“书面采访”是特殊情况下采取的一种采访方式，它主要通过书信的方式，向采访对象了解某些情况。“书面采访”要精练，同时还要注意时效性，不要因信件的辗转而耽误了时间。“书面采访”还可以与电话采访结合起来。

3. 新闻采访的特点

采访要服从新闻报道的需要，因而，它具有相应的四个方面的特点：

（1）快速出击

新闻报道要讲究时效性，要争分夺秒。反映到采访上来，采访也要快速灵敏。它不能迈着四方步慢慢吞吞，不能跟在人家的后面拾人牙慧，不能把采访的过程拉得过长。它要时时刻刻跑在别人的前头，争分夺秒，反应迅速敏捷。

（2）对象广泛复杂

新闻采访的领域涉及各个方面，政治、经济、科技、体育、教育、文化、城市、农村，都有可能涉及。新闻采访的对象更是复杂，不同年龄、不同职业、不同性别、不同经历、不同信仰、不同心理的采访对象都可能遇到，这就要求新闻工作者具有广泛的知识，具有广泛的触觉，因时因地地开展采访。

（3）着眼新闻事实

采访面对纷繁复杂的生活现象，并不是巨细无遗地一一收罗。它所关注的、捕捉的，是新闻事实，以及与新闻事实有关的背景材料。对于采访而言，重要的是“事实”。如果说思想家、理论家、哲学家靠理论说话，文学家靠形象说话，那么，新闻工作者靠事实说话。采访的任务，就是把公众欲知的、应知的、具有报道价值的新闻事实，迅速及时地找出来，并迅速及时地报道给大众。新闻工作者的采访，就是跟事实打交道。当然，他也会碰到理论，接触到形象，但这一切，都必须归入到事实中来。因此有人说，新闻工作者的全部工作，就是通过采访去发现事实，了解事实，选择事实，核对事实，体验事实，追踪事实，最后是报道事实。

（4）具有灵活机动性

采访还具有灵活机动的特性。今天你采访学校、菜市场，明天说不定就要去机关、机场。这次，你采访几小时，为的是写一篇几百字的短新闻，下次，说不定为了采写一篇大通讯，花上十天半个月。因为采写的文体不同，采访的深入程度就有所区别。采写消息，只要把基本的新闻事实弄清楚就行了。而通讯、调查报告之类的采访，就要尽可能地深入细致。因及时报道的需要，有的新闻可以等全部材料都采访到手后再写，有的则可随着采访的不断深入而分段报道、跟踪报道。至于具体的采访，则更需要新闻工作者采用灵活机动的方法。

（二）新闻写稿要先采访

采访是新闻的基础，报道的依据，新闻则是采访的结果。没有采访，新闻就成了无源之水，无本之木。

所谓采访，就是调查研究。具体讲，采是采集，访是访问。新闻采访，是新闻采访与写作人员写稿前通过一定的方式或手段获取新闻事实的一种活动。新闻采访是新闻采访与写作人员认识事物的方法，了解事物的手段，表达事物的途径，是新闻采访与写作人员写好稿子的基本功。只要是稍微有些实践经验的新闻工作者，就会有这样的体会：新闻写得好不好，反映得深不深，很大程度上取决于会不会采访。一位新闻工作者说：笔下的工夫不强照样能当一名出色的记者，但不善于进行采访是决当不好记者的。这话说出了采访的重要性。采访的重要性具体表现为：

采访是报道的依据。新闻属于上层建筑中的意识形态领域，事实是第一性的，新闻是第二性的，离开事实就没有新闻。因此，发现、探求、挖掘事实，并从中提炼出具有新闻价值的精华，即我们通常所说的采访，就成为新闻的基础，报道的依据。采访是记者的直接或间接的社会实践过程，是新闻工作者深入实际、认识实际、反映实际的过程，也是唯物主义的思想路线和工作方法在新闻工作上的反映。

采访是保证新闻真实性的前提。真实是新闻的生命，是新闻自身的属性，无真实就无新闻。记者只有深入实际，耳闻目睹，才能辨别事情的真伪，掂出事实的分量。闭门造车，道听途说，是新闻工作的大忌。许多假新闻的出现，不仅严重损害了党的新闻事业的声誉，也给实际工作带来不利影响。这些都同不重视采访有关。

采访有助于深化报道。任何新闻都只能反映一定时间、空间范围内的事物事件、人物等，但任何事物都不是孤立的，也不可能是静止的，采访有助于了解这一事物同其他事物的联系，了解事物的来龙去脉，从中掌握事物的本质，并发现新的线索，以便报道深入。有的记者习惯于跑“衙门”，从文件、报表中找新闻。这固然是获取新闻的一条重要渠道，但仅此还远远不够。如果能根据文件、报表提供的线索进行实地采访，那么，报道的深度有可能大大增强。

采访有助于新闻的生动活泼。新闻是现实生活的反映。生活本身是丰富多彩的。只有通过采访，才能如实地反映多彩的现实生活。现在，新闻界提倡目击式新闻，增强报道的立体感，这样，采访就显得更为重要。有的记者满足于死材料，但死材料出不了活新闻。这是当前新闻改革的一个重要课题。除此之外，对于广播新闻来说，由于它经常采用一段音响作为素材，因此其新闻材料非采访不可得。

（三）采访的基本方法

常言道：“七分采访，三分写作。”记者在写作新闻之前，都要进行采访，其主要目的，是为了掌握新闻事实，进行报道。

要迅速及时地了解新闻事实，方式方法各不相同，一般地说，应该是如下几种：

1. 个别访问

访问，是记者向采访对象进行思想钻探的一种活动。访问的过程，是通过被访问者的答话向客观事物进行探索研究的过程。所访问的对象，一般地说，应该与报道事实直接有关的当事人，事件的参与者和目睹者，或者虽不是当事人，但却是要了解情况的人。

访问从何问起，首先了解全面情况，其次采访重点事实，再次挖掘有关细节。谈话时，关键是记者要造成一种气氛，使被访问者不会感到他是面对着记者而有所拘束，记者要打消他的各种顾虑，使被访者对记者建立起一种信任的心情。访问最好的方式是聊天，记者随时把话题引到自己想了解的问题上，使对方在自然轻松的气氛中谈出他所知道的一切情况来。访问中，记者要勤于思考，善于引导和启发，要有打破砂锅问到底和步步紧逼的精神，才能获得生动的真实材料。

2. 开调查会

这也是一种采访方法，一般适合于一个单位或人员比较集中的地方。但一定要做好会前的准备和会中的组织工作，参加座谈的人以五至七人为宜。座谈会由本单位的负责人主持或记者主持都可以。每次调查会只有一个中心内容会有利于集中精力。在座谈会上如发现有什么矛盾，要引导大家讨论，达成统一的认识。在调查会上主要弄清骨干材料，对某个细节、数字，可以留到会后个别访问。至于有意义的观点、有价值的线索、生动的语言，要及时地记下，便于会后进一步研究、深入采访。

3. 现场观察

就是记者要和事件发生的目睹者一起，到现场去观察，进行调查访问。通过现场采访获得许多活生生的、有声有色的材料，就能把新闻写得逼真、生动，使新闻更易于为群众接受。

记者到现场以后，通过察访，还可弄清楚一些靠文字或口述说不清的细节。记者只有对新闻事件了解得透彻，写出的稿件才能使读者看得清楚明白。记者到现场去观察，进行现场采访，可以使记者在现场观察中获得启发，记录真实的材料，描写场景精确真切，具有现场感，增强新闻稿件的说服力。

注意观察什么呢？一般地说，记者到现场，要观察新闻事件和人物的现场环境，以获得具体、形象、生动的材料，并从中受到感染，加深对事物本质的理解。要在观察中捕捉传神、生动、有说服力的细节。这些细节，有时在采访中已经获得，但为了印证，加深感受再去现场看看是大有好处的。在现场变化快的情况下，记者要注意保持对新鲜事物的热情，随机应变，不轻易放过来访的机会，善于抓住一瞬而过的场景。

二、新闻从业人员的素质

（一）新闻从业人员的职业特点和应具备的素质

1. 新闻从业人员的职业特点

新闻和新闻工作者的基本属性决定了新闻工作的职业特点大体有 5 个方面。

一是时间的不确定性。新闻事实具有突发性。这一特点决定新闻工作者必须保持箭在弦上的精神状态，做到一触即发，招之即来。

二是事件的亲历性。新闻是新近发生或正在发生的事实的报道，这就要求新闻工作者必须深入实际进行采访，或与事件同步进行采访报道。只有如此，才能较大程度地了解和把握事实的真相。

三是职业的危险性。这是其亲历性特点的衍生特性。新闻工作者是世界上十大危险职业之一。如战地报道、突发性灾难事故的报道和批评揭露型的报道等，新闻工作者随时有可能面临着生命的危险。

四是工作的独创性。新闻是客观见之于主观的东西，是客观存在的新闻事实与报道者的主观认识的有机统一体。报道者的学识水平与表达能力直接影响着报道的质量，别人无法越俎代庖。

五是强烈的政治性。新闻事业作为上层建筑的重要组成部分，具有阶级性，必须为本阶级的利益鼓与呼。作为社会主义的新闻事业，其政治性突出表现在为人民服务、为社会主义服务、为党和政府的工作大局服务，“以正确的舆论引导人”。

2. 新闻从业人员应具备的素质

新闻工作者应该具备的素质包括：不断学习的习惯；追求真相的执着；客观公正的态度；准确朴实的文风；甘于吃苦的精神；丰富广博的学识；宽容善良的情怀；尚俭守德的品格。

当前新闻工作者亟须强化的四种素质：法律素质、获取信息能力、专业化素质、人文素养。

（1）新闻工作者要具备一定的法律素质

随着我国法制建设的不断推进，知法懂法已成为每个公民必备的素质，而作为新闻工作者，担负着引导正确舆论导向的重任。但是，近年随着报刊市场的繁荣，个别报刊在市场竞争中指导思想出现偏差，在导向、格调、法规上问题不断。同时，最近频繁出现的假新闻和不公正报道以及媒体判断超越司法审判的现象，也说明新闻从业人员的法律意识亟待提高。

为了能够在激烈的新闻竞争中取胜，新闻媒体在反映舆论、引导舆论时，适当注意自身的经济利益是无可厚非的。但是如果为扩大发行量和招揽广告的需要，为了获得最大化的经济利益而采取不正当甚至违法的手段，在反映和引导社会舆论的时候忽视了客观性、公正性和社会责任，长此以往，媒体的信誉和威信就会在受众心中大大降低，从而影响整个新闻业、传媒业的发展，同时对新闻工作者个人的发展也将产生极其不良的影响。

目前，要解决这个问题，最有效的途径就是提高广大新闻工作者的法律素质，不仅要树立法制观念，还要掌握应知应会应懂的法律知识，善于在宪法和一切法律法规规定的范畴内搞好新闻报道和舆论监督，一旦违法违规就要承担相应的法律责任。

（2）新闻工作者要具有较强的获取信息能力

在记者的工作中，最有意义同时也是最富挑战性的就要算获取新闻线索了。以往的新闻传播教育虽然也提供了不少发现新闻线索的方法，但在知识经济迅猛发展的今天，仅靠这些传统方式已经远不能适应社会发展的要求，要找到好的新闻线索，还必须具备较强的获取和处理信息的能力，因此，记者有必要掌握一些情报学和信息学等方面的知识。

就拿情报学来说吧，它是研究情报的产生、传递、利用规律和使用现代化信息的技术与手段，目的是提高情报产生、加工、贮存、流通、利用的效率。随着人类社会向信息化社会的演进，情报学的社会重要性日益增加，其作用和研究成果已经被认为是信息化社会的强大支柱之一。新闻工作者从获取新闻线索，到采访，再到写成新闻这一过程正与情报学有着异曲同工之妙。而信息科学是研究信息的一门综合性学科，其基础是信息论。按照新闻界最新的观点，记者已经被定义为“专业的信息传播者”，这就赋予了记者这一职业新的内涵和外延。

在很长一段时间里，记者，尤其是一些大报、党报记者获得新闻线索有很大一部分是“派活儿”，也就是应一些政府部门和企业的邀请出席新闻发布会，然后做出相应报道，这种工作形式缺乏主动性、创造性，时间长了还会养成记者的惰性。记者另一种常用的工作方式就是随机寻找新闻线索，哪儿发生了新闻就去哪里，有什么事件就报道什么新闻。这种形式在短期内具有灵活性、及时性的特点，但是现在新闻报道越来越讲究策划，新闻传播的“议程设置”功能愈来愈受到重视，只重视对突发性事件的报道已远远无法满足受众的需求和新闻事业的整体需要。因此，新闻工作者可以学习并运用情报学的一些研究方法，如社会调查法、文献计量统计方法、数学分析法、系统分析与评价方法、历史的研究方法等等，对自己的新闻报道工作做出深入的研究和周密的安排。有了充分的前期工作，才能确保新闻报道水平的高质量。总之，信息利用水平已成为衡量记者水平的重要标准。

（3）新闻工作者要具备相当的专业化水平

所谓“记者的专业化”，就是指每一个记者都要争取成为他所从事的报道领域的专家。在信息社会，分工更加细化，受众知识、文化水平提升，记者需要在全能型的基础上向专家型转变，已成为一种必然趋势。专家型记者的特点是在具备一个普通记者各项基本素质的同时，兼备某一领域的专业知识。

从实际情况来看，现今有专业背景的新闻人才越来越受到广大媒体和新闻单位的青睐。虽然目前新闻从业人员的专业构成仍以新闻和中文为主，但是近期以经济、管理、法律、政治等为专业背景进入新闻业的人才的比例正在不断上升。多数报纸在招聘时已经不限专业，有些财经类报刊则专门招收经济、管理等相关专业的人才。

（4）新闻工作者的人文素质也亟待提高

斯坦福大学传播学教授泰德·格拉舍指出，应将新闻学教育回归到人性教育。在注重新闻采访技能训练的同时，培养新闻工作者的人文素养、开启他们的良知、增强他们的社会责任感，也是十分重要的一项工作。

有人曾提出传媒人素质的“蜂巢理论”，即有火一样的激情，有海洋一样的胸襟，有钢铁一样的脊梁，有慈母一样的爱心，有猎犬一样的敏锐，有冰山一样的冷峻。这六个方面构成了一个六角形，是一位出色传媒人的基本框架。它像一个蜂巢，传媒人就是这个巢子中成长的蜜蜂。蜂巢的六角形越是匀称，蜜蜂的素质就越高，酿出的蜂蜜就越好。这也在某种程度上形象地表现出对传媒人人文素质的要求。

当然，提高新闻工作者的人文素质不是一朝一夕就能实现的。唯一的办法就是新闻事业单位在对记者进行再培训、业务“充电”的过程中，借鉴外国大学的成功经验，优化新闻课程设置和教学模式，减少教授写作、编辑技能的课程，增加社会科学和人文科学，如经济学、政治学、法律、历史和语言文字学等内容，目标是使新闻工作者拥有更多的可以利用的能力，并向更广阔的空间发展。

（二）新闻采访与写作人员要具有的精神

不少新闻采访与写作人员把为报纸写稿想象得过于美妙，殊不知写稿不仅是艰苦的劳动，还有一定的风险。中央一位领导同志曾说：“新闻工作是世界上最艰苦的劳动之一，他终年不能休息。每天都要遇到新的问题，经常遇到精神上没有准备的东西，每天都要做多种性质的工作。”要写出好的报道，就要经常动脑筋研究新情况、新问题，还要去了解、寻求、挖掘，有时写了批评不正之风、官僚主义的稿子，难免遇到不公正的对待。小则冷嘲热讽，大则打击报复，甚至危及人身安全。在这种情况下，新闻采访与写作人员就需要有为维护党和人民利益而忘我斗争的献身精神。

（三）新闻采访与写作人员应坚持的原则

“四项基本原则”是我们搞好宣传报道的出发点，党的方针政策是我们搞好宣传报道的依据。新闻报道要以坚持“四项基本原则”为方向。不熟悉党的方针政策，新闻报道就寸步难行。有位同志曾问谢觉哉同志，记者的基本功首先是能写一手好文章，对不对？谢老说：好文章的标准又是什么呢？文章的好坏，首先要看内容。人云亦云，没有独到的思想见解，没有自己比较深刻的思想，决不能说是好文章。当然，做到是不容易的，这就要求我们在有些问题上站得比别人高一些，看得比别人远一些。这靠什么？不靠聪明，而要靠我们真正地掌握马列主义、毛泽东思想，锻炼自己明辨是非的能力。这就是说作为党报的新闻采访与写作人员首先要熟悉马列主义，努力学会以马列主义的立场、观点、方法去观察问题，分析问题。至于我们的方针、政策，那是马列主义的普遍真理和中国具体实践相结合的产物。我们要宣传党的方针政策，不但要在实践中去考察它执行的情况，而且还要从理论上去正确理解它、把握它，然后才能恰如其分地来宣传。此外，有些新闻采访与写作人员认为，自己在写稿时，只是客观地叙述事实，整篇稿子没有一点理论的成分。也不公开发表自己的意见，需要什么理论修养呢？确实，有许多新闻稿子并不需要理论色彩的文字，而在于在选择事实、分析事实、叙述事实的过程中，反映出新闻采访与写作人员的思想水平。

（四）新闻采访与写作人员应具备的知识

新闻采访与写作人员要经常给报纸、广播、电视台写稿，没有知识不行。作为新闻采访与写作人员，需要与各行各业的人打交道，如果没有很好的知识修养，是无法成为一个称职的党报新闻采访与写作人员的。因此，广泛地涉猎、浏览历史、地理、法律、社会学、心理学、人才学、古今中外文学名著以及信息论、控制论、系统论等新兴学科知识，才能开阔视野，丰富知识。并且有助于增强新闻敏感，发现新闻线索，挖掘新闻题材，还可以帮助你辨别真伪、是非，找到问题的关键，而不会轻信上当。

然而，“冰冻三尺，非一日之寒”。丰富的知识并非一朝一夕之功，而要持久地努力，日积月累，最好的方法是随时摘抄各方面的知识，看报刊，读材料，听报告，发现有用的东西及时记下来，分门别类地加以整理归纳，久而久之，就能使自己的知识丰富起来，有一个适应通讯报道工作需要的知识结构。

（五）新闻采访与写作人员应具备的素养

1．新闻采访与写作人员应具备的素质

新闻采访与写作人员的基本素质应包括以下几方面：

（1）良好的职业道德

新闻采访与写作人员是一种职业，更是一种事业。新闻采访与写作人员是一个特殊的社会角色，担负着传播思想和信息的重任，因此除了遵守普遍性的职业守则以外，主要还在于“公正”和“尽职”。

公正，就是要求新闻采访与写作人员坚持真实性、客观性，这是新闻的生命。违背了公正，就会拿了红包昧着良心说话，以稿谋私，所以说公正是新闻职业道德的基石。

尽职，就是“做好分内事”、“要做就要做好”。新闻采访与写作人员工作的特点具有独创性、艰难性和复杂性，从某种意义来说，它是社会实践的精神探险，不肯吃苦、不肯冒险、不肯钻研是干不好这一职业的。

（2）新闻工作者专家化

新闻工作者必须认识到，向专业化发展是时代进步的结果和需要，应自觉地树立起当专家型新闻工作者的思想。新闻工作者必须走出办公室，多搞调查研究，在自己所报道的范围内刻苦钻研，早日实现从外行到内行的转变。

（3）良好的心理素质

新闻采访与写作人员要及时、准确地报道新闻，而有新闻的地方，未必都是安全的，尤其面对天灾人祸的新闻现场，新闻采访与写作人员的人身安全也会受到威胁，所以说新闻工作是一项充满危险的工作。这种职业特点也要求新闻采访与写作人员具有较强的适应能力，而要提高自身的适应能力，就需要具备良好的心理素质。

新闻采访与写作人员要始终保持头脑的冷静，也需要具备良好的心理素质。一个遇事过于急躁、情绪化的人，很难做到“理智、全面、客观、公正”。因此，新闻界有句名言：新闻工作者“心要热，头脑要冷”。只有保持稳定的情绪状态，才能保证报道的客观和公正。

新闻采访与写作人员要做到洁身自好，也需要具备良好的心理素质。面对诸多复杂的社会问题和自身的使命，新闻采访与写作人员应该始终保持清醒的头脑。要做到这点，除了要有外部制度上的一些措施来保证外，具备良好的心理素质，拥有一个健康而又积极向上的心态也是重要的保证。

2. 网络时代的新闻采访与写作人员应具备的专业素质

网络时代的新闻采访与写作人员应具备以下专业素质：

（1）具有熟练运用网络、多媒体等新“武器”的能力

无论是在新闻事件现场还是在办公室或家中进行采访，新闻采访与写作人员

都离不开电脑、网络、多媒体。今后，每个新闻采访与写作人员将集文字记者、摄影记者和录音、录像记者于一身。新闻采访与写作人员身背一套重量轻、体积小、质量高、功能强的便携式电脑和数字式摄像机、照相机，就可以只身走遍天涯。

（2）具有运用多媒体、超文本写作报道新闻的能力

新闻采访与写作人员要善于进行多媒体、超文本的思维和写作报道。能使用文字文本、图像文本、声音文本、影像文本进行写作报道。

（3）具有深入研究深度报道的能力

在互联网络、多媒体时代，跟踪报道、连续报道、深度报道的任务义不容辞地落到了新闻采访与写作人员肩上。这就要求新闻采访与写作人员具有全局头脑、分析研究能力、坚持不懈的毅力，探讨、报道社会热点、难点、重点等关系社会、公众的根本性问题。

（4）较高的外语能力

要想充分利用网上资源和网络技术，新闻采访与写作人员必须能熟练地用英语查询和阅读网上资源，用英语在网上进行环球语音和可视采访，用英语写作、报道，收发电子邮件。

3．新闻工作者必须具备的个人素养

概括新闻工作的职业特点，新闻工作者必须具备相应的个人素养。这种个人素养，从总体上讲，就是“政治强，业务精，纪律严，作风正”。

第一，要有一颗冷静而清醒的头脑

新闻是政治主张、政治观点的宣传和直白，同时又是思想情操、伦理道德、人文价值、审美观念的自然渗透。其突出表现，就是政治主见、政治远见和政治预见3个方面。

只有具备这3种素质，才能始终保持清醒而冷静的头脑，做到大事面前不糊涂，原则面前不让步，高屋建瓴，写出具有科学性、本质真实性的新闻作品，以正确的舆论引导人。正如著名新闻工作者普利策所言：如果把社会比作一条航行在大海上的船，记者就是船头上的哨兵，他要随时指出暗礁。

第二，要有一腔充满正义的热血

主要表现为较强的责任感、使命感和正义感。为了维护党的权威、法律的尊严和人民群众的根本利益，要有胆有识，无私无畏，做到理直气壮，挺身而出，讲事实，讲真话，讲真理，敢于开展舆论监督。

第三，要有一双敏锐而深邃的透视眼

要善于运用科学发展观的立场、观点、方法去观察、分析错综复杂的社会现实，具有透过现象看本质的洞察力。这是发现新闻和最大限度地发掘新闻价值的基本功力。具备这一功力，才有可能准确地把握好新闻真实性的两重性，实现局部真实和全部真实、具体真实和总体真实、现象真实和本质真实的高度统一。

第四，要有一副善听八方的顺风耳

新闻工作者最致命的忌讳就是偏听偏信，以偏概全。因此，必须充分利用自己的听觉器官，随时随地做生活的有心人，最大限度地发现和掌握新闻线索，丰富自己的信息源和信息库。同时，还要注意倾听来自方方面面的意见，特别是不同意见，避免以偏概全，确保报道的客观、公正、真实、全面。

第五，要有一张能说会道的巧嘴巴

新闻工作者的职能就是传播信息，搞好宣传。为了宣传工作的需要而去采访，在采访中也要借助宣传工作的效果，去增强和提高对客观事物所蕴含的新闻价值的发现和发掘能力。如将党的大政方针和新闻宣传的要点、重点、导向意图，向被采访者予以通报，帮助他们升华对客观事实的认识，使采访者和被采访者对同一事实形成基本的共识，发掘出应有的新闻价值。另外，新闻采访者还需要善于提问，让被采访者乐于回答，有问必答，敢说真话。这也是采访能否成功的关键，是一个合格的新闻工作者必备的采访技能之一。

第六，要有一双马不停蹄的铁脚板

新闻是新近发生或正在发生的事实的报道。要报道好新近发生或正在发生的事实，一要把握好时间性，做到以快取胜，越快越好；二要深入事件现场及其赖以发生、发展的环境中去涉幽探微。这些都要求记者要腿勤，勤跑基层，深入生活，深入实际，深入群众。俗话讲，“涉深水者得蛟龙”，“淘深井者得甘泉”，就是对新闻采访的深入程度与新闻报道水平高低的关系的形象表述。

第七，要有一双乐此不疲的妙手

一是养成随手笔记的职业习惯。搜集资料信息，记录点滴心得，“好记性不如烂笔头”。二是勤于写作，把所见所闻所感尽快付诸文字，努力缩短新闻事实的发生与受众感知之间的距离，力求最大的时效性。三是精心修改。“倚马可待”的功夫实不多见。况且“文章不厌百遍改”，“千锤百炼出华章”。要按照“短些、短些、再短些”的要求，删繁就简，多出精品。

第八，要有一颗永不满足的虚心

记者要做“杂家”，是业内同行特别是资深同行们的共识和共行。社会生活，五彩缤纷；大千世界，无奇不有；七十二行，行行有道。面对这些，不注重学习，势必会“隔行如隔山”，当外行人，说外行话，词不达意，贻笑大方。因此，在学好新闻业务，打好文字表述功底的基础上，学政治，学理论，学政策，学科技，学法律；向书本学，向实践学，向同行学，向生活学，向人民群众学，向被采访对象学，学而不厌。

第九，要有一套严谨而又实用的良好作风

优良作风主要指：一是敬业的作风，热爱党的新闻事业，献身党的新闻事业；二是实事求是的作风，报实情，讲真话；三是艰苦奋斗的作风，不怕苦，不怕累，有时还要不怕危险，不怕牺牲；四是清正廉洁的作风，自觉抵制拜金主义、享乐主义、个人主义思想的侵蚀，恪守职业道德，坚决反对搞有偿新闻；五是严谨细致的作风，一丝不苟，精益求精，严防差错；六是勇于创新的作风，不断开拓新的报道领域，不断探索新的报道形式，不断采用新的报道手法，不断写出有新意的优秀作品。6 种作风，有的是动力源泉，有的是道德准绳，有的是保证措施，有的是奋斗目标。尽管各有侧重，但又有一个共同的主导体系，那就是新闻工作者的人格修养。

三、新闻从业人员的自律与他律

新闻的自律，主要是在内部进行的。这本应该是一件自觉性很强的工作。但在新闻的体制建设中，也要注意建立健全一些常规性的制度，对新闻机构和新闻从业人员施以适当的约束，使之从对“他律”的强烈感受中建立起“自律”的习惯。

（一）新闻职业道德与新闻法规

新闻需要规范，新闻工作者需要规范，这种规范来源两个渠道，内要提高媒体职业道德，外要完善新闻法规的作用。俗话说“无规矩不以成方圆”，在我看来，职业道德和新闻法规对于新闻界、对于媒体都是“规矩”，只是一个靠自律、一个靠他律。如果所有记者在自己的职业生涯中都能做到“自律”，那么“他律”的实际作用则可以视作不存在；然而，不是每个人都是圣人，记者也一样，当“自律”不能使其正确行使自己的权利和义务时，就需要“他律”来帮助他。有了“他律”的存在，大部分人就不会“肆无忌惮”地犯错而没人制裁，有了“他律”的存在，那些犯了错的媒体人才有了被制裁的依据。目前，我们的社会还没有实现共产主义社会的条件，所以，新闻法规则是必需和必要的。

（二）实现新闻自律的途径

新闻自律是新闻道德实现的重要途径，因而新闻自律的实现与新闻道德的实现是统一的。实现新闻自律的途径分为主体途径和外界途径两种：

第一，实现新闻自律的主体途径。毫无疑问，实现新闻自律最直接的动力应该来自传播主体内部，其最基本的方法主要有两种。首先，是向内的规范内化法，即将新闻职业道德规范内化为自己的新闻道德观念，形成职业良心、职业荣誉心和职业品德。内化新闻道德规范的过程，本质上是对新闻道德规范认知、评价的过程，是在心里确立新闻道德规范的过程。它是我们从学院教育里获知的最有价值的内容。其次，是向外的观念外化法，即用内化了的职业道德观念自觉地指导自己的新闻传播活动，就是用职业良心、职业荣誉心和职业品德支配自己的传播活动，停留在观念范围内的新闻道德还仅仅是传播者的职业品性，并不能实际地产生什么效用，只有这种内在的品质转化成支配客观传播行为的力量，自律才能得到最终的实现。这也是实践指导认识的表现，通过不断的实践改进自己的新闻职业道德和观念。

第二，实现新闻自律的外界途径。促使新闻传播主体实现新闻自律的外界力量，主要是社会舆论对新闻传播行为及其效应的道德评价。每个人都是社会人，我们生活在社会中，无时无刻不在听到别人我们的成见，社会对我们的评价。这种评价非主流的作用在于激励我们进步。

（三）新闻界他律的价值

他律比自律、自觉更可靠，制度的保障更持久和深远。也就是说，只有大力加强新闻制度建设和法治建设，依靠法律的强制约束力，自律的风险才有可能被降到最低。从这个意义上说，建立健全有关的法律法规、有法可依、有法必依、违法必究、执法必严，才是对付新闻道德缺失的利器。我们要学会用法律他律来辅助道德自律，用他律来降低自律的风险。为了确保记者正确地履行新闻职业准则，他律是必须的。

四、新闻采访的客体

（一）单一新闻价值客体的价值构成

单一新闻价值客体，是指一个个具体的、独立的新闻价值客体，即一件具体的新闻事实、一条具体的新闻信息或一篇具体的新闻报道（新闻文本）。单一价值客体对主体的价值构成，是指单一价值客体相对一定主体具有一些什么样的价值，这些不同价值之间的基本关系是什么。

新闻价值是新闻客体对新闻主体的效应，对于单一的新闻价值客体来说，它对新闻主体的效应有可能是单一的，即只有一种价值，也有可能是多项的，即具有多种价值。就新闻价值客体对主体的价值构成而言，它有可能是单项的，也有可能是多项价值的统一体。这一方面要看新闻客体本身的属性特征，另一方面要看主体对待新闻客体的态度，要看主体与新闻价值客体之间确立的具体的新闻价值关系。

任何一个新闻价值客体，它首先必须具备对主体的狭义的新闻价值，不然就不成其为新闻客体。但价值的相对性告诉人们，同一新闻价值客体对不同主体或处于不同状态的同一主体的价值是不同的。这就意味着同一新闻价值客体在不同的新闻价值关系中，对主体的价值构成是不同的。即同样一件新闻事实、一条新闻信息或一则新闻报道，对不同的主体具有不同的价值构成。绝对的、对所有人在同一时间都能成为新闻价值客体的事物几乎是不存在的。新闻信息的自然扩散与人为传播的过程性，决定了世界上几乎不存在绝对的新闻价值客体，当然也不存在绝对的新闻。

从新闻价值客体的属性构成看，它往往不是单一的，而是多属性的，比如，一件新闻事实在客观上既可能是政治性的新闻事实，同时又是经济性的新闻事实，还可能是国际关系性的新闻事实；一件新闻事实既可能是文化性的新闻事实，又可能是趣味性的新闻事实，还可能是具有教育性的新闻事实。事实的这种多属性特征，从价值客体方面决定了它对主体潜在的新闻价值是多项的。同样，由对新闻事实反映而形成的新闻文本，也包含多种多样的价值属性，对价值主体的潜在价值也是多项的。换一种说法，就是新闻价值客体对主体的新闻价值构成是多项的。这些多项价值统一存在于单一的新闻价值客体对主体的新闻价值效应之中，所以又必然是相互联系的统一体，是多项价值的统一体。

在新闻价值客体的多种属性之中，各种具体属性的地位一般说来并不是等同的，对主体的价值和意义并不是等量齐观的。不同属性反映着价值客体的不同侧面、不同层次的特征，有些属性决定着客体的本质，处于多种属性的核心地位。尽管价值客体的主要属性一般说来对主体的新闻价值最大，但地位重要的客体属性并不必然比一些次要属性对主体的新闻价值大，因为新闻价值是客体属性对主体的作用和影响，不是由客体属性单方面决定的，新闻价值客体对主体的价值大小必须在主客体的关系中予以具体的考察，价值客体某一属性对主体价值的大小同样必须在一定的价值关系中来具体确定。

对具体的新闻价值客体来说，它的属性总是有限的，所以任何具体的新闻价值客体对主体的价值子项是有限的，价值客体对主体的潜在价值也是有限的，这就从客体方面对主体的新闻价值创造活动提出了合规律性的要求，要遵循新闻价值客体的尺度，不能超越新闻价值客体的属性去任意赋予客体以某种价值，新闻必须真实的认识论要求在新闻价值活动中的根本体现，就是必须为人们提供真实的价值，而非虚假的价值。一切不顾价值客体属性的价值“创造”活动，必然是制造新闻、不正当策划新闻或恶性炒作新闻的活动，完全违背了新闻价值的形成规律。

从新闻价值主体角度看，由于主体的新闻需求既是多方面、多层次的，又是不断发展变化的，同时不同的主体既有共同的新闻需要，又有多样化的、不同的新闻需要。这样，就使新闻价值的构成更显示出多样性来。

总之，单一新闻价值客体对主体价值的性质和大小、单项或多项，是由新闻价值的主客体两方面共同决定的，这又一次充分说明了价值的关系本质和客体对主体的效应特征。就单一新闻价值客体对主体的价值来说，在价值的潜在性上，是多项价值的统一体，但在现实性上，是单一价值还是多项价值，要视具体情况而定。

单一新闻价值客体对主体的具体价值构成，除了狭义的新闻价值外，还有建立在新闻价值基础上的其他价值。这些其他价值是什么，要针对具体新闻价值客体与一定主体的新闻价值关系而定。

（二）总体新闻价值客体的价值构成

总体新闻价值客体，是指所有的新闻价值客体，即所有进入主体视野的新闻事实和新闻文本，是所有单一新闻价值客体的总和。所谓总体新闻价值客体的价值构成，是指所有新闻价值客体对主体的价值是由哪些基本价值构成的，这些基本价值间的关系又是怎样的。

新闻价值客体存在于自然、社会的一切领域，新闻文本可以反映客观存在的新闻事实或新闻信息，按照新闻传播的内在要求，二者的内容应该是一致的，只是在存在形态上不同，其核心都是新闻信息。

在总体新闻价值客体的价值构成中，最重要的是狭义的新闻价值或信息价值，因为总体的新闻价值客体实质上构成了新闻传播的全部内容，而新闻传播的主要内容就是告知新闻信息。新闻的其他价值，诸如新闻的舆论价值、文化价值、知识价值、娱乐价值，以及体现在各个领域的具体价值，如新闻的政治价值、经济价值、教育价值等等，都是以狭义的新闻价值为依托的，都首先是通过新闻传播实现的。

（三）新闻价值是多层次的价值系统

新闻价值的构成是多层次的，这是由构成新闻价值关系的各主要要素本身的层次性所决定的。新闻价值客体属性、功能的多层次性，新闻价值主体的多层次性，必然会形成主客体之间多种不同的价值效应方式，使新闻价值在结构上呈现出丰富的层次性。

1. 新闻价值客体的层次性与新闻价值的层次性

新闻价值客体的层次性并不是简单的物理层次概念，而是抽象的层次概念，主要是指新闻价值客体的信息结构层次。不同的层次包含着不同的价值属性和价值功能，因而在与主体的价值关系中，就会对主体产生不同层次的作用和影响，构成新闻价值的不同层次。

2. 新闻主体的层次性与新闻价值的层次性

主体就是具有主体性的人，价值主体是指处于价值关系中的主体，新闻价值主体是指处于新闻价值关系中的主体。主体在社会中的具体存在方式是多种多样的，是有层次的，哲学上通常将主体分为这样几个层次：社会主体、群体主体、个人主体等。我们可以按此将新闻价值主体分为社会主体、群体主体、个人主体。

新闻价值主体存在的层次性，使同一新闻价值客体对主体的价值表现出不同的层次：对个人主体的价值，对群体主体的价值，对社会体的价值。新闻价值的整体实现程度依赖于对各个层次主体的具体价值实现程度，最终则落实在对每个个体主体的价值上。

总之，新闻价值主体的层次性，从主体方面决定了新闻价值结构的层次性，同一新闻价值客体对不同层次主体形成的价值层次，向我们提出了一个问题：应该以哪个层次的价值为最高价值？在通常情况下，一个新闻客体到底价值如何，最终是以它对社会主体的实际效应来衡量的，是否有利于社会主体的完善和发展是评价客体价值的根本标准。

第二节　采访前需准备的事项

一、熟悉采访对象

（1）从材料中熟悉。意大利名记者法拉奇以访问世界政治舞台风云人物而蜚声中外，被誉为政治采访专家，她采访过邓小平、基辛格、阿拉法特、霍梅尼、卡扎菲、西哈努克等30多个国家、政府和政党领导人，自称“政治采访之母”，她很注意了解采访对象的专长、履历和其他情况。

搜集个人资料从三方面着手：

①采访对象的简介，包括性别、年龄、职业、职务、家庭情况、主要社会关系、基本的政治态度等等。

②采访对象的专长，主要贡献或专著，曾产生过什么影响，在同行中的地位，别人有过什么评价或传说等等。

③采访对象的特点，包括性格、爱好、目前的心理状态、是否健谈、对接受采访是否习惯、有何忌讳等等。

此外，还要了解采访对象与所采访问题有何利害关系，是否愿意回答问题，会不会隐瞒事实真相等。

（2）从交谈中熟悉。法拉奇把见面交谈作为熟悉采访对象的第二个阶段，她对许多大人物采访都要连续进行两次：第一次是互相熟悉；第二次是真正意义上的采访——深入交谈、补充。

二、准备采访问题

（1）为什么要准备采访问题？

时间限制：一次人物采访不超过两个小时，采访一小时左右较为适宜。

（2）什么才是好问题？

好问题也必须有新闻价值，有高瞻远瞩的超前性、预见性。记者准备问题也要有战略性眼光。

第三节　进行采访时应创造访问条件

在采访活动进入执行阶段时，除了一些必要的采访方法、技能、技巧要掌握外，应特别注意创造一系列必不可少的辅助条件，这是采访活动有效率的重要保证。通常要创造的良好访问条件有下述诸项：

一、商定较适宜的访问时机

无论从事任何一项活动，必要先对这项活动产生注意，继而靠一定的注意稳定性去支配从事这项活动的兴趣和热情。采访活动也毫不例外。欲使采访对象接待并配合采访，就得先使其对采访活动产生注意和一定的注意稳定性。

二、设计较得体的仪表风度

仪表，是指一个人的装束打扮、言谈举止。对记者而言，它能够给采访对象以直接深刻的印象，对于采访的成败有着直接的影响。

要使采访对象乐于提供信息，甚至敞开心扉、倾吐他所知道的一切，就必须在采访一开始就尽快缩小彼此的心理距离，让对方把记者视为自己人，产生“认同效应”。而要做到这一点，记者的服饰打扮、仪态表情、行为举止十分重要。记者刚同采访对象见面，未曾启口，就通过自身的非语言符号，向对方传去了“何等样人”的第一印象。因此要尽量入乡随俗，向采访对象靠拢，至少不要差距太大。

三、讲究文明的言谈举止

在采访中，记者稍有不慎，或是一句话、或是一个动作便刺伤了对方的自尊心理，使采访对象感到受信任程度突然削弱，以致使正常采访受阻。事实上，此时双方的相互需要并没有减弱，只是采访对象的情感心理发生了较大变化，以致感到受辱、困惑，因而报之以气，或报之以怨。

四、保持较融洽的访问气氛

从事任何活动都会产生一种情感，而且，什么样的情感会导致什么样的活动效率。情感通常表现为两极性，即肯定或否定、积极或消极、热情或冷漠、紧张或轻松等对立性质。同样是对待记者采访，有些采访对象就表现得热情和轻松，有些则表现得冷漠和紧张。

五、摆正较合理的相互关系

采访中，记者与采访对象之间的关系怎么处理，也是关系到活动效率的一个重要条件。在这个问题上，记者的态度端正与否则是关键。记者应当保持尊重采访对象。只有自尊，才能自爱、自信，给对方留下较好的印象；只有尊重对方，才能有深化交往、发展关系的基础。

六、穿插较丰富的形态语言

记者的采访，主要靠谈话方式进行。谈话是交谈双方心理上的一种疏导与沟通。交谈过程中，语言声音起主要作用，是交流双方沟通的主要形式，对沟通的顺畅或成功起着关键作用。但交谈双方的人是感情动物，他们不仅需要用声音传播进行交流沟通，还需要运用自己的身体语言（如用眼睛、用手势、用鼻子等）进行细化的、内涵更为丰富的深层交流。这种身体语言对交谈双方的交流、沟通的辅助或深化作用，是不容忽视的，有时甚至可以起到语言和声音所不能起到的作用。当记者和采访对象进行交谈时，要有较丰富的面部表情；应该专心致志地聆听采访对象的谈话，不应该表现出漫不经心的样子；要表现出虚心求教的姿态，以充分激发采访对象谈话的兴趣。

第四节 采访应注意的原则

进行采访时，必须注意以下几个原则：

一、要熟练地记住对方的名字

这样会给对方一种亲切感。交谈中，要及时地祝贺对方的成功之处，交谈时对方心里悲伤，要不失时机表示安慰，这会给对方诚挚感，他会把知道的事情全部告诉你，来回报你的真诚之情。

二、待人要谦虚、和蔼、诚恳

不要居高临下地采访，要以平等的态度交谈，尤其是与工人、农民交谈，不能以为自己有文化，水平比对方高，就看不起人家，在言谈中说大话，口气和动作都表现出一种优越感。

三、守信用、遵守纪律

不能与对方约好时间，自己迟迟不到，让对方等着，这是很不礼貌的。

采访中，不该问的事不去问，不该打听的事不打听。被采访对象有隐私情况，也有些人有明显的生理缺陷，在交谈中要避开这些使对方难堪的短处，只有尊重别人，才能获得别人的尊重。

四、不伤害对方

在交谈中不要轻易伤害对方的自尊心，对方谈的问题不一定全对，也可能里面有水分。这时，不要当场就否定他讲的问题或反驳或争论，这样会伤害对方的自尊心。如果有些问题没听清楚，询问一下是正常的。但是要注意询问的口气，就如同老朋友说话一样自然，重述对方的意见，问他是否真是这样想的。自然的询问，对方会对你不清楚的问题，进一步给予回答。特别是不等对方把话讲完，采访者就结束了谈话起身要走，这是对对方的一种藐视。

第五节　采访应具有的言谈举止

新闻采访与写作人员在采访中，必须从以下几个方面注意自己的言谈举止：

一、谈话的语言要有礼貌

比如与不相识的人初次见面，可说“久仰”；与对方好久不见面了，可说“久违了”；有了过失请人原谅，可说“请多包涵”；有事找别人商量，可说“打扰了”；求人帮助，可说“请劳驾”；不能陪对方说话，可说“失陪了”；自己的意见讲完后，可以说“请多多指教”；归还对方物品时，可说“奉还给您”；采访告别握手时，可说“谢谢”；如果是采访几个人，临走时，要挥手或拱手说“谢谢大家”，如果条件允许的话，还要一一同大家握手告别。

二、不要轻易打断别人的谈话

在采访中随意插话，这是一种极不礼貌的行为。对方谈起一些与采访无关的问题时，也不要打断对方的谈话，要等到对方讲完后，再转移话题。在听对方讲话时，应以目光注视对方，表示专心；但是与女同志谈话时，不要总看着对方，要谦让、谨慎，不要开玩笑，争论问题要有节制，与对方的座位距离要适度；对方讲话时，不要左顾右盼，一会儿拿起书、报翻一翻，一会儿看一看自己的手表，表示一种心不在焉的样子，这很不好，要注意克服交谈中的不良动作和姿态，始终保持热情。

三、注意谈话的内容，少谈与采访无关的问题

如与女同志交谈时，一般的不要询问人家的年龄，是否结婚，工资多少等私人生活方面的问题；同时也不要谈论妇女胖瘦，身体保养，穿着打扮；特别是对方不愿意回答的问题，不要寻根问底。

第六节　采访时应赢得对方的尊重

只有赢得采访对象的尊重，采访才能有深度。要想达到这样的目的，必须注意以下三点：

一、采访时谈话的态度不能轻浮

不能像个小孩子似的，谈到高兴处就站起来，谈到不顺心时或不高兴的地方面部表情就有变化。要抑制自己的情绪，控制感情，使自己始终保持清醒头脑。

二、要注意自己的衣着

第一次见面的印象好坏很重要，如果头一回见面就给对方一个不整洁的印象，往往会给对方心灵上投下阴影，他就要与你避实就虚地交谈了，谈一些你根本没用的东西。采访者的衣着应讲究一些，成为时代的象征。

三、要锻炼自己的语言表达艺术

俗话说："好马出在脚上，好男出在嘴上。"采访者口才表达好坏决定他能否获得更多的素材，所以，新闻工作者要注意锻炼自己的语言表达艺术，注意自己平时知识的积累，掌握较丰富的知识，使自己的语言表达丰富多彩。

第七章　新闻采访时提问、倾听和记录

第一节　采访时出色的提问

从什么样的角度提问，主要是关于提问形式的选择。一般来说，常分为正面提、侧面探、反面激三种。

一、开门见山式、启发引导式提问

（一）开门见山式提问

新闻采访离不开提问，而提问的成功与否直接关系到新闻报道质量的优劣，因此能否掌握提问的技巧和风格，实现有效的提问是采访的关键。

开门见山式提问一般适合于两类采访对象，一是记者熟悉的人；二是文化层次高、社会经验丰富的干部、学者等。前者因为熟悉，情感交流早已建立，过于客套、寒暄反而显得见外；后者则有相当的社交经验和社会经历，适应性比较强，容易领会记者的意图。既然是开门见山，提问的难度一般不大，只要注意提问切题、到位就可以了。但是这样一来提问的效果往往会缺乏生动性和深刻性，这就需要记者事先准备采访提纲时要周密、具体，另外谈话时还要有意识地按步骤引导和深入挖掘。

（二）启发引导式提问

一些采访对象面对记者不免有些紧张，特别是面对摄像镜头时，常常对记者的提问表现得茫然不知所措。这个时候，记者千万不能着急，更不要误判，以为采访对象不配合、不合作，而应该摆出一个内紧外松的态势，即思想、心理活动仍积极进行，外部神态自然轻松，然后发挥“磨功”，与采访对象“闲泡”，力争做到：他紧张你轻松、他冷淡你热情、他言者无意你听者有心，抓住机会，一举突破。

二、迂回侧击式、激将式提问

（一）迂回侧击式提问

通常适用于不善谈或不愿意谈的人，因为彼此不熟悉，想谈而紧张，举止不自然，不知从何谈起，这就是先拉家常，拣对方最熟悉、最便于回答的事情聊聊天，然后再接触主题。这种情况，一般是在正面问不能奏效的情况下用。

侧面提问往往是从一些一般性的、对方熟悉的话题聊开来。具体应用各有各的不同。如以写报告文学见长的记者黄宗英，她的方法是先交朋友，从关心采访对象工作、生活等方面入手。有些采访对象不善于谈，也应耐心加以诱导。《光明日报》记者樊云芳，曾采访过一位优秀护士。在病房办公室，年轻的护士显得非常拘谨。樊云芳为消除对方紧张心理，就收起了已经打开的笔记本和钢笔，与她聊起天来："我们随便聊一聊，我家有个病人，已经躺了两个月。听别人说，三分医治，七分护理。我想了解一下，该怎样护理病人?"听到这个问话，这名护士一下子就解除了紧张，变得健谈起来："噢，不同的病人有不同的护理方法。"樊云芳又步步引导，终于采访到她要了解的内容。

著名记者邵飘萍同志说过："同是采访一人，善问者与不善问者比较，则其所得之结果必有天壤之别。"因此，一次成功的访问，记者不但要提供的方法多种多样，不拘一格，而且还要善于提问，要问得巧妙，问得艺术。可以说，提问是衡量记者的判断能力、逻辑分析能力、口头表达能力和应变能力的重要尺度，而提问的技巧，则体现了记者、访问对象、受众和社会环境之间的辩证统一。

（二）激将式提问

激将法本来是指用刺激性的话让敌对方出战，后泛指用刺激性的话或反话鼓励人去做某事的一种手段。在电视访谈中，当采访者提出一个对于受访者而言是敏感的甚至不快的问题时，受访者通常避而不答。有的被采访的对象怕见报怕当典型，闭口不谈事实材料。时常会遇到采访对象的英勇事迹，对方却说"没有，没啥"，不肯做正面回答。假如从反面提问"传闻说的不好的事情"，对方会立刻回答："根本没有这个事。"接着就能进入到主题了。

激将式提问有以下几种提问方法：

反问：采访对象有时出于种种原因拒绝回答记者的提问，这是记者可从反面提问，激化情绪，促使采访对象思考并进而回答记者的问题。一般来说，运用反问法，只要掌握适当的度，就能收到较好的效果，而不至于给受访者产生不利影响。

设问：是记者通过假设的方式，提出一些假设性问题。这是一种“试探而进”的提问方式。采用设问法不但可以了解采访对象的观点、看法、见解，而且还能探知对方的内心世界。

错问：是记者故意提出明明是错误的问题，来考察、试探、激发采访对象，以便了解真实的情况，探求事实真相。当然错问虽然属于一种采访技巧，但很容易造成采访对象的误解，故记者切记不可离道德太远，在采访结束时，一定要说明原委，不要留下后遗症。

三、闭合式、诱导式提问

（一）闭合式提问

这是一种有明确指向的提问，问得比较具体、集中，问题的口子是封闭的，范围有严格的限制，采访对象往往要作直接的回答。比如问一位外地人：“你喜欢北京吗?”对方只能在“喜欢”、“不喜欢”、“有点喜欢但不是太喜欢”等几种有限的答案中选择。

这种提问的优点是容易得到采访对象的具体问答，获得有价值的材料；问题的焦点集中，双方的联系比较紧密，采访对象容易说心里话，也容易谈得比较深入；记者提出这一类问题虽然要花费较多的精力，有一定的难度，但这样的问题可以引出“皆大欢喜”的结果——采访对象说出了自己想说的话，记者和受众则得到了有价值的信息。

但这种提问也有不足之处。比如提问有点单刀直入，甚至有时候有点尖锐，如果掌握不好，会影响谈话的气氛；如果记者对问题选择不当，或者漏掉某些问题，都会影响对全面情况的了解。

（二）诱导式提问

诱导式发问旨在开渠引水，对对方的答案给予强烈的暗示，使对方的回答符合己方预期的目的，有针对性地把采访心里话给引导出来。这种引导，既可以引导出对方的思路，又可以诱发对方的情感。例如“谈到现在，我看给我方的折扣可以定为4%，你方一定会同意的，是吗?”这类提问几乎使对方毫无选择余地而按发问者所设计好的答案回答。

采用诱导式提问的采访对象有以下特征：

如果采访对象心里有很多东西，只是由于谦虚不愿意说。

或者是由于性格内向，对方只会做不会说。

或者是要谈的事情已经过去，对方需要回忆。

或者是对方虽然想说，却又不便于自己主动说等。

这些情况都可以加以诱导。运用诱导法，特别要把握“启发诱导”与“强加于人”的界限。这二者的根本区别是“启发诱导”的诱导对象是心里有话并且自己很愿意说，说出来的话都是真实的材料；而“强加于人”则是访问对象心里无话，但是又迫于无奈只好编造出假材料敷衍记者。

四、重视提问的小细节

提问可以说是记者接近采访对象的最直接方式，也是记者表现自己专业素养的重要方法，但同时，一些记者自身的小细节，也往往会影响着提问的效果和采访的进行。主要包括：

1. 有备而来，充分的采访前准备会让采访对象觉得记者是真正重视这个报道，从而也以认真的态度对待采访。

2. 表明自己的身份，记者无论是在事先和采访对象联系时，还是真正与采访对象面对面时，都应该清晰地报出自己的姓名、单位、采访目的等等。非正常的采访或拍摄，如“隐性采访”，只有在正常情况下无法获得报道必需信息时才能使用，虽然现在从法律上和新闻学上对于“隐性采访”没有定论，但原则上不鼓励，并且记者不能成为非法行为的需求者（如要采访制造假证件的，记者不能主动提出需要类似的假证件）。

3. 避免成见，记者会带着预期走向来访对象，也会带着社会和自身给予采访对象的某种成见接近采访对象，比如，采访运动员时，记者可能会认为这是一群四肢发达、头脑简单的人，而采访残疾人时，记者也有可能就会认定他们的生活非常不便，生活中有很多阴霾的地方，但实际上往往并非如此。

4. 尊重采访对象，尽可能地避免对采访对象的无意侵犯或伤害，对于不得不问的尖锐问题，寻找恰当的时机和表达方法；耐心倾听采访对象的说话；留出足够的采访时间，也珍惜采访对象的时间。

5. 诚实，不要不懂装懂，以免导致报道中不正确的臆测。

同时，注意衣着符合采访对象的身份和场合，遵守与采访对象约定的时间，在采访过程中留意自己的肢体语言以及对于困难采访的坚持不懈，等等，都是采访得以顺利推进的重要保障。

五、采访的重点与新闻采访建议十条

（一）采访的重点

访问重点不外乎两个方面：一方面是指新闻事实的重要部分，包括新闻六要素、新闻的宣传价值所在，有特点的事实；另一方面是指采访目标的具体化，就是用辩证唯物主义的观点，用系统论的方法，根据不同类型的新闻，研究其不同的采访目标，形成各类采访模式，掌握采访环节。

常见的几种访问类型有：事件访问、人物访问、经验访问、问题访问、争论访问。

1. 根据读者心理，事件访问旨在尽快反映世界新的变动情况。所以访问的重点是发生什么事，以及事件发生的时间、地点、人物（单位）和原因，也就是要弄清新闻五要素。如果事情已经有了结果，还要弄清六要素。

事件性访问往往由于事件发生突如其来，事先毫无准备或准备不足，而报道任务急，采访时间紧。因此这类访问，一是要行动迅速，像战士听到冲锋号声一样，立即冲到现场，寻找当事人和知情者，向他们进行访问；二是要随机应变，若出现意想不到的新情况，立即改变行动安排，调整采访部署；三是要忙而不乱，争取在较短时间里完成，访问内容又不能错漏。

2. 人物专访难写在于人们对其要求和关注程度高。目前记者在提问中容易出现以下几点不足：一是提问过大过空，让被采访者不知如何回答。一些记者采访还是喜欢“你有什么感想”等“老三问”套话。二是记者口头表达能力差，提问不能简明扼要；一些记者提问，说了好多话绕不到主题上，如问一个农民企业家，下一步的打算，是否有意于资助农村教育。说来说去，不仅把被采访者说糊涂了，连记者自己也不明白说了什么。人物访问怎样才能访问得好，不少记者的体会是：名人采访有五忌。一忌仓促上阵；二忌急于求成；三忌过冷过热；四忌冒失追问；五忌贪多求全。因为新闻人物和著名人士不可能有大量时间陪你闲聊，所以一定要有准备。另外，还要临场随机应变，根据访问需要，灵活变通。

还要注意自身的形象和态度。因人物访问往往是从一个侧面反映人物的纪实性报道的访问。这类访问要善于抓住人物的个性，着重了解其特殊性格、特殊经历、特殊言行等，以表现出人物的个性形象；同时要善于抓住事实的细节。

3. 经验访问着眼于人物的工作成就，特别是取得显著成就的规律性和心路历程，同时分析这些成就和经验是在什么样的条件下创造的，能够给人们以什么样的启迪和教益。

因经验访问，旨在用典型经验推动全局，指导实际工作。所以访问中应当注意选择有普遍意义、广大读者有共同兴趣的经验。另外值得注意的是，尽管是因经验访问，往往也要访问人，因为任何经验的积累都离不开人的创造性。

4. 问题采访应紧紧围绕的着重点。当今，新的问题层出不穷，读者总是以很大的兴趣关注新发现、新事物、新问题。对于问题访问，关键性的东西当然是问题。为什么会产生这样的问题，原因又是什么，怎样来解决，报道出去有何意义，这些都要在访问时搞得一清二楚。

至于批评性的问题访问，更要以与人为善的积极态度，在确保事实确凿无误的前提下，认清问题的症结和性质，注意掌握批评的分寸并留有余地。

5. 舆论的初衷是一致的，但又不是一律的。从宣传党的路线、方针、政策原则看，各新闻单位的采访和宣传目的都是一律的，但是在具体问题上，在改革开放的具体实践中，对一些问题会有各种各样的不同意见。如长江三峡工程是否上马动工，海南世界旅游岛的建设规划设计，都曾经有过争论。采访报道有关争论，目的是集思广益，广收民意，为党和政府提供决策参考。

（二）新闻采访建议十条

1. 见面之初出示记者证件，递送名片，表明自己的身份；

2. 简短地说明采访的目的和大约需要占用的时间；

3. 提问宜简洁、具体、间接、自然；

4. 不与被访者争执；

5. 必要时可以采取强硬态度；

6. 可以考虑对信息源的必要保护；

7. 多个消息源的相互印证，寻求事实的真相；

8. 要考虑到有的被采访者可能会事后不承认自己说过的话，所以留下记录和证据；

9. 采访的记录方式多种多样，做笔记是传统的一种，同时也是很重要的一种记录方式；

10. 不要接受采访对象的贿赂，采访结束时向被采访者道谢。

第二节 采访中认真倾听

一、倾听的含义和要点

（一）倾听的含义

倾听属于有效沟通的必要部分，以求思想达成一致和感情的通畅。狭义的倾听是指凭助听觉器官接受言语信息，进而通过思维活动达到认知、理解的全过程；广义的倾听包括文字交流等方式。其主体者是听者，而倾诉的主体者是诉说者。两者一唱一和有排解矛盾或者宣泄感情等优点。

（二）倾听的要点

（1）克服自我中心：不要总是谈论自己。

（2）克服自以为是：不要总想占主导地位。

（3）尊重对方：不要打断对话，要让对方把话说完。千万不要去深究那些不重要或不相关的细节而打断人。

（4）不要激动：不要匆忙下结论，不要急于评价对方的观点，不要急切地表达建议，不要因为与对方不同的见解而产生激烈的争执。要仔细地听对方说些什么，不要把精力放在思考怎样反驳对方所说的某一个具体的小的观点上。

（5）尽量不要边听边琢磨他下面将会说什么。

（6）问自己是不是有偏见或成见，它们很容易影响你去听别人说。

（7）不要使你的思维跳跃得比说话者还快，不要试图理解对方还没有说出来的意思。

（8）注重一些细节：不要了解自己不应该知道的东西，不要做小动作，不要走神，不必介意别人讲话的特点。

二、倾听的方法和心得

1. 倾听的方法

（1）要体察对方的感觉。一个人感觉到的往往比他的思想更能引导他的行为，愈不注意人感觉的真实面就愈不会彼此沟通。体察感觉，意思就是指将对方的话背后的情感复述出来，表示接受并了解他的感觉，有时会产生相当好的效果。

（2）要注意反馈。倾听别人的谈话要注意信息反馈，及时查证自己是否了解对方。你不妨这样："不知我是否了解你的话，你的意思是……"一旦确定了你对他的了解，就要进入积极实际的帮助和建议。

（3）要抓住主要意思，不要被个别枝节所吸引。善于倾听的人总是注意分析哪些内容是主要的，哪些是次要的，以便抓住事实背后的主要意思，避免造成误解。

（4）要关怀，了解，接受对方，鼓励他或帮助他寻求解决问题的途径。

2. 倾听的心得

（1）要让诉说者放松，两个人都坐下来，并且在同一高度上，面对面，距离比一般的社交距离稍近些较好。

（2）如果诉说者一开始情绪激动，必然导致无法把事情说清楚，此种情况常见于女性诉说者。此时作为同性，拥抱和拍抚都是很好的稳定对方情绪的方法。

（3）倾听中，目光专注柔和地看着对方，适时给出回应，比如点头和"嗯"，表示你正在专心倾听。

（4）没有听懂或弄清楚的地方要及时提出并沟通，以免造成误解。但不要喧宾夺主，更不要把话题扯开。

（5）在对方说完前不要急于发表观点，也不要提前在心中作出预判，尽量避免把对方的事情染上自己的主观色彩，耐心听完。

（6）对方说完后，有条件的话，让他喝一点热茶或热牛奶、巧克力什么的，他需要感受到被人关心，热的东西也容易让人重新振奋起来。

（7）无论对方说的事情在你看来多可笑幼稚，他向你诉说都是表示对你的信任，这是一种对你人格的赞美，所以，不要嘲笑他，也不要带着高姿态评点他的事。即使你不赞同他的想法，都要给予他他想要的理解和安慰，在困境中支撑对方是作为朋友的义务。

（8）你不需要完全感染对方的情绪，或者想个办法帮他出气。如果对方的诉说内容只是一种莫名的情绪，那么做到第 7 步时一切已经完成了。但如果这是个尚待解决的问题，你可以帮他把事情从头到尾理一遍，哪些地方是他自己做的不对，哪些地方主要是别人的问题，解决方法有哪些等等。

（9）你可以从他的观点看问题，但提出的建议一定要出于自己的想法，对方想听到的是“你的意见”。如果担心自己的想法太过主观，尝试从多个角度切入问题，如此可以尽可能地确保客观、公正。

（10）当然也有可能，对方在诉说的过程中，自己渐渐有了主意。如果你觉得你的想法会更好，那么作为一个提议告诉他，帮他参谋而不是作决定。决定一定是当事人自己作出的。即使他最终没有采纳你的建议，也要给予他鼓励和祝福。

三、倾听与交谈间发现线索

怎样才能在平时采访活动中发现线索，就需要有一个从众多的事物中通过分析比较，筛选有价值信息的本领。同时，在采访中听介绍的时候，一定要边听边动脑分析，尽量启发被采访者多谈一些与新闻有关的素材，也是相当关键的。要想在交谈中发现线索，就要从以下几个方面注意：

1. 要善于启发交谈者讲话的愿望。这就要用启发式的语言进行交谈，要循序渐进地、一个问题一个问题地谈，不能一个问题没谈清楚呢，又提出第二个问题，这样，会使问题都谈不清。

2. 要善于抓住中心问题。凡与采访关系不密切的问题，尽量少谈，或者不谈。应先向被采访者说明自己所要了解的问题，这样可以给交谈对方一个思考的时间，使交谈者按照你的采访思路谈问题。交谈是双向的活动，应边听边给予积极、适当的反馈，比如选准适合的机会加上一句，或者微微地一笑，或者赞同地点一点头，这样可以促使对方津津乐道，提高交谈的效果。

3. 要善于抓住细微的变化。不同性格特点、身份、地位的采访对象，必须采取不同方式进行交谈，有时可以单刀直入，一下子就触摸到采访的中心问题；有时就需要通过一些细节，悄悄地靠近主题。要注意抓住被采访者的一些细微变化，要从他的变化中悟出新意来，通过这些新意再提出一些新鲜问题，作深入采访。

第三节 采访中的观察与记录

一、采访中观察的含义和特点

（一）采访中观察的含义

采访中的观察是指记者对客观事物所进行的一种查看体验活动，简单讲就是用眼睛采访。

首先，事前观察。指记者对某一事物变动前所做的观察，一般都用于较大型活动，为同步观察做准备。其次，同步观察。是指事物在变动的同时记者在现场实地进行观察，具有及时、全面、准确的特点。再者，事后观察。是指事件发生后的观察，要考察其现场遗迹、环境反应。

观察是人们有目的、有计划地利用感官去认识自然界中各现象的活动，它是人们获得经验知识的方法。

（二）采访中观察的特点

第一个特点：在于它是一种感性的认识活动。感觉使人们保持和外部世界的直接联系，使人们获得了关于外部世界的经验认识。观察就是通过人的感官而进行的直接认识外界的活动。它记录和报道事实，为自然科学的研究提供经验事实材料。观察具有感性认识活动的长处和短处。

第二个特点：在于它的目的性和计划性。观察并不是一种凭借人的感官而在自然界中进行盲目搜索的活动。观察作为自然科学研究所运用的一种基本方法，它总是要被自然科学研究中要解决的任务所制约。人们正是根据所要解决的科学研究任务，确定了观察的对象、观察的角度、观察的步骤等等。这一特点，使观察区别于一般的感性认识活动。

在人们刚开始从事观察活动时，人们是凭借自身的感受器官直接进行的。人的感觉器官直接作用于观察对象，获取关于观察对象的各种信息。在观察者和观察对象之间，不存在任何中介物。它们保持着直接的联系。但是，人的感官的感知能力使观察受到生理上的局限。

二、采访记录的基本方法和重点

（一）采访记录的基本方法

准确、详尽、清楚、精当的采访笔记，是加工冶炼新闻成品的原料仓库。

因此，许多经验丰富的新闻工作者，都很重视记好采访笔记。随着科学技术的发展，录音机、摄像机等先进设备在新闻采访中越来越普及使用。但有的场合使用这些设备，往往容易使被采访者感到拘束。所以，记好采访笔记永远是记者（通讯员）的一门重要技术。

怎样记采访笔记？常用的基本方法有十条：

1. “眼见”要注意抓特征

新闻采访的十八般武器，“眼睛是最锐利的武器”。采访中要注意用眼睛观察，以抓取采访现场和采访对象的一切外部、外在及外貌特征。采访时眼睛观察到的东西很多，一般说，与采访对象和写报道有关的、有特征的均应记入笔记。

2. “耳闻”要注意抓重点

“耳闻”，即口头采访。不仅要听，还要问，与被采访者讨论。这是最基本、最常用的采访方式。口头采访，不可能也不必要将被采访者的谈话内容都一句不漏地记下来，而要集中精力抓要点。

3. 记“事”时不忘记“识”

“事”即事实材料；“识”即思想认识。

对采访中听到的故事和事实材料很重视，询问记录得也很详细，这是必要的。对被采访者介绍故事和事实材料过程中，所表述的思想认识、好的见解等内容更要记好。因为记“事”不记“识”，常如丢了宝。实践证明，记“事”中不忘记“识”，采集的事实材料才有灵魂，写出的报道才有思想深度。

4. “人云”也要记“己思”

“人云”，他人所讲；“己思”，自己所思。笔记要边记采访时的现场观察和被采访人的谈话内容，边记记者当时的思考、判断、推理及得出的结论。比起那种采访中只顾埋头记，不动脑子想，采访之后再从头熟悉、消化材料、构思写作提纲的做法，往往收到事半功倍的效果。

5. 记下被采访对象重要的、关键时刻的原话

原话是最珍贵的历史记录，新闻写作中，引用被报道对象关键时刻的原话，

往往使人物性格更加突出鲜明，使作品生辉。记原话最重要的是准确。只有准确，才有使用价值，才能鲜明地表现人物的性格特点和思想风貌。

6. 记下拨动心灵处

新闻不是纯客观报道，新闻要教育人，首先要感动人。感动人就需要有激情。新闻采写是一个带有强烈感情色彩的活动。记者（通讯员）的政治倾向、思想感情，贯穿在整个采访活动的全过程。对感动自己的地方，采访中一定要足够重视，并记录下来。

7. 记下疑问处

采访中，由于各种原因，被采访者提供的同一事实、细节、时间、情景等，有时有出入，甚至互相矛盾。对于这种当时或仅靠一人无法搞清楚的地方，要记下来，以便进一步核实。

8. 记录要及时整理归类

记者（通讯员）应该养成及时整理采访笔记的习惯。整理，实际上是一次对素材再加工的过程，也是积累资料的有效方法。不但可以使采集到的新闻素材更加完善、系统化、条理化，有助于综合利用新闻资源，还可以起到练笔的作用。

9. 记录要力求准确详尽清楚

记笔记，越准确越详细越好。此外，字迹还要清楚。有的采访笔记，可能当时用一次没有保存价值，有的则改作为自己的资料，有的重大事件的采访资料还要长期保存，不具备这些要求是不行的。

10. 记录要提高速度

掌握既快又好的记录技术，是新闻采访的一种特殊需要。

在记录中可以创造出一套适合自己习惯的快记本领和记录符号。

如将常用的固定长句、词组，简写或缩写，“无产阶级革命路线”写为“无~线”。有的同志还创造了一些其他的记录符号，只要自己固定使用，约定成习，也不失为方法之一。

（二）记录采访重点的方法

做好采访记录，是新闻采访与写作人员采访过程中的一个重要环节。那么，如何记录采访着重点呢？

一是记要点，由于新闻采访与写作人员采访时，不可能把对方的话全记录下来，也没有必要全记录下来，那么记些什么呢？有的采访记录中，没有抓住采访着重点，这是相当失败的。记要点，也就是记下采访事件发展过程中的几个主要环节，思想认识的几个主要方面，人物事迹的几个主要情节，某一项工作的主要经验教训及重要背景材料。

二是记特点，一般说，与被采访对象和写报道有关的有特点的东西都要记录下来。

比如事件发生时的天气特征，风、云、雨、雪、阴、晴等态势；被采访者所处的客观环境和地形特征，包括周围环境、工作条件、外貌状况等；事件发生的场景特征，如自然灾害发生时或发生后的现场景象等等；被采访对象及一切与报道有关的有特点的周围人物的外貌特征，如长相、衣着、表情等。

三是要记易忘点。这通常包括时间、地点、人物的姓名、数字、地方方言、人物的个性语言及各类业务专用术语等。

四是记难点。在采访中常常对采访对象的谈话一时还不能理解，或者还有疑点，由于各种原因，被采访者所讲的事实不详尽，与旁人介绍的有出入，出现了疑点。应记下这些疑点，待采访告一段落时，请对方给以解释或补充。比如，采访一个先进人物，对方谈他是怎么工作的，很可能全是流水账，这样记录下来就显得缺东西。这时既要按照对方讲话的思路往下记，又要将自己想出来的问题记录下来。

三、如何让采访笔记发挥最大值

“记”是采访活动中的重要环节。有些新闻采访与写作人员在采访自己比较熟悉的行业或熟人时，记录不详，省略过多，觉得记不准可以再去找他，持一种随意态度，往往在写稿时打开记录本，不是时间记不准了，就是数字记混，再不就是把一些事实张冠李戴了。而有的新闻采访与写作人员采访不熟悉的行业和人物时，生怕记不全，听啥记啥，有闻必录，笔记凌乱，没有中心，到写稿时就抓了瞎，不得不花费一定时间和精力重新整理笔记。也有的新闻采访与写作人员缺乏经验，该详记时不记，该摘记时详记。这样一来，很多新闻采访与写作人员都觉得采访笔记到写稿时用不上。

那么，怎样记采访笔记到写稿时才能用得上呢？

1. 缩记主要的过程

缩记不等于速记，速记是逐字逐句地记录。缩记，即一是“缩写”——抽几条筋，写出大意。二是写“题目”——抽主要的思想写出来。三是用符号代替——可以用字代词、词代句以及用字母来简略地记下一个复杂的新闻事实。重要的是，要抓住事件发展的主要点、关键点及连接点；要记下思想认识的基准点、转折点；记下事物发展变化的过程梗概。为便于整理，在每页纸上只写一半，空一半。

2. 记下重要的细节

采访时对细节的记述要具体、细致。注意两点：一是容易出错的、非记不可的东西，如人名、地名、数字、引语等，笔记时要记准，避免音同字不同和误听的差错。对于很多专门名词、行话，也要弄懂含义，记得正确。二是事实的关键之处，大致经过、情节、原因、结果等来龙去脉，要记准确。对一些叫不准的话，最好是当场叫准了再记下来，实在对方一时说不准，也要在笔记本上打个问号。数据和核心事实，必须听清问准后作记录。

3. 抓住生动语言和环境特征

要把采访对象的那些表现力强、鲜明生动、说来上口、听来入耳的精彩语言记录下来，尤其是那些反映思想、性格特征和关键时刻的原话，一定要记下来。必要时做出选择，加以剪裁。如粗俗的、文法不通的、意思含混的或只有少数人能懂的方言，一般用不着记。现场采访，还要留心观察，把与报道有关的东西都记下来。如事件发生时的天气特征，如风、云、雨、雪、雾、日、月、星、辰、海浪、江水、雷、雹等的态势，强弱程度；事件发生时的场景特征，比如自然灾害发生时的现场景象，人们抗灾抢险的场景，田间劳动或校园学习的情景等等；被采访对象的人物特征、表情，甚至嗅到的、尝到的、触到的，都要记录下来。

四、采访时记下自己的“灵感”

对采访事实和当事人表达出一种认识、见解，冒出一些思想“火花”，灵机一动，突然觉得文章这样或那样开头最好。对这些一闪即逝的灵感，要简单地记下来。一个有经验的新闻采访与写作人员，往往在采访过程中就为写作打好“腹稿”，采访完成，腹中构思的新闻胚胎也就大致形成了。采访和写作，实际上是一个统一过程的两个阶段。前一个阶段，在采访过程中明确要写的稿子的主题思想，打好腹稿；后一个阶段，以主题思想为统帅，边构思边剪裁运用采访材料，写成稿子。这两个阶段互相连贯，互相渗透，很难截然分开。最好是在采访本上，每一页中间都留一条空白，一边记上采访时的现场观察和被采访人的谈话内容，另一边记上新闻采访与写作人员自己当时的思考、判断、推理及得出的结论。有的事实材料旁边，还可以记下自己回去写稿时准备如何运用这些材料的设想、角度等想法。某著名导演说过，第一次看电影文学剧本，总是把自己看第一遍时流泪的地方记下来，在导演时紧紧抓住不放。这一点对于记采访笔记也是值得借鉴的。记下采访中的思考，是一个边采访、边消化、边构思的过程。

第四节　新闻访谈材料的主题挖掘

一、挖掘亮点是重中之重

（一）新闻材料的重要性排序

在新闻材料表现其主题时，不论来自于第一，抑或二、三手材料，其中又可依对主题的表现程度划分成一个类别阶梯。就跟我们人的需求有生理需求、安全需求、社交需求、自尊需求、自我价值实现需求五层次一样，这里的材料亦可由低到高级划分为一般材料、骨干材料、细节材料、点睛材料等层次。

一般材料系指在实际中存在的能够说明全局特征，但又不具典型特性的材料，它给整个报告之写作增加的不是一个点，而是一个立体框架。它是普通的生活画面。为整个写作带来生活的真实与形象的真实。

（二）新闻素材的筛选

1. 核实采访素材的真实性

真实是新闻的生命。新闻真实是客观存在的，但是记者在挖掘新闻材料的时候会受到多方面因素影响，因而采访素材有真假之分。所以记者要通过对采访素材的甄选，才能保证新闻的真实性。

对采访素材进行浏览，核对数字、人名、地名等基本信息。记者不经过中间任何中转环节，直接接触新闻事实时候得到的第一手材料都是真实可靠的，但是具有局限性，毕竟任何事情都是变化多端的；记者从当事人或目击者那里间接得到的第二手材料，甚至第三、第四手材料，多少会受到主客观多方因素的干扰而偏离事实。所以记者要从多方面取证新闻材料，鉴别其真实性，去伪存真。

2. 保证采访素材的完整性

记者在采访的时候，有的时候为了交谈的顺畅进行，往往来不及将所有的要点都记录下来，所以整理采访素材的时候要进行及时补充完善。如果发现有需要补充的重要环节遗忘，可以与采访对象及时联系，进行增补。

每一次记忆都有一个“黄金时段”，一旦过了这个时段，遗忘便会产生。遗忘的心理活动在进展上有个“曲线”规律——先快后慢，即在对事物识记后的短时间内就会出现遗忘现象，而且以较快速度，甚至几乎成垂直线，而经过一定时间的间隔后，遗忘则进展得较慢，几乎成水平线。至此，人们对原先识记的事物已发生很大的变化。有的时候，尽管笔记中都是自己的字迹，但是由于记得匆忙，字迹潦草，加上识记不深，时间一久，恐怕有些字句连自己也难以辨认，更不要说把这些未成型的采访材料运用到自己的新闻作品中去了。

3. 取舍采访素材

核实、补充完采访素材后，就开始进行采访素材的取舍、深加工，剔除冗余的，选择需要的。首先要考虑新闻事实的新闻价值的大小进行取舍。新闻价值包括时新性、重要性、接近性、显著性、兴趣性五个方面。记者要从新闻价值的五个方面出发，选择最有价值的采访素材。

大量的采访素材不可能全部用于新闻稿件，那样就会像记流水账似的。这些素材固然是提炼主题的基础和依据，但是把握住具有新闻价值、表现同一新闻主题的素材才是关键。去粗取精，舍弃抽象概括而又无关痛痒的素材，保留支撑新闻主题的精华材料。

采访素材不可能都应用到新闻稿件中，这样稿件就会失去中心，成为一盘散沙，要选择表现主题的需要的素材。

二、新闻主题的提炼

（一）新闻主题的内涵

新闻主题是指新闻报道的中心思想和基本观点，也就是记者对客观事实的看法、态度和通过事实的报道所表达的主观意图。主题在新闻中起主导作用，贯穿全文、支配写作，是新闻构思、选材、表达和运用语言的依据。

（二）提炼新闻主题的方法

（1）联系实际法

一个新闻主题的确立要考虑很多因素，首当其冲的要吃透两头，把握党和国家的政策、关注关系百姓利益的事情。选择和确定主题时，及时、准确把握住体现党和国家在新的历史时期制定的方针、政策，要抓住政治上具有方向性、决策性的问题。选择受众普遍关注的事实，才能做出引起受众共鸣内容的报道。

（2）比较分析法

通过相关、相类似的事件做横向、纵向的对比，可以发现出它的不同特征，深化提炼新闻主题。比如说面对同一个新闻事件，不同人的正反看法。把一个新闻事件放在历史环境里面，比较它在新环境下与以前有什么不同的主题。

（3）追根溯源法

一件平凡事情的背后却有大智慧，事物的本质不是一下子就能看得清楚的，往往要经过由此及彼、由表及里地分析。新闻主题的确定也往往要经历这样的过程，它需要记者像剥洋葱一样，把新闻表面一层一层地剥开，才能看到最耐人寻味的主题。

（4）见微知著法

在现实生活中，每个从事新闻报道的人，要经常碰到重大典型、重大事件是不大可能的。大量的是平凡的人、平凡的事，这就要求我们善于见微知著、以小见大，从平凡中发现伟大，提炼出不同凡响的报道主题。

下　编

新闻通讯写作

第一章 消息的写作

第一节 消息概论

一、消息的含义及特点

消息，以简洁的文字迅速传播新近变动的事实，包括新近发生的事实、某些将要变动的事实。它是目前最广泛、最经常应用的一种报道形式。

消息的特点可以用实、快、新、短四个字概括。

实，是指它的内容是事实，真实实在。

快，是指报道时间同事实的发生、发现时间二者之间的时差最小，距离最短。

新，是指消息报道的事实都是新鲜的，是最近发生或发现的。

短，是指消息的字数一般都比较少，篇幅很短。

二、消息的基本结构

消息通常由标题、消息头、导语、主体、背景等部分组成。

（一）标题

标题是消息的“眼睛”，是对消息内涵的高度概括和浓缩。消息的内涵包括两个方面，一是新闻事实，二是媒介对新闻事实的评价、态度。制作标题是新闻报道的延续和新闻稿的最后完成。标题制作是一门艺术，也是一门学问。“题好一半文”，好的标题是作者智慧的结晶。

消息的题目就是标题，媒体发布消息时，都应有标题。其作用在于浓缩新闻，突出精华，揭示其新闻价值，供受众选择内容。

通常，消息标题又由引题、主题、副题多行组成。

（二）消息头

消息头是消息的标志，是新闻发出媒体、地点和时间的交代与说明。通常情况下，报纸、电台将消息头放在新闻的前面，一开头就交代新闻的来源。电视台则往往放在新闻后面，或打字幕标出。

消息头各媒介叫法不一，通讯社称电头，报社称“本报讯”，电台、电视台称“本台消息”。

（三）消息导语

1. 导语的含义

导语是一篇消息的先导，位于消息的开头，是紧接电头的第一句话或第一段文字（一般是第一个自然段或头几个自然段）。它或者用最精粹的文字写出消息中最主要、最新鲜的事实，或者揭示题旨、制造悬念，唤起读者的阅读兴趣。其主要任务是用最少的语言传达尽可能丰富的信息。

导语是新闻——消息体裁所特有的，它处于文章的开头位置，是（新闻事件或问题）结果、提要或高潮。

2. 导语的类型

（1）直接导语

直接导语是导语的主要形式，就是直接叙述新闻事实的导语。它在新闻写作实践中被广泛运用，主要适用于时效性强的新闻和硬新闻，以及广播、日报等快捷的媒体。

直接导语的特点是开门见山，直奔主题，简洁明了。

①用具体的而非抽象的事实概述。人们认识事物的规律是由具体到抽象。具体的事物不但容易理解，也容易引起人们的兴趣。写作中，应选择典型的具体的材料在导语中加以叙述。

②增强提炼与概括的能力。记者要在纷杂的材料中提炼出精华，以平实自然的语言加以概括和直接陈述。

（2）评述型导语

夹叙夹议、有述有评的导语，称为评述型导语。

评述型导语的优点有以下几点：

①评述型导语中的评，可以发挥“深奥、玄妙”的作用。此处指新闻事件

深层的、一般不易为读者所注意、所了解的含义。通过导语中的议论，在消息的开头就将其昭示给读者，可以使读者一接触新闻就获得某种启迪，从而对消息全文产生兴趣。

②评述型导语可以直截了当地发表意见，甚至能够直接影响舆论。评述型导语可以引起共鸣，可以令读者对导语之后的“如何”以及“为何”产生兴趣。

评述型导语中的评，应是言人之所未言，深刻而有新意；评述型导评中的评，应是少而精，点到为止，不宜展开。

为了使导语中的评更具客观色彩、更有说服力，也为了防止因记者直接评论而招致被动，记者常使用引语方式借他人之口发表意见。

（3）延缓性导语

延缓性导语又可称为间接导语。它不直接叙述新闻事实，而是通过描绘场面、渲染气氛、解释概念、介绍背景、引用典故等方法，先作铺垫，然后再说出新闻事实来。这样写的目的是增强阅读的趣味性。

在应用中，要注意间接导语的适用范围。

①延缓性导语适用于时效性较弱的慢新闻和软新闻，快新闻和硬新闻无暇迂回，最好是直截了当。

②延缓性导语适用于周刊、杂志等出版周期较长的刊物，因为出版周期长，报道的新闻一般都落在别的媒体的后面，就必须靠加强趣味性来赢得读者了。

（4）橱窗式导语

有如橱窗展示样品，由典型事例构成的导语，为橱窗式导语。

橱窗式导语多用于综合性新闻。其特点在于：它不是靠描写或议论，而是靠讲故事吸引读者。写入导语的具有代表性的故事，有如一只小小的麻雀，五脏俱全，可供解剖。通过讲述这个典型事例，读者可以了解事物的细微部分，获得具体的印象，受到感染，为之感动，产生兴趣，进而由感性认识转入理性思考。

写作橱窗式导语，关键是注意故事的典型性、人情味及趣味性。

（四）消息主体

1. 消息主体的含义

消息主体是消息新闻的中心部分。

消息主体通常是导语的具体化。它要承接导语，阐述生动、具体的事实，解释、深化导语所表示的主题思想，或回答导语所提出的问题。

主体是消息的躯干，所占文字最多，位于导语之后，结尾以前，是消息的重要组成部分。

2. 主体的作用

主体是对导语的展开、补充、解释，或者是对导语所提问题、所设悬念的解答。

（1）展开导语所陈述的主要新闻事实

导语简洁概括地交代最重要、最基本的事实，把具体的情节放在主体中。主体是对导语的展开、充实。

（2）叙述基本的新闻事实

有些延缓型导语只陈述新闻事实的一个场面，或者一个有趣的情节，主要的新闻事实则放在主体中叙述。

（3）回答导语提出的问题

导语中提出问题，主体部分予以回答。消息的重心在主体。

（4）解释消息的原因、意义

有些新闻事实的原因、意义、趋势等，往往需要运用背景、引语、议论等予以解释，这类解释多放在主体或结尾中。

3. 消息主体的写作

（1）与导语相辅相成

导语是主体的提要和浓缩，主体是导语的展开和深化。一篇消息的导语和主体，必须是互相支持、互相扶助、互相印证、互相参照的，在动笔写作之前要做统一考虑。导语为整条消息的写作定了基调，规定了方向。主体必须根据导语所铺设的轨迹来写，不能和导语脱节。

（2）内容充实，材料典型

主体，是叙述新闻事实的主要部分。它要解释、说明导语，回答导语提出的问题，所以，一定要有充实的内容。内容充实，并不等于材料越多越好，而是要求材料典型，有说服力。

（3）结构层次分明

消息虽然篇幅短小，但主体部分材料较丰富，涉及多种事物或多个方面，所以也要有不同的层次，而且要做到层次分明，眉目清楚。

（4）手法灵活，勇于创新

主体的表现手法应该灵活多样，而不应刻板统一。消息篇幅短小，体式规范性强，这就要求作者要勇于创新，大胆尝试新的技巧。

（五）消息的背景

所谓背景就是作者在行文中，对新闻事件产生的相关条件和有关知识所作的必要的交代和介绍。

1．背景的作用

（1）延伸思路，深化主题

如果我们把新闻事件看作是一个在特定时间和空间中存在着的“点”，那么这个“点”必须有它引人注目的魅力，否则不能成为新闻题材。不过，完全局限在这个“点”上，就缺乏纵深的空间感，把人的思路限制死了。

（2）注释解说，帮助理解

消息的内容必定会涉及一些一般人不懂的知识，如果不作注释，就会给读者造成阅读的障碍。

（3）丰富内容，增加趣味

有了背景材料，消息的内容比单一事实报道要丰富一些，这是无须解说的。另外，有一些背景材料本身有较强的趣味性，这也可以增强作品的可读性。

2．背景的类型

按照写作手法的不同，背景材料可以分为以下三种类型：

（1）对比性背景材料

作者在报道某一新闻事实时，为了突出其性质、特点和意义，运用“今——昔——今”、“正——反——正”的思路，把新闻事实的历史形态或相反情况作一定的介绍，这些与新闻事实形成明显对照和衬托的材料，就是对比性背景材料。

（2）说明性背景材料

对新闻事实产生的相关条件，主要有历史、地理、经济、政治、文化等方面的相关条件进行交代，同时对新闻事件的来龙去脉作出阐述，这些文字就是说明性材料。

（3）注释性背景材料

对概念、术语、著名历史事件和人物、有关科学知识进行解释的文字，就是注释性材料。这样的背景材料不仅使新闻事实更完整清晰，还能开阔眼界，扩大读者的知识面。

第二节　消息的写作指导

一、消息的写作要求

（一）格式

消息从格式上讲，起首处一般要写“电头”，依次说明消息的来源，时间和作者。写完“电头”，然后才写消息正文。

（二）结构

从正文结构上讲，消息的完整结构包括导语、主体、背景和结尾四个部分，其中导语和主体是最重要的，不能缺少。

1. 导语

导语是消息的先导语言，概述消息最主要、最核心的事实和思想，引导读者看消息的全文。

2. 主体

主体是消息内容的基础部分，紧接着导语展开叙述消息的主要事实和内容。

3. 背景

背景是消息的辅助和衬托部分，一般穿插安排在主体之中，没有确定的位置。背景用来介绍事实发生的现实的或历史的环境，同事实相关的解释说明，以便于读者了解事实的来龙去脉，增加消息的知识性、趣味性。

4. 结尾

结尾是消息的尾巴，标志一条消息的终结，常常一两句话。如果事尽文止，就应自然收束。

（三）要点

1. 以记叙方法为主写

把事实的前因后果、来龙去脉照实写下来。消息写作主要采用记叙方法，是因为消息的任务在于向人们报告最新事实。叙事的内容包括六个要素：什么人，什么事，什么时间，什么地点，什么原因和什么结果。

2. 把消息的导语写好

导语居于消息之首，是消息的“窗口”。写导语要求“立片言以居要”，用简明的一两句话扼要交代消息的核心内容，先给读者一个总体的印象，吸引读者读完全文。

3. 主体部分叙事要分清主次井然有序

主体是消息的基础，要展开叙述消息的主要事实。叙事要突出中心，主次分明，这是写文章的常识。因为消息不宜写长，一般是三五百字，所以在叙述事实时，尤其要注意集中笔墨写好事实的重要部分，避免跑题。

4. 争分夺秒，事发文成

消息本身就是一种迅速、及时反映现实及其变化的新闻体裁，因此消息写作无疑就要求雷厉风行，争分夺秒，力求做到事发文成。

二、消息的标题

（一）写作消息标题的技巧

1. 各种修辞技巧在标题中都可运用

（1）比喻

比喻富有形象感。喻体必须是受众熟悉的事物，本体和喻体必须有可比的共同特征。

（2）借代

（3）比拟

可以拟人，也可拟物。

（4）反语

就是说反话。

（5）反衬

用意义上相反的词语互相映衬，突出新闻主旨。

（6）对偶

对偶式标题音节整齐对称，主旨突出。

（7）回文

可增加标题的音韵美，可突出新闻主旨。

（8）谐音

（9）复叠

可增强标题音韵美，并可突出新闻主旨。

（10）顶针

可增强标题韵律美和抒情色彩。

（11）倒装

可使标题更醒目，主旨更突出。

（12）拈连

在连续表达 A、B 两个事物时，用适宜表达 A 事物的词表达 B 事物，新颖而生动。

（13）对比

两个典型事实对比，可突出新闻主旨。

（14）夸张

可强化形象和情感，突出新闻主旨。

（15）双关

一语双关，含蓄隽永。

（16）反问

以疑问句的形式表达已经肯定或者否定的观点，感情色彩浓烈。

（17）设问

易于引起读者注意，突出新闻重点，有的还能制造悬念。

（18）仿拟

模仿成语、格言、名句、谚语的固定句子形式，根据新闻题旨改动其中几个字，这类标题往往传神而富有情趣。

（19）用典

指的是标题直接引用成语、典故，不仿其句式，只取其意义，这种形式的标题，往往言简意赅。

（20）空语位

在标题词语运用上，省略掉按逻辑、语法结构应该有的某些词，造成空语位现象。运用得当，能收到“无言胜有言”的作用。

（21）半语

讲半句话，制造悬念。

（22）引带

用“比兴”手法中的“兴”法，先言他事，再引带出所写之事，造成悬念。

（23）歌谣

这种形式通俗也较生动。

2. 表现手法多样

（1）描写式

描写新闻场景，传达消息内涵。

（2）议论式

（3）叙述式

把新闻中最重要、最有价值的东西，直截了当地标出来，比较平实。

（4）抒情式

（三）消息标题的制作要求

1. 生动、鲜明

消息的标题要力求生动，像漂亮的眼睛一样能勾人。要运用各种表现手法、修辞方法，把标题写得形象些、生动些。

鲜明，指的是媒介对新闻事实的态度，就是鲜明的导向性。不是所有的标题都需态度鲜明。客观手法的报道，媒介的态度隐含在对新闻事实的选择、标题序次的安排之中。对一些具有鲜明政治色彩、是非色彩、情感色彩题材的报道，其标题就是非分明、爱憎分明、敢褒敢贬，同时又有分寸。

2. 准确、凝练

消息标题最基本的要求就是准确，即准确地概括消息的内涵，或传达信息，或揭示题旨。要注意辨析词义，切忌生造不易懂的词，也不得滥用简化。

所谓凝练，就是简洁明了地传达消息的内涵。恩格斯说："标题愈简单，愈不费解，便愈好。"

标题是点睛之笔，用墨不需多，但需精。要剔浮词，去空话，以最少的字词传达尽可能丰富的信息。

三、消息的导语

（一）导语的写作手法

（1）简练生动，突出情节

所谓简练生动、突出情节，就是把新闻事件浓缩为一个相对完整的精短小故事写出来做导语。

（2）提出问题，启发读者

在导语中提出问题，可以对新闻事实起到强调的作用，同时启发读者的思考。但是导语不能只单纯地提问题，问题必须和新闻事件结合起来。或者先用问题引起读者的兴趣，紧接着叙述新闻事实；或者先叙述新闻事实，接着有针对性地提出问题，促使读者思考新闻事实的根源和意义。

（3）略作描写，生动传神

消息是一种多用叙述、少有描写的文体，在导语中更不能展开来作精雕细刻的描写。但用三言两语，或者一两个生动传神的词汇略作勾勒，既不违背简练务实的原则，又达到生动传神的目的，对于导语来说不失为一种可取的写法。

（4）运用对比，突出价值

把有明显差异的事物、行为或评价组织在一个导语之中，这样，彼此之间就形成了鲜明的对照。

（5）巧借典故，引出事实

在实际写作中，巧借一段与新闻事件有关的历史典故或传说故事，可以增强读者的阅读兴趣。

（6）引用原话真实可信

这里所说的引用原话，是指将对方的语言原原本本地重述一遍。所引的原话，或者是对新闻事件的描述和介绍，或者是对新闻事件的认识和态度，或者是与新闻事件密切相关的富有个性的情感流露。

（7）略加评议，点示主旨

导语写作的手法当然不会仅限于以上几种，而且在具体运用的时候，往往几种手法会同时出现。

（二）导语的修辞技巧

（1）设问

导语以提问方式开头，主体部分围绕导语提出的问题展开叙述。

写作设问式导语的关键，是设计好要提出的问题。导语的设问，必须扣紧主题，必须服务于新闻主旨，同时，还必须揣摩读者的“兴趣点”。此外，在文字上，还应力求简洁明快，注意提问的语气，以使读者既感兴趣又乐于接受。

（2）拟人

拟人写法可以使导语带有感情色彩，令读者受到某种程度的打动，从而，以一种积极的心态进一步阅读全篇。拟人化的写法并不复杂，即叙述无生命的事物时使用人格化的动词，拟人化的导语就完成了。

（3）借用

借用诗词典故、歌曲唱词等，来揭示新闻内涵，为导语增色，也是常见的修辞手法。

借用写法可使导语富有情趣，使消息一开头就有诗情画意，从而唤起读者的联想，使读者以轻松愉悦的心情阅读下文。值得注意的是，导语所借用的诗词典故之类，应与新闻事实本身有某种内在的联系，有可供借代之处；所借用的内容最好是大多数读者比较熟悉的，否则，反而会使导语变得生涩难懂。

（4）对比

在导语中，将两个极端的事物加以对照，造成巨大反差，从而引起读者的兴趣。

这种对比的写法，有助于揭示事物的特点、阐明新闻主题。对比写法，要求记者注意在联系与比较中观察与分析问题，发现事物的特点，或者发现问题所在，并选准对比的切入点，用来造成泾渭分明的效果。

（5）直呼

导语以第二人称“你”或“您”直呼读者，与读者对话。

直呼写法，可以将读者拉近，造成一种亲切自然的交流气氛，使读者产生亲近感，从而乐于接受记者的观点或忠告。

记者采用直呼法写导语，可以避免使用呆板的句式和令人费解的措辞。

（6）排比

以结构相同或语气一致的成排的句式构成导语或导语的一部分，形成排比式导语。采用排比手法，可以表达强烈的感情，增强导语的气势，使导语带有节奏感。

（7）惊警

惊警，即惊醒、警戒。运用惊警写法可造成震动效果，造成一种紧迫感，使读者为之一惊，不能不注意。

惊警适合于比较特殊的题材。例如某些与民众安危密切相关的、带有紧迫感的事物，以及一些服务性报道，宜用这种方式提醒读者。

四、消息的背景和结尾

（一）消息背景的写作要点

1．紧扣主题

有人认为，消息的背景不具有新闻事实本身的那种时效性，似乎是远离于新闻事实之外的东西，可以随意穿插。这是一种误解。背景并不能在新闻事实之外任意挥洒，它必须紧扣主题，并起到衬托主题、突出主题、深化主题的作用。如果背景真的脱离了主题的制约，成为孤立的东西，它不但没有积极的作用，还会节外生枝，破坏文章内容的集中性，造成文章冗长和赘余。

2. 言简意赅

不管哪种类型的背景，都要讲究精练。专门用来表述背景的文字，不能太多。尽管背景有它的重要价值，但它在消息中毕竟是“宾”而不是“主”。新闻事实总是最重要的，背景为说明新闻事实而存在。

3. 位置灵活

消息的重要组成部分，一般都有固定的位置。标题只能在正文的前面，导语只能在开头，结尾只能在最后，主体只能处于导语和结尾之间。只有背景，没有固定的位置，可以灵活穿插在任何一个合理的地方。

4. 述之有味

背景要写得有滋有味，人们才爱读。这种滋味的产生，一则靠背景本身的新鲜感，或者本身虽不新鲜，一跟新闻事实结合就产生了新鲜感。二则靠作者的表现技巧——利用描述情节、刻画场面、引用典故、对比衬托等手法，努力使背景更加生动形象，引人入胜。

（二）消息结尾的写作要点

结尾，特指能深化报道主旨的消息的最后一部分，但消息的最后一部分不一定都称得上是结尾。

由于消息的内容不同，报道的角度各异，结尾的写法也多式多样。常见的形式有：

1. 评论式

在消息收尾的地方对所报道的事实加以评论。具体表达时，既可以直接发表议论，也可以借别人之口进行评议，或者转述有关的评价。

2. 总结式

对于一些内容较为复杂的消息，可以在结尾处作一个概括性的总结，使全文的内容最终归纳在一个点上。

3. 启发式

在新闻事实已表达清楚的基础上，再引导人们进一步联系现实、认清责任的写法，就是启发式。

4. 展望式

在新闻事实表达完毕之后，对其发展方向和结果做出预测，通常都是描绘乐观的前景。

5. 引用式

在消息的结尾引用相关人物的话来做收束，也是消息常用的结尾方式之一。

6. 背景式

前面已对新闻背景做了全面介绍。如果新闻背景出现在消息的最后，就是背景式的结尾。

7. 数字式

在结尾的地方列举一些数字，有时能使新闻事实更丰富、清晰。

8. 补充式

在将要结尾的时候，又对新闻事实做适当的补充。这些补充的内容，一般不是核心新闻事件，但必须跟核心新闻事件有紧密联系。

第三节　消息的写作范例

一、人物消息

（一）人物消息的含义

人物消息就是以消息的形式报道新闻人物，突出反映人物的思想、事迹和精神风貌的新闻体裁。

人物消息报道的人物必须是新闻人物，而且是时效性很强的新闻人物，不采取消息形式尽快地报道出去就有失宣传效果，所以人物消息在时效性上，显然比人物通讯要快。一般对影响较大的人物的宣传，都是抢先发人物消息，随后再采写人物通讯。在人物消息的写作中，不强调细节，不需要过多的描写，要抓住典型人物的最有特点的典型事例或某个侧面，用简练的概括的“消息语言”，报道其先进思想与先进事迹，因此，人物消息在篇幅上要求短。

人物消息可以写正面人物，也可写反面人物，实际工作中，以报道正面人物为主。

（二）人物消息的写作格式

人物消息是一种便捷、迅速而有效地报道新闻人物的手段。它不必像人物通讯那样有较多的、具体生动的情节和细节材料，而只写一人一事，突出人物的某种行动或某个侧面，直截了当，短小精悍，迅速及时加以报道。

比起人物通讯，人物消息容量小，主题单一而集中，时效性强，因而更偏重于一个“新”字。报道一个突出的新闻人物，往往先发人物消息，然后再发人物通讯。人物消息没有必要也没有可能全面地介绍一个人，它的语言简洁，以叙述手法为主，且大多“以事写人”。

另外，人物消息刊登时，可通过标题处理使主题表达更为醒目突出，更容易引人注目。而人物通讯的主标题往往比较含蓄，多属虚题。

（三）人物消息的写作要求

在选材上，应抓取现实生活中人物活动的一两个场面，一两个镜头，充分地展示其生活的横剖面，描绘要细腻，才能使感染力强。

在结构上，人物消息既不同于一般新闻，又不同于一般人物通讯，而是取二者之长。它常常用一个概括性的导语开头，或点出部分事实要点，或从生动的情节、场面、引语入笔，但不透露太多；真正最重要、最精彩的东西放在后面，使读者看完全篇产生一种满足感。

在角度上，选择一个特定的角度，仔细观察局部特征，选择一个侧面加以报道。

（四）人物消息的写作范例

【范例】

C 罗身价排首位　代言效应体现商业价值

2012 年欧洲杯终于拉开帷幕，场上几百位球员中到底谁更具有身价？日前知名财富杂志《福布斯》中文版也适时推出了欧洲杯参赛球队和球员的价值排行榜，在这份榜单 369 位参赛球员中，来自葡萄牙的 C 罗独占鳌头，其身价高达 1.125 亿美元，也是这次欧洲杯中唯一身价过亿的参赛球员。

《福布斯》在推出这份榜单前参考了德国著名足球估值机构“转会市场”，以“转会市场”公布的球员身价作为依据。这份榜单也与今年 4 月 IPAM 市场营销学校列出的一份世界足球运动员个人象形价值排行榜相呼应，在那份排行榜中 C 罗个人形象价值达 4000 万欧元居首，梅西则以 3700 万欧元紧随其后。

那么 C 罗的商业价值通过怎样一种方式才能体现？当然是广告代言，英俊的相貌，健壮的体魄，潮人的装扮，这些都让他成为广告商的宠儿。现在 C 罗代言的品牌就包括玛莎拉蒂、阿玛尼、耐克、烁可力、吉列等世界知名品牌。

提到C罗的广告代言目前备受期待的当属全球顶尖运动功能型饮料烁可力。据了解烁可力与C罗的渊源可谓是情缘深厚。作为当今世界上的顶尖职业球员，C罗对选用食品一直非常苛刻，对于饮料的选用则更是精挑细选，既需要能为其赛时及训练活动持续补充能量，又希望此饮料能助他在场上更好地发挥状态，同时又强调饮品的健康功效——要迅速激发活力，但不能有悖赛事饮食要求；要快速补水与电解质，味道亦要清爽可口；要天然健康，绝不允许给身体带来负担；要持续补充能量，但又不能妨碍到专业球员的身材保持。秉承为顶级球员创造专属饮品的初衷，烁可力经过几年的不断探索与多次的配方修正，终于研发出一款为C罗量身定制的能量饮品，又经过多年的改良和能量配方的精进，最终才推出目前欧洲市场上热销的烁可力运动饮料。也正是为此，C罗也成为烁可力的品牌代言人，连饮料瓶身上C罗带球突破的动感造型的照片也是C罗亲自挑选的。

凭借着顶级品质与顶级球员应用的这层渊源，烁可力上市伊始即风靡欧洲、美洲各大城市，经过多年的发展市场历练，产品现已在欧洲、东南亚、南美洲等多个国家全面上市并表现出卓越的市场销售业绩。据悉，烁可力即将登陆中国市场，向中国消费者揭开它神秘的面纱。

对此业内人士表示，考虑到今年有欧洲杯和奥运这样的体坛盛会，体育赛事已然成2012品牌营销的最佳主题，而身价最高C罗的巨星效应毋庸置疑，成为代言品牌的首选利器。对于C罗今后能够创下多少商业奇迹，美国著名体育管理专家钱德勒此前就已谈道："克里斯蒂亚诺具有独特的品质，这名'拉丁贝克汉姆'简直钱途无量。"

（大洋网　2012年6月26日）

二、动态消息

（一）动态消息的含义

动态消息是指及时地反映现实生活中出现的新事物的简短的新闻报道。这种动态消息比较单一，只反映一个动态。其特点是文字简短，内容广阔，新鲜活泼。

（二）动态消息的特点

1. 报道的内容要新鲜

动态消息所报道的往往是第一时间、第一现场的突发性事件或新情况、新成就、新问题。

2. 报道的速度要快

动态消息新闻性较强，报道速度较快。它追求的目标是：现在新闻现在报。

3. 写作的语言要简明

动态消息要用最简练的语言写成，篇幅要短小精悍，长的不过几百字，短的只有几十字或一句话。

（三）动态消息的写作要求

1. 观点鲜明，突出主题

一条新闻一般只说明一个问题或道理。

2. 要正确处理好“新”与“准”的关系

“新”指的是新的事实、新的成就、新的经验、新的见解、新的问题。但“新”必须建立在“准”的基础上。只新不准，会导致报道失真，对工作无益。因此“新”与“准”要和谐统一。

3. 文字简明扼要

文字叙述要精练，用事实说话，必要时可以适当发表一些议论，但要得体、精湛，有感而发。

4. 鲜明地阐述事物的特征及意义

为了更鲜明地衬托出新闻报道所阐述事物的特征或意义，必要的时候，可以交代一下事物的历史背景，以及发生、发展的环境、历史条件和演变过程。但并非每条新闻都要背景材料，且背景材料应简明扼要，不宜太多。

5. 导语统领全文

新闻的开头通常有一段导语，简要说明全文的思想或主要事实，以唤起读者的注意和警觉，使读者在阅读全文前，有一个总的概念。起到开门见山、提纲挈领、统率全篇的作用。

6. 结构严密，层次分明，详略得当

新闻报道一般是按照事物的内在联系来写的，把最重要、最新鲜的事物写在最前面，然后再写次要的；也可以依照事物的发生、发展、变化的顺序来写，但要根据主题，突出主要的部分，详略要得当。

（四）撰写动态消息应注意的问题

首先，要发现有价值的新闻，特别是捕捉独家新闻；而且要注意在新闻事件中提炼最有价值的信息。其次，采访这类新闻要快，必须争分夺秒；同时发表，播出也要快，要占领新闻的“制高点”，达到以快制胜的目的。

但以快取胜也不要求绝对化，特殊情况时要特殊对待。

（五）动态消息的写作范例

【范例】

首届奥林匹克博览会北京展览馆开幕

北京2008年奥林匹克博览会（奥博会）8月8～18日在北京展览馆举行。作为首届奥博会，将展览来自国际奥林匹克博物馆的珍贵藏品、23个国家的精品邮集和各国邮票钱币徽章展销，展览总面积近22000平方米，预计每天接待8000人次。

由国际奥委会、北京奥组委、中国奥委会、中国邮政集团公司共同主办，中国邮政集团公司承办的北京2008年奥林匹克博览会，以“传承奥运、激情北京”为主题，旨在北京奥运会期间，集中展示奥林匹克历史与发展，弘扬奥林匹克精神与文化。

现代奥林匹克运动发展与邮政有着良好合作和密切的联系。1896年第一届现代奥运会，就是通过发行邮票等方式筹集资金才得以成功举办。从1988年汉城奥运会起，在国际上已形成了由历届奥运会主办国邮政承办“奥林匹克集邮展”的惯例。为更好地弘扬奥运精神、传播奥运理念、传承奥运文化，国际奥委会决定，从2008年北京奥运会起，将该展览名称改为“奥林匹克博览会”。本次奥博会融入更多的奥林匹克文化，涉及更多奥林匹克体育运动、收藏和艺术等多元化内容。

本届奥博会会展内容分为展览、展销、特色活动三大部分。展览部分包括国际奥委会及萨马兰奇先生个人邮集展、中国邮票博物馆邮票专题展、国际集邮家体育专题集邮展、国际个人奥运纪念品收藏展及相关艺术展等。在展览期间，主办方将举办媒体、青少年、集邮、文化和志愿者5个主题活动日，邀请不同群体参观奥博会，中国邮政将发行主题日邮品，观众可以从不同的角度领略到奥运文化的独特魅力。

展示区覆盖了场馆的二、三、五、九、十、十一号馆。其中二号馆以“雅典卫城”为设计灵感，展示来自国际奥委会和奥林匹克博物馆的珍贵藏品，还会设立获奖展品区、奥运会服装展示区和历届奥运海报展示区三个单独区域，观众可以观赏到历届奥运会的珍贵藏品。三号馆将集中展示各类奥运邮品，包括20框奥林匹克博物馆珍贵邮品、50枚奥运纪念币、120框中国邮票博物馆馆藏、历届奥运邮票珍品等。九至十一号馆为竞赛类邮品展示区，近900框邮品和41部集邮文献分为八大类呈现给观众。

展销区位于展馆的七号馆，将展销来自海外邮政、邮商及6个奥运协办城市的邮品。制作区在六号馆，观众可以在此馆制作自己的个性化邮品。四号馆为可口可乐奥林匹克纪念徽章交换区。十二号馆为赞助商区，由中国奥委会、中国邮政、英国邮政、希腊邮政、加拿大皇家铸币厂（展示100公斤、价值400万美元的金币）、奥林匹克运动会合作伙伴及赞助商组成。

（《光明日报》　2008年8月8日）

三、综合消息

（一）综合消息的含义

综合消息就是把发生在不同地区或部门的、具有类似性质的新闻事件，综合起来进行报道的消息类型。

综合消息既不是对一个固定人物的描述，也不是对一个独立事件的阐发，而是由许多不拘于时间、地点的事实，经过综合、归纳、概括、提炼而成，具有鲜明的主题和很强的指导性。综合消息的时间性要求没有动态消息那样急，但在使用材料时，一定要着力突出最新，适当安排较新的，尽量不用不新的。

（二）综合消息的写作要求

一般来说，在写综合消息时要考虑以下几点要求：

1. 内容要新鲜

要在选择题材中下功夫，在比较中发现什么才是新的事实、新的成就、新的经验、新的见解、新的问题。作者要有敏锐的眼光，要了解全局的情况，要占有资料，要做有心人。写消息，力求具有一定的思想，以便能给人以启迪。有些事情，尽管事实不是那么新鲜，但有意义，那就要选择新的角度加以报道。

2. 事实要准确

采写消息，一定要把事实弄清楚，并且核对无误。真实性，是其生命之所在。

3. 讲究时效性

无数事实表明，在当今世界，同一重要事件，不要说迟发一天半天，就是迟发几个小时、几分钟，便会在竞争中失利，在舆论上遭受不应有的损失。反之，如能讲究消息的时效性，就能在竞争中赢得主动权。

4. 篇幅要短，容量要大

也就是说，要提高消息的“含金量”。消息写作提倡“短些，短些，再短些”，但也不能短到空洞无物的地步，而应力求短而有丰满内容，短而实。

5. 具有可读性

6. 反复锤炼语言

消息以语言简洁为上乘，要珍惜每个字，推敲每句话，力求字字句句载着尽可能多的信息。

综合消息由多个材料组织在一起，哪个在前，哪个在后，互相之间怎样过渡、怎样呼应，这些在动态消息中无须更多考虑的问题，在综合消息中就要花较多的精力进行通盘研究了。具体地说，可并列，可递进，可对比，可总分。至于具体到某一篇应该如何安排，那就没有一个标准尺度了，只能是具体文章具体分析，找出其最佳方案。

（三）综合消息的写作范例

【范例】

北京奥运遗产多
值得中国认真梳理盘点传承

新华社北京（2008年）8月26日电　记者陈俊侠　韩冰　“中国举办了一届无与伦比的奥运会。”罗格先生在闭幕式上对北京奥运会的赞扬，标志着本届奥运会的圆满结束和中国人百年奥运梦想的完美实现。从超一流体育场馆到白云蓝天，从文明排队到拥抱世界，本届奥运会给中国社会留下了诸多宝贵遗产。这些珍贵的遗产，值得后奥运时代的中国认真梳理、盘点和传承。

体育遗产——多项突破改写奥运历史

来自204个国家和地区的一万余名运动员，在本届奥运会上共打破38项世界纪录、85项奥运会纪录。体育健儿们在挑战极限、超越自我的同时，也在人类体育史上写下了浓墨重彩的一页。(略)

精神遗产——国民心态渐显大国气度

从申奥成功到奥运会圆满结束，中国在7年筹办奥运的旅程中经历了种种磨砺和考验，中国的社会心理从躁动逐渐走向沉稳，从情绪化日益走向理性，从"金牌第一"到开始关注"人"本身，一个泱泱大国所应具备的自信与包容逐渐在中国人的心中生根，发芽，开花……(略)

人文遗产——中国和世界坦诚相拥

由于各种原因，长期以来中国融入世界、世界认识中国的过程充满坎坷，中国和世界之间似乎隔着一层说不清、道不明的"水晶墙"，而奥运会为中国和世界提供了全方位相互了解的机会。

"世界更多地了解了中国，中国也更多地了解了世界。"——在北京奥运会闭幕式上，国际奥委会主席罗格指出了本届奥运会最重要的遗产。他此前曾多次表示，通过奥运会，中国向全世界开放，全世界则关注、审视中国，双方彼此加深了解，这将带来积极而长远的影响。

奥运会既是全球最重要的体育盛事，也是来自世界各地的人们交流技艺、加深了解、增进友谊的平台。奥运会期间，两万多名海外媒体工作者和数以十万计的外国观众和游客涌入北京，他们既是来报道和观看比赛的，也是来了解中国的。此外，据全球知名媒介咨询集团尼尔森在全球38个国家和地区收集的数据表明，全球约有20亿人观看了北京奥运会开幕式，超过世界人口的三分之一。

通过接触与交流，各国媒体看到了一个真实、现代化的中国。美国《芝加哥论坛报》评论说："世界正把发展的中国置于显微镜下，一些人正寻觅其中丑陋的东西。这种寻觅的结果可能是准确的，但绝对是片面的。全面了解中国需要透过中国的社会和历史的全景……专注于中国的过失并对其他事情不闻不问是一种可耻的行为。"(略)

四、述评消息

（一）述评消息的含义

述评消息是一种边叙边评、夹叙夹议的消息类型，它介于新闻和评论之间，既报道新闻事实，又在报道的同时对新闻事实的性质、特点、发展前景等作出分析、解释、评价。

述评消息的内容，可以是政治、经济、军事、科技、文教等方面的形势和动态，可以是某一阶段工作的经验、情况或问题，可以是社会上出现的具有代表性、倾向性的思想、思潮，还可以是变化发展呈现错综复杂的重要事件。

（二）述评消息的写作要求

1. 政策性要强，叙述准确

述评消息政策性很强，要求叙述准确而概括，评论要观点鲜明，围绕所叙事实进行并切中要害，至少它应该能让百姓感受到深刻，让有关专家点头肯定，使有关部门受到启发。

2. 要具有一般新闻报道与新闻评论的两种作用

3. 简明扼要，评论紧扣事实

要用简洁的文字把事实交代清楚，评论紧扣新闻事实，分析透彻，虚实结合，不能离开事实，空发议论。

4. 评论旗帜鲜明

既然它具有评论文性质，那么在评论时，提倡什么，反对什么，要旗帜鲜明，生动有力。

（三）述评消息的写作范例

【范例】

细数历届奥运会开幕式点火经典创意

新华社北京（2008 年）8 月 8 日电　如果把奥运会比作一场视觉盛宴的话，那么开幕式就是这场饕餮大餐之前让人回味无穷的开胃菜。而一个开幕式能否举办成功，在很大程度上又取决于是否有一个独具匠心的点火仪式能够让人记忆深刻。

2008年北京：气势恢弘的“祥云画卷”

在星光点点、如同浩瀚银河的“鸟巢”中，“体操王子”李宁腾空而起，伴着皎洁的明月，在“空中跑道”上踩着“祥云”，用手中的火炬缓缓照亮了“祥云画卷”，将奥运圣火在世界角落传递的感人瞬间一一重现，而人类的奥运之梦也随之展开。

1984年洛杉矶：新颖奇特的“太空飞人”

1984年7月28日，下午4时30分，当倒计时牌从“3”变成“1”时，有七个字可以形容当时的盛况，那就是：世界瞩目洛杉矶。

当一个装扮成太空人模样的“宇航员”飞临体育场上空时，现场数万名观众的惊讶之情溢于言表。异想天开的美国人以这样一种新颖的方式带给了世界惊喜，拉开了奥运会的帷幕。

在点火仪式中，奥运十项全能冠军约翰逊点燃五环形状的引火装置，奥运圣火随之熊熊燃烧。从这届奥运会开始，点火方式打破了以往的中规中矩，开始变得新颖独特，“如何点火”也逐渐成为奥运会开幕式最令人期待的“最高机密”。

1988年首尔（汉城）：“手拉手”的团结与热情

一提起首尔（汉城）奥运会，人们首先想到的便是那首风靡世界的《手拉手》，而本届奥运会的点火方式似乎完美演绎了这首旋律亲切、歌词感人的主题曲。圣火最终由一名马拉松运动员、教师和舞蹈演员共同点燃，虽然点火方式并无新意，但三人共同点燃圣火体现了全民参与奥运的热情，并且在点火人数上创了一项奥运会的“纪录”。

1992年巴塞罗那：惊心动魄的“一箭穿杨”

虽然没有借助任何高科技手段，但这届奥运会的点火方式至今仍被很多人认为是奥运史上的经典之作。曾经患有小儿麻痹症的射箭选手雷波洛用火种点燃箭头，拉弓搭箭，最终准确地射向70米远、21米高的圣火台。当熊熊火焰随之腾空而起的一瞬间，许多观众都被他的高超技艺和勇气所震撼。不过，据说为做到点火万无一失，雷波洛在开幕式前足足练了不下两千次，他的努力也体现了人类敢于突破自我、挑战极限的伟大精神。

1996 年亚特兰大：颤抖中的坚毅与感动

当患有帕金森综合征的“拳王”阿里颤抖地接过火炬时，全世界都看到了他抖动的双手。然而在熊熊圣火的映照下，阿里的面容无比刚毅，给人留下了深刻的印象，从他坚毅的目光中人们又不禁想起那个曾经在拳坛“像蝴蝶一样行云流水，像蜜蜂一样给敌人致命打击”的王者阿里。当时在场的许多观众都流下了感动的泪水，就连美国前总统克林顿的眼里也闪烁着泪光。毫无疑问，那一刻已经成为奥运史上感人肺腑的经典瞬间。

2000 年悉尼：水火交融的浪漫和绚丽

谁说水火不能相容？作为海滨城市的悉尼，在点火方式上选择了最让人意想不到的水元素。当澳大利亚短跑名将弗里曼身着银色连体防水服，在瀑布飞泻的背景下，点燃了冉冉升起的火炬时，那一幕水火交融的精彩美景深深地印入了人们的脑海之中。而选择土著运动员弗里曼来点火，也象征着澳大利亚多民族的团结与融合。

2004 雅典：古典质朴的“爱琴海”

谈到雅典奥运会的开幕式，人们马上想到的会是蓝色的人造“爱琴海”。极具想象力的希腊人通过唯美的艺术手法在动人的“蓝色”中几乎重现了整个古希腊文明的发展与推进。

五、简明消息

（一）简明消息的含义

简明消息又叫简讯。简明消息并没有自己独特的报道对象和特殊的写作方法，它其实就是篇幅特别短小的动态消息，通常只有一二百字，有时甚至只有几十个字。

由于人们对短新闻越来越重视，现在无论报纸、电台还是电视台，都特意安排一定的版面和时间专门发表简讯。

简明消息的特点一是精短，二是迅速，二者相互统一。由于它的篇幅短到了极致，写稿时出手就比较快，编辑编发也快，所以简讯有时又被称为快讯。

简明消息常以“集束”的形式发表。电台和电视台常有“下面播报一组简讯”的说法。

（二）简明消息的写作要求

1. 结构不必完整

它不必像一般消息那样具有标题、导语、主体、结尾等结构要件。如果一篇简明消息只有一个自然段，就分不出导语和主体来，或者说它只有导语没有主体，也可以说它只有主体没有导语，总之二者已经合二为一。它也没有单独的结尾，常常是事完文止。

2. 不必交代背景

简明消息不必交代背景。这并不是说所报道的新闻没有其发生的背景，而是不作专门的交代，但有一个前提是读者也是基本明白的。如果有复杂的背景需要用较长的篇幅专门交代，那就不适合写成简明新闻了。

3. 文字简明扼要

消息本来就是一种简明扼要的体裁，简明消息是简明中还要简明，扼要中还要扼要。可以先写出稿子来，然后进行删除和压缩，一直压缩到少一字就不清楚的程度，就符合简明消息的文字要求了。

4. 要素不必完备

一些必要的新闻要素，简明消息当然也不能省略，但是，它为了追求简练，也无须将“何时、何地、何人、何事、何因、何果”全都具备。通常，何时何地何事三个要素是必不可少的。其他要素则可以根据情况略而不提。

（三）简明消息的写作范例

【范例】

江西企业并购全球第四大轻型商用压缩机制造商

日前，经江西省发改委核准，华意压缩机股份有限公司并购并运营全球第四大轻型商用压缩机制造商——西班牙 Cubigel Compressors S. A 公司。华意压缩拟投资800 万欧元（约合 988 万美元），其中 270 万欧元用于收购 Cubigel 公司资产，剩余530 万欧元用于收购后公司的生产经营。

三峡升船机核心“承船厢”首批设备运抵

由武汉船舶工业公司建造的三峡升船机承船厢结构首批设备近日分段运抵三峡左岸重件码头，计划于9月底开始现场组装。承船厢是三峡升船机核心设备，也是船舶过坝的载体，长130米，宽25米，高10米。升船机建成投运后，3000吨级船舶可直接开进承船厢内，连船带水一起提升过坝。

青海省果洛藏族自治州打造高原公路网

“十二五”期间，青海省果洛藏族自治州将投资35亿元打造草原公路网，通车里程将增加到1万公里以上，实现100%的乡镇、65%以上的牧委会通柏油马路，70%以上的乡镇通客运班车。果洛藏族自治州位于青海省东南部，平均海拔超过4200米，总面积7.6万平方公里，常住人口仅18万，是中国10个藏族自治州中气候最恶劣、环境最艰苦、经济社会发展最为滞后的一个。

中国人参产业高峰论坛在吉林抚松召开

中国人参产业高峰论坛1日在长白山脚下的吉林省抚松县举行。论坛期间，人参产业的200余名专家学者、企业家代表将就推动中国人参从原料资源优势向产业优势转化、营养与保健食品原料基地建设、提高原料生产的规模化和集约化等议题进行交流探讨。吉林省是中国人参主产地，其人参产量占全国的80%、世界的60%以上。

（新华社　2012年9月2日）

六、经验性消息

（一）经验性消息的含义

经验性消息，就是把某一单位或部门在工作上的成功经验报道出去的消息类型。所报道的可以是贯彻党和国家的方针政策的典型经验，可以是某一方面工作的成功做法。

在写作中，首先是交代情况，让读者对报道对象有一个整体的了解，其次是介绍做法，让读者知道经验是怎样取得的，从而使读者看到取得的经验。

（二）经验性消息的写作要求

1. 捕捉新鲜的经验

跟专门表述经验的文体如总结和典型经验调查报告相比，经验消息除了用记叙写法、靠事实说话之外，还有一个重要标志就是内容新鲜。总结是定期必做的，其中的经验也许没有多少新鲜感，但是作为一个阶段的回顾，不能因为新鲜感不足就不做了。调查报道强调的是典型意义，新鲜感虽然也是追求目标之一，毕竟不是最核心的。作为新闻的经验消息，如果缺少了新鲜感，马上就失去存在的理由。经验消息的写作首先必须发现新鲜经验，否则一切无从谈起。

2. 经验在事实中自然显现

除非被采访者自己有条款式的概括，经验消息中的那些规律性认识通常并不一一地指点出来，是靠在对事实的叙述中自然而然地显现出来的。因此我们阅读一篇经验消息，常常看不到直接表述经验的文字，但是，经验又在字里行间无处不在，写作中要把握好这一点。

（三）经验性消息的写作范例

【范例】

借鉴西安成都经验　让大连地铁更加安静

坐过火车的市民都知道，在列车运行中经常能听到“哐当哐当”的声音，住在铁路两旁的居民每天都得承受火车驶过的巨大噪声。“让地铁安静点！”记者探访了解到，西安和成都地铁在铺轨建设过程采用了多项措施减振降噪，大连地铁铺轨时也将有选择地使用，让大连市民告别这扰人的“哐当”声。

中铁一局相关负责人说，西安地铁一号线轨道几乎囊括了目前国内所有新型道床形式，包括针对西安市地裂缝地段设计的可调式框架板、针对古城墙文物古迹地段设计的钢弹簧浮置板道床和高层建筑地段设计的减振垫道床。在玉祥门及朝阳门明城墙地段，工人们铺设轨道前会先在地面铺一层混凝土垫层，上面加一层塑料隔离，再上面则会绑上预留了不少孔的钢筋网。铺轨完成后，再把一些弹簧加进预留的孔里，通过弹簧的作用将整个铁轨向上顶 3 厘米左右，让铁轨“悬浮”在半空中，大大减少了车辆运行时的噪声。

记者从市地铁指挥部了解到，目前，大连地铁 1、2 号线建设工程正按计划推进。截至目前，大连地铁已有 15 个车站主体结构完工，区间双线隧道掘进近 30 公里，有连续 4 余公里线路具备铺轨条件。预计今年下半年将进入铺轨阶段。

届时，施工单位也将根据相关地段的实际地质及周边环境，确定使用相应的铺轨方法及道床形式，以保证医院、幼儿园、学校、高层等重要建筑减震地段的减震降噪要求。

（《大连日报》 2012 年 5 月 31 日）

七、解释性消息

（一）解释性消息的含义

解释性消息不仅报告新闻，而且着力于对新闻事实的多方面解释。动态消息，一般只报道事实，不作或极少作解释，消息写作的重心是陈述事实，记者的传播意识和新闻的指导性，主要体现在事实的选择安排之中。解释性消息则不然，它必须在报道新闻事实的同时，运用多种类型的背景或其他相关材料，解释蕴含在新闻事实中的原因、结果、意义、性质，重心在解释。记者的传播意识和新闻的指导性，主要体现在解释中。

（二）解释性消息的写作范例

【范例】

原料乳中三聚氰胺快速检测国家标准发布

记者 15 日从国家质检总局获悉，国家质检总局、国家标准化管理委员会 15 日批准发布了《原料乳中三聚氰胺快速检测液相色谱法》国家标准，标准自发布之日起实施。

针对奶站、企业在原料乳收购过程中对三聚氰胺快速检测的需要，科技部会同质检总局、农业部、卫生部等部门组织专家开展了快速检测的筛选工作。通过对 126 家单位提供的 128 种快速检测方法进行初筛和现场统一测试，专家认为由中国计量科学研究院提供的原料乳中三聚氰胺快速检测方法是比较成熟的方法，建议制定为国家标准。

该方法按照国家标准快速制定程序，经 10 余家实验室共同实验确证，并经专家组审查通过，制定为《原料乳中三聚氰胺快速检测液相色谱法》国家标准。

该方法适用于原料乳中三聚氰胺的快速检测，也适用于不含添加物的液态乳制品中三聚氰胺的快速检测。使用该方法，可以解决原料乳的收购奶站和企业，以及乳制品生产企业在投入较小的情况下，快速、准确对所收购的原料乳进行三聚氰胺检测的问题。

（《济南时报》　2008 年 10 月 16 日）

八、预测性消息

（一）预测性消息的含义

预测性消息是指报道尚未发生、有可能发生的“事情”，提供未来信息的消息。

（二）预测性消息的写作范例

【范例】

中国女足迎战加拿大　志在全取三分提前出线

2008 年 8 月 9 日晚 19 时 45 分，中国女足将在天津奥体中心水滴体育场迎来奥运会小组第二个对手加拿大女足。对于同积 3 分的两队而言，本场比赛取胜一方将提前锁定一个八强席位。中国女足如果击败对手，几乎可以确定拿到小组头名。

若遗憾告负，那么不仅首胜瑞典的优势恐将化为乌有，并有可能再次在小组末战陷入看别人脸色的尴尬中。

在有些爆冷地击败小组头号劲敌瑞典后，中国女足小组出线形势非常明朗。第二场与加拿大队的比赛战绩在一定程度上将决定女足的最终命运。如果能够击败加拿大队，中国女足就很可能拿到本小组第一。根据规则本组头名 1/4 决赛的对手是 F 组或者 G 组第三，这样中国女足晋级四强的概率就增加许多。如果无法击败加拿大女足，中国女足很可能以小组第二甚至第三晋级。最差的情况自然是小组第三出线，那么根据赛程安排 E 组第三如果出线肯定遭遇 G 组头名。目前看来挪威获得 G 组头名机会不小，去年世界杯我们就是在 1/4 决赛中输给了她们，而且挪威队首战轻取美国展现超强实力，中国队肯定不想在 8 强战就遭遇这个对手。如果以第二名跻身8强，中国女足将遭遇F组第二名。在这个死亡之组当中，无论是朝鲜、德国还是巴西，中国女足都不希望碰到。因此中国女足要想完成四强目标，此战必须至少不能输给加拿大，末站再力争小组头名。所以今晚的比赛，中国女足志在三分。

提起加拿大队中国女足并不陌生。虽然历史战绩中国队绝对占优，从2003年之后的交锋中中国队也保持不败，可是2003年世界杯的1/4决赛，身体强壮的加拿大女足就曾经凭借定位球1比0击败中国队，导致马良行率领的中国女足无缘四强。中国女足也从此一蹶不振，中加之战也成为女足命运的拐点。在今年初的四国赛上，中国队也只是0比0与对手握手言和。

与瑞典队相似，加拿大队员身体优势明显，她们的对抗能力强，攻防速度快。加拿大队攻击点较为分散，在首场比赛中加拿大18次射门由8名队员完成。该队中前场有自己的灵魂人物——队长辛克莱尔。在与加拿大的比赛中，辛克莱尔一人完成5次射门2次射中球门范围，居全队之首，同时她在前场穿针引线的传切更是令对手防不胜防；另外一名锋线队员卡拉4次射门3次射中并带来一个进球，这名前锋不仅门前较为灵动，还有一脚任意球绝活。加拿大中后卫查普曼的技术特点有点类似于中国队队长李杰，她除了有出色的防守能力，助攻也颇为凶悍，与阿根廷的比赛就是她率先为加拿大队打开僵局。

不过从加拿大与阿根廷的首战来看，这支球队防守存在极大的问题。对战阿根廷，她们给对手留下了很多进攻的机会，甚至还让阿根廷队打进一球。中国队如果能够在比赛中积极拼抢，借助主场优势立足于不败的可能性很大。在赛前接受采访时，主帅商瑞华保持了一贯的冷静，他认为加拿大队的进步非常大，队员在冲击力上丝毫不逊色于瑞典队，中国女足不可掉以轻心。不过老帅同样表达了小组出线的信心："我们一定能够小组出线。现在只是个开始，还是一步一步来吧，但中国女足不会让球迷失望的。"

（《扬子晚报》　2008年8月9日）

九、服务性消息

（一）服务性消息的含义

服务性消息是一个重要的新闻体裁，在21世纪，这类消息还将受到更多的关注。掌握服务性消息的写作要领，是记者的基本功，提高服务性消息的质量，是媒体和记者的研究课题之一。

（二）服务性消息的写作范例

【范例】

水立方新售票口因购票者过多被迫暂停

2008年10月16日因购票者过多引发抢购，位于地铁10号线北土城站附近的水立方门票临时销售点暂停售票。由于购票人过多，售票票口两侧窗户上的铝合金栅栏都被拽变形。

昨天上午，水立方在地铁10号线与8号线交会的北土城站B口附近短暂向散客售票，但因购票者过多引发抢购而草草收场。截至昨晚，新售票口是否继续开放，水立方有关负责人尚未回应。

通知写错　购票者走冤枉路

昨日上午，水立方周边的护栏上挂起通告。“水立方售票地点为：地铁十号线北土城站C1出口出站，右转150米处。”这标志着水立方正式启动了在场馆近端售票。

之前，水立方向散客售票的地点一直设在工体北门。以至于原价30元的水立方参观票票价被炒至百元一张，也因此引来不少游客抱怨。

地铁10号线C1出口处，三名游客正在这里寻找售票点。“我都绕着出口转了两圈了，都没有看到卖票的。”

附近一名男子说，“售票点在B出口，那个通知写错了。”

售票点窗户栅栏被拽变形

昨日中午12点多，在北土城站B出口右侧150米处的一排平房前，平房窗户上贴着通告：“即日起，水立方在此销售门票，每张30元，每人限购5张。”通告日期是10月15日，但大门上了锁，窗户外护栏已经脱离了墙面，向外突出去很多。

一旁食品部的工作人员说，人太多了，卖票的时间又短，很多人去抢票并且争执，售票的人就赶紧把门关上了。后来来了警察，才把事情平息下来。

一名男子指着售票口两侧的窗户说，窗户上的铝合金栅栏都被拽变形了。

昨日下午，一辆警车停在售票处，附近倒票者逐渐散去。

直至昨晚，水立方相关负责人尚未对此事发表意见，该售票点是否继续售票等仍无具体消息。

说法　“希望志愿者来维持秩序”

市民刘先生说，希望以后能够多一些志愿者或者民警维持现场秩序，毕竟水立方票比较少，想去参观的人又很多。而且，场馆附近售票对购票人很方便，以前在工体北门卖，太远了。还有就是指示标志最好再清晰一些，给购票人提供方便。

（《新京报》　2008 年 10 月 16 日）

第二章　通讯的写作

第一节　通讯概论

一、通讯的含义和特点

（一）含义

通讯，是运用叙述、描写、抒情、议论等多种手段，具体、生动、形象地反映新闻事件或典型人物的一种新闻报道形式。它是记叙文的一种，是报纸、广播电台、通讯社常用的文体。

通常使用的有人物通讯、事件通讯、概貌通讯、工作通讯、小通讯等。

（二）特点

1．叙述的直接性

通讯写作“不需文乞巧，只有直如弦”，即通讯的写作一般以开门见山和顺叙的叙述形式为主。但通讯中也不排除采用倒叙、插叙、夹叙夹议等表现手法。叙述的直接性具体表现在以下几个方面：

①直接交代事件（何事）、当事人（何人）、时间（何时）、地点（何地）、原因（何因）和如何发生（如何）六要素；

②直接写出采访过程；

③通讯内容中故事直接的过渡、场面的转换、开头与结尾的照应也要用直接叙述方法。

2．描写的直观性

描写时要注重对人物动作形象和场景进行直接而具体的描摹，而不能有过多的形容或雕琢。描写的直观性具体表现在以下几个方面：

①对记者亲眼目睹的现场进行如实描写；

②对事后采访到的事件情景进行重现场景的描写；

③以记者出场形式对记者见闻进行直观描写。

3. 议论和抒情的实在性

通讯写作的议论和抒情常常是结合在一起的，有不少文字既是抒情，又是议论。议论一般是在叙述事实的基础上，紧密结合事实，作画龙点睛之笔；抒情通常也是紧密结合事实，简短精要的语言表达个人的观点和感情。通讯中的议论和抒情有时也采用比兴、对比等手法，采用这类方法时，一般也力求简短扼要，与新闻事实密切联系。

4. 对话的实录性

通讯写作中，经常使用对话形式。通讯中对话写作的特点就是不加修饰地记录对话。具体而言，通讯对话实录性的特点表现在以下几个方面：

①直接引用新闻人物的原话，突出真实感、现场感；

②在选择新闻人物的原话时，要突出人物语言的个性特点。

5. 说明的直白性

通讯写作中，经常要简明扼要地说明事物的形状、性质、特征、原因、关系、功用等，也经常需要说明人物的经历、特征等。对这种说明的一般要求是通俗明了，其目的是使读者一目了然，使听众一听就明白，使观众一看就清楚。

二、通讯与消息的区别

从文体特征来看，通讯与消息的区别主要有以下几点：

（一）通讯报道的事实更详细、完整、富于情节

通讯是一种详细、深入的报道。一个事件发生了，消息往往是将事件的几个新闻要素报道出去，包括何事、何时、何人、何地、状况、原因等，使受众尽快了解到最重要的概括性信息。而通讯则往往在消息之后，将这个事件的来龙去脉、前因后果等读者渴望知道的详细信息加以整合，然后完整地报道出去。通讯满足了读者在知晓新闻事件大致结果后探求深层原因和获知详细过程的衍生兴趣，也有利于人们较完整、较深入地了解新闻事件或新闻人物。

（二）通讯报道的事实更形象、更生动

通讯报道的事实应以感性的素材还原生活的原生形态，使这种文体更具感染

力。它把人们熟悉的生活和不熟悉的新闻现场推到读者眼前，使读者去认识，去感知，并在感知中形成自己的体验。

（三）通讯文体比消息文体自由

消息的结构尽管也是多种多样的，但毕竟有一个较为固定的结构方式：导语+主体。而通讯的结构没有导语和主体之分的固定结构，文体比较自由，有些类似于散文体，在表现形式上给予作者很大的创作舞台。各种笔法，各种结构，各种风格，都可以容纳在通讯这种文体中。可以从头到尾顺叙事实，也可以从尾到头倒叙事件；可以用白描手法再现人物、再现现场，也可以触景抒情、缘事议论；可以用序数将报道分为几个大段来写，也可以用小标题来分割段落；可以写对话体，也可用日记体；可用第三人称，也可用第一人称。总之，通讯文体在表现形式上相当自由洒脱，它给记者建构了一个可纵横恣肆、飞转腾挪的创作舞台。

（四）通讯的主题鲜明、结构完整

消息是信息型文体，要求速报。有些消息，如简讯，甚至无须提炼主题。通讯则不然，主题对通讯来说是必不可少的。因为通讯是记者有意识组织起来的文体。将各种各样的、大大小小的、有粗有细、庞杂的事实材料组织在一起，没有一根主线是不可想象的。而主题的残缺、含混，也正是许多通讯失败的通病：中心不明、杂乱无章。因此，每篇通讯都必须有主题来统领素材。

从主题的角度来讲，文章中的每一素材——无论什么样的事实材料都是对主题有用的，都是文章的有机组成部分。通讯一旦完成，其结构是完整、严密、不容任意拆散的：有头有尾，环环相扣，其功能是以“整篇”为单位发挥作用。消息的“段落”在排版时可以根据版面的要求进行裁剪。而通讯的开头和结尾与全篇构成一个整体，一般不能任意舍弃，那样将使通讯的结构支离破碎，难以卒读，因为它破坏了通讯结构的完整性。

（五）通讯有更强的主体意识和个人风格

从理论上讲，无论消息还是通讯，都是记者有目的的写作，都表现了记者的主体意识。通讯内容丰富、题材广阔，它需要记者对素材强有力的把握。选择什么事实，不选择什么事实，如何表现这些事实，完全受记者主体意识的支配，即思想的支配。在一篇具体的通讯作品中，作者的主体意识一般体现在两个方面：一是作品有鲜明的主题；二是作者常常以真情为文，以情动人。

采写一篇通讯时，记者面对的往往是复杂的、多层次的事实，如一个人坎坷的一生、一个事件的大小情节，一种社会现象的层层叠叠的因果链条。记者要向大众传播这些复杂的事实，必须经过一番周密的调查研究，即通过采访对事实有一个“去粗取精、去伪存真”的认识过程。达到了对事物较深层的认识之后，就要考虑到如何表达的问题——根据时代背景、大众兴趣和媒体报道方针确立自己的主题，然后紧紧围绕主题选择素材来结构文章。因此，一篇通讯的主题、选材和结构方式，都不是简单“搬运事实”的工作，都需要作者的思考。

在阅读消息的时候，读者常常在一瞥之间就能辨别出最重要的信息，因为最重要的信息常常在导语中凸显。同样，在阅读通讯的时候，读者也可以一眼就看到作者的价值判断、观点和主张。通讯中作者的主体意识表现得非常鲜明，读者或者通过标题，或者通过作者直截了当的议论就可以感知作者鲜明的是非、爱憎和褒贬。

作者的主体意识还表现在“以情入文”，就是将强烈的情感写进通讯，而不像写消息时那样注意“客观手法”，于情感方面比较含蓄、不动声色。多彩的世界感染着记者，记者再将自己的爱憎、感受传达给读者。优秀的通讯，特别是人物通讯，无不是记者有感而发的产物。它们或者是在文章中直接倾诉，或者在叙事状物的字里行间间接流露。

通讯主体意识鲜明的特点还表现在作品常有鲜明的个人风格。人常说“文如其人”，写作通讯时亦然。因为通讯中融入的记者主观的成分远比消息多。这不是说记者可以虚构事实，而是记者要用自己对事实的理解，即自己的思想、人生经验和认识能力去把握复杂的现实，通过表现事实来表现记者的个人认识，那些读者熟悉的资深记者，已经形成了鲜明的个人风格。

（六）通讯不如消息文字简练明快

消息文字常用概括叙述的方法，而通讯因为其素材比较详细，多用详述、白描手法再现事实，强调事实的生动性和可感知性。

（七）通讯时效性稍差

对于重要的事件，人们通常用消息在事件发生后最短时间内抢先报道。随着现代化的报道手段和先进设备的普及，电视、广播所做的对重大事件的现场报道，更是将事实与报道之间的时差缩小为“零”，实现同时空转换。所以消息的时效性特强。

通讯的时效性往往不及消息。通讯发稿较慢，是因为它对材料的要求比较严格，如说理更详细、更深刻、更生动、更典型，记者需要有一个采集选择和认识的过程。另外，通讯事实多、篇幅长，写作时间也比消息更长；同时，通讯强调报道的完整性，有时还必须等新闻事件有一个较充分的展示过程或等事物的发展有一个阶段性结果时，采写通讯的时机方成熟。

通讯中发稿最快的是体育赛事特写，往往和赛事消息同时发稿。因此重大体育赛事的采访往往是对记者功力的一种考验，既要抓住重要信息写消息，又要盯住关键性的现场采写通讯或特写，这需要记者做充分的赛前采访准备和具备相当高的写作速度。

（八）通讯有更强的可感受性

通讯的可感受性往往比消息强烈。在这一点上，通讯这种载体在传播过程中更类似文学作品，即它有两条传播信道的通道：既像消息那样传播信息，还有一条看不见的通道传播情感。

三、通讯的结构

（一）通讯结构的基本要求

通讯的结构，总体上要求做到统一和谐、完整严谨。

统一和谐，指材料安排有序，自然而又巧妙；完整严谨，指有头有尾，前呼后应。同时，通讯结构要服从通讯主题的需要，并努力揭示新闻事实的内在联系。

（二）通讯的中心和结尾

通讯的结构形式灵活多样，不拘一格。根据不同的内容需要，可以灵活安排，即便同样的内容，也允许和提倡不同的布局安排。

1．通讯的中心

这是通讯的主体，这部分的关键在于，要把调查采访得来的纷纭材料理出一个头绪，然后斟酌怎样合理地安排使用这些材料。材料的安排布局，可以依照事物发展的前后过程为主线，还可以用纵横兼备的线索安排布局材料。就是说，通讯中有的是按“横式结构”组织材料的，另有一部分是按“纵式结构”组织材料的。在这两种线索中以一种为主，这就是“纵横式结构”。

2．通讯的结尾

通讯的结尾比较灵活自由。有的是提出召唤，引读者共鸣；有的意犹未尽，给读者留有回味余地；有的用精辟议论结尾，揭示和深化主题等。

（三）通讯结构的常见形态

1．纵式结构

凡全篇的层次与层次之间呈现纵深发展态势的，都是纵式结构。具体来说，又有两种基本形态。

（1）按时间的推进安排步骤组织材料

这种结构形态可以被简称为时间结构。其基本特点就是以时间为脉络，沿着时间的长链，把事件的发生发展区分为若干个不同的步骤，每个步骤形成一个大的层次，几个层次构成全篇。

（2）由浅入深地组织材料

这是一种“递进式”的纵式结构。特点是从浅到深，从现象到本质，或从感性到理性。层次与层次之间，呈现逐层深入的态势。

2．横式结构

层次与层次之间呈现相互并列关系的，就叫横式结构。它又可分为若干类型。

（1）空间并列式

空间并列式的特点是把发生在不同地区或不同单位的具有相同性质的新闻事实组织在一起，形成一篇完整的通讯。每一次空间的变换，就形成一个新的层次。

（2）人物并列式

人物并列式是在集中报道几个相同类型的人物时采用的结构方式。每个人物的事迹相对独立，形成一个层次。若干个人物的事迹共同合成一篇，揭示一个深刻的主题思想。

（3）侧面并列式

事物总是由不同的侧面组成的，通讯安排结构也可以按照不同的侧面相互并列地组织在一起。这样的结构在人物通讯和工作通讯中占有较大的比例，因为人物的思想境界是可以区分为不同侧面的，工作中的成就或问题通常也能区分为几个不同的方面。

3．纵横结合式结构

在一篇通讯中既采用纵式结构，又采用横式结构，就形成了这种纵横结合式结构。在这种两相结合的结构之中，总会有一种占主要地位，另一种占次要地位。或者整体上采用纵式结构，局部有地方是横式结构；或者总体上是横式结构，某些局部是纵式结构。采用这种结构的作品以 1961 年 2 月 28 日《中国青年报》刊登的长篇事件通讯《为了六十一个阶级弟兄》最为典型。

第二节 通讯的写作指导

一、通讯的写作要点

通讯的内容之所以翔实具体，生动感人，关键在于有丰富具体、真实入微的材料，这些材料要靠艰苦深入的调查采访去开掘搜集。

面对调查采访得来的一大堆材料，怎样才能把它加工制作成一篇完整的通讯，哪些材料有用，哪些材料没用，各种有用的材料之间彼此是一种什么关系，在这些问题没有理清楚之前，是不能盲目下笔的。要理清这些材料，就要认真分析材料，对材料进行一番“去粗取精，去伪存真，由此及彼，由表及里”的工作，找出众多材料本质的东西，也就是从分析材料中提出明确的主题。

二、通讯的写作技巧

（一）通讯的标题

通讯的标题不同于消息的标题。消息的标题要直接揭示新闻事实，写法比较固定，形式有单标题、引题式双标题、正副式双标题、引题正题副题俱全的三标题等模式，只需套用其中一个模式即可。通讯的标题跟一般记叙文的标题比较接近，它可以直接揭示新闻事实，也可以曲笔达意。在写法上，通讯的标题可实可虚、可直可曲、可长可短、可庄可谐，没有定规，作者可以充分发挥自己的创造性。在形式上，通讯一般只有一个标题，也可以用破折号引出一个副标题来，副标题大多是实述的写法，主要是交代报道的对象和新闻的来源。

1. 直述新闻事实

直述新闻事实的写法不事雕琢，符合“最高的技巧是无技巧”的说法，写好了有“大巧若拙”的大家风度。

2. 提出问题，引人思考

用一个问题作标题，这个问题也是时常让读者感到困惑的社会现象，这就很容易引起人们的关注和思索。

3. 设置悬念

在标题中制造悬念，更能引起读者的强烈关注。

4. 比喻双关

在标题中适当运用比喻双关等修辞手法，可以使文字更生动优美，形象更鲜活动人。

5. 引用口语

直接引用新闻当事人的口语做标题，也是一种活泼新颖的写法。

6. 相反相成

把矛盾状态和谐地组织在一起，叫作相反相成。标题的相反相成，可以增加思维的广度。

（二）通讯的开头

通讯的开头并不像消息那样要求严格，而是多姿多彩、不拘一格的。其开头与记叙文的开头一样，有直起式和侧起式两大类型。直起式包括开门见山直述其事其人，直接抒发感情或者直接发表见解等。侧起式是利用铺垫弄引的方法，远远说起，娓娓道来，到适当的时候才进入正题，如先讲故事、传说，先引诗词、谚语、名人名言等。归纳起来，通讯的开头有下列几种基本类型。

1. 开端进入情节

在一些事件通讯和人物通讯中，常常有开端就叙述事件的写法。处于开端位置的可以是整个事件的开端，也可以是事件的结局或某一个精彩段落。这样写可以强化通讯的情节性，用生动的故事吸引读者。

2. 起笔刻画人物

一开始就展开对人物形象的刻画，在人物通讯中很常见。这样可以先让笔下的人物给读者一个清晰的印象，有利于下文的展开。

3. 场景描写在先

人物、情节、环境，是记叙文的基本内容。通讯当然也可以从环境着手切入，然后铺展开事件和人物。在概貌通讯和工作通讯中，在开头之处先作一番场面描写或风光描写的，不在少数。

4. 先作抒情议论

开篇先作一番抒情或议论，给读者以情绪的感染或理性的启迪，为下文叙述的新闻事实定好一个基调。

5. 落笔先用比兴

“比”是比喻，“兴”是由一物引出另一物。比兴是《诗经》的基本表现手法，对后世的文学技巧影响很大。在通讯的开头使用比兴，可以大大强化作品的文学性。

6. 引经据典开篇

引用典故、诗词、谚语、名人名言来做开头的通讯，有较强的文学意味。

（三）通讯的结尾

通讯的结尾大致有三种基本类型：自然收束，卒章显志，补上一笔。

1. 自然收束

这是一种客观化的结尾。新闻事实说完了，通讯就自然地结束了，严格地说起来，并没有一个专门的结尾，但仍不失为一种很好的结尾方式，特点是干净利落。

2. 卒章显志

在文章的最后揭示主题思想或写作目的，使整篇文章有一个思想的落脚点，这种写法在其他类型的文章中也是经常见到的，符合从物质到精神、从现象到本质的认知规律。

3. 补上一笔

有意将一些新闻事实留到最后再作补充交代，当事实似乎已经说尽的时候补上一笔，可以使文章“清音有余”，韵味无穷。

三、通讯的表达方法

（一）描写

1. 白描

白描本是中国画的传统技法，墨线勾勒，不着色彩，或者只用淡墨渲染，不加烘托，不用背景。用这种方法画的画叫“白描”。白描这个概念借用到写作中，就是指文字质朴的简单勾勒，不用烘托，不加修饰，很少用形容词，有时和具体化的叙述差不多，但它是一种形象的勾勒。

2. 细描

运用比喻、比拟、夸张、引用等多种修辞手法，对人物或事物进行细致入微的刻画，好比绘画中的工笔手法。新闻作品多采用白描手法，但是通讯中需要加以特写的细节、场景、形态等，又往往要借助细描。

3．直接描写

直接描写又叫正面描写，就是记者直接正对描写对象进行描绘。直接描绘出的形象，实在、真切、可信度高。

4．间接描写

间接描写又称侧面描写，如绘画上“烘云托月”的手法。它不是正面直接描绘对象，而是通过描写与对象有关的人或物来烘托对象。间接描写比较虚，描绘的形象不够确定，但正因为它不够确定，能给读者留下充分想象的余地，读者可以运用自己的想象，根据自己的审美观，进行再创造。

（二）抒情

抒情就是抒发记者对通讯所写人或事的褒、贬、爱、憎之情。抒情可以分为直接抒情和间接抒情两种。

1．直接抒情

直接抒情，就是直抒胸臆。

2．间接抒情

间接抒情是依附于事、依附于理、依附于景的抒情，也就是融情于叙述、议论和描写之中。

抒情，无论是直接抒情还是间接抒情，无论是含蓄凝重还是奔放热烈，都要抒真情。真切自然才能打动人。

（三）议论

议论，就是记者对所写人或事发表的意见、评价，或者分析本质，或者指明意义，以帮助读者理解事件或人物，提高其认识。

随着通讯中思辨色彩的增强，议论这种表达方式在现代通讯写作中的作用也就更为重要。通讯中的议论有时候独立成段；有时和叙述结为一体，夹叙夹议；有时候又和抒情糅合一起，融情于理。

议论力求精辟，切忌空泛、冗长、离题。所谓精辟，一是要有深度，要揭示事物的本质，昭示人、事的时代精神；一是要精练，确实像画龙点睛那样，用极简练精粹的语言，揭示事物的内在意义。

（四）叙述

用“事实说话”，这种介绍和交代事实的表达方法就是叙述。叙述，一般包括顺叙、倒叙、插叙、详叙和略叙。

1．顺叙

顺叙就是按照新闻事件发生、发展、结束的时间先后叙述。在广播通讯中由于传媒的特殊性，一般都采用顺叙的方法，听来线索清楚，不致造成听者的混乱。

2. 倒叙

倒叙是先叙结果，然后再按事件发生发展的时间先后依次叙述。倒叙手法，是设置悬念的方法之一。采用倒叙法，结构也显得有起有伏，比较生动。凡是采用倒叙手法的，要注意前后呼应。

3. 插叙

插叙又叫追叙、补叙，就是在叙述中心事件的过程中，暂时中断主线索，插入与主题有关的背景或其他相关的材料，如一个情节、一个场面、一段谈话等。插叙可使结构避免平铺，富于变化。

4. 详叙

详叙，又叫细叙，就是详细叙述事物、人物、观点等，新闻写作中的详叙，主要也是叙述事实的。

5. 略叙

略叙又叫概述，就是粗线条地、概括地叙述。

概括叙事，不同于概括抽象。后者属于理性概括，运用的是逻辑思维，通过推理、判断的思维过程，把事物的本质抽象出来，表达出来的是概念。它的认识过程是从个别到一般，从具体到抽象，通过对诸多具体事物的分析、综合，抽象出其共同的本质属性。

四、通讯的主题

(一) 通讯主题的含义

主题是文章的中心思想，有人称之为“主脑”、“灵魂”。通讯的主题就是通讯的灵魂。这有两层意思：其一，主题决定着通讯的社会价值；其二，主题支配着通讯写作的全过程，即材料取舍，谋篇布局，表达方式，语言运用，都围绕主题进行。因此，正确地选择主题，深刻地提炼主题，完美地表现主题，应成为通讯写作的基本技能。

通讯的主题，是人们评价一篇通讯时重要的评价标准。一篇通讯的质量高低、价值大小，主要看其主题正确不正确、深刻不深刻，思想意义和指导作用大不大。

通讯主题的酝酿和形成过程，与文学作品有许多相似之处，先立意后动笔，才能成竹在胸，这是通讯写作必须恪守的原则，也是写作成败的关键环节。只有选定了主题，选对了主题，才能围绕主题选择新闻事实，选择组织素材、谋篇布局的结构，选择恰当的表达方式。

（二）通讯主题的写作要求

1. 要具有真实性

记者在提炼通讯主题时，第一个要把关的就是主题与客观存在的实际情况是否相符的问题，就是主题的真实性问题。在这方面应当强调的是，记者要有“质疑”意识，即凡事都不要“轻信”，一切结论都应该产生于深入调查研究之后。特别是对那些热点事件、新闻人物，一定要在确认其事实、事迹真实性的基础上考虑如何评价其人其事。

有时，同一个事件，同一个人物，可以从不同的侧面提炼出不同的主题。例如：

一个原本性格内向的女工下岗后，为生活所迫先后干起了家庭保姆、建筑工地油漆工、街头卖报人，最终办起一家红火的主食加工店。她本人也历经磨炼，从胆小怕事的女工到麻利、果敢的女经理。这一事实过程可以用来说明几个方面的主题：

①市场大潮对人的淘汰和磨难是造就企业家的途径；市场对推动社会进步的作用。

②一个下岗女工的顽强精神。

③“从一而终”的就业观念应当转变。

但哪一方面更能反映生活的本质，哪一方面的主题经传播后可获得正面的社会效果，则可根据不同记者的认识、不同媒体在不同社会背景下的报道需要作出选择。

2. 要深刻

新闻记者应当善于透过现象看本质，善于将丰富的感性材料去粗取精、去伪存真，通过一番由此及彼、由表及里的深入分析，抓住事物深一层的本质，深化主题。

一般来说，深化主题有以下三条经验：

(1) 深度来自历史感

很多新闻记者都知道，看问题离不开全局意识。但是很多人的全局意识仅仅局限在“空间”的概念，即把新闻事实放到更广阔的空间和一定的高度来认识，从而深化主题，而“时间”这个思维的角度常为人所忽略，有人称这种现象为“时盲”。很多事情如果只从当前的状态来看，往往感觉不出它的意义所在，一旦把它放进流动的历史长河中来考察，历史的逻辑便赫然显现。

（2）深度来自展示人的心灵

一个记者，若能将他的笔游弋于人们心灵的海洋，探索人生课题，抚慰受创伤的心灵，启迪心智，往往可以在读者渴求的心田中激起回响，使人感到“深刻”的震撼，从而产生精神上的动力。因此，凡是写人或与人有关的通讯，都要在开掘人物思想深度上下功夫，方能取得读者的回应。

（3）深度来自全局意识

新闻记者要对那些乍一看没有什么新鲜之处、影响似乎也不大的新闻，挖掘出其题材的通讯主题的深度，就必须把这些题材放到全局的高度去衡量，深入研究其在全局中所占的地位，它是否有利于或者有害于社会发展，它们的代表性、典型性如何等。

近年来，新闻报道中的批评报道越来越多，涉及的问题也越来越复杂。因为事实复杂、头绪繁多，记者往往使用通讯这种体裁反映问题、探索原因、总结经验、梳理思路。而这类通讯常常需要运用“全局性的视角”和根本利益的标尺来观察和研究问题。

（三）通讯提炼主题的方法

1. 预选设定

记者依据长期对生活的观察和思考的结果或新闻媒体确定的报道指导思想，预先设定要写的主题，然后围绕主题去等待、选择表现这个主题的新闻事实，以验证主题。很多新闻实践证明，这种预先设定主题的办法，即在进入采访之前就考虑主题的思维过程，往往可以产生无主题意识时采写通讯所难以产生的效果。因为采访前对某一主题的大致设想，是记者依据长期对社会生活思考、观察的结果，是对其传播价值深思熟虑、反复推敲的结晶，这类主题一般具有针对性强，适应广大受众或解惑或警示或寻求服务的心理需要，具有“一拨即明”、“一碰就炸”的传播效果。

2. 依据事实，提炼主题

依据事实，提炼主题是通讯采写过程中选择、确定主题的常规思维过程：记者在接触新闻人物和新闻事件前，对将要采集的事实不甚了解，对将要写作的通讯主题也没有事先预想，需要在了解事实过程中逐步分析素材，进入主题发现和提炼的过程。

这类通讯的写作过程是，先将大量事实收集到手，然后对这些事实做详细分析，弄清楚事实各个侧面之间、多个事实之间的内在联系，搞清楚作为原因的事实和作为结果的事实，然后抽出可以贯穿各事实之间的意义线索，再判断这些意义线索哪条更具有传播价值，更具有普遍的示范意义，然后预测它的传播效果并最终确定主题。

五、通讯的选材

（一）通讯选材的类型

无论表现事件还是人物，通讯所选取的素材主要是骨干事例、细节材料和一般叙述性材料三种。

1. 骨干性材料

一篇通讯必须有能够支撑主题的骨干性材料，也叫骨干事例。也就是突出的、较有分量的典型事例，否则，通讯的主题根本就不能成立。

所谓骨干事例，就是那些事实过程比较完整、事实意义比较突出又有代表性，能够说明主题的事例。一个大的骨干事例，如果情节丰富，通常可以独立写成一个新闻小故事或一篇事件通讯。

2. 细节材料

几乎在任何新闻写作教材上，细节材料都被列为通讯写作最具特色的要素。细节材料是再现型的材料，是指骨干（或典型）事例中细致的情节、细致的现场画面，或者富有个性化的对话。它们是通讯中最有灵性、最富有感染力、最易吸引受众的部分。

文字报道中的细节材料虽然比不上新闻图片直观和电子媒体声画一体的原生态效果，但通过白描手法“再现”事实，也可使这种再现的材料通过读者阅读中的想象力触动读者的感官，使人仿佛听到、仿佛看到了新闻事实，从而产生一种心灵的体验。

通讯中大量细节在传播典型事例中的画面、声音、对话和情节的同时，也传播着记者的深切体验，传递着人类共同的情感。人们阅读信息，一般是了解了就行，不需读第二遍。但是，人们阅读优秀的通讯时，却常常被感染、被感动，虽然读懂了、了解了仍不忍释卷，因为人们阅读通讯不仅要了解信息，还要享受一种人生的体验。细节材料还分为详细的情节事实和特写镜头两种。

（1）详细的情节事实

情节事实的特点是：比较完整地再现了某一事态前因与后果之间的行为形态演变环节，就像一个个故事。那些行为形态环环相扣的变化，包含着明显的情节悬念和变化着的人像物像，适合大众的阅读口味。

情节事实可分为完整情节、片断性情节和言论性情节。

①完整性情节事实是指完整表现行为形态演变环节的事实。它具有明显的事态起因、中间变动环节和结果。

②片断性情节事实是指一个完整故事的每个阶段中，行为形态演变环节的事实。比起完整的情节事实，这种有外部形态特征的演变反映的事实过程更短暂，是典型事实的一个侧面。

③言论性情节是新闻人物在采访过程中与记者的对话，新闻人物之间的对话，内心独白，常常呈现出带有个性特征的感情材料。另外，报告、演讲、会谈中都可以摘取大量生动的语言情节片段。既然叫语言情节，一般不是只取一两句话，而是将围绕某个问题的谈话环节较完整地记录下来。这里有两点需要注意：一是引用一段有新闻价值的连续对话或谈话，内容要求环环相扣；二是全部用直接引语，即引用原话，要尽量显示个性语言、群众语言的特点，甚至包括有个性的语气词、有特点的方言词汇。这样新闻人物谈话中的信息、观点、语气、情感就容易活灵活现在读者眼前了。

（2）特写镜头

通讯所选的最富有表现力和个性色彩的细致的画面和瞬间的特写，正如摄影中的特写镜头，可以使人产生特别的关注并能使读者借助想象力体会其中的意义。

细致的特写画面分为场景画面特写、人物特写和人物个性语言特写。

3．一般叙述性材料

一般叙述性材料可以不是事例，也可以不细致生动，它是对人物、事件、风貌的背景和现在状态作概括性介绍和解释的材料，它使人了解一个大致的事实框架，“织”出通讯的一个基本背景和舞台，让骨干事例和细节材料有赖以展现的场所。

（二）通讯选材的特点

1．要注意材料的典型性

正如本书前面所述，“用事实说话”是新闻写作的基本方法，也是新闻文体的基本特点，是新闻报道取信于受众的最有力的武器。从传播效果的研究成果看，人们更容易接受“暗示”出来的道理。既然要通过传播事实的手法达到记者对社会表态、发言，以求影响大众的目的，被传播的这类事实就必须典型，必须有“以一当十”、“以点带面”的作用。

选材的典型性的直接含义，即材料的代表性。“代表性”指：一是所选材料较一般事实材料突出，有特点，有特别之处；二是所选事例无论大小，都不是社会中的个别现象、个别事件，而是普遍存在的现象和事件。

因此，在通讯的选材中，一要分析一下事实材料有没有特别之处，是不是比一般的事实材料突出；二要考虑一下事实材料的存在有无普遍性。符合了这两条，事实材料无论大小，均具有典型性。

2. 要围绕主题选材

记者通过深入采访，了解了事实的来龙去脉和本来面目，确定主题后，就完成了采访的第一个任务，即完成了第一度思维。一般人对事物的了解认识到此就可以说基本告一段落。但作为记者，仅仅完成了第一度思维是不够的，因为记者的任务是向大众传播，因此，记者要时时考虑怎样传播的问题。

在确立通讯主题之后，记者应围绕着主题，寻找能够表现主题的事实材料。因此，选择通讯素材，说到底是一种思维的结果，是记者用新闻价值标准过滤事实材料的结果。记者选择的每一个典型事例，都是想让读者顺着这一个个事实达到记者本人对事实本来面目的认识。

一些通讯失败的原因，在于选材与要表现的主题错位，一个事例说明这个主题，第二个事例又说明另外一个主题；几个事实所标明的意义之间缺乏逻辑联系，又没有更高层次的一个主题作为统领，就如同村中的铺路石子东一块，西一块，横七竖八，不成体统，形不成一条完整的路径，让人难辨方向。

3. 选材忌重复

说明同一问题、同一侧面的事例，列举一个即可，不必连续用几个意义相同的事例来强调。

（三）通讯感性素材采集的渠道

1. 记者的现场观察

现场材料很多来自记者的悉心观察和记录。是否及时地赶到事发现场，目睹新闻事件或等待新闻事件的发生，取决于记者的现场观察能力，更取决于记者的现场意识，还取决于记者敏锐地捕捉新闻事件的能力。

对于记者来说，对较重大突发性事件的现场采访，是可遇不可求的。能够在事件发生的第一时间赶到事发地点采访的概率是很低的。记者大多只能“闻风而至”。而对于大多数预知事件，如某种特殊天文现象的出现，某些重大活动如运动会、大型会议等，记者则完全有可能在事件发生之前做好充分准备，并及时赶到现场。

2. 记者的体验式采访

体验是人们认识事物的一种方法，“纸上得来终觉浅，绝知此事要躬行”。体验式采访可以促使记者获得、加深理解和感受，增强记忆。有经验的记者，常常会千方百计地深入社会，接近采访对象，与采访对象共同生活，参与采访对象的工作，在现场访问中体验，在体验中观察记录；他们由此所得的不仅是详细的事实、材料，而且有记者因体验而获得的感受，因感受而引起情感的变化，又因情感的变化与事实的融合而达到对客观事物更深刻的认识和对细节材料的敏锐捕捉。

3. 记者的访问

记者要得到生动的材料，如果已无现场可访的话，靠访问当事人来获取材料便是必走的途径了。访问不仅要求记者有较强的观察和现场捕捉能力，而且要求记者有较强的交往能力。

在访问中获取感性材料是一项艰巨任务。第一，记者与很多陌生人打交道，双方开始都有陌生感，与陌生人谈话很难放开，也难深入。第二，采访对象在接受采访时，所做的事已经成为过去，令人激动的细节已时过境迁，而且很多人并非懂新闻规律，不懂得什么样的材料才是感人的、才是记者需要的。因此，许多采访对象在回答提问时，往往喜欢概述，泛泛介绍事情梗概，表明自己的态度；至于细节，当时说的话，当时谁在现场，是什么状态等，因为缺少回忆的情景气氛，很少在主动表述之列。而这些恰恰是最好的感性素材。

为了克服这个难点，有些记者常用的方法，就是“触景生情”，即把对象带到曾经历过的地方去采访。写什么事，最好在新闻发生地采访，如采访售票员最好在公共汽车的售票台边上，而采访体操运动员最好在体操器械旁。这在人物访问中特别重要。见证人到了现场，思维记忆都被周围场景激活，细节较容易回忆，情感较容易流露，睹物思人，睹物忆事。有时，一张照片、一幅图画、一个旧物件、一种景色、一个熟人的名字、一段旋律，都可以引起当事人或美好或痛苦或酸或涩的回忆。

第三节　通讯的写作范例

一、人物通讯

（一）人物通讯的含义

人物通讯，就是以人物为中心报道对象的通讯，主要是记叙在新时代社会主义现代化建设中，特别是在社会主义建设的改革大潮里涌现出来的那些甘愿无私奉献、勇于开拓进取、并卓有贡献的新人物。写他们的新思想、新作风、新成就、新风格、新品质，为人们树立正面的榜样。以榜样的力量推动社会生活的健康发展。人物通讯也可以写反面人物，通过反面人物的事例起到对人们的警示作用。从实际报道的情况来看，能够进入通讯中充当主角的人，大致上有这样几种类型：

①各行各业的英雄模范人物；

②人们普遍关心的社会名流；

③在平凡的生活和工作中体现了某种人生价值的普通人；

④某些对社会有警示作用的反面人物。

（二）人物通讯的写作要求

人物通讯的重点是写人物。写人物，一种是全面记叙人物的事迹，如《县委书记的榜样——焦裕禄》；一种是只写人物的一两个侧面来表现其思想心态。那么，如何才能写好人物通讯呢？

1．选择典型人物

这是人物通讯写作的关键。物色人物，就要先看其言行事迹、思想风貌是否具有时代的特征，能不能体现历史的进程，能不能体现社会发展的方向。

2．注意表现人物性格的特异点

这是小说常用的刻画人物的方法。不过，小说写人物，将人物的性格夸张到远离常态的地步，虽能给人留下深刻印象，毕竟有违真实原则。通讯写人，可注意捕捉人物不同于别人的性格特异点，但不能夸张失实。

3．在矛盾冲突中写人

人物性格在激烈的矛盾冲突中才能够充分显现出来。写文章也一样，把人物逼进风口浪尖中去，才能冲刷出人物的深层本色。这种矛盾冲突多是在人物与自然、人物与落后势力和陈腐观念、人物与自身弱点等关系上展开的。

4. 运用典型事例写人

以事写人，这是人物通讯常用的方法。写事首先要写典型的事例。所谓典型事例，就是有代表性的、足以表现人物思想面貌的事例。较之一般事例，典型事例能起到以一当十、以少胜多的作用。那些使用材料多多益善的观念，“见物不见人”、“见事不见人”的写法，都是不足取的。

5. 借景写人

利用景物写人，是我国的传统写作手法之一。使用这种方法，使人物形象更鲜明、更感人。

6. 借他人之口刻画人

《领导干部的楷模——孔繁森》一文，多次借藏族同胞之口对孔繁森的形象进行渲染衬托，特别是孔繁森因公殉职之后，那些人们含着泪水表达的思念，对刻画孔繁森的形象起了重要作用。

（三）人物通讯的写作范例

1. 反映先进人物的人物通讯

【范例】

英雄赞歌——记独臂英雄丁晓兵

人民日报记者　冯春梅　新华社记者　朱玉、张东波

新华社南京（2006年）1月2日电　2005年6月22日，中共中央总书记、国家主席、中央军委主席胡锦涛，在会见武警部队第一次党代会代表和第八届“中国武警十大忠诚卫士”时，与丁晓兵亲切握手，并勉励他说，你是党和人民的功臣，希望你保持荣誉，为党和人民再立新功。

红！大红，热烈的、张扬的红色——这是丁晓兵最喜爱的颜色。他喜欢牵领着笔墨和宣纸，用红色纵横捭阖。

这种喜爱理所当然。红色是勇敢的颜色，英雄就该横刀立马，英雄就要披红戴花！不仅仅是戴大红花，就是把所有的花都献给他，这个在枪林弹雨里滚过来，从练兵场上爬过来，从水灾山火中冲出来的独臂英雄，也配得上！

国旗、党旗、军旗。红色的旗帜呼啦啦地飘，这是寄托了丁晓兵多少感情的

三面红色旗帜！几乎每一天，身披橄榄绿的武警某部团政委、没有右臂的丁晓兵都会抬起左手向它们敬礼——

庄严的旗帜，接受着人民功臣庄严的军礼！

出征——为了祖国

1984 年，边陲的一场重要军事行动。

刚刚 19 岁的丁晓兵，冒冒失失地闯进了指挥帐篷："这次任务该有我的份儿吧?"

他被推出来："新兵蛋子，哪儿轮得着你?"

丁晓兵恼了！凭什么轮不上我?

他哭着再次冲进去，拔出侦察兵专用的匕首，冲着自己的左手就是一刀！

就着自己突突直冒的青春热血，丁晓兵在靶纸上挥就自己第一份血红色的入党申请书："敬爱的党组织，我坚决要求参加战斗，打头阵、当尖兵，请党在战斗中考验我！"

丁晓兵如愿，成为执行任务的战士中的唯一新兵。

战况惨烈。一个手雷砸在他身上。

丁晓兵想也没有想，抓起手雷就扔了出去。一团火光，他失去了知觉。

几秒钟后，丁晓兵睁开眼。右手使不上力气，侧头一看才发现，右胳膊已经被炸断了，骨头一下子插到了泥土里，动脉鲜红的血液，一股股地往外喷！

受伤的这一天，是丁晓兵当兵整整一年的日子，老天竟送来了这样一个黑色的"礼物"！也因为这个沉重的礼物，人们才得以知道，这个年轻的合肥小兵，在紧急关头表现出如此的凛凛大义！

战友给丁晓兵简单包扎了伤口。包括他在内的 7 个战士，背着一位牺牲的战友后撤。

那是南方一层又一层，一座又一座的高山，和似乎永远也走不到头的热带丛林！只连着一点点皮的右臂一次次挂在树枝灌木上。

英雄身上是有特质的。刹那间，丁晓兵身上潜藏着的英雄品质，被一颗手雷激发出来，迸发出了灿烂的光芒！

他拔出匕首，把右臂与身体之间仅仅连着的一点皮割断，割下来的右臂，被他插在自己的腰带上——丁晓兵想把炸伤的右胳膊再缝上去。

整整在山里跑了近 4 个小时，一看到迎面跑来的接应人员，丁晓兵一头栽倒在地上！受重伤后又扛着重物拼命奔跑，小伙子身上的血几乎流光。鲜血洒在绿色山林中，绵延了一条3公里多的血路！

呼吸没有，脉搏没有，血压没有，心跳没有……心脏起搏器无效，强心针无效！因为没有血压，丁晓兵全身的血管都瘪了，连血液都无法输进去。

担架停在了小溪边，有人开始为“烈士”丁晓兵换衣服、用清水擦拭他脸上化装的绿色油彩……

战友们把着担架，疯了似的，不许将“牺牲”的丁晓兵抬到烈士陵园：“他没有死，刚才还和我们一起跑回来……”

天不绝英雄！擦拭脸颊的棉花擦到了丁晓兵的鼻孔下，棉花丝被吹动了！

野战医疗队的一位老医生切开了丁晓兵小腿上的静脉，强行压进去2600毫升血浆。

两天三夜后，丁晓兵睁开眼睛，看到了医院的白色天花板。然后，他发现了自己右大臂上包着一大团还在渗血的纱布……

“我的手呢?”

“你们把我的手弄到哪儿去了?”

“带我去找我的手!!!”

大夫护士站在他的床边，望着那张年轻英俊的面孔垂泪。

右肘关节被炸碎了，根本无法再接上去，只好从右大臂端清创缝合。医生们怎么忍心说出口呢？一个大男孩，为国立了大功的功臣，要终生面对没有右臂的生活！

按照人们本能的判断，这个年轻人的军旅生涯要结束了——一个失去右臂的人无法打枪；甚至于，无法完成一个军人每日必做的动作：连右手敬礼都无法完成！

全国优秀边陲儿女金质奖章，整100枚，是那一年为嘉奖边疆儿女的突出贡献而设立的。受奖名单已经确定，颁奖仪式即将举行。为褒奖丁晓兵的壮烈表现，上级为他颁发了第101枚金质奖章，这是为断臂的壮士特意增设的一枚奖章！

一战成名，丁晓兵成为全国知名的独臂英雄。

进攻——直面困难

在鲜花和掌声中，丁晓兵面临着一次人生选择：一个二等甲级伤残军人，他可以躺在自己的功劳簿上；作为一等功臣，国家政策可以保障他有份可心的工作。

而丁晓兵向组织要求，一要学习，二要继续留在部队工作，他不愿离开红色的八一军旗和那身绿军装！

也是从那时起，他开始用左手行军礼。

部队满足了丁晓兵的要求，他被送往军校学习。

两年后，优秀学员丁晓兵又做出了第二次，也是更让人瞠目的选择：下基层带兵去！

所有的人都愣住了！到基层——带兵？就凭一个独臂人？

除了新中国诞生前连年炮火中涌现的个别独臂将军外，哪里见过没有右臂、用左手敬礼的军人？还要下到部队摸爬滚打！人们对丁晓兵重复着一句话：带兵是要吃苦的！

自己刚刚从昏迷中醒来时的感觉，丁晓兵还记得——我还活着，活着真好！但，人不能为了活着而活着！人生的长度无法确定，但可以拓宽，可以加厚，可以活出人生的质量来！

他决心，继续做一个用左手敬礼的真正军人！这个军人可能是不完美的，但肯定是像样子的军人！

丁晓兵下到连队当了指导员。

一次紧急集合，让刚到连队的他很没面子。

打背包是当兵的基本功，可他一只手怎能干别人两只手做的事？

等他用一只手好不容易把背包捆了个大概，跨出房门，傻了！全连官兵整齐地列队，百十口子在等他一个人，带些怜悯的目光，刺疼了丁晓兵的心！

军人，只会敬礼是不行的，要有真本领！

脸红得发紫的丁晓兵在全连官兵面前扔下一句硬话："今天我让大家丢脸了，一个月后，我一定再把这个脸给大家争回来！"

嘴脚并用，丁晓兵开始练习单手打背包。背包带硬，用牙叼着拉的力度一大，就像刀子一样，拉破了嘴角，拽裂了牙齿。

通信员哭着扑上来帮忙，被丁晓兵关在了门外："你能帮我一次，能帮我一辈子吗?"

背包带上沾满了血迹。10 多天后，丁晓兵单手打背包速度在全连数得着。

投手榴弹，全连只有丁晓兵一人不及格——他没有力量大的右臂。丁晓兵又立了个期限，天天跑到操场上，用教练弹砸，胳膊肿得连筷子都拿不了，只能改用勺子吃饭。

时间到。丁晓兵一出手：58 米！优秀的标准是 40 米，独臂指导员这次露了一手，来了个“超级优秀”。

系鞋带、越障碍、整内务、洗衣服，切菜、做饭、包饺子、蒸包子，一切都是单手操练；射击，包括立、跪、卧3种姿势，涵盖自动步枪、冲锋枪、手枪、轻机枪、火箭筒等多种武器；甚至，极高难度的单杠单臂引体向上、单臂大回环，丁晓兵都能高质量完成，8门军事训练课目，7门优秀，1门良好！

在军校的第一次考试，丁晓兵没做完试卷。

丁晓兵向老师申请延长20分钟，一个惯于右手执笔的人，左手的写字速度怎么能与他人相比？

出乎意料，老师认为，所有的学员都是平等的，学员丁晓兵能上学，就必须用左手按时答完答卷！

丁晓兵被逼到了绝境。为了赶上别人写字的速度，倔强的他天天到图书馆抄书，一个月断了9根钢笔！之后，他独臂绘丹青，在书画界多次获奖；一手好书法，足以让绝大多数右手写字的人惭愧。

拿困难当磨刀石，丁晓兵这把闪着英雄光泽的刀，越磨越快，越磨越光！

除了绿色军装外，丁晓兵身上可以常见的一种颜色是紫色——青紫色的伤痕，是艰苦训练赠给丁晓兵的花朵！无法计量他到底吃过多少苦，这是一个把所有困难嚼碎了统统吞到肚子里，消化成为动力的人！是一个扔在地上叮当作响，站起来虎虎生风的男人！是一个永远呈进攻姿势的军人！

没有人强令丁晓兵必须完成那些只有用双手才能协调配合完成的军事训练动作。为了保护他，上级甚至要求他可以免除一些单手做很危险的训练；也没有人怀疑丁晓兵的能力和勇敢，他本来就是侦察兵出身，军事素质毋庸置疑，再说，谁会质疑为国家死过一次的英雄的赤胆忠心呢？

所有的高标准严要求，都是英雄下达给自己的死命令！丁晓兵说，一个军人，战时要忘死，平时要忘我！

忘死的标准他达到了，但在他看来，那是一瞬间的事；忘我，必须在平时一点一滴积累而得，乍一看并不辉煌，但，是一个更高更远更伟大，也更难做到的目标。

英雄只有一只手，他要求自己只手擎天！

突围——超越荣誉

无数次，丁晓兵全身20多块碎弹片和那只带金属的假肢，都会把机场安检门惹得大叫。

无奈之下，丁晓兵只好从兜里取出伤残证……

安检人员马上立正："向您致敬！"

荣耀，对一个不到20岁就举国闻名的人，该如何对待？

丁晓兵一家三代当兵，老兵父亲最先提醒："要不了多久，你还是你，还是少了一只手的你！"

父母要求儿子到干休所去看看那些老红军，晓兵去了。那都是些打了一辈子仗的老军人！盒子一打开，那一大堆金灿灿的军功章！

荣誉得到不易，超越荣誉更难。

除了发现了镭外，获取诺贝尔奖的居里夫人还发明了句名言："荣誉不关系未来"，这是一个科学家得到顶级荣誉后的大彻大悟。丁晓兵记住了这句话。

丁晓兵所在的师，可以毫无愧色地叫作英雄的"主产地"！它本是八路军129师的一部分，建立抗日根据地，转战解放战争五大战场，参加抗美援朝，屡建奇功；在驰名中外的"中原突围"中，皮定均等率全师官兵，以自我牺牲的气概，牵制住敌人30万主力，成功掩护主力部队转移后，孤军杀出重围，千里东征，挺进苏皖解放区，创造了令世人惊奇的"战争神话"！这个人称"皮旅"的师，仅列在红色光荣榜上的一等功、特等功以上的英雄就有63人之多。

英雄成长在孕育英雄的土壤中，这土壤，必须识英雄、爱英雄、育英雄而不能宠英雄！

一天，还是连指导员的丁晓兵没有带部队出早操，被团长发现了。

"全连集合！"

团长招手叫来也是功臣、正带队跑步的侦察排长，开始问话。

"你打过仗？"

"报告团长，我打过仗！"

"你，立过一等功？"

"是，我立过一等功。"

"噢！一等功……"团长狡黠地问，"还用出操？"

站在连队前列的丁晓兵几乎羞死！

其实，团长极为喜爱丁晓兵。但，是雄鹰，就要搏击长空；是母鸡，就该地上觅虫！发现了丁晓兵鹰一样的潜质，团长巴望他练出鹰一般的翅膀！

一位领导曾对丁晓兵说："我们需要的不仅是一个带着光环的英雄，更需要的是一个脚踏实地的带兵人。"

战斗——中国军人

一支士气高昂的部队，只需一眼就能辨出。它的战士身姿挺拔，军容严整，眼神自信，敢于直视敌人的目光，也不畏将军的审视，小伙子们全身的气都往上拔着！

作一个带兵人，丁晓兵就不能只让自己成为英雄，他要带出嗷嗷叫的兵！

一个有点捣蛋的兵打靶打得一塌糊涂。丁晓兵说了他一句，这个兵回头看看："来，你给我们做个示范！"

丁晓兵看了这个兵一眼，向前跨出一步，左手撑地，一个利落的匍匐动作，一只手射击，铛铛铛铛铛，5 发子弹 47 环！

站起来，丁晓兵甩着一只手转身而去："一周后再考你！我羡慕你有两只手！"

团机关干部 5 公里越野跑，丁晓兵特地让自己的妻子跟在队伍后面。跑到一半，他一挥手："超过他们！"

妻子逐个超过。丁晓兵大喊："你们怎么还跑不过一个老太婆！"

二营原来是一个后进营，全营没有一个先进连队，丁晓兵去当教导员。

部队军事演习，徒步拉练返营。行至离营区还有 5 公里多的时候，已经走了两天半的官兵极为疲惫，战士脚上全是水泡，丁晓兵脚上也有一个分币大小的鸡眼肿痛不堪。

卫生员劝丁晓兵上车，丁晓兵发威："我不许上车，你不许上车，全营不许一个人上车！狭路相逢勇者胜，最艰难的时候是胜利的前夕，奔袭回营！"

所有的官兵，被激得眼睛都红了！一队已经没有力气的兵，顿时变成了一群奔出草丛的豹子！

丁晓兵像一个马力强大的发动机，他到哪个部队工作，哪个部队就被红红火火地带动起来，变得既有纪律，又活蹦乱跳，士气冲天；他到哪个部队工作，那里的荣誉室就喜讯连连，丁晓兵自己和他所率领的部队，共获得奖状奖牌奖杯 288 块——英雄的气质动力十足，辐射强劲！

丁晓兵对兵，且严且爱。

他是个有思想有智慧的人，在实践中总结了 105 条经验，为上级机关推广；他推出群众教育 20 法，把实话实说的形式和模拟法庭搬到了军营；他潜心研究心理问题，对战士进行疏导；他带兵参观华西村、小天鹅电器，用实例说服，看谁能说改革开放不好……

城市兵绝大多数都是独生子女，从未在大雷雨的夜晚站在屋外。下半夜，雷声最大时，丁晓兵开始转哨位，嘱咐战士：“不要站在树下！”

“怕不怕？”他张嘴咬住电筒，伸出左手摸摸新战士被惊雷吓得有点发抖的脸。

丁晓兵去卫生队，看到战士领子黑乎乎的，扭头就训卫生队长：“你心里还有战士吗？这么脏的衣服你们看不见吗？战士手伤了你看不见吗？”

全团的军人大会上，丁晓兵下台走到一个叫黄麒的班长面前，这是个以爱兵出名、肯给受伤战士揉脚的班长。“什么样的人最可爱？把别人装在自己心里的人最可爱。你是我敬重的人，我要向你敬礼！”

立正！一个恭敬、标准、不打一丝折扣的军礼！

全场一片寂静，黄麒激动的眼泪拼命往眼眶外冲：政委是个大英雄啊，走下台给一个普通的士兵敬礼！

敬礼——向着人民

学着老兵，20 多年前的丁晓兵威风凛凛地喝下一大碗壮行酒，把碗往地上一摔——然后，他醉得人事不省，躺在猫耳洞里睡了一天一夜。

10 天以后，丁晓兵把自己的右手留在了边疆。

丁晓兵走下阵地后的 20 年，是中国提速飞奔的 20 年。从举国着装的蓝绿两色，变得姹紫嫣红，色彩斑斓，英雄哪能不变？

中国在变。丁晓兵在变。每天晚上一回到家，马上从严肃的军人，变成一个在书桌前端坐学习的好学生，每天两个小时，雷打不动。他读书，拿下了法律函授文凭，又参加了在职研究生班学习；他做笔记，仅近几年，读书笔记就写下了近 900 万字！

这已经不是操着冷兵器就能两军对垒的时候了。在信息化战争时代，纵有豪情万丈，胸中无点墨，怎么能将百万兵？

丁晓兵容许自己变化的是文化知识的沉积，不允许自己变化的，是对于利益的不当谋求——他依然不爱钱，不收礼。全团上下，没有一个敢给这个管干部的政委送钱送礼，如果有人胆敢在干部提拔之际尝试，丁晓兵的火就会一下子被激起来，面沉似铁：“平时不好好工作，靠这些来讨好领导……”送来的钱和东西会从门口直接飞出去。

为了让大家把提拔干部的过程看个明白，丁晓兵和团里其他领导们，把提拔的过程放在了操场上，现场考试！谁成绩好，团党委现场拍板，就让谁上！

也有人质疑过丁晓兵：“现在都什么社会了，你这么古板，生活在这种状态下，你不感觉孤独吗？”

丁晓兵难过，回到家夜不能寐，写了一副对联自勉：“俯仰无愧天地，褒贬自有春秋”。精神所在，虽然别人不一定能理解，但丁晓兵只求时时摸得到自己的心！

英雄曾经回答过别人这样的问题：

“别人升官发财，你平衡吗？”

“平衡，我是军人，军人就是流血牺牲的。”

20 多年来，丁晓兵常想起那个在瞄准中死去的战友，年纪轻轻就离开人世，他难道是为了那一点点抚恤金？他难道连当年千把元的抚恤金和生命，这两者孰重孰轻都算不出来？死去的战友算的，是个人生命与国家利益孰重孰轻的大账！

丁晓兵习惯于去烈士陵园走走，站在先烈们的墓碑前，寻找共产党人为何奋斗，为谁牺牲的答案，聆听那些从未走远的伟大心灵的回响。

地下的先烈在牺牲前，很多人已经拥有了荣华富贵，他们为什么还要为人民献身？如果是只有一两个人躺在陵园里的话，可以说是一种偶然；但是，成千上万的人能慷慨赴死、前仆后继，支撑他们的，唯有共产党人的理想之火！

无论社会如何发展，理想和信念应当是社会永远的主动脉；在历史的舞台上，神圣和高尚，必定成为永恒的领衔主演！

××××年，安徽寿县瓦埠湖堤坝突然发生特大管涌，如果在 8 小时内不能有效处置，大堤将毁于一旦。

人民子弟兵是人民的儿子，现在，眼看父母要泡在水里，当儿子的岂能不管！

丁晓兵急了眼！暴雨如注，他让人拉起了“为人民而来，为人民而战”的横幅，插上了“皮旅”的大旗，一边冲上去与战士们一起运土扛包，一边领着官兵喊号子，唱军歌，所有的人嗓子都哑了！

5 个多小时后，管涌堵住了。丁晓兵觉得自己的断臂痛不可忍。脱掉假肢后，他才发现，原来假肢与断臂的接合处，由于长时间不透气，加上气温太高，断臂的截面捂出了痱子，经水一泡，一小块乌黑的残留弹片从皮下露了出来！

如果说，20 多年前的丁晓兵成为英雄还有偶然因素，那么，今天的丁晓兵，是把自己的英雄业绩归零后，再一步步地在和平环境中，把自己又一次塑造成为英雄！

这一次，成为英雄的过程根本不具备偶然性，他是经过生与死、和平与战争、繁华与清贫、荣誉与平凡、残缺之身与高素质人生双重考验的双料英雄！这是一个以生命向党旗、国旗和军旗敬礼的钢铁军人，旗帜的红色和军装的绿色，将陪伴丁晓兵的一生！

××××年，南京航空学院大学生王明给丁晓兵来信：我认为你成为英雄，只是过了第一关，你是否真心英雄，我不愿轻信，假如10年、20年后，仍有事迹从你身上出现，英雄的称呼你才当之无愧！

如今，当年的大学生，你在哪里？你是否听到了这首一直奏响的英雄赞歌？

无数次敬礼前，丁晓兵都会大声说："请允许我用左手向您敬礼！"

在他面前伸展的，是共和国广袤无垠的国土，她骄傲地望着自己的英雄儿子！

2. 反映先进集体的人物通讯

【范例】

永远和人民在一起
——献给顽强奋战在抗震救灾最前线的中国共产党人

新华社记者　李亚杰　本报记者　董宏君

历史将永远牢记这个时刻——

2008年5月12日14时28分。一场强震撼动中国、震惊世界，数万生命顷刻陨落。

历史将永远铭记这个坐标——

北纬31度，东经103.4度。四川汶川，血泪之地，生民之痛，家国之难。

山崩、地裂、残垣、断壁……

危急关头，困境绝地，中国共产党人挺身而出——

他们中有干部，军人，警察，医生，教师，工人，农民，学生……

永远和人民在一起。中国共产党人带着阳光般的心，用旗帜般的双手筑起伟大的精神长城，托举起一个个生命的希望……

总有一种责任冲锋在前 总有一种使命义无反顾——

和时间赛跑，困难重重 却从来没有羁绊共产党人感天动地大驰援

与死神抗争，风险种种 却丝毫不能阻挡共产党人气壮山河大营救

天摇！地动！山崩！

楼塌！桥断！路裂！

短短80秒，特大地震突如其来，数百万生命置于生死边缘。

这是新中国成立以来破坏性最强、波及范围最大的一次地震，人员伤亡多、抢救难度大，抗震救灾任务艰巨。

此时此刻，共产党人和人民心心相连——

胡锦涛总书记立即作出重要指示："尽快抢救伤员，确保灾区人民群众生命安全。"

震后仅仅两小时，温家宝总理急赴地震灾区，余震未消便在现场指挥抗震救灾工作。

中共中央政治局常务委员会连夜召开会议，全面部署抗震救灾工作……

灾情就是命令！时间就是生命！生命高于一切！

中共中央组织部急电要求：充分发挥各级党委的领导核心作用；充分发挥基层党组织的战斗堡垒作用；充分发挥领导干部的带头表率作用；充分发挥共产党员的先锋模范作用。

奋起在抗震一线，冲锋在救灾一线。共产党人坚决听从党的指挥和人民的召唤，筑起震不垮、压不塌的坚强堡垒。

——在成都，四川省委、省政府立即启动应急预案，迅速形成抗震救灾指挥系统，确保整个抗震救灾工作高效、有序运行。

——在绵阳，北川县委、县政府在办公楼完全损毁情况下，当即在县城旁边空地处成立应急救援指挥小组，震后第四天受灾群众初步安置后，才搬进临时搭建的帐篷。

——在德阳，什邡市动员各级党组织成立"党员团员志愿者服务队"，近800名"党员团员志愿者"在救助服务站，接待、安置受灾群众。

——在阿坝，汶川县萝卜寨村党支部，带领全村党员用肩膀扛、双手抬、手指刨，成功解救60余名受困群众。

——在雅安，受灾地区党组织，迅速组派100多个党员突击队、抢险队、救灾队、巡逻队，投入抗震救灾一线。

——在彭州，龙门山镇宝山村党委在灾后不到1小时，立即成立抗震救灾指挥部，分设抢险突击队和群众安置、后勤保障两个工作组。

——在理县，杂谷脑镇200多名党员在地震30分钟后，自发集结在镇党委，4小时内救出26名受灾群众，12小时内将受灾群众安全转移。

1小时、1分钟、1秒钟……

和时间赛跑，共产党人紧急行动！紧急开进！

与死神抗争，共产党人紧急奔袭！紧急救援！

面对特大地震灾害，共产党人奋不顾身，临危不惧，迅速行动，以坚定的信念、无畏的气概、刚毅的品格、钢铁的纪律，成为抗震救灾的“先锋队”、灾区人民的“主心骨”、受灾群众的“贴心人”——

他们从瓦砾中爬出来，推倒残垣断壁，擦去血泪，不顾疲劳翻越狭窄河道、泥石堆和山梁，火速报告灾情。

他们在震后废墟上，不等包扎伤口，便振臂而呼，动员组织群众搏斗灾难，在风雨中挺起坚强脊梁，为灾区群众带来信心和希望。

他们主动承担起最艰苦的工作，冒雨深入村组、农户，安抚群众、搜集灾情、排查隐患，送去党和政府的关怀和温暖。

他们在亲人和群众之间、小家与大家之间，毅然选择后者，用自己最朴素、最无华的生命，诠释入党誓言。

他们把生死置之度外，在余震中搜救，在瓦砾中寻找，用爱心扫描生命的信号，抚慰生离死别的悲情。

他们穿行在倾盆大雨里，全无吃饭、喝水的念头，浑身泥水，声音沙哑，冒着生命危险打通一个个“灾区孤岛”。

他们视灾区群众为亲人，送来水米充饥、拿来衣被御寒、捧来爱心送暖，确保群众有饭吃、有衣穿、有干净水喝、有临时住处。

这是一组熠熠闪光的数据——

在地震灾区四川基层党组织共组建“党员抢险队”“党员突击队”“党员服务队”1.8万个，在抗震救灾一线和灾民安置点组建临时党组织近千个，176.59万名党员干部战斗在抗震救灾一线，其中，县级以上领导干部8296人……

全心全意为人民服务——

共产党人把深沉壮阔的无私大爱，写在了一堆堆废墟上。

与人民群众血肉相连——

共产党人以舍生忘死的无畏大勇，抗击从天而降的灾难。

敬礼，伟大的中国共产党人！

总有一种感动泪如泉涌　总有一种力量生生不息——

生命，埋于碎石瓦砾中　却从来没有掩住共产党人倾情倾力的呼唤

余震，频发崇山峻岭间　却丝毫不能吓退共产党人排难除险的身影

妻子被埋在废墟中，父母、岳父岳母、侄儿、侄媳等10个亲人被压在钢筋

混凝土下……

北川县委常委、副县长瞿永安匆匆赶回满地瓦砾的“家”门口时，扑通一下跪倒在地，泪流满面向亲人重重磕下三个响头，随后便起身投入抗震救灾一线。

灾情发生后的十来天，瞿永安强忍失去亲人的悲痛，不分昼夜，废寝忘食地搜救群众，拼尽全力抢救每一个可能的生还者。

从抗震救灾指挥部到县城的通道，巨石挡道，裂缝密布，一些路面隆起和沉陷的落差达10米左右。

每天，瞿永安不知要沿着这条危险崎岖的路往返多少次，到县城搜寻幸存者，沿路救助伤病员，收集报告灾情。

碎石乱瓦、残垣断壁、倾倒楼房……瞿永安竭尽全力查看每一个可能有生还者的角落，用嘶哑的嗓子不停地喊，不放过任何救人的机会。瞿永安说：“哪怕0.1%的希望，都要100%的努力。”

7天，160多个小时。瞿永安不分昼夜地奔波于救人现场，抢救出来多少群众，他已记不清了……

不管山崩，不论地裂，共产党人坚毅刚强的面孔，让人们充满信心和希望——

在第一时间，青川县委常委、组织部长伏玉琼带领抢险分队赶到重灾区，组织指挥抢险。当数万名群众受堰塞湖威胁时，她坚持靠前指挥，连续8天奋战抗震救灾第一线。

资阳市石梯村党支部副书记、大学生“村官”刘德友，不顾个人安危冲进幼儿园，左右手紧紧抱住两名儿童往教室外跑，往返十多次，把几十名儿童全部转移到安全地带。

东方汽轮机厂党委迅速组织以党员为骨干的2000多人自救抢险队，用简单的救援工具和双手，在废墟里“地毯式”搜寻，顽强地开展自救，半天时间内转移1000余名伤员。

不管雨多大，不论路多险，共产党人毅然决然的话语，让人们看到胜利和曙光——

“快到学校、快到学校！”汶川县映秀镇镇长蒋青林带领一队人马，直奔映秀镇中学，坚持用双手不停地扒开砖块，努力抢救被埋师生。他的双手被钢筋戳穿，大腿被垮塌下来的水泥预制板砸伤。

“老婆，这个家就拜托你了！”彭州市新兴镇阳坪村党支部书记刘彬家里的7

间楼房在地震中全部倒塌，家里60多岁的父亲和7岁多的儿子身着单薄衣服，在冷风中直打哆嗦，他狠狠心，扭头奔向抗震救灾现场。

“我是党员，我要回去救人！”彭州市白鹿镇关沟村党员袁书，同群众一道从废墟中抢救受伤的邻居，并用自己的微型车将20多名群众转移到山下安全地带。看到群众缺少食物，他又冒着道路塌方的危险，驱车30多公里赶到城里购买食品。

不管夜多黑，不论心多痛，共产党人奋不顾身的身影，让人们感到温暖和力量——

连续工作三天三夜不休息！绵竹市委常委、组织部长蔡绣鸿，顾不上亲人和自己的安危，走近断壁残垣，察看险情，抢救出60多位被掩埋群众。

奋不顾身冲向发电站！彭州市桂花水电站负责人干志军，拉扯出13名村民，跋山涉水31个小时，将他们和两个被困游客，全部带到安全地带。

挨家挨户“拉网式”排查！都江堰市向峨乡以村（社区）为单位，组织13个党员干部搜救小分队，“地毯式”搜救幸存人员。奋战7天7夜，营救87名受困群众。

什邡市蓥华镇瓦窑村党支部书记廖永寿不顾腿脚砸伤，一瘸一拐地去搜救村民，15名群众从废墟中得救，300余名群众安全转移……

成都、德阳、绵阳、阿坝、广元、雅安……

汶川、北川、什邡、理县、茂县、彭州……

映秀、卧龙、通济、擂鼓、宝山、红白……

还有高山峡谷中10000多个村落……

哪里有生命呼唤，哪里就有共产党人的牵挂；哪里有千难万险，哪里就有共产党人的力量。

敬礼，伟大的中国共产党人！

总有一种力量闪烁黑暗 总有一种希望点燃生命——

地震，摧得毁千房万屋 却从来没有动摇共产党人拯救生命的决心

巨石，压得垮柔身弱躯 却丝毫不能摧垮共产党人坚如磐石的信念

5月12日14时，张家山煤矿。

大邑县雾山乡虾口村党支部书记刘全福和老伴，恰遇五保老人岳树安上山拾柴，他们一路同行，一路聊天……突然间，山摇地动、乱石纷飞，上百斤、上千斤，甚至几十吨重的大石头，从200多米高的山岩上飞滚下来。一时间，路面成了石头阵，情况危急万分。

刘全福和老伴一边就近躲进身旁浅岩窟里避险，一边大声呼喊："岳树安，地震来了，山要垮了，赶快躲起来……"岳树安吓呆了。

山顶千钧巨石开始向下滚动。刘全福冲上前去，用手使劲将岳树安拉到路边避险，却怎么也拉不动。眼见巨石砸下来，刘全福猛地将岳树安推开，自己却被巨石击中，血肉溅满岳树安一身……

"刘书记，多好的人啊！做的好事数不清！谁家有生病的，他去看看；哪家有难了，他去问问；对我们这些老人亲得很！"80岁的徐成英大娘说起刘全福，眼泪不停地流。

震颤——摇晃——断裂——崩塌——

挡不住共产党人勇敢向前的步伐。

伤口——疼痛——悲壮——心碎——

拦不住共产党人拯救生命的行动。

他像童话里的天使，张开双臂趴在课桌上，身下死死地护着4个学生。学生得救了，他却不幸遇难。

他，德阳市东汽中学教导主任谭千秋。

5月12日下午，东汽中学高二（1）班的孩子们安安静静地坐在教室里，谭千秋正在讲课。

突然间天崩地裂。谭千秋大喊："马上走，赶快走！"

整个教学楼在下沉……看着身边4个已经不可能逃离教学楼的孩子，谭千秋奋力将他们塞进课桌下，张开双臂趴在课桌上……

灾难面前，生命原来如此脆弱，令人动容。

面对灾难，生命却又如此绚烂，感天泣地。

王刚牺牲的这一天，正是他42岁生日。

5月16日，直升机开始向卧龙运输救援物资和运出受伤人员，汶川卧龙特别行政区森林公安局副局长王刚承担了停机坪警戒任务。9时37分，在救援直升机卸载救灾物资过程中，他发现一名在飞机旁摄影的女记者处境极为危险，奋不顾身地前往抢救，不幸被直升机尾翼击中……

在王刚牺牲的前几天——

13日，为保证卧龙灾民安置点1000余人的安全，他冒着大雨和生命危险，进入郭家沟察看。

14日，带领公安民警和武警官兵，深入郭家沟最狭窄的地带抢运炸药。

15日，耿达乡与外界失去联系50多个小时，王刚主动请战，带领民警冒着危险察看沿途灾情。

牺牲时，王刚身上还装着厚厚一沓报平安的纸条。

这些皱巴巴的纸条，密密麻麻地记录着388位被困群众亲人的电话。这些纸条，原本是被困群众交给王刚，托他转交直升机上的工作人员带出去与外界亲友联系的……

还有，还有，还有绽放在废墟上的如花生命——

断墙颓瓦中，她一手搂住一个学生，紧紧地拥在自己身下。她的身体已经断为两节，脸部血肉模糊，人们怎么也无法掰开她那紧紧搂住学生的双手！

原本，只需两秒便可离开教室，到达安全地带，但在疏散学生离开教室时，什邡市龙居小学教师向倩看到两个手足无措的学生，义无反顾地冲向他们，一手搂住一个，朝门外奔去……

瞬间，教学楼轰然垮塌，向倩和几个学生一起被埋在废墟下。

2007年7月，大学毕业的向倩应聘到龙居小学任教，清秀、可爱的她正满腔热忱地耕耘在这片沃土上，而现在……

向忠海肝肠寸断，望着女儿破损的遗体，含泪说："我理解她，理解她，作为教师，应该这样。"

随时准备着为党和人民牺牲一切——这是每个共产党员在入党时，面对党旗许下的庄重誓言。

就在那一瞬间，共产党人作出了生死抉择，毫不犹豫地把生的希望留给他人。

急群众之所急，办群众之所需，解群众之所难，以人民的安危为第一出发点——

这是共产党人的神圣使命与宗旨，这是共产党人的高尚风格与精神，这是共产党人始终立于不败之地的力量源泉。

敬礼，伟大的中国共产党人！

总有一种倒下托起生命 总有一种抉择生离死别——

失去亲人瞬间，裂肺撕心 却从来没有停滞共产党人舍己为人的脚步

涌出悲切血泪，情何以堪 却丝毫不能夺走共产党人心系苍生的大爱

"妈妈，我好想你……"

5月12日12时许，蒋敏和远在北川县两岁女儿通电话时，女儿喊着说。因为工作繁忙，28岁的彭州市公安局政工监督室女民警蒋敏，在女儿只有5个月大的时候就送回北川老家。

在此之前，蒋敏已经整整30天没与女儿见面了。

两个小时后，地震突如其来。“从办公大楼里跑出来，我的第一反应就是打电话，给家人报个平安。”蒋敏心有余悸，“电话打不通，我不敢想太多，而且当时的情况也容不得我想太多。”

地震灾难突袭，蒋敏和战友们紧急集结，出门抢救伤员、上街维护秩序，投入抗震救灾……

天渐渐黑下来。蒋敏不停地拨那个熟悉的电话号码，然而始终是忙音。13日早上6时许，蒋敏的手机终于响了，电话是舅舅打来的，刚听了两句，蒋敏泪如雨下。

舅舅哽咽着告诉蒋敏，她的爷爷、奶奶、母亲、女儿全部遇难，在北川的10个家人已经遇难……

残酷的现实面前，蒋敏想走，但不能走也不忍心走：“道路不通，电信不通，我回去也没有用，还不如在这里做些事情，帮帮受灾群众……”

蒋敏没有提出回去看亲人最后一眼的要求，而是选择坚守岗位，把救抚灾区群众作为纪念亲人最好的方式。

看着忙碌憔悴的蒋敏，领导和同事特意把她调换到指挥中心，仅仅一天，她就又回到天彭中学安置点，维持秩序，帮助送水、运物资、扎帐篷。

现在，每次看到小孩的蒋敏，总是特别细心呵护，帮他们穿衣、盖被子、逗孩子们笑。

5月17日凌晨，连日劳累和悲伤的蒋敏晕厥过去。蒋敏在医院一醒过来，马上要求再次回到安置点：“我还行，我不能占医院床位，让给受灾群众吧。”

提起逝去的亲人，蒋敏强忍泪水：“如果我的妈妈、女儿还活着，肯定也在被很多人帮助、关爱。相信妈妈和女儿会理解的。”

像蒋敏这样的共产党人很平凡，平凡得在他们走过时，都记不得他们辛劳的背影。

像蒋敏这样的共产党人很伟大，伟大得在他们面前时，仰视才能领悟他们的境界。

石坝乡，青川县偏僻乡镇。地震后，房屋倒塌，通信、交通、电力全部中断。

5月13日上午，乡党委书记舒云正在开会，有人递给他纸条：“地震后，大家都没见到你父母，很有可能压到房子下面了，叫你回家。”他看完纸条顺手装进衣袋，接着布置工作……

下午，舒云在村里指导搭建避雨棚，又收到一张纸条："你父母被压在房屋下面，请速回家。"他看了纸条后什么也没说，继续组织抢救被埋人员。

晚上，正在避灾棚安抚群众的舒云，接到姐姐从老家木鱼镇托人捎来的消息：父母在地震中罹难。

舒云拭去悲伤泪水。"我是石坝乡抗震救灾总指挥，作为一名党员干部，不能为了安葬父母而丢下受灾群众。"

泪水，冲刷不掉共产党人坚强的信念。

暴雨，浇淋不灭共产党人不熄的火种。

房屋倒了，家园破了，亲人走了。共产党人把悲切血泪洒满废墟，又昂首前行。

来到母亲居住的楼房废墟前，沈阳德泣不成声。

10多具遗体摆在那里，因为伤得面目全非，没有办法辨认母亲了。

沈阳德万般悲痛，含着眼泪面向10多具遗体，扑通跪在地上磕了三个响头，立即转身离去，奔赴抗震救灾一线。

此时，绵竹市汉旺城镇建设管理所所长沈阳德，已经在抗震救灾一线连续奋战了200多个小时。

噩耗相继传来，地震无情夺走15位亲人的生命。

但是，北川羌族自治县民政局局长王洪发没有倒下、没有停下，他一边忙于救人，一边调度粮食供给、统计救灾物资。

在地震发生10分钟后，王洪发听说北川小学垮了，压了很多学生，就赶紧往那跑。路过倒塌的电力公司宿舍楼时，他才想起16岁的儿子因病休学就住这里。

顾不及救儿子，王洪发冲到北川小学，奋力救出两个孩子，儿子却永远离开了他……

灾难当道，共产党人和人民心心相印。

灾害临头，共产党人与群众唇齿相依。

共产党人，哪一个不是有血有肉？哪一个不是有情有义？

擦干眼泪，忍住悲痛。共产党人对群众不舍不弃不离，从死神手中救出一个个生命，创造着一个个奇迹。

敬礼，伟大的中国共产党人！

总有一种真情无限深沉　总有一种温暖血脉相连——

亲情手足，戛然生离死别　却从来没有阻隔共产党人手手相挽的深情

美丽家园，瞬间桥断路绝　却丝毫不能斩断共产党人心心相系的厚意

情切切，爱深深。灾区群众的泪，就是共产党人心尖上的血——

没有了姐妹，共产党人就是姐妹！

没有了兄弟，共产党人就是兄弟！

没有了父母，共产党人就是父母！

没有了儿女，共产党人就是儿女！

……

蒋晓娟，婴儿眼里的警察妈妈。

看着一些嗷嗷待哺的婴儿哇哇啼哭，看着他们的亲属在一旁默默流泪，在安置灾民点协助工作的江油市公安局巡警大队女民警蒋晓娟主动提出为婴儿哺乳，全然不顾家中仅满半岁的孩子的哺育。

听说有位“警察妈妈”义务为婴儿哺乳后，许多灾民都抱着自己家小孩来了。为受灾群众的婴儿哺乳便成了蒋晓娟的“特殊工作”，每天要为 10 多个婴儿哺乳。

“我真的觉得这是一件小事。”蒋晓娟说。

“就是倾家荡产，我也要让大家都吃上饭！”北川羌族自治县擂鼓镇自来水厂厂长席成友说。

他出钱购买 7000 斤大米，为受灾村民运来救命粮；托人购买消毒药水，在村里消毒；看到路过的外地灾民，主动伸出援手，提供水和食品。

5 月 12 日，汉源县医院住院大楼摇摇欲坠。全院各科室党员干部迅速分赴各自岗位，投入快速营救、转移和疏散病员的战斗。

为救助一名 6 岁小孩，副院长任锦翔不慎跌倒楼梯口，右手被划得血淋淋的，还抱住小孩拼命往外跑。当天，任锦翔抢救出 3 名小孩。

得知楼上还有老弱瘫痪病员，外科主任傅泽君迅速组织 4 名医务人员冲上楼，将两位老人背到楼下安全地带。

内科医师李华，正在为病人做透析回血。冒着楼房随时垮塌的危险，她倾下身体保护病员，完成回血程序后，又将病人转移到安全地带……

彭州。地震发生后，市委组织部倡议成立抗震救灾“共产党员先锋队”。市级机关 32 名年轻党员率先响应，他们很多是夫妻双双参与抗震救灾，家里还有老人和孩子急需照料。

5 月 12 日夜，“共产党员先锋队”连夜赶赴受灾最严重地方，抢救受伤人员，安置受灾群众。

13日清晨，彭州行政中心广场。报名参加抗震救灾“共产党员先锋队”的党员有上百名，“我懂医疗和救助，我要报名参加!”省民族歌舞团赵永龙大声说。

一些不是共产党员的年轻人也来到报名点，要求参加先锋队。得知先锋队员必须是党员后，他们激动地说：“我们早就写了入党申请书，我们一定要参加!”

“好，马上去”“还有什么事，让我干”“有什么事，叫一声”头戴红色小帽的“共产党员先锋队”，在抗震救灾现场引人注目。他们不讲条件，不分工作轻重，抢着干、争着干……

5月18日上午，一个特殊电话打进阿坝藏族羌族自治州州委组织部，一位男子急迫地告诉工作人员：

“我岳母叫格木基，是一名70岁藏族老党员。退休前是马尔康林业局综合经营公司经理。现在，她想通过州委组织部向灾区捐献特殊党费……”

下午，这位老党员的几个儿女来到州委组织部，把1万元特殊党费交给工作人员。

人民的痛苦，就是共产党人的痛苦。

困难时刻，共产党人用真挚的情爱擎起未来，化解群众失去亲人的悲伤。

群众的期盼，就是共产党人的心愿。

危急关头，共产党人用坚强的臂膀托起希望，筑起人民重返家园的路基。

敬礼，伟大的中国共产党人!

总有一种信念催人奋进 总有一种精神磨难铸就——

即使雨雪冰冻，灾难临头 却从来没有折服共产党人坚强的民族脊梁

无论旱涝地震，灾害当道 却丝毫不能打败共产党人昂首前行的意志

这是一次中华民族精神的大洗礼。

这是一次中华民族团结的大检验。

这是一次中华民族力量的大凝聚。

说什么天塌地裂、山崩路断，凭共产党人一腔热血，双手就是爱的行动!

说什么断壁残垣、家破园毁，看共产党人肝胆衷肠，双脚就是生的希望!

我们为这样的共产党人而感动!

北川县县长经大忠，家里6个亲人3个遇难、3个失踪，顾不上亲人，从废墟里爬出来就投入战斗，组织干部群众抢险救灾。

听见垮塌楼房中传出侄女和母亲微弱求救声时，青川县人武部部长袁世聪接到实施爆破疏通河道任务，不及多想选择后者，群众得救，两个亲人却永远离开

了他。

5天5夜不休息。茂县凤仪镇党委书记李小斌组织党员干部开展1400多人次救援，冒险从垮塌房屋中强挖粮食。

80多岁老父亲不幸遇难，什邡市八角镇党委书记邢光敏，两天后方知噩耗。刚毅的他，流着眼泪指挥全镇抗震抗灾。

我们为这样的共产党人而骄傲！

都江堰市向峨乡爱莲社区党支部书记王婉民，同时得知母亲被掩埋以及向峨乡中学师生被埋废墟时，她毅然选择组织党员群众先救师生。

北川县陈家坝镇党委书记赵海清，不顾年幼孩子和年迈父亲，在抗震救灾一线连续工作40多个小时，双脚肿胀的他走在抢险队伍的前面，冒着滚落石头，疏散灾民。

5月12日至17日，安县茶坪乡党委书记向云刚基本上没有休息，困了，打个盹，饿了，吃生魔芋，还将分配给自己的口粮，全部送给灾民。

我们为这样的共产党人而自豪！

看到五保老人洪泽民的房屋即将垮塌，荥经县严道镇青仁村村主任助理、大学生村官陶伦方冒雨将她深一脚浅一脚地背下山；发现村活动室党员电教设备将被淋湿损坏，他冲进去把设备搬出。

绵竹市广济镇仁贤社区支部书记曹代成，冒着生命危险沿街喊话“快出来，地震了……”奔跑中脚踝不慎扭伤，但他强忍剧痛，继续沿街疾呼。

看到源源不断送来的伤者，绵阳市第三人民医院急诊科副主任李银先，来不及联系尚在单位的妻子和学校的儿子，立即投入急救工作中，清创、缝合、分诊。

安县飞龙村78岁的卞华仁被砸倒在楼梯上，村党支部书记夏平不顾危险，撬开倒塌的预制板，背着老人去救治。当他匆忙赶回要救外婆，外婆已不幸遇难。

多难兴邦。灾难，仅是一瞬；精神，却能永恒。

共产党人抗震救灾的精神，就是中华民族的伟大精神——

就是心系祖国、情牵人民的精神，就是迎难而上、顽强拼搏的精神，就是不怕吃苦、不怕牺牲的精神，就是迎难而上、百折不挠的精神。

就是万众一心、众志成城的精神，就是精诚团结、通力合作的精神，就是扶危济困、和衷共济患难的精神，就是敢打硬战、无私奉献的精神。

在挫折中奋斗，在逆境中雄起；在悲痛中前行，在废墟上重建——

我们坚信，抗震救灾的最后胜利，一定属于伟大的中华民族，一定属于伟大的中国人民，一定属于伟大的中国共产党。

二〇〇八汶川特大地震——

历史壮怀激烈，悲泣不再！

二〇〇八中国共产党人——

热血奔腾不息，昂首前行！

试问，一个民族有了这种精神，还有什么困难不能克服？一个政党，有了这么多优秀分子，还有什么艰险不能战胜？

敬礼，伟大的中国共产党人！

（《人民日报》 2008 年 5 月 31 日）

二、事件通讯

（一）事件通讯的含义

事件通讯是以写事件为主的通讯。它通过对新闻事件发生、发展、结果的叙述和交代，来反映社会现实，表现时代精神。

事件通讯要以赞扬社会主义时代的新人、新思想、新风尚为主，同时也可以揭露存在的实际问题，以引起人们的重视。

（二）事件通讯的写作格式

事件通讯由于要具体形象地反映人和事，因而没有固定的格式，比较灵活多变。既可以按时间顺序、事实发生发展的顺序或者作者对报道事件认识发展的顺序来安排层次，也可以按事物的性质分类，或以空间变换为标志来安排层次，还可以按时间顺序和空间变换穿插起来写。这几种结构形式可以根据通讯的类别和不同的素材，灵活地加以运用。

（三）事件通讯的写作要求

事件通讯的写作，要准确写出某一事件发生的缘由、开端、发展、高潮和结果的全过程，让读者了解事件的来龙去脉。在写作中，要处理好写人与叙事的关系，即以叙事为主，以写人为辅，写人为写事服务。事件通讯的结构较为灵活，可以顺叙，可以倒叙，也可以运用插叙和补叙。在表达方式上，为了增强文章的生动性和形象性，除了叙述之外，还可以综合运用描写、议论等手法。

（四）事件通讯的写作范例

1. 一般性事件通讯

【范例】

惊心动魄35分钟

——空军特级试飞员梁万俊成功迫降某新型国产科研样机纪实

谭洁　张金玉

今年7月1日13时40分，成都某机场被紧张气氛所笼罩。

塔台上，机场边，飞机设计单位领导、空军某试飞大队领导、飞机总设计师、科研技术人员……数百人一齐把焦灼的目光投向骄阳似火的万里晴空。

此刻，一架失去动力的战机在万米高空正以极大的俯角高速向机场滑降而来！

这不是一架普通的飞机。它是我国正在研制的一种新型战机的科研样机，价值上亿元人民币。

这不是一次普通的飞行。它是该型飞机在定型关键阶段的一次试飞，结论对飞机改进意义重大。

这更不是一次普通的降落。飞机在1.2万米高空试飞，因意外情况燃油漏光，飞机发动机停车。为保全科研样机，试飞员决定从距机场20多公里远的地落空滑迫降。

下落航线与跑道呈70度夹角，下降速度400公里/小时左右，一旦失误，该机就可能冲出跑道坠毁。

惊天一落，危险空前。驾驶战鹰迫降的，就是空军某试飞大队副大队长、特级试飞员梁万俊。

“近了，近了……”转眼间，梁万俊驾驶战机俯冲直下。地面上，所有的人一齐屏住了呼吸。

13时44分，战鹰陡然降落，在进跑道450米处接地。在接近跑道的一刹那，机头一昂，“哧！”轮子在水泥跑道剧烈摩擦，划出两条刺眼的火龙！

500米、800米、1000米……飞机一气冲出1700米，在距离跑道尽头300米处戛然停住。

“成功了！”欢呼声震动机场。梁万俊走下座舱，飞机总设计师与他紧紧拥抱，激动地说："你创造了世界航空史上的奇迹！"

惊天一落救新鹰！

这一落，挽救了价值上亿元的科研样机；这一落，为试飞员处理类似险情创造了成功先例；这一落，飞出了新机优异的空滑性能。

让我们把时钟倒拨35分钟。

这一天13时09分，梁万俊驾驶着该型国产科研样机跃升到1.2万米高空。当他按照预定的科研试飞计划刚刚做完一个规定动作后，突然发现油泵指示灯急剧闪烁。紧接着，油量表指针一路下跌。两分钟之内，指针指向"0"刻度。

梁万俊报告："发动机空中停车！"

一级空中特情！空军相关条例规定：此时，作为试飞员梁万俊可以视情做出不同选择——跳伞或迫降。

面对这种极为罕见的危险情况，跳伞无可指责，只需0.01秒，便能远离危险。但是，凝聚科研人员无数心血的战鹰就会坠毁，故障原因就难以准确查找，新机型的改进就缺乏依据……没有任何犹豫，梁万俊便做出抉择：危险再大，也要尽一切可能把科研样机保住。

决心定下，梁万俊很快镇定下来，他娴熟而机敏地调整飞机的位置和高度，以争取每一秒的时间。

飞机像大铁砣似的向机场上空逼近。机场上，所有应急车辆全部到位，所有人的心都吊到了嗓子眼。指挥塔台里静得让人窒息，只听见指挥员下达指令的声音："保持好飞机状态，控制高度、速度，做好迫降准备。"

梁万俊心里很明白，要想将飞机空滑回去，必须准确地通过高度来换取速度，用势能来换取动能。他根据地面指挥员的命令，随时判断飞机状态，修正速度和高度偏差。

飞机滑到机场1100米上空。梁万俊下降飞机高度加入航线，在跑道头3公里，放起落架，操纵飞机对正跑道，100米、50米……

"准备迫降！""明白！"天地间，惊人地默契。

于是，机场上出现了惊心动魄的成功一落！

英雄壮举绝非偶然。仰望蓝天，人们看到了梁万俊出生入死、挑战试飞极限的一道道闪光航迹。

1998年，拥有丰富飞行经验的梁万俊，从成空某飞行团副团长的岗位上来到空军某试飞大队。

这是一个英雄辈出的群体，承担着我国自行研制的新型战机科研试飞重任，曾有多名试飞员壮烈牺牲。梁万俊自觉学习老一辈试飞员迎难克险的大无畏战斗精神，每次执行高难度高风险试飞、参加飞行表演等重大任务，都主动请缨。几年来，他先后自学了飞行力学、空气动力学、航空发动机、自动控制、航空电子等多个学科专业，成为熟练驾驶多种机型的高素质试飞员。在试飞中，他先后遇到惯导故障、航电故障、供氧故障等险情数十次，都以过硬的心理素质和精湛的飞行技术化险为夷，圆满完成了国产最新型战机火控系统定型、某型系列战机鉴定、国产某新机首飞等数十项重大科研试飞任务，先后荣立二等功 2 次、三等功 4 次。

此次，梁万俊成功处置国产某新型科研样机重大特情，成都军区空军党委为他报请一等功，并作出向他学习的决定。军委首长称赞他是"一个思想、技术双过硬的优秀试飞员"。

（《解放军报》 2004 年 11 月 8 日）

2. 以揭露、批评为主的事件通讯

【范例】

贫困县刮起奢侈风

新华社记者 李钧德

河南省濮阳县是省扶贫开发重点县。然而，近几年，这个县却刮起了一股奢侈风：县委县政府及一些县直机关竞相建起豪华办公楼，这些单位的"头头脑脑"们也纷纷搬进高档住宅。

濮阳县刮起的这股奢侈之风，引起了当地群众的不满。知情人士纷纷通过各种渠道向上级反映，有人干脆上网发帖揭露此事。

东挪西借 党政机关比建豪华办公楼

濮阳县位于河南省东北部，全县 22 个乡镇中，有 7 个乡镇 30 余万人地处沿黄滩区，生产生活条件落后。统计数字显示，濮阳县 2005 年农民人均纯收入为 2442 元，在河南省 108 个县市居第 75 位。全县 1035 个行政村，仅有 251 个村能看上有线电视。

就是这样一个人均财政收入仅 200 余元、尚有数十万人未解决温饱的财政穷县，在办公楼建设方面却屡出大手笔：

2002 年 9 月，在没有按规定程序报批的情况下，濮阳县开工建设县委县政府综合办公暨公务员培训楼。该项目设计建筑面积1.5万平方米，预计总投资975万元。2004年6月工程竣工，不仅面积增加到近2万平方米，工程总造价也达3200多万元。这座办公大楼已竣工两年多，除了变卖老办公院、财政拨款、企业支持、东挪西借支付一部分外，至今仍拖欠工程款134.31万元。

县委县政府带头，县纪委也不甘落后。2004年7月，濮阳县纪委以建纪检干部培训暨党风廉政教育中心为由申请立项，建起了占地面积达23.35亩的县纪委办公大楼。该楼预算投资400.6万元，实际筹集基建资金723.7万元。其中除一部分财政拨款外，濮阳县纪委还要求部分经济条件较好的乡镇和一些县直单位“支持”了106万元。

上行下效。濮阳县财政局、劳动和社会保障局等机关也各寻门路，建起了豪华气派的办公大楼。濮阳县劳动和社会保障局办公大楼于2005年开工，2006年交付使用。该楼共7层，总支出800多万元，其中300万元系挪用该县化肥厂“4050”人员的生活费和养老金。

巧立名目　领导干部搬进高档住宅

在一座座豪华办公楼拔地而起的同时，濮阳县领导及各局委的头头们还各找借口，为自己建起了漂亮的别墅式住宅。这些被县国土局负责人称为“独立的低层住宅”有独栋的，有联排的，最大的一户建筑面积达600平方米。

据了解，2004年8月，濮阳县纪委未经建设和国土部门批准，将批准建设纪检干部培训暨党风廉政教育中心的一部分国有划拨土地，擅自改变用途，在所谓的“培训中心”后面建起了职工住宅。其中，建二层别墅10套，每套280平方米，分给县纪委领导班子成员居住。

2005年6月，濮阳县劳动和社会保障局以办公楼南边不能再建高层建筑，否则将影响办公楼通风、采光为借口，在办公楼南边建起9套高档低层住宅，分给局领导班子成员及副科级以上干部。这9套住宅中，建筑面积最小的398平方米，最大的498平方米。

濮阳县房产局则以改善城镇困难职工居住条件为由，向县政府申请划拨经济适用房用地35亩，实际却用于建设本单位干部职工住宅。其中建二层住宅楼8套，面积最大达600平方米，除了房管局领导自住一部分外，还将其中一套送给县人大一位领导。

不仅县直各机关领导纷纷住进高档住宅，濮阳县四大班子领导也开始筹建县级干部集中住宅区。2004年10月，因为“一些县领导从外地调来没有房子住，县里也没有招待所”，经濮阳县四大班子联席会议研究决定，由县机关事务管理局牵头，开发建设一个县级干部集中住宅区。该住宅区占地50多亩，户型为二层连体楼，设计61户，每户280平方米。

为了降低用地成本，濮阳县机关事务管理局竟然在地上附着物补偿不到位的情况下，出动警察和保安，驱赶并殴打租赁该地块的民营金凌花园职工，强拉围墙将大部分花园圈占，致使金凌花园价值200余万元的花木被毁、盗一空。2005年12月，因户型面积过大、地上附着物补偿不到位、动用警力强行占地等问题，该小区被有关部门叫停。

虽然县级干部集中住宅区被有关部门紧急叫停，但这并没有影响到濮阳县领导干部建豪华住宅的积极性。经纪检部门调查，已确定濮阳县县直局委负责人和个别县级干部已建成高档低层住宅100多套，涉及县国土局、计生委、社保局、建工局、纪检委等十余个单位，其中至少有79套不同程度地违反了有关规定。

讲的是排场　失的是民心

2月中旬，按知情群众提供的《濮阳县领导干部豪宅分布图》，记者实地察看了一些被群众称为“腐败楼”的干部豪宅。

在濮阳县国税局办公楼后边不远，有一片气派的高档别墅群。这个别墅群共四排28户，每户都是单家独院，前院大宅门可开进小轿车。记者粗略丈量了一下，每栋楼房的占地面积都在200平方米上下。住宅的外部装修也十分讲究，红宅门、高院墙、豪华瓷砖、欧式风格的阳台，十足的现代豪门。小区看门的师傅告诉记者，这些房子的主人一部分是县国土局的领导，也有一部分卖给了其他局委的干部。

在濮阳县机关事务管理局为离退休县级干部建设的一个高档别墅小区里，记者走进了其中一户人家的院子。小楼只有两层，白墙蓝瓦，楼房前墙面的很大部分是用玻璃镶嵌而成。借和主人搭话的机会，记者留心观察，院子的左半部分由水泥铺就，右半部分是一块不大的菜地，绿油油的蔬菜长势不错。

当地一位知情人士告诉记者，像这样带独立小院的低层住宅，每套造价至少在20万元以上。在濮阳县，正科级干部每个月的工资也就是千元左右，要想住这样的房子，至少得不吃不喝20年。

说起为局领导班子建设豪华住宅的决策经过，濮阳县劳动和社会保障局副局长董随钦这样告诉记者：局办公楼后面有一块空地，建高楼可能会影响到办公楼采光，局里决定建几幢低层住宅。当时并没有说一定给局领导，只是说领导优先购买。“当领导的，谁不想住大点，住得排场点？最后，我们领导班子成员包括副科级以上干部每人都要了一套。”

董随钦说，当时也知道这房子有点大，面积超标，但想着机会难得。濮阳县同样的商品房每平方米都达到1500元了，这房才卖620元一平方米。别看是别墅，实际价格与市内150平方米商品房的价格差不多，这好事上哪找？再说，其他局委和县领导都弄了，自己不弄，说不定以后就没有机会了。

别墅是住上了，但民心却失掉了。村民宋西林告诉记者，当时县里征他们宋村和陈拐村的耕地，每亩地连青苗和附着物总共才补5万多元。群众有意见到县里上访，要求公布征地批文和具体补偿标准。县里领导解释说，征地是因为县纪委要建干部培训和党风廉政教育中心，希望大家支持国家的廉政建设。工程建好后，群众发现所谓的党风廉政教育中心竟然是县纪委的豪华办公楼和县纪委领导的高档别墅时，心都凉了！

濮阳市纪检委副书记、监察局局长王际元介绍，春节前，濮阳县纪委已将部分违规别墅查封，拟于节后公开拍卖。

一位不愿透露姓名的县直机关负责人说，濮阳县刮起的奢侈风，县委县政府应负主要责任。这就像汽车闯了红灯，应该处罚掌握方向盘的司机，而不能仅仅处罚乘车人就草草了事。

（《北京晚报》　2007年2月28日）

三、工作通讯

（一）工作通讯的含义

工作通讯是以报道现实生活中人们在工作中取得的成就和成功经验，揭示和讨论工作中存在问题的通讯类型。

它一般是记叙某项工作如何开展，如何打开局面的情况；或者是贯彻党的方针政策所取得的新成绩新经验；或者是回答在实际工作中所关心的和迫切需要解决的问题，借以推广经验、解决问题，指导和推动工作。

（二）工作通讯的类型

1. 报道型工作通讯

这类工作通讯主要是向受众报道工作中的新鲜经验，或涉及政治、经济、党风、官风、民风的重要问题。

2. 研究型工作通讯

研究型工作通讯重点在于探讨问题的成因，研究解决问题的办法。一般是针对涉及全局性、有普遍意义的问题提出解决的办法。

（三）工作通讯的写作要求

1. 要抓住主题

要注意选择那些在贯彻执行党和国家方针、政策中碰到的问题，选择那些人民群众普遍关心的问题，把着眼点放在推动工作的开展上。

2. 要用事实说话

要选择典型事实，突出重点问题，多角度、多方面地选取材料，证明观点；否则，所谓的经验、结论就只能是空中楼阁了。

3. 要找出解决问题的出路和办法

不仅暴露问题的工作通讯要提出解决问题的方法，报道成功经验的工作通讯同样如此。事实上，对成功经验的肯定，本身就是为同类的单位或企业指出可资借鉴的方法。

4. 要生动活泼可读性强

这本是通讯的共同写作要求，这里特意强调一番，是因为工作通讯比较容易让人忽视生动性。也许工作通讯在情节上不如事件通讯和人物通讯那样引人入胜，但是不能因此放弃通讯的这一基本特点。缺少文学性、不能有效吸引读者阅读的工作通讯，不能算是成功的作品。

（四）工作通讯的写作范例

【范例】

栾城草农敢闹海 ——听栾城农民种草者说

赵俊芳、郝斌生

站在栾城农民的草地上，就像站在绿茵场上，就像置身绿色的海洋。如果此时再吹来一阵清风，或者再冉冉升起一轮朝阳，最好是昨夜曾飘洒过一场毛毛细雨，你能闻到草香，你能看到草尖上的露珠，你能捕捉到忙碌着的农民那心底的微笑和从黑红的脸膛上迸发的光芒。

自 1999 年河北栾城农民调整产业结构，试种绿化草以来，已经走过了十年里程。十年磨一剑，当初别别扭扭、忐忑不安种下的小草产业如今茁壮长成大块文章，成为河北省会石家庄一道独特风景，成为新中国农民脱胎换骨的标本。端午时节，记者来到这里，听他们有关种草的心得体会。

“刚种草时，一离了救生圈就呛水”

“刚种草时，一离开救生圈就呛水。”见到西董铺村村民李书贤的时候，他正在地头修路，他放学回家的儿子前来帮工，在绿油油的草地里开着修草机纵横驰骋。他说的那个“救生圈”，既是指政府的优惠政策也是指县里的草业公司。种草的第一年，李书贤地里家里寸步不离技术员，喷灌、灭虫等一招一式都虚心请教。由于悟性好，技术学得快，第二年就把门市部和房产全部抵押上，承包下乡亲们118亩地。“那时候，谁相信种草能旱涝保收呀？如今西董铺村成为种草专业村，村里327户有200多户种草，种粮的收入显然干不过种草的。”

“我们是全国的产粮大县，祖祖辈辈都是斩草除根的好把式。种草是个新鲜玩艺，头一年很多人看西洋景，也有人等着瞧笑话。好在县里率先成立了草业公司，先培训技术员，再培训村干部，教给农民看，带着农民干。”说这番话的是南柴村党支部副书记张连续。这个村今年种了1500亩草，他本人种着86亩草。去年每股分红利25万元，他比喻种草就是掘金，就是开矿办企业。

南李村农民吴玉芳也说自己当初是被赶下水的旱鸭子，第一茬草籽是政府帮着撒下的，前几年的50%、30%都是县乡干部帮助吆喝推销的。和吴玉芳说话间，有一辆挂着山西牌照的36吨半挂车隆隆开来，十几个妇女忙不迭地往车上搬草卷。大腹便便的吴玉芳拿起电子计算器给商户结算。他说今天共卖出6000平方米，每平方米四元，四六两万四。“去年草贵，每平方米下不来6元，高时卖到七八元，一亩地666平方米，亩出产三茬儿，我租着180亩土地，这个账是不难算的。”

吴玉芳与藏富怕富的祖辈截然相反，他主动告诉我们，眼前这片地没有多少，村北还有60亩，村南还有70亩，他给土地转租者的交换条件是“双700”，即夏季700斤小麦，秋季700斤玉米。也有超过这个数的，因人而异，因地而异。把土地转租给他的人也有在他这里打工的，挣日工一天30元，帮他拔杂草或开修草机；也有挣计件工资的，每往车上搬一平方米草卷挣2角5分钱。记者看到，一位叫李美英的妇女，除了挣计件工资，就是在吴玉芳的草地里收拾剪下来的嫩草尖——她喂着25只羊，她的羊是嘴上抹石灰——白吃。

和吴玉芳相比，吴书训种着10亩地，用他自己的话说是草行情把不准，有时高有时低，不敢大干，他是蛤蟆吃蚊子——小打小闹型，尽管小打小闹，每年也能收入六七万元。

“风里浪里长见识”

“凡是种草的都有过曲折，都走过麦城。那一年草在地里疯长，都急着销售，孟建国接到客户一个电话就上了青岛，到那里管了人家几顿饭就回来了，连一棵小草也没有卖出去。”

“德州一个客户拿着一万元的汇票给了李书贤，李书贤的家人把汇票当人民币锁进匣子里，等用钱时再取出来，汇票上的钱早不翼而飞了。”

“一个翻译的几句洋话就骗走草业公司33万元”。

如今听着这些流着喜泪带着苦涩的诉说，不难想象当初草农闯市场的尴尬。

“经过市场上十年摔打，我们该承受的也承受了，现在都成了种草能手，成了市场主体。不经风雨，难见彩虹。”地头上挂着“国庆草坪苗木”大幅招牌的刘固庄的马国庆，正兜着一布袋皮尺给山东的客户丈量草平方，他只能见缝插针地应答记者的采访。地里的人忙乱得成了一团麻，有开起草机的，有举着铲刀一段一段分割草卷的，有装车的男人一不小心踩了妇女的脚而招致惊叫或嬉骂的。

“我的体会是三年一个周期，去年草价高，今年价格低迷。凡是能坚持下来的都挣钱了，盖了洋楼，买了轿车。种的多挣的多，因为这是个朝阳产业。种赔的也有，但总是少数，我也有赔的年份，在我们这里挣少了就算赔。既要学会种草，更要学会卖草。在十年卖草过程中我也被皮包商骗过几次，把草倒腾走以后就找不见人影了。有些单位和部门用了草以后迟迟不付款，逼着我学会了依法讨债，学会了诉讼打官司。”说完这些话后，老马就坐上小车陪客户吃饭去了，他给我们留下一个活脱脱的草皮大亨的背影。

西董铺村李计身种70亩草，记者见到他的时候，他刚喝酒回来，问他种的什么草。他说美国草，早熟禾系列橄榄球午夜2号；问他从哪里弄来的草籽。他说是从加拿大用编织袋背来的，一句话把在场的人逗笑了。“从加拿大到栾城走几天？”有人开始绊他的马腿出他的洋相。“这个你去交通局问张瑞海去，我不给你犯嚼舌。”李计身说的张瑞海是现任县交通局长，当年的草业公司总经理。栾城的第一袋草种就是他从加拿大背着飞到美国，又从美国飞日本，再从日本飞北京，同机请来的还有外国的师傅、翻译。

“风里浪里长见识。”栾城镇农技站站长于学森一句话道出当地农民十年种草的肺腑之言。于学森1999年来到春源草业公司当技术员，2006年调回农技站。之所以离开春源，“当年的徒弟都出息成种草把式了，所以我也光荣下岗了”。

“俺现在光想往深水里游”

“我在正定国家乒乓球训练基地铺草时见过邓亚萍。”“我在北京四环铺草时，正赶上北京市长去视察。”“我去上海虹桥机场铺草的那一年，你的老婆因为你犁了小麦改种草生气回娘家了。”我们来到五里铺的时候，一堆人正在那里吹牛侃大山呢。

“我现在光想往深水里游。”发这番感慨的是张还计，他是南柴村人，在五里铺投资租下110亩地。他的经验是，打猎就要打狮子，游泳就要下长江。草越往高级场所铺越金贵。你想想，上海虹桥机场和北京的鸟巢什么地价？但没有勾勾嘴吃不了瓢瓢食，同样种草不同样收入，有同行没同利，这就跟平常侍弄庄稼一样。现年55岁的张还计，现在正学着儿子退下来的课本。

武素英也是南柴村人，因本村没地可租了，也跑到北五里铺租种了100亩地。武素英见到记者的时候，误以为来了买草的，又递名片又问联系方式，捕捉商机的举止落落大方分寸得体。在武素英的地头，围坐了一堆妇女，她们没活儿的时候或做做针线或甩甩扑克，一旦来了拉草的，大家就扑上去争活儿干。前表中村妇女袁英早7点就骑着自行车来这里打工，如果来晚了，只能开剪草车，挣30元。如果抢到抢铲草的大铁铲，就能挣到40元。

杜吉元是栾城春源草业有限公司的第四任经理，刚从张家口卖草回来。说到种草，他就像打开了话匣子：“现在这个产业能够活下来，兴起来，真该给几任县领导敲锣打鼓送金匾。不管是毛书记还是王县长，都是护草使者，都是栾城草皮、栾城草莓的宣传员、推销员。”

“全县目前以种草为生和参与种草的农户达到2238户，其中经营20亩草业以上的农户达到180户；全年围绕草业投入劳力四万五千人，农民草业年收益接近亿元。同时带动了苗木业、运输业和其他相关产业的崛起，这几年又兴起专门做工程的绿化设计公司，有12支绿化专业队，施工技术也不断改进，有人研制起草机，有人试种彩色草，腐殖草，体现出农民的创造力，栾城草业发育成了真正的市场草、富民草。”

“农民闯市场的风姿俨然与十年前不能同日而语了。当初去上海卖草时回程舍不得坐飞机，施工的农民搭货车周转了一星期才回来。现在出门做工程，该住宾馆住宾馆，该坐飞机坐飞机。栾城草农敢闹海，十年前见水就发怵，现在就嫌市场的海不宽、浪不高。”

（《石家庄日报》　2009 年 6 月 9 日）

四、概貌通讯

（一）概貌通讯的含义

概貌通讯是以报道某一地区、某一单位、某一行业的基本面貌、风土人情、自然风光和日新月异的建设成就为主的报道。

概貌通讯在表达方式上，往往运用具体事例来叙述和描写一个地区、一条战线、一个单位、一个点、一个方面的风貌变化，展现时代的步伐和人的思想境界的变化。一般采取“巡礼”、“纪行”、“散记”等形式，向读者介绍。

（二）概貌通讯的写作要求

概貌通讯是记叙某一地区、某一行业或某一事物的风貌状况以反映其整体变化的新闻体裁。概貌通讯的重点在于写“貌”，因而特别注重反映某些地方的山川景物、风土人情和世俗习惯。

概貌通讯比起别的通讯形式来，要求有更多的文学性。概貌通讯的文学性，主要通过描写、抒情的方法来实现。描写主要是写景状物，要把景色、事物写活。抒情则是缘景生情、借景抒情，努力做到情景交融。

（三）概貌通讯的写作范例

【范例】

水清云疏泉淙鹭舞　杭州周边最风雅之地

苦夏难挨，最闲适之处莫过于水清云疏、泉淙鹭舞的江岸。既得凉爽，又获野趣，如幸遇雾霭迷离，则云水一色，人在画境。新安江似乎都满足上述的描述：水、云、泽、梦……人行明镜中，鸟度屏风里。自然之力的丹青巨作，可远观，亦可置身于其中。

溪

山淡远，一条承载了太多文人气息的河流，流淌出隽永而风雅的节奏。发源于黄山南麓的新安江，把这块世界上最美花岗岩的山涧飞瀑，碎琼乱玉，一一收集。

水从山骨无泥气，玉漱花汀作佩声。百转千回，迤逦出山，又得徽居的秀逸清雅，渲染出枯淡幽冷，极具文人士大夫逸品格调的山水长轴。“青溪清我心，水色异诸水。借问新安江，见底何如此。人行明镜中，鸟度屏风里”文字的力量在自然的大美之前依旧是稚浅的，“敢言天地是吾师”，石涛、黄宾虹等新安画派的大师，功力固然已臻于化境，但妙笔终究难书天然之趣，丹青还欠造化之意。

苦蝉声住，寒江起暮雾，孤舟送客归，水云深处。古渡繁华不在，却被岁月填满，拴船石上，苍苔依旧，依稀可见精美的雕刻，埠头边的青石，铭文已然模糊，却分明可见时间留下的印记。离垢避嚣，遗世独立的古村落依旧以黑、白、灰这样简单而经典的色调诠释着山高水远、飘逸空灵的中国传统美感。气质和新安江江水一般清冽。渡头沽泊聚黄昏，三二蚱蜢舟闲在水岸，如黛远山即是画纸，只添几竿野竹便尽得疏简枯淡之笔墨、荒逸高洁之意趣。暮色渐起，村民们在江边浣洗，弄碎了碧波，江上的雾霭悄然而至，但见半城江雾半城山，人在虚无缥缈间。

雾

为新安江一奇，翩然而至，云涛涌动，卷起千堆雪，顿时四野苍茫，山水萧然；悄然而逝，则如初出峡谷，豁然开朗。妙在不期而遇的惊喜。

奇雾缘自上游水库与下游江水水体之间的温差，早晚尤甚，气象万千。或如绶带般缱绻缠绵，或似云海惊涛拍岸，气吞万里如虎。船行江中，但闻橹槁揉水，却不见其形。只在有清风习习，拨散云水，方可见江心沙洲点点，白鹭争渡，江畔野蒿及人，绿意盎然。野渡无人舟自横，靠岸最近的沙洲上，年迈的渔翁和他老伴在这里讨生活，扁舟为家，渔网作帘，相伴的还有自家的黄犬和成群绕舟而游的白鸭。一支长槁插船尾，却惹来了翠鸟，江水清冷如冰，养得锦鳞肥美。人与鸟共图这江中之物，倒也有些趣致，“洞澈随清浅，皎镜无冬春。千仞泻乔树，百丈见游鳞”，舟已泊，水也静，风景亦在这里歇脚。

一叶扁舟，玲珑精致，船夫不紧不慢地摇着橹，自己也成了风景，像是山石盆景中摆放的一粒小小的核舟，江上也有摆渡的机械渡轮，突突的马达声带来了恼人的喧嚣，渡江的村民推着自己的自行车，挑着蔬菜担子，甚至赶着刚在集市上买的猪仔，闹哄哄地上了船。一块钱的船资，五六分钟的船程，风景，于他们来说已是熟视无睹的习惯。陌生或熟识的人都在小小的渡船和清澈的江水中往着同一个方向，“他年一携手，摇艇入新安。”……

（中国网　2008 年 8 月 6 日）

五、社会观察通讯

（一）社会观察通讯的含义

社会观察通讯是一种新兴的通讯类型，也是当代使用频率很高、很受关注的一种通讯类型。

社会观察通讯，是报道社会现象、剖析社会问题的通讯。与传统的人物通讯、事件通讯、工作通讯、概貌通讯不同，社会观察通讯并非着眼于社会上的个别人物、个别事件，或者某一方面工作中的经验教训，某个地方的风光风貌，而是在上述各类通讯的报道范围之外，用广角镜头透视大千世界、人生百态，反映社会生活中值得注意的新变化、新问题、新观念的通讯，如中央电视台播放的“新闻观察”。

（二）社会观察通讯的基本类型

社会观察通讯按题材和报道方式分类，可分为如下几种类型：

1. 课题型的社会观察通讯

课题型的社会观察通讯所反映的社会现象与问题不是暂时性的，而是具有长远的、重大的意义，深入研究下去，可能涉及法律制度、国计民生、历史文化传统、国民素质等深层结构问题。这种类型的通讯需要在更大范围内进行调查，需要采集典型的事实。它在写作上则比话题型通讯更重视综合分析，常常在事实层面的基础上进一步深挖下去，整个报道具有一定的思辨性。这种类型的通讯如果写得好，传播效果有可能辐射到政策层面，影响有关决策部门的动作。

课题型的社会观察通讯与话题型的社会观察通讯并无不可逾越的界限。通过媒介的报道，课题可以转变为大众话题，而有些话题性的题材，也可成为社会认真研究对待的课题，例如青少年热衷于电脑游戏，开始只是作为社会热点话题被媒体关注过，随着电脑游戏厅的增多，一些青少年因沉溺于电脑游戏而失学甚至犯罪的事实日益严重，已经成为一个不容忽视的社会问题，电脑游戏厅一度被称为瞄准孩子的“电子海洛因”。

2. 话题型的社会观察通讯

话题型的社会观察通讯，是指通讯所报道的内容，正是此时大众议论的热门话题，或者大众对其感兴趣，有可能成为热门话题的社会现象。这类选题大多比较浅近，比较容易为读者所接受。

3. 展现型的社会观察通讯

展现型的社会观察通讯及时追踪社会上出现的新事物、新动向，所报道的题材大都是读者略知大概而不知详情的现象，因而有极强的获知欲。这类通讯要求记者目光敏锐，对新题材反应及时。

4. 剖析型的社会观察通讯

剖析型的社会观察通讯大多报道社会生活中出现的矛盾、问题类题材。这类题材往往已为社会所关注。但受众获知的表面信息虽多，却缺乏对这类问题高屋建瓴的信息梳理和根源剖析。因此，剖析型通讯的报道方式大多在纪实的基础上剖析问题。报道中有许多分析解释的段落，是对纪实内容必要的整理和深化，有比较强的社会认识价值。

（三）社会观察通讯的主要功能

社会观察通讯在选题和报道对象上，自成一体，开拓了人物、事件、风貌、工作通讯以外的另一领域，即社会现象与社会问题。这不仅极大地开阔了通讯的报道视野，也为新闻工作者提供了一种迅速反映现实、监督社会生活的有力武器。

社会观察通讯在通讯的写作理念上有较大创新。社会观察通讯以多角度、多侧面的“立体报道”方式，曝光社会万象，展示社会矛盾，追踪动态中的时代思潮，以新鲜的信息和敏锐的视角，为新闻写作领域吹进创新之风。

社会观察通讯的选题来自社会实践，并集中于那些普遍存在的新现象、新问题，因此它可以比较及时地向受众提供有关的最新社会信息。

社会观察通讯中的相当一部分以揭露、批评报道为主，而它所揭露与批评的重点往往是贴近百姓生活的问题，特别是一些社会不公正的现象。例如当一种新的政策实施时，是否有些社会群体的利益受到了损害？这往往是社会观察通讯所关注的问题。因此，这类通讯不仅更全面、真实地反映了社会现实，而且代表了民意民情。对受众来说，它可以成为一个宣泄某些不满的渠道。而从全社会来看，通过这种类型的通讯进行“密集的小批评”，在一定程度上起着“排气阀”

作用，有利于缓解社会矛盾。

社会观察通讯与受众的接近性，特别是心理上的接近性，以及通讯体现出的揭露与批判精神，满足了受众对社会信息的获知欲，切中老百姓渴望社会公正的心理诉求。

社会观察通讯一直在关注着社会的公平与正义，关注着可能引起冲突的社会矛盾和问题，关注着各种社会人群的生存状态，特别是关注弱势群体，为弱者说话。

(四) 社会观察通讯的采写要求

1. 记者要有高度的社会责任感和主持正义的精神

社会观察通讯在选题上有以下两个特点：第一，要直面复杂、多变的社会生活，特别是社会舆论中的热点问题和“难点”问题，有可能触动社会的某些敏感区；第二，要直面社会的不公平，甚至社会的丑恶与黑暗面，这就可能有一定的风险。因此在社会观察通讯中记者应该表达的是追求社会正义、维护大众利益的职业精神。研究那些优秀的、有影响力的社会观察通讯的采写过程，都会发现在每篇通讯的背后都有记者的一颗追求正义的心。

2. 努力掌握第一手材料

社会观察通讯的好题材只能在社会生活的深处发现。没有沉到社会基层、沉到各种社会群体中去的努力，很难抓住那些鲜活的社会变化。

社会观察通讯的调查性报道，特别是批评与揭露型的报道，更需要掌握翔实的第一手材料。重证据，才能使自己立于不败之地。我们注意到，不少社会观察通讯是记者采取隐蔽式采访完成的。这正是为了获得绝对真实的第一手材料。

要反复核实事实，要注意对事实之间的因果关系悉心梳理、如实反映。

3. 微观和宏观结合的纪实手法

社会观察通讯的主要写作手法是纪实手法。纪实是一种运用人物、情节、现场、对话、数字等各种资料客观叙述或描写的手法。社会观察通讯因题材的特殊性，必须兼顾微观纪实和宏观纪实的两个方面。

一方面，这类通讯所选的“点”是“面”的代表，即微观事实是宏观事实的代表，必须着力去表现，才能以“点”代“面”。

另一方面，社会观察通讯的目的既然要表现社会生活的“面”，宏观的纪实材料——综合性的背景介绍、概括性的背景材料和各种统计数字是不可缺少的。

（五）写作社会观察通讯应注意的问题

1. 注意保护隐私权

社会观察通讯在进行调查性报道中，在对弱势群体生存状况的报道中都会涉及具体人、具体事。由于从社会角度进行观察与剖析，容易触及一些敏感问题或个人隐私，这时就要掌握好“度”。另外，在运用隐蔽式采访时，也要掌握好一个“度”的问题，这里也有一个保护隐私权的问题。

2. 不要盲目追求“卖点”

社会现象与社会问题是复杂的，记者不能受“卖点”的诱惑，而应当以引导社会的健康发展为己任，严肃地对待采访与写作；同时社会观察通讯应当成为研究社会问题的参考书，采写这类通讯的记者要向思考型、研究型记者的方向努力，学会为社会把脉，学会透视深层的问题，给受众以理性的启迪。

3. 篇幅不要太长

社会观察通讯一般篇幅比较长，但这并不意味着越长越好。如何掌握这类报道的篇幅，如何组织好报道的结构，如何简练地写作，已经成为这类报道的新追求。

4. 严防道听途说和虚假报道

社会观察通讯取材面广，采访的难度大，需要记者投入相当的精力。而报道的社会现象经常是老百姓的热门话题，社会上往往会有很多相关的传闻。在这种情况下有些记者在“抢时效”的压力下投机取巧，或者以道听途说代替采访，或者从见诸报端的第二手、第三手文字材料中获取素材；更有甚者，“复制”加“粘贴”把别人的报道抄抄拼拼就成了“社会大特写”。这种虚假报道的教训已不少见。

5. 防止片面、偏激

社会观察通讯不等于揭丑通讯，许多新的、非常令人鼓舞的社会现象、社会变化，也应列入选题之内。

采写批评、揭露性的社会观察通讯，记者接触到的大多是负面情况，听到的往往是沉重的呼声。置身现场，记者容易受到感染。在这种情况下，如果只“钻”进去，不会“跳”出来，以一个新闻记者应有的审慎的态度，冷静、客观地对事物进行分析，行文中就很难把握分寸。反映民情是可以的，但是，一味宣泄，甚至渲染、煽情，就会适得其反，对社会、对弱者不但无益，反而有害。对此，也不可掉以轻心。

（六）社会观察通讯的写作范例

【范例】

学者不得为商家当“托儿”

薛　晖

“某某学会推荐产品”、“通过某某学会科学鉴定”……在科技备受推崇的今天，这样的广告宣传也如雨后春笋般出现在大众媒体上。可又有谁知道“学会”这个神圣的名字是不是盗用的呢？

权威学术组织正面临成为商业炒作招牌的危险，一些科技人员与黑商有染，正在动摇公众对学术组织的信任，这些情况已经被学者们意识到。于是，有些学术组织开始着手规范“家规”。记者日前获悉，国内一级学会之一的中国生化学会率先作出规定：学会成员不得擅自以学会名义在商业活动中发表学术观点，以防误导公众。

核酸风波惹恼学界泰斗

中国学术界有句流行语：学生物化学的人不知邹承鲁，如同中国人不知北京。这位堪称中国科技界泰斗的邹承鲁院士，是剑桥大学归国学者，是新中国最有希望获诺贝尔奖的科技成果——中国人工合成牛胰岛素的主要贡献者之一，也是国家自然科学一等奖获得者。邹承鲁院士是中国生化学会的理事长，也是此次净化学会“家规”的主要倡导者之一。

去年在科技界闹得沸沸扬扬的“核酸风波”，中国生化学会有多名会员卷入。一位参加过核酸听证会的院士虽未在会上发言，会后却被商家当作招牌菜供上媒体。而另一位学会下属专业委员会的负责人不但以学会负责人名义在报纸上发表介绍核酸营养的文章，甚至还以学会名义召开了核酸研讨会。此举令邹院士非常恼火，他随即给这位会员去信，告诫他不要用学会头衔替商家说话。邹承鲁在接受《南方周末》采访时表示，核酸之争已超出了学术之争，其中有学术道德问题。因此，邹承鲁提出学会应在内部建立道德规范，与商业炒作划清界限。

记者日前电话采访了邹院士，当请他谈学会规范家规的情况时，他疲倦地说，他已退休，定“家规”的理事会是他最后一次作为理事长参加，因此他不愿再说什么。一位知情者告诉记者，邹老其实有太多的无奈。他一向以禀性刚直而闻名，其实有太多的话可以说。不过他能面对媒体点名批评他下属分会的负责人，已经很难得。这位学界名人在其晚年一直在为学术界的风气建设作着令人尊敬的努力。

“家规”出台拥护者众

记者在中国生化学会核心刊物《生命的化学》2001年21卷第3期上查到了定“家规”的会议纪要。文中声明：“会员不能以学会名义表示意见或公开发表论文。学会在广大人民群众中有很高的信誉，以学会或专业委员会成员的名义发表意见，有可能被误认为是学界一致的看法，因而在社会上产生不良的导向……”

“我非常赞成这样的规定，科技工作者不应受商业诱惑。”中国生化学会张永莲研究员这样表示。

“学术组织应当公正、科学地对公众表达意见，才能保持在群众中的高信誉度。这对于防范伪科学和反科学的言论有重要作用。”北京市科协副主席刘培温在接受记者采访时这样说。他还指出，成立各个学会本来就有制约成员的作用，虽然他并不认为学者中有太多见利忘义的做法，但他支持各学会出台严格的防范规章。

“学会”“作托”谁来评判

“目前，有些学术组织为企业产品做宣传，我个人认为是值得商榷的。”市科协副主席刘培温对记者说。他认为学术组织有义务普及科学知识，包括向公众介绍先进的技术，但如果不加限制，就可能走上唯利是图的道路。

记者发现，频频在媒体上作为商家后盾出现的学术机构以生物医药领域居多。这主要是因为这些领域与公众利益息息相关。但是谁能规范这些组织的言行呢？“许多学会只是挂靠在中国科协，它们主要是由部委管理的。”中国科协一位工作人员说，“中国科协管理着约200个一级学会，不可能知道他们每项活动的内容。”言外之意，学术组织的言行多半只能靠自律，在尚无完善制度的情况下，我们只能依靠大多数科技工作者的良心。

（《北京晨报》　2001年10月7日）

六、集纳通讯

（一）集纳通讯的含义和分类

集纳通讯，又称主题通讯、综合通讯，即围绕一个主题，同时报道一组新闻材料的通讯。集纳通讯分为人物集纳通讯和事件集纳通讯。

人物集纳通讯，是以一个相同或相近的主题、意旨、身份、职业和性格特点等将有关的人物组合、集纳在一篇通讯里；事件集纳通讯，是围绕一个大致相同的主题、题材将有关的比较典型的事件集中写在一篇中的通讯。

集纳通讯的中心思想十分突出，主题在对文章素材和结构的整合、归整上所起的作用非常大。可以说，没有十分突出的主题，就没有集纳通讯。当然，主题思想和中心思想对其他通讯也是很重要的，但唯有集纳通讯将其看作命根子，看得很重。因为集纳通讯向读者传达的主要是某一种观点、某一种建议等主题。在这里，人物和事件都是为说明观点、论证观点服务的。所以，从对读者的感受来说，留下最深印象的也是主题。从对材料的整合来看，正因为有了一个有力的主题，才使得表面上散乱无序的材料被归聚到一起。

（二）集纳通讯的写作要求

1．提炼主题注意指导性

由于集纳通讯主题突出、引人注目，所以在提炼主题时，要注意其指导性，看是否提出了社会上较为普遍的为人们所关心的问题，解决这一问题有怎样的意义。

2．选择事实注意联系性

由于集纳通讯归纳、集中了许多人物和事件，人多事杂，视野广阔，涉及面广，因此必须密切注意事实与事实之间的联系性，注意选好联系点。

3．谋篇布局注意衔接性

注意首尾呼应，如在开头提出问题，在中间叙议事实，在结尾提出建议，得出结论；注意事件的逻辑关系，如过程关系、递进关系；注意事实之间的搭配关系，如在第一个故事中讲最精彩的故事，在中间讲平淡的故事，在最后又讲精彩的故事，以调动读者的首因效应和近因效应。

（三）集纳通讯的写作范例

【范例】

大山锁住的另一个世界

于立中　胡德桂　曾玉英

“四山两沟”是对石门县三圣乡庚子山村地形的概括。

各自独立的四座麻砂石大山耸入云端，山谷间分别形成两条溪沟。全村8个村民小组413家农户，大多住在海拔800多米的山顶上。村民为什么要选择住在没有路的山顶上，是因为只有那里才有平坦的地方建房、开田、垦地，全村1675亩耕地（水田819亩，旱地856亩）也主要集中在山上。

这里虽说山大，但资源匮乏，不能产生多大的经济效益，山林面积22960亩，大多都是巴茅山和柴山，山上的麻砂石既不能烧石灰也不能做水泥。

住在山上的村民下山上山都难。山上村民愚公移山，花了6年时间开通了一条8公里长的下山上山的毛坯路，路陡弯急，多处悬崖，摩托、手拖天晴可勉强通行，雨雪天路面打滑，连摩托、手拖都不敢走了。村民步行下一次山要走1个半小时，步行爬上山要走近2个小时。全村通村、通组公路35公里，全是这种毛坯路。由于没有路或路不好走，庚子山村几乎与外面的世界隔绝。

山上村民缺水，种田地纯靠天收。吃水靠凿坑取山泉水，取一次水，村民来回要走四五里路。遇到干旱，坑里没水取了，村民就要下到山脚下溪沟里去取水，有的用肩挑，有的用骡子驮，有的用摩托车驮，一天到晚山上山下要跑好几趟。

全村1118人，平均年纯收入1000来元，除去打工收入，田里地里山上的收入仅四五百元。

11月30日，记者乘越野车从石门县城出发，经过3个半小时的车程到达庚子山脚下。越野车从山脚开始沿毛坯路蜿蜒盘旋缓缓而上，路上一群村民饲养的白鹅也许是因为没见过世面的缘故，竟被吓得飞了起来。越野车开到半山腰时，由于路太陡，弯太急，越野车不断吼叫打滑，我们不得不把车停在半山腰里，步行而上。下午1时40分，我们终于到达了庚子山上，映入我们眼帘的是另一个世界：清一色的淡黄土砖房，地里残留着玉米秆子，村民背着背篓出入……见记者到来，村民们自发围拢过来，向记者诉说贫困与无奈。

六旬老人一辈子只进过两次城，而且是因治病

60岁的孙继秋看上去就像七八十岁的老太太，脸上布满了松树皮般的皱纹，牙齿脱落得只剩下几颗门牙，说话关不住风。不光是她，生活在这里的人看上去比实际年龄都要大，村里人说是因为太劳累的缘故。

孙继秋老人坐在自家土砖屋前“抢晒”太阳。为什么说“抢晒”太阳呢？这里东西两边都是高山，上午太阳要到9时左右才出来，下午太阳到了3时左右就落山了。果不其然，到下午3时多的时候，太阳就看不到了，刹那间，这里就像到了傍晚，一片阴沉。

孙继秋独身一人留守在家里，她似乎是在等待希望，等着享福。老伴受不了山上那份煎熬，前些年下山另起炉灶新建了一个家。两个儿子都在外打工。有两个儿子，本应是一种福气，而孙继秋却还没有享到儿子多少福。两个儿子也都懂事孝顺，但要孝敬老人却又力不从心，小学都没读完，文化不高，打工卖的尽是苦力，挣不到多少钱，也只能维持自己的生计。大儿子40多岁，小儿子38岁，都还没有找到媳妇。前一阵子，也有女人爱上过她的儿子，但儿子把女人带回家后，女人就被吓跑了。说到大男人没找到媳妇，村里已是见怪不怪了，全村目前有“光棍”80多个。

孙继秋的家究竟是个什么样子呢？两间土泥巴房子，墙上泥巴斑驳脱落，墙体还有些开裂。房子不但破旧，而且矮小，个子稍高的人进去，还得低着头，进去后伸手可触及屋顶。一个风车，一台石磨，一张木床，一口水缸，一个火炉，这就是老人家的全部家当，最现代化的最值钱的就是火炉，是她儿子花180块钱买来的。家里连部黑白电视机都没有，老人要看电视“开眼界”就得上邻家的门。

说出来也许有人不会相信，孙继秋一辈子还没有到过乡镇墟场。但她经常对乡亲们说她去过石门县城，而且去过两次。那是去年2月份和今年2月份的时候，她犯胃病疼痛难忍，儿子把她送到县城医院住院治病。这样的经历竟成了她炫耀的资本。她对城里的路，城里的房，城里的人，城里的一切，都羡慕不已。

孙继秋长年一个人在家，因身体不好只种2亩多旱地，2亩多水田无偿送给别人栽种了。地里种了玉米和红薯，玉米换了些粮食，剩下的玉米和红薯喂了鸡，喂了猪，一年到头所有的毛收入加起来千把块钱。2亩多自留山上都是些不值钱的杂木，一般都砍来当柴火烧，山上有几棵大点的杉树本来可以卖点钱，但老人舍不得卖，说是要留着给自己“老了”做棺材用的。尽管身体不好，但老

人吃水还得自己到一公里之外的山坑挑水吃。

墙裂屋斜，住的还是爷爷手里130多年的土砖房

53岁的邹开申爱抽烟，他抽的是一两块钱一包的“芙蓉”。在这山上，能抽这牌子烟的，称得上有钱的户了。

邹开申一家3口人，儿子24岁了，小学文化，在一家制衣厂打工。他和老婆身体硬朗，人也勤快，在家养了一头母猪，两头生猪，一头牛。牛和母猪下崽了卖点钱，两头生猪到年底卖一头，宰一头。这山上人都兴这样做，一头猪杀了年头吃到年尾。否则，由于下山上山难，有钱也难买到肉吃。

他家不仅栽种了自家2亩水田，还把别人种不了的水田捡了几亩来栽种，共栽了6亩水田。尽管光照不足，水稻亩产五六百斤，但两口子吃的还是不成问题，有时候还可卖千把块钱，地里种玉米和红薯，除去生产成本，家里全年纯收入也就是两三千元。

邹开申拿出几十年的全部积蓄，买了几样“奢侈”品，一部彩色电视机，一辆摩托车，一部手机，也算邹开申跟上了时代步伐。有了这些玩意，与外面的世界接近了许多，比如，通过电视可以看到祖国的大好河山，可以看到各地翻天覆地的变化，可以了解致富信息和富民政策；比如说有了摩托车，可以经常走出山门，到乡镇的墟场上去赶集，把农副产品驮出去，把农资日用品驮回来；比如说，有了手机，可以时常听到儿子的声音，可以足不出户咨询问题。

尽管邹开申两口子如此勤劳，但除开人情往来和家庭日常花销后，家里基本上就没有什么积蓄了。邹开申下一个目标就是要趁新农村建设的东风改造百年沧桑的老房子。

邹开申住的老屋真老，还是爷爷手里建造的土砖房，邹开申戏称自己都成文物馆长了。邹开申常埋怨自己无能，一代不如一代，他说他的爷爷建了一幢土砖房，父亲在爷爷的土砖房的基础上又加了一间土砖房，自己只是在土砖房旁搭了一个猪圈。130多年历史的土砖房，墙体开裂，整体倾斜，已经成了危房。像这样的危房，全村目前还有30多户。

家里条件好不好，就看老人身边有没有小孩

邓纪村带着一个2岁的孙子在村子里转悠。给记者带路的村干部指着邓纪村说，他家条件肯定较好，他说，家里条件好不好，就看老人身边有没有小孩。只有家庭条件好的才娶得上媳妇。

邓纪村家里有6口人，老婆和大儿子、大儿媳都在外打工，小儿子寄宿上小学。他在家带孙子，耕种2亩水田、4亩地，还喂两头猪。

这山头上，田里地里全靠天收，天不下雨田地都得绝收。风调雨顺的年份，田里顶多亩产五六百斤，地里种玉米的话亩产800斤，照此计算，邓纪村家4亩地可产玉米3000多斤。田里收的自然是糊口都不够，不得不用玉米换大米。由于路不好走，贩子不愿上山，百斤玉米换五六十斤大米，不划算也得换。一年下来，邓纪村家换大米的玉米要用去1000多斤，还剩下2000多斤玉米卖点钱。路不好走，山上的玉米也不值钱，山下能卖百把块钱一百斤的话，山上就只能卖到八九十元一百斤了。所以，2000多斤玉米顶多也就卖个1800多块钱。

山上喂猪不愁饲料，红薯、玉米都是喂猪的好饲料，所以，喂猪成本相对来说较小，家家户户也都至少喂两头猪，一头吃，一头卖。尽管喂猪成本不是太大，但卖一头猪，纯收入也就两三百元。

邓纪村家老婆、儿子、儿媳妇3个人在外打工，除了自身生活的开销，一年总共可以存个万把块钱。所以，邓纪村家的条件就算较好的了，也称得上山上的富裕户了。你看，他家的房子就比别人的好，虽然也是土砖房，但土墙上刷了石灰，房子也还结实，卫生间还铺了瓷砖哩。家里有彩电，也有摩托车。

但孩子上学的问题很让邓纪村操心。眼看孙子要上幼儿园了，可这个村哪来的幼儿园呢？只能到邻近的北岔村去上，而北岔村离他们家有10多公里山路，步行下一次山要走1个半小时，步行上一次山要走近2个小时。遇到冰雪封山，路陡弯急的山路根本就没法走了。就是这样的路，也是村民愚公移山花了6年的时间开出来的。

望着邓纪村长得虎头虎脑的孙子，记者真希望小孩的未来充满阳光。

四代同堂住土房，一人打工无奈养活六口人

38岁的邓金川看上去显得萎靡不振，他的精神包袱太沉重了。一家四代同堂6口人，全靠他一人打工卖苦力挣钱来养活。

邓金川家里有个96岁的老奶奶，奶奶眼睛瞎了，吃穿都要送到手上。母亲也65岁了，身体也不好。妻子患有精神病，一发病就往外边跑，跑出去几个月

不找不回家。还有两个未成年的儿子，大儿子还只有16岁，初中没毕业就外出打工挣钱补贴家里，小儿子还正在上小学5年级。

十五六岁外出打工也是无奈之举，在这山上也不鲜见。其实，邓金川的大儿子读书也还聪明，他也不想辍学去打工，也想像有钱人家的孩子一样能读完初中读高中，读完高中上大学，但你生在这个大山里了，生在这个不幸的家庭里了，这就是命运。在如此家庭条件下，不认命又能怎样呢？

邓金川的母亲在家种了几亩地的玉米，喂了两头猪，收入也没多少，糊口都难。遇到妻子一发病，光医药费的开销都不得了。可妻子的病往往隔三岔五要复发一次。

邓金川文化不高，在外打工挣的钱也不多，一大家子人就指望着邓金川在外打工寄回来的钱过日子。而邓金川打工的钱，除了自身开销，每年最多能寄回8000块钱。

邓金川自己尝到了文化不高的苦头，他表示拼命打工也要让小儿子读下去。

“光棍”与老母及智障哥哥相依为命，茅棚倒塌住进村小危房

52岁的“光棍”邓文彩和88岁的老母亲及67岁的智障哥哥相依为命，组成一个特殊的家，一个极度困难的家。

邓文彩平时靠给东家挖地给西家挑担混口饭吃，弄两个零用钱。

这一家三口原来居住在一个茅棚里，前些年，茅棚倒了。村里想给他家建个爱心房，可爱心房款上头只能拨给1万元，如今在农村建个简陋的房子也要两三万元，还有一两万元的缺口无着落。

村集体没有钱，动员村民募集，村民也拿不出钱。村里有村民413户，60%都是贫困户。全村1118人，村民平均年纯收入1000来元，除去打工收入田地里就四五百元纯收入。实在没办法了，村里只好把邓文彩一家临时安置到废弃的村小学住下来。可村小也有几十年了，现在也成了危房，不知道能撑多久？就是成了危房的村小学，现在还挤了5家无房户。

村主任刘炎清有些担忧，村里还有8家五保户，他们住的土砖房也都快不能再住了，到时住房问题不知怎么解决？他真希望村里尽快好起来，好起来后，也像电视里播报的那样，能有村里的养老院，让五保户、无房户集中居住，安度晚年。

（《常德日报》　2010年12月6日）

七、幽默通讯

（一）幽默通讯的含义

所谓幽默通讯，是指运用幽默的表现手法报道新近发生的有趣、可笑而意味深长的事实的一种通讯形式。这种通讯形式能给读者带来信息，带来轻松、愉悦和会心的笑，更能给读者启迪和教益。

幽默通讯篇幅不长，内容集中，长的千把字，短的两三百字，最短的七八十个字，能吸引读者站着读完，读起来愉快，是一种精神上的享受。这就要求作者在写作时，坚决摒弃套话、空话、废话；要求字斟句酌，再三推敲，字字顶用，句句简洁；要求以最简洁生动的语言将最能引人发笑的内容恰当地表现出来。幽默通讯作为通讯的一种，它也必须遵循新闻报道的原则，其内容必须真实、准确、客观，不得为了幽默而改变事实的本来面目而胡编乱造。

（二）幽默通讯的写作要求

1. 眼观六路，耳听八方

幽默通讯是对一般通讯的补充，采写者一定要做有心人，勤跑勤看，多听多想。有些重要的会议，有些大型运动会，以及其他一些群众关注的大型活动，其里里外外、上上下下、方方面面、点点滴滴，都要尽量搜罗，作为写幽默通讯的素材。

2. 巧选题材，捕捉笑料

一要注意异常性事例，二要注意愉悦性事例，三要注意荒诞性事例。

3. 精心构思，妙句结尾

有了笑料，有了异常性、愉悦性、荒诞性的事例，并不一定就能写成耐人寻味的幽默通讯。这就需要作者精心构思，合理安排结构，注意设计好的结尾。结尾就像相声中抖包袱一样，要出人意料，让读者感到意外，或者用结句去解开导语中所留下的谜和悬念。

4. 文字活泼，语言幽默

幽默通讯离不开幽默、风趣的语言，离不开活泼生动的文字。要文字活泼，通常不能用长句、复杂句型，应使用短句、简单句，用有动感、美感的句子。语言幽默，要掌握好尺度、分寸。幽默不足，不能产生喜剧效果，不能引人发笑；幽默过分，便是哗众取宠，又会让人生厌。

（三）幽默通讯的写作范例

【范例】

电视台来的“大记者”

王　玮

1990 年 12 月 15 日夜。辽宁省朝阳市大厦旅社的舞厅里，音乐铿锵，灯光闪闪，时而舞伴翩翩起舞，时而歌手登台演唱，一派愉悦欢快的景况。舞厅右侧的桌旁坐着四个青年人，从他们南腔北调的口音中，就可以听出他们来自“五湖四海”。不一会儿，台上的歌手一曲唱罢，只见四个青年中穿皮夹克的那位喊来服务小姐，让她给歌手送去一张名片。那位气喘吁吁的歌手接过名片一看，名片上印着——中国·辽宁沈阳电视台·新闻部记者·李学坛。歌手看罢着实吃了一惊，连忙跑下台来，和“记者”握了握手。“记者”递给歌手一瓶饮料，称赞道：“你唱得很好，我要介绍你去沈阳唱唱，食宿我替你安排。明天中午你听我准信。”歌手兴奋地留下电话号码，回到台上去了。“记者”转过身来向刚结识三天的湖南邵阳来的小青年说：“你借我 100 元钱，我点几首歌听听，再给歌手献一束花。钱，我回房间后，就还你。”湖南小伙儿听“记者”要借钱，马上掏出钱给了“记者”。“记者”拿过钱后，慷慨大方地又是点歌，又是献花，出尽了风头，玩尽了潇洒。然后，在浙江永康县两位旅客和湖南邵阳小伙儿的前呼后拥下，风度十足地离开舞厅。

“记者”满面红光地回到房间后，没有去还钱，却走出旅社，来到火车站旁的“友人聚饭店”“采访”，“采访”用餐时，因两位朝阳小伙儿和他“整事”，于是吵了起来，正要动手时，被正在巡逻的车站派出所和治安大队的民警当场制止。在车站派出所里，“记者”露出了马脚，供认出自己的真实身份。

原来这位“大记者”是个假冒货。他本是本溪钢铁公司修建公司机械化站的一个工人，因与女友闹纠纷于 1990 年 12 月 9 日从本溪出走，10 日到朝阳。他先是住在亲戚家，但亲戚不热情，于是他便住进了朝阳大厦旅社。

12 月 12 日那天，假记者来到朝阳市双塔区四方图片社。图片社经理的丈夫接待了他。假记者说：“我是沈阳电视台新闻部记者，想在你这儿印 100 张名片。”经理的丈夫问：“有介绍信和身份证没有？”假记者回答说：“我的身份证、记者证还有照相机、录像机在沈阳南站被人偷走了。我这儿有朝阳大厦住宿证。”经理的丈夫看了看住宿证，说：“好吧。两毛五一张，一共25元。”就这么痛快，假记者的假名片印成了。

假记者有了除了名字是真的其余全是假的香喷喷的名片后，派头大起来了。在朝阳大厦旅社里，他以“记者采访”的方式结交了几位外地旅客。那几位外地青年还真把假记者当成了真记者。又是请“大记者”吃饭，又是请“大记者”喝酒，又是请“大记者”跳舞……“大记者”也不含糊，为哥几个“伸张了好几次正义”，给舞厅里的服务小姐提了不少“宝贵的意见”，弄得还真挺像那么回事儿。

12月14日一大早，“大记者”先是“采访”了两家个体理发店，接着又采用老办法，到站前的一家饭店“采访”，吃饱喝足后，“大记者”把一张名片扔给饭店经理，然后，挤上汽车来到当地驻军某部的一个汽车连“采访”，连队指导员一看“记者名片”，立即热情款待了“大记者”，并安排“大记者”在部队住了一宿，玩了个尽兴。

第二天，“大记者”又回到了朝阳大厦旅社，从湖南邵阳来的小伙儿那“借”了一条牛仔裤和一双旅游鞋，打扮了一番。晚上，在舞厅里又认识了歌手。正当“大记者”要大展骗伎时，没想到，在“友人聚饭店”里被民警擒获。这个只当了三天“大记者”的骗子落入了法网。

“大记者”真相大白以后，被骗者目瞪口呆，但说法各异。湖南邵阳来朝阳办事的小伙儿说：“他骗我100元钱，骗我牛仔裤和旅游鞋时，我就看出他是假记者了。”真逗！既早“看出他是假记者了”，干吗不去报案呢？那个给假记者印名片的图片社经理的丈夫说：“我以为记者不会说假话，所以，信以为真，就给他印了名片。”笑话！没有记者证、身份证，也没有任何沈阳电视台的证明，凭什么就认定他是记者了呢？总之，假记者的确把人们蒙骗住了。在重新核发记者证不长的时间里，这个假记者仍然能在旅社、饭店、部队招摇撞骗，而且处处受尊敬，时时受优待，这是不是对受骗者的一种讽刺？受骗者是不是应该从中吸取点教训了呢？

人们啊，应该惊醒了！

（《法制日报》　1991年2月23日）

八、小通讯

（一）小通讯的含义

小通讯，是寓新闻于故事之中或以故事的形式报道新闻的一种通讯形式。它是反映现实生活中的一个片段，通常表现一人一事，线索单一而有故事情节，短小精悍，生动活泼。

（二）小通讯的写作要求

1．要抓住有新闻价值和故事情节的事件

决定一则小故事的成败，关键在于它所揭示的思想和它所蕴含的现实意义。故事内容要有新闻价值，故事情节有头有尾，有高潮有冲突，要写得起伏有致，能“以小见大”在平凡的小事中体现出重大的思想意义。

2．结构要新颖别致

好的结构、好的情节，才能引起人们的阅读兴趣。新闻故事的作者总是精心构思，巧妙结构，或设置悬念、引而不发；或开门见山，一一道来；或推出冲突，再解决矛盾；或巧借对比，突出主体。

3．语言要生动简练

由于新闻故事篇幅短小，事件集中，因此，在写作时要求使用生动简练的语言。

（三）小通讯的写作范例

【范例】

深山坞里培训法律明白人

2008 年 10 月 20 日讯　“今年雪灾期间，邻居家的多根竹子被大雪压倒在我家的屋顶上，春雨季节，屋面渗水，严重影响我一家人的生活。我要求邻居砍掉这些竹子，却被拒绝。无奈，我只好自己动手砍竹，而邻居却要我赔偿。请问这方面有法律依据吗?”“我国《物权法》中相邻权规定，在相互毗邻的不动产的所有人或者使用人之间，任何一方为了合理行使其所有权或使用权，享有要求其他相邻方提供便利或是接受一定限制的权利。因此，你的行为法律上讲没有什么过错，相反还可以要求对方付砍竹子的劳务费。”顿时，在场的农民朋友们报以热烈的掌声。这是10月15日，记者在绩溪县金沙镇中坞村农户法律明白人培训班上见到的该镇司法所长王胜法在接受村民法律咨询的一幕。

为推进“五五”普法的进程，使普法工作取得实效，绩溪县在全县农村开展“农户法律明白人活动”。中坞村地处深山，村民法律意识薄弱，刑事案件多，邻里纠纷多。2006年11月，县委组织部在加强基层组织建设中，为该村选派了村第一党支部书记姜永密同志驻村工作，为了加强法制教育，使村民增强法制观念，让法律知识进农村，使广大农民通过学习法律知识，能够知法、懂法、学法、用法，村里办起了全县第一家法律培训班。在县、镇、村干部和村民们的共同努力，该村面貌得到了显著改善，村民们的法律意识明显增强，深山村里荡漾着和谐的春风。最近中坞村被县司法局、县民政局授予该县第三批“民主与法制示范村”。村里的农民朋友听说村里获得了“民主与法制示范村”的荣誉，县里干部还来授牌，心里特别高兴，尽管是农忙季节，不少农民朋友还是放下手中的农活，早早就坐在村部会议室里，参加培训。镇人大主席汪有红介绍该镇开展“农户法律明白人活动”的方法和步骤，让农民朋友们心中有了底，作好合理安排农活接受培训的计划；县司法局副局长方流柱向村干部授牌后，给在场的村民们讲了《掌握法律，维护自身合法权益》一课；县委组织部副部长章汉林结合该村变化的事实，给村民们讲解了加强农村基层组织建设的意义，还讲解了《村委会组织法》等相关内容，村民们听了不时点头，以示领会。王胜法在给村民们上法律辅导课时，结合自身的工作经验和农村中易发生的典型案例，就《物权法》、《婚姻法》、《安全生产法规》等讲得生动易懂。培训过程中，村民们时而报以掌声，时而鸦雀无声……

培训结束了，村民们还是围着干部们问这问那。年逾花甲的李少德、胡惠明等老同志感言道：“建设新农村，建设和谐家园，农民们更需要懂法。干部们常来说法，俺们欢迎。”

（绩溪先锋网　2008年10月20日）

第三章　新闻评论的写作

第一节　新闻评论概论

一、新闻评论的含义

新闻评论，是新闻机构所发表的言论的总称。新闻和评论一实一虚，如同鸟之双翼，构成新闻媒体的两大文体。评论要运用正确的观点、方法评析现实社会生活的种种事物、现象、问题，在评析议论的过程中，透过现象揭示本质，从而分清是非曲直、优劣媸美，以其鲜明的意旨、明确的导向，提高人们的思想认识，指导人们的社会实践。

新闻评论是新闻媒介的政治旗帜，具有鲜明的时代性和阶级性。我国的新闻媒介的根本性质就在于它是党的喉舌，必须坚持党性原则。“党性原则”最明显地体现在新闻评论中。

二、新闻评论的特点

（一）新闻性

新闻评论这种说理文章，其内容仅限于针对最近发生的事实及眼下存在的社会问题、思想倾向进行评价论理，发表主张意见，从而发挥指导或影响群众思想、促进和推动工作的作用。它像消息、通讯一样，紧跟社会运转的步伐和节奏，有严格的时限，求快求新，而且多是配合着消息、通讯的主要内容选择、确定观点，展开评论。

（二）论理性

评论文章的主要表达手段和主要内容都在于议论说理，同一般说理文章很相近。评论文章运用概念、判断、推理的手段，即议论的手段，把道理直接说出来，文章的内容由论点、论据、论证三要素构成。

（三）灵活性

从篇幅上看，评论可长可短，以千八百字长短居中的篇幅为多。近年来有日益短小精悍的发展趋势，三五百字、两三百字的微型评论越来越多。

从内容上看，评论文章涉及的范围，除去很专业的学术问题理论问题外，现实社会生活中的各式各样的问题，大至国家前途、世界风云，小至一个人的言谈举止、街谈巷议，它都可以抓住其中的是非曲直进行评论。

从风格上看，评论以通俗晓畅见长。在这个前提下，根据评论内容的实际情况，它既可以庄重严肃、朴实无华，也可以幽默轻松、活泼生动。

三、新闻评论的分类

新闻评论根据其评论的主题可以分为社会评论、思想评论、经济评论、体育评论等。

从体裁上分，可分为社论、评论员文章、短评、编者按、杂文等。

第二节　新闻评论的写作指导

一、新闻评论的要素

（一）论点

论点是从论题中提炼、引发出的观点，是评论者的主观意识与客观实际统一的产物。对论点的要求是正确、新颖、有针对性。

一些短论及编者按、新闻点评，一般只有一个总论点，而较高规格的评论在总论点下还有分论点。总论点就是评论的总观点、中心思想，或者叫立意。它是评论的灵魂，贯穿评论的始终，支配着评论的各个分论点以及选材、布局。

分论点是由总论点派生出来的，是说明、支撑总论点的，是总论点的几个侧面或几个层次。

总论点与分论点之间，是主从关系，是支配与被支配的关系。

分论点之间，或者是并列关系，或者是递进关系。

（二）论据

论据是指证明论点的依据。对论据的要求是真实、充分、精当。论据必须真实，论据失实，论点不攻自破；论据必须充分，论据不充分，以点带面，以偏赅全，论点难以成立；论据和论点间要有必然的内在联系，而不是偶然的联系；论据还要求精当，所谓精当指的是与论点有紧密内在联系的、能够以一当十的典型材料。

论据按其性质，分为理论性论据和事实性论据两类。

1. 理论性论据

理论性论据指的是已经被实践证明、被人们普遍接受了的正确思想、观点、公理、准则、经验等，包括哲学社会科学方面的成果如马列主义、毛泽东思想的基本原理，党和政府正确的决议、路线、方针、政策、政令、法令，自然科学方面某些为人们熟悉的公理、定律，前人的文化遗产以及格言、谚语、民谣等。

马列主义、毛泽东思想的基本原理，是被实践证明了的真理，是我们认识世界、改造世界的强大思想武器，也是新闻评论最为重要的理论性论据。评论的理论高度、思想深度，与这类论据的运用有重要关系。

党和政府的正确决议、路线、方针、政策等，是从实践中总结出来，具有理论性和科学性，对正确认识现实生活有直接的指导意义，也是新闻评论的重要理论性论据。

自然科学中的某些公理、定律，有时也可以运用在新闻评论中，说明某些社会、人生问题。但运用这类论据须特别注意它的通俗性，如果不是受众普遍了解的，又非用不可，需作通俗化解释。

历史的思想文化遗产，乃至成语、谚语、格言、寓言、故事等，是前人认识世界改造世界的文化结晶，它们仿佛是历史的镜子，可以折射现实，对我们认识当前有重要的观照作用。这类论据，还可以增加评论的生动性。

谚语、民谣，凝聚着劳动人民认识世界的经验、智慧，运用这类论据不仅可以说理，还能增加评论的亲切感，缩短与受众之间的距离。

2. 事实性论据

事实性论据指的是证明观点的具体材料、具体事实。事实是不能以人的意志为转移的客观存在。

新闻评论中的事实性论据，从不同角度分为新闻事实、背景事实，当前事实、历史事实，典型事实、概括性事实等。

(1) 新闻事实和背景事实

新闻事实，是新闻评论立论的基础，论点是从新闻事实中引申出来的，新闻事实是证明论点的主干材料。

背景事实，也是新闻评论的重要论据。和新闻报道中的背景材料一样，通过背景的衬托，新闻事实的意义就更突出，评论的道理就更易明白。

(2) 当前事实和历史事实

当前事实，即新闻事实。历史事实，是背景事实的一种。和历史的思想、文化遗产一样，历史事实，特别是当现实生活中出现了某些与历史有关的现象，或者类似于历史的现象时，历史事实也是观照现实的一面镜子，它给人们的认识启迪与借鉴往往更生动、更深刻。

(3) 典型事实和概括性事实

典型事实，指的是对证明观点能起到以一当十的说服力的具体事实。可以是新闻事实，也可以是背景事实，这是证明论点的最生动、最有力的论据。

概括性事实，是指全局性的事实，常以统计数据出现。

在实际新闻写作中，常常需组合多种事实，证明其论点的正确或驳斥论敌观点的谬误。事实性论据必须真实，论据失实，论点就不能成立。

(三) 论证

1. 论证的基本方式

论证就是用论据说明论点的过程，一些小言论、编前编后及新闻评点虽然没有严密的论证过程，但都要求观点和材料统一，说理合乎逻辑。

论证的基本方式，从不同的角度可分为立论、驳论、直接论证和间接论证四种。

(1) 立论

所谓立论，就是讲道理，自己提出一个观点，再用论据证明自己观点的正确性。

(2) 驳论

所谓驳论，就是批驳，证明对方观点的错误，从而间接证明自己观点的正确。

在实际写作中，立论和驳论两种方式常结合运用。一篇立论性评论，为了说理更有力，常常要树立一个靶子，树立一个假设的论敌，在局部范围里采用驳论手法。同样，一篇驳论性评论，在分论点时，有时也采用立论手法。

（3）直接论证

所谓直接论证，主是用论据直接证真或证伪，即直接证明自己观点的真理性、正确性，或者直接证明论敌观点的错误荒谬性。

（4）间接论证

间接论证就是通过否定对方观点的正确，证明自己观点的正确；或者通过论证自己观点的正确，证明对方观点的错误。

2．论证的推理形式

论证的推理形式，包括演绎推理和归纳推理两种论证方法。

（1）演绎推理

这是从已知的公理、定理出发，推证尚待证明的论点的方法，是由一般到个别的推理方法。运用理论论据，就得采用演绎推理。

演绎推理的理性论据，必须恰当地证明具体事物的本质、属性，必须对论证对象有理论的涵盖性；这些理性论据还必须是受众公认的真理，而不是一部分人的偏见，否则就会“言不及义”，证明不了观点。

（2）归纳推理

归纳推理是与演绎推理相对应的一种论证方法，是从个别、具体到一般的论证方法。就是将几个具体的事物归纳起来，抽象出其共同的本质、共同的属性的方法。

这也可以说是从事实到理性的方法，这种方法以事实性论据为依托。

运用归纳推理，必须选择和论点有内在联系的典型事实。所谓典型，是说材料与观点间的内在联系是必然的，不是偶然的；是紧密的，不是松散的；是那些“举此一端，可概其余”的事实。如果事实和论点间没有必然联系，仅仅是偶然的联系，或者是牵强附会式的“联系”，必然导致论点的不可靠乃至虚伪性。

3．论证的具体方法

论证的具体方法多式多样，常见的有如下几种：

（1）例证法

例证法就是用事实说话的方法，或者叫实证法。即依据具体事例，运用归纳推理证明论点的方法。

（2）事例推演法

事例推演法本质也是事实证明法。与例证法的不同在于，它不是仅用几个典型事例证明观点，而常常由点及面，即由点的事实推演到面的事实，从而把论点建立在更丰富的事实基础上，加强了论点的雄辩性，也拓宽了受众的视野。

（3）引证法

引证法是用已被证明的原理、准则，证明待证明的论点，属于演绎推理形式。

（4）类比法

类比法是将性质类似的事物放在一起比较，以显示其共同的本质。类比论证的比体，可以是事实，包括现实生活中的事实、历史上的事实，也可以是文学形象等。但比体，必须是受众熟悉的事或人、或其性质其中蕴含的哲理是受众公认的。

（5）对比法

对比法是与类比法相对应的一种说理方法。主要是将性质上相反的两个事物或者一个事物在不同的条件下两个相反方面作比较，有破有立，在比较中明理。类比论证，侧重求同，理在同中；对比论证侧重求异，理在异中。

（6）釜底抽薪法

釜底抽薪法也叫反证法，就是揭示对方论据虚伪性的方法。论据虚伪，不真实，其论点也就不攻自破了。对方论点站不住脚，也就间接证明自己的论点的正确性。

（7）归谬法

归谬法假定对方的论点是正确的，按照对方的逻辑方式推下去，得出一个荒谬的结论，从而证明对方论点的荒谬、自己论点的正确。

二、新闻评论的写作要求

（一）把“理”评出来

评论和多数专栏言论属于跟踪现实生活中发生的具体事件、社会现象的说理小型评论文章，它们不正面接触大政方针、大是大非的问题。

短评和专栏言论的论点具体单一，文章也不能写长，但是一定要把道理评出来，这一点和其他评论以及别的说理文章大同小异。评论说不出一点道理，无论长短，也无论论点怎样高明，都是不合格的评论。

（二）短、平、快

从总体上说，评论的篇幅是比较短小的，文字量极为有限。因此，评论多采用简洁明快、直截了当的论述节奏。对于评论的事，要尽可能用简明的文字交代出来，而不必添加什么铺垫，因而也不需要绕弯子；评论的意见主张也宜开门见山，鲜明干脆地告诉读者；论证问题更要简明扼要，是非曲直的根据在哪儿，点到为止，而不能像写学术论文那样引经据典，长篇大套。

第三节　新闻评论的写作范例

一、社会评论

（一）社会评论的含义和特点

社会评论是用理论联系实际的方法，以现实生活中的重大事件或人民群众关心的重大问题为对象进行分析、议论、评判的文章体裁。

社会评论是一种特殊的文体，它具有特殊的任务和作用，有自己的特点。

1．浓郁的大众色彩

社会评论要面向广大读者，在论述方式上也要符合大众的口味。这就要求社会评论一方面要使思想内容与读者接近，评论大家当前关心的问题，另一方面还要注意知识性和趣味性，在写作形式上要尽量生动活泼、丰富多彩、通俗易懂。

2．强烈的时效色彩

社会评论的时效性体现在及时有效地评论现实存在着的重大问题。社会评论要善于抓住处于萌芽状态的思想或刚刚发生的重大事件进行评论，要抓住人们最感兴趣的最有新闻价值的问题，及时地挖掘出事件现象之后的本质，提出解决问题的办法，这样才能取得较好的社会效果。

3．鲜明的政论色彩

社会评论是政治活动、思想斗争的工具，具有鲜明的政论性。它所反映的观点都代表一定阶级、政党或政治集团的利益，为当时的需要服务。社会评论的政论性，体现在它评论的对象往往是具有政治意义、经济价值和重大社会意义的事件，所以它重在阐明立场和主张，提出观点和解决问题的方法。社会评论必须反映舆论和引导舆论，旗帜鲜明地表彰先进、针砭时弊，为群众释疑解惑，帮助他们分辨先进与落后、新生与腐朽。

（二）社会评论的写作要点

社会评论写作的要点体现在三个方面：一是确定评论对象，提出诊断，即选题与立论；二是分析和解决问题，即论述和说理；三是行文中注意语言的运用。

1. 确定评论对象

社会评论的评论对象主要可从以下两方面选择：

（1）以新闻为评论对象

因为新闻是及时而客观地反映新近发生的有价值的事实，它往往成为评论的对象。但新闻要成为评论的对象，必须首先符合具备评论价值和据以立论的新闻必须真实两个要求。

（2）以社会事件与现象为评论对象

选取社会实际生活的事件和现象作为评论的对象，也有如下两个要求：

①选择党和国家的有关方针政策或重大行动进行评议，这有利于宣传党的路线方针和政策，推动社会主义建设。

②选择具有典型意义的社会热点进行评议。

2. 论述和说理

社会评论的实质是从材料中挖掘观点进行说理论证的过程。它必须注意以下几点要求：

（1）论点论据要统一

这实际上是材料和观点的统一。一篇成功的评论，必须做到论点准确、鲜明，论据真实、典型。同时，论点、论据还要恰当地统一起来。要做到论点和论据的统一，要注意几点。首先，坚持实事求是的原则。“实事”就是全面掌握材料，“求是”就是从占有的大量材料中研究事物的内部联系，掌握其规律。其次，正确处理好论据和论点的辩证关系。在构思阶段，论据越多越好，这样形成的论点才可能准确、鲜明。

（2）论述要虚实结合

社会评论中的“虚”是指观点、理论、政策、思想，而“实”则指事实、实践、业务、材料等。务“虚”是侧重于谈理论、谈政治、谈方针、谈思想作风等，务“实”则谈业务、谈具体工作、谈典型事件等。评论的写作要求既要反映事物具体的内容，更要揭示抽象的本质，只有两者结合，才能增强文章的思想性和指导性。

（3）严密的论证结构

社会评论要靠它的逻辑力量震撼读者，因此，必须讲究逻辑结构的严密性。

一篇好的评论，要做到行文上严密周到、不留破绽，使自己的观点立于不败之地，还要概念明确，层次清晰，同时，要恰当地使用归纳法、演绎法、对比法、归谬法等推理方法。

3. 行文中注意语言的运用

说理的语言艺术也很讲究，不能只求“辞达而已矣”。要艺术地表达观点，可以从以下几点去考虑。

（1）变深奥为浅显

社会评论作者在写作时可以像在老朋友面前讲述一件有趣的新闻一样，在随意和轻松之中将道理阐释清楚。社会评论的语言切忌艰深晦涩、矫揉造作，反对空话、套话。要善于把深奥的道理用普普通通的群众语言讲述清楚。

（2）变抽象为形象

评论在讲究逻辑性之余，还应力求把抽象的道理讲得富有形象性，这样可以增强文章的吸引力。常见的方法有：注重运用比喻；注重对评论的客观事物进行形象化的富有感染力的描写；注重寓理于情，将观点融入富有感情色彩的语言中，做到情理交融；适当运用有关修辞手法，如排比、设问、反诘等句式的使用。此外，有的社会评论还具有幽默感，即使用一种巧妙、机智的论述方式及轻松或富有感染力的笔调表达一种严肃的观点。

（三）社会评论的写作范例

【范例】

走好全国一盘棋

李泓冰、曹焕荣、吴焰、徐冲、汪晓东、王义堂、卢新宁、何刚

（一）促进区域协调发展，这是我国在21世纪新阶段坚持以科学发展观统领经济社会发展全局的重大战略。

党的十六届六中全会把“落实区域发展总体战略、推动各地区共同发展”作为构建社会主义和谐社会的重大举措。此前，党的十六届五中全会在总结我国社会主义现代化建设经验的基础上，进一步提出了我国区域发展总体战略。我国国民经济和社会发展第十一个五年规划纲要，专辟一篇对促进区域协调发展作出了全面规划。

一个理智的声音——促进区域协调，在神州大地回荡；一个自觉的行动——

统筹区域发展，在东西南北中逐步展开。

把促进区域协调发展摆在更加重要的位置，这将是我国经济社会发展的一次历史性跨越。

（二）西岳峥嵘何壮哉，黄河如丝天际来。我国南北西东被跌宕起伏的历史文化、巍峨浩荡的山川河流，划分成各具特色的自然与行政区域，形成参差不齐的经济和社会发展水平。

地区发展不平衡，是中国的一个基本国情。新中国成立以来，党和政府高度重视区域协调发展，采取了一系列政策措施加以推进。进入21世纪，我国区域经济发展又面临一些新情况、新问题。

审视中国的经济社会发展，一些状况让人感到忧虑：东、中、西部发展差距仍然过大，欠发达地区发展面临诸多困难，在城市化、工业化、基础设施建设、教育和卫生事业等方面的地区差距也很明显。由于促进区域协调发展的体制机制还不健全，一些区域过度开发、行政区间经济恶性竞争，加剧了区域经济发展的失衡，也导致了环境生态的恶化，造成了一些新的社会矛盾。

区域协调发展不仅是局部问题，而且是全局问题；不仅是一个紧迫的经济问题，而且是一个重大的政治问题。完善区域发展总体战略、促进区域协调发展，正是以胡锦涛同志为总书记的党中央立足中国国情、应对时代课题的战略安排，是心系国运、情牵民生的智慧结晶。

（三）站在历史和全局的高度，看全国经济社会发展这盘棋，我们应当有这样的认识：

促进区域协调发展，是贯彻落实科学发展观的重要组成部分。以人为本，全面协调可持续的科学发展观，是对马克思列宁主义、毛泽东思想、邓小平理论和“三个代表”重要思想关于发展思想的继承和发展，是我们推进经济建设、政治建设、文化建设、社会建设必须长期坚持的根本指导方针。落实科学发展观的一个基本要求，就是要统筹区域发展。只有有效遏制城乡区域间基本公共服务、人均收入和生活水平差距扩大的趋势，进而逐步缩小地区发展差距，才能在全国范围内实现经济社会各构成要素的良性互动，使各个区域的发展相适应，各个发展的环节相协调，实现国民经济又好又快发展。

促进区域协调发展，是构建社会主义和谐社会的必然要求。社会和谐在很大程度上取决于社会生产力的发展水平，取决于发展的协调性。区域间发展失衡，势必减缓构建和谐社会的进程，甚至影响中华民族赖以生存的精神、物质与环境基础。只有落实好区域发展总体战略，才能有力地解决我国发展不平衡的问题，推进东、中、西部良性互动，保证发展成果由人民共享，促进形成全体人民各尽其能、各得其所而又和谐相处的局面。

促进区域协调发展，是发挥各区域优势、增强全国发展合力的现实需要。沿海发达地区运用自身较好的经济基础、优越的地理位置和国家支持的政策，经济社会发展已经积累了相当的实力。加快中西部地区发展的时机也已到来。只有抓住这个有利时机，进一步促进生产力的合理布局，使东、中、西部地区形成各具特色、优势互补的经济，才能整体提高我国生产力社会化水平和经济效益，整体提高中国可持续发展能力和国际竞争力。

促进区域协调发展，是维护各民族团结、实现国家长治久安的基本保证。实现全面建设小康社会的目标，不仅要看人均收入，还要看是否基本消除了贫困现象。只有民族地区发展了，欠发达地区跟上来了，才能实现各族人民的平等、团结、互助、和谐，把全体人民的智慧和力量凝聚到中华民族复兴的伟大事业中来。

促进区域协调发展，是社会主义制度优越性的生动体现。逐步缩小地区之间的发展差距，实现全国经济社会协调发展，最终达到全体人民共同富裕，是社会主义的本质要求。贫穷不是社会主义，两极分化也不是社会主义。只有区域协调发展，逐步实现全体人民的共同富裕，中国特色社会主义事业才有深厚的群众基础，才能展现勃勃生机。

（四）我国社会正处在前所未有的深刻变革中。作为一个发展中大国，中国幅员辽阔，区域情况之复杂、地区自然禀赋差别之明显，在世界上是少有的。党中央提出促进区域协调发展，是对历史经验的深刻总结，是对基本国情的清醒认识，也是对我国发展阶段性特征的准确把握。

进入改革开放和现代化建设新时期，邓小平同志提出“两个大局”的思想：“沿海地区要加快对外开放，使这个拥有两亿人口的广大地带较快地先发展起来，从而带动内地更好地发展，这是一个事关大局的问题。内地要顾全这个大局。反过来，发展到一定的时候，又要求沿海拿出更多力量来帮助内地发展，这也是个大局。那时沿海也要服从这个大局。”

世纪之交，我们党贯彻“两个大局”的战略思想，做出实施西部大开发、加快中西部地区发展的重大决策。十六大以来，我们党又做出了东北地区等老工业基地振兴战略、促进中部地区崛起的重大决策。我国区域发展总体战略格局初步形成。

实践证明，“两个大局”的战略，高瞻远瞩，深谋远虑。没有“第一个大局”，就没有中国经济今日的辉煌，没有可以在世界先进生产力舞台一展雄姿的中国。没有“第二个大局”，西部不开发，东北不振兴，中部不崛起，就没有经济持续发展、民族团结和谐的中国。

在我们这样一个地域辽阔、人口众多、生产力发展水平不平衡的国家，要在一个时期实现同步富裕、同等富裕是不现实的。平衡是相对的，不平衡是绝对的。这是事物发展的客观规律。在发展战略布局上，必须有全盘构想。

现在，我们正站在新的历史起点，促进区域协调发展，条件具备，正逢其时。

（五）继续推进西部大开发，振兴东北地区等老工业基地，促进中部地区崛起，鼓励东部地区率先发展，形成分工合理、特色明显、优势互补的区域产业结构，推动各地区共同发展。我们党从全国最广大人民的根本利益出发，担当起新的历史责任，丰富并形成了区域发展的总体战略。

总体要求是：坚持统筹兼顾、合理规划、发挥优势、落实政策，切实加强薄弱环节，通过健全市场机制、合作机制、互助机制、扶持机制，逐步形成主体功能定位清晰，东中西良性互动，公共服务和人民生活水平差距趋向缩小的区域协调发展格局。

在布局上，根据资源环境承载能力、现有开发密度和发展潜力，统筹考虑未来我国人口分布、经济布局、国土利用和城镇化格局，将国土空间划分为优化开发、重点开发、限制开发和禁止开发四类主体功能区。明确不同区域的功能定位，划定相应的评价指标和政策措施，逐步形成各具特色的区域发展格局。

在政策上，实行分类管理的区域政策，按照主体功能定位调整完善区域政策和绩效评价，规范空间开发秩序，形成合理的空间开发结构；国家继续在经济政策、资金投入和产业发展等方面，加大对中西部等欠发达地区和困难地区的扶持。建立健全资源开发有偿使用制度和补偿机制，对资源衰退和枯竭的困难地区经济转型实行扶持措施。

在机制上，鼓励东部地区支持和帮助中西部地区发展，扩大发达地区对欠发达地区和民族地区的对口援助，形成以政府为主导、市场为纽带、企业为主体、项目为载体的互惠互利机制。按照基本公共服务均等化原则，加大国家对欠发达地区的支持力度。继续发挥经济特区、上海浦东新区作用，推进天津滨海新区等条件较好地区开发开放，带动区域经济发展。

在步骤上，支持经济发达地区加快产业结构优化升级和产业转移，扶持中西部地区优势产业项目，加快这些地区的资源优势向经济优势转变。坚持大中小城市和小城镇协调发展，提高城镇综合承载能力，按照循序渐进、节约土地、集约发展、合理布局的原则，积极稳妥地推进城镇化，逐步改变城乡二元结构。

一幅总体战略蓝图清晰地呈现在我们面前。

（六）与这个清晰的蓝图相对应，我们对区域协调发展的内涵也要有清晰的认识。

区域经济及其协调发展是区域协调发展的基础。在我国，区域经济有多种类型，专家学者也有不同的表述。

从动力机制上区分，主要是三类：一类是与“经济区域”相对应，以核心区与腹地间、各市场主体间的客观经济联系为主要内聚力的，如长江三角洲地区、京津冀城市群、长江上游经济区；一类是与“行政区域”相对应，以强大的行政力量为主要内聚力的，如省域经济、县域经济；还有一类是有特定目标和范围的区域经济，如贫困地区、边疆地区，以及各级各类开发区等。

从区域层次上说，也主要有三类：在我国，最高一级的区域是地带级的，如东、中、西部；次一级的是跨省区或综合性的，如长三角、珠三角、京津冀城市群、海峡西岸经济区，以武汉、重庆、西安、成都等城市为中心的经济增长区等；再次一级是省、市、县范围内的，如长株潭城市群、郑汴洛城市群、辽东半岛城市群、山东半岛城市群等。

我们讲区域协调发展，讲的是全国一盘棋。这里有一条化繁为简的“铁律”：低级层次的区域发展，要服从高级层次区域目标；各区域发展，要服从国家总体发展目标。不能把本省、本地、本县的行政区域，当成可以孤立发展的经济区域，搞自我封闭的规划与布局。

（七）区域层次看似清晰，协调发展却非易事。这里的关键是加强和改善宏观调控。维护宏观调控的严肃性和权威性，是协调区域发展的基本手段。协调区域发展的过程，也是加强和改善宏观调控的过程。如果一味追求自身利益、片面追求各区域的 GDP 增长，势必影响国家宏观经济的持续健康发展。

从总体来看，区域协调发展还涉及方方面面，是一个庞大复杂的社会系统工程，需要协调一些基本关系，化解一些基本矛盾。

（八）公平与效率。这是区域协调发展追求的目标。公平的指向是追求基本公共服务的均等化，使全体人民共享改革发展成果。效率的指向是在发展生产力中实现资源利用的最优化。加快社会发展，促进社会和谐，必须更加注重社会公平。这是我们党贯彻科学发展观的新认识，也是区域协调发展必须遵循的原则。

促进区域协调发展，不是单纯要求缩小区域之间、各层次行政区之间经济总量的差距，而是着力完善公共财政制度，使所有人享有基本公共服务的均等化，享有大体相当的生活水平。

“基本公共服务均等化”，包括义务教育、公共医疗卫生、公益文化、基本就业、社会保障等基础性社会公共服务的均衡提供和平等享用。这是现阶段更加注重社会公平、实现公平与效率相统一的重要标志，是解开公平与效率这把矛盾之锁的钥匙。

当然，对公平和效率也要全面认识，正确把握。公平不是简单地“拉平”，不是“经济发展无差距”，不是忽视自身发展条件“齐步走”，更不能助长“等”、“靠”、“要”思想。效率也不能误读为“速度”和“规模”。经济社会的发展，不能单纯理解为追求GDP速度的“率先”增长。那种把地方和小团体利益置于首位，违规上项目，暗中铺摊子；那种“上有政策，下有对策”的做法，必将损害公平，最终也会伤及效率。

（九）合作与竞争。这是协调区域发展的主要方式。没有竞争就没有活力，没有发展；没有合作也就没有合力，没有良性互动。

竞争应当是发展质量的竞争，是服从服务于全国一盘棋、充分发挥自身能动性的竞争。从狭隘的地方利益、部门利益出发，台上握手台下分手，要求别人“友好合作”、自己却拨拉着小算盘，这不是竞争，是无谓的内耗。不顾全局的机场之争、港口之争、“中心”之争、项目之争，也不是竞争，是巨大的浪费。

合作应当是互惠互利的合作。不是简单撮合，而是要着眼全局、突出特色、优势互补、错位发展，谋求整体利益的最大化，实现互利共赢。

在社会主义市场经济条件下，如果说企业之间更多的是强调竞争，那么，地方政府之间更多的应强调合作。打破行政藩篱，让资金、技术、人才、信息等一切要素自由流动，为企业和各类经济主体营造良好的发展氛围。

（十）开放与保护。这是区域协调发展的路径选择。对内对外扩大开放，是区域协调发展的必由之路。扩大开放，改善投资和发展的环境，就要搬掉地区封锁和地方保护主义的绊脚石，打破行政区划的局限，加快建立统一开放的国内市场。

应当看到，地方保护主义在不少地方严重存在。有的地方只希望别人门户洞开，自己却重门深锁：在行政区界内设卡设限，禁止外地商品进入，本地资源流出；在招商引资中恶性竞争，搞零地价，倒贴资金、资本，降低环保及卫生标准招商引资；在产业发展中，不顾结构雷同，竞相高价重复引进生产线……

实际上，地方保护主义不可能保护地方利益。它违背经济规律，窒息企业生命力、竞争力和创造力，损害投资和发展环境，阻碍全国统一市场的形成。被“保护”的企业，往往失去革新技术、改进管理、开拓市场的压力和动力，做不大也做不强。

（十一）政府与市场。这是区域协调发展的推动力。促进区域协调发展，政府是主导动力，市场是基本动力。

政府主导不是不要市场经济，恰恰相反，它必须以市场经济为基础，遵循市场竞争规则，着力解决市场解决不了的问题，为区域协调发展创造条件。各级地方政府在区域经济协调中担负重要职责，它是国家行政序列中的一个环节，又是国有地方经济的投资人和保护人；既是中央政府的政策执行者，又在管辖区域内行使行政权。地方政府在区域经济协调中要力避角色混乱，力避越位、缺位、错位，力避过多包揽经济资源，弱化社会责任。

区域协调发展的能力背后，实质上是一场政府自身职能的根本变革。政府要通过推进行政管理体制改革，树立正确的政绩观，切实履行经济调节、市场监管、社会管理和公共服务的职能。

（十二）集聚与扩散。这是区域协调发展的主要形式。集聚是手段，能够迅速有效聚拢资源、形成若干区域增长极。扩散也是手段，能把区域增长极要素向外延展，产生裂变，充分发挥辐射效应。

经济全球化，往往表现为不同国家经济中心城市之间的竞争。这类城市，区位条件优越，基础设施完善，经济发展水平较高，产业能级强大，服务功能完备，磁铁般吸附着周边城市及地区“向我靠拢”。在协调区域发展中，要高度重视中心城市的带动作用，使区域内广阔资源合理配置，捏指成拳。

在这个问题上，要注意防止两个倾向。一种是中心城市怕当中心，怕影响GDP增长和财政收入，担心自身优势在合作中削减，不愿周边地区分享发展一杯羹，重“留住”轻“流出”。一种是非中心城市争当中心，不顾自身条件，竞相以“经济中心城市”为发展目标。我国曾先后有100多个城市提出过要建设成为“现代化国际大都市”，这显然是不切实际的。

协调发展是区域内外集聚与扩散的出发点和落脚点。集聚，需要周边地区敢于“舍”；扩散，要求中心城市敢于“放”。一“舍”一“放”，以“点”带“面”，以“面”促“点”，最终换来区域协调发展，整体实力提高。

（十三）补偿与约束。这是区域协调发展的调节器。资源是有限的，分布是不平衡的，发展是有差别的。促进区域协调发展，需要建立有效的补偿与约束机制。

依据国家对区域的主体功能定位，在区域协调发展中，必然会导致有的地区增长快些，有的增长慢些，有的地区为了总体发展作出一定的牺牲。因此，要加大和改善财政转移支付，增加对欠发达地区特别是限制开发区域、禁止开发区域用于基本公共服务和生态环境补偿的财政转移支付。

要逐步理顺要素价格，完善税收制度，建立健全资源有偿使用和资源开发补偿机制，促进资源优化配置。要鼓励和支持企业特别是上下游企业在区域内开展更大范围的分工合作，形成区域互补共生、互惠互利的合作关系，促进以资源有效配置和整体利益最大化为基础的区域专业分工格局，增强区域协调发展的内在动力。

（十四）区域协调发展，目的在发展，难点在协调。发展必须是科学发展，协调更难的是综合协调。协调的水平决定发展的质量，协调的效率影响发展的效益。协调，不仅是一种眼光、一种胸怀，也是一份责任、一份义务。

协调的核心是要建立健全一套规则。应当有必要的法律规范，有刚性的制约，有严格的监管，有及时的追惩，还应当有有效的协调机制和制度保证。通过协调理顺关系，明确责任，激发活力，形成合力，实现共赢。

（十五）区域协调发展，这是我国经济社会发展的大思路，是开创科学发展新局面的大战略。

在这个大思路大战略的推动下，我国区域协调发展的格局已经出现了积极的变化。地区间生产要素流动加快，区位产业优势逐步形成。东部地区在依靠技术进步和扭转过度依赖投资增长格局方面迈出新步伐，中西部地区发展明显加快，东北地区发展先进装备制造业取得新进展。我们要把促进区域协调发展摆在更加重要的位置，乘势而上、因势利导。

“不谋万世者，不足谋一时；不谋全局者，不足谋一域”。对于我们这样一个大党、这样一个大国，要维护全党全国工作大局，办成一些大事，谋求整个经济社会的协调发展，保持社会团结和谐，必须有统一意志、统一行动，必须牢固树立全国一盘棋的思想。

在推动区域经济发展过程中，地方政府负有不可替代的重要责任，这种责任不仅表现在要想方设法推动地方和区域经济的发展，更表现在各地领导干部都负有维护全党全国工作大局的政治责任，必须自觉维护中央权威和中央大政方针的统一性与严肃性，坚持区域经济、地方经济目标服从于国民经济目标，坚持小道理服从大道理、局部服从全局。各地区要既充分认识自身优势、明确自身定位，又统筹兼顾区域整体利益、加强区域内的协调沟通，增强区域协调发展的动力和活力。只有这样，才能得之全盘、谋之长远。

促进区域协调发展，各地区、各部门要各安其位，各负其责，全国一盘棋。“马走日，相走田，炮打一溜烟”。能否走好每着棋，检验着各级党委政府的执政意识、执政能力和执政水平，检验着各级领导干部的政治意识、大局意识和责任意识。

（十六）当今世界经济有两大潮流。一是经济全球化，二是区域一体化。促进区域协调发展，形成东中西相互促进、优势互补的新格局，这是顺应时代潮流和发展趋势的历史进程，也是需要一代又一代中国人长期奋斗的伟大事业。惟其长期，我们更需坚韧。惟其艰难，我们更需奋斗。

茫茫九脉流中国，纵横当有凌云笔。

（《人民日报》　2007 年 4 月 5 日）

二、思想评论

（一）思想评论的含义

思想评论是通过对现实生活中表现出来的具有代表性的思想问题，进行分析评论，赞扬先进思想，鞭挞落后意识，以树立良好的社会风气。思想评论能够及时抓住问题进行评论，还能够有的放矢地对具体思想问题进行评论，具有较强的时间性和针对性。

（二）思想评论的写作要求

1. 选准问题，找好角度

在现实生活中，有正气向上的精神，也有邪气向下的倾向。评论者要敏锐地发现问题，选准问题，找好角度。

2. 掌握政策，注意分寸

思想评论的问题多属人民内部矛盾问题，对这些矛盾问题都要以党的方针政策来分清是非。所以，在写作思想评论时要注意有关的政策，不能任意发挥，语言要热情，态度要诚恳。而且，还要注意把道理讲透，令人信服。

（三）思想评论的写作范例

【范例】

上海要有更宽广的胸襟

凌河（申言）

日前，一份关于中国公众城市宜居指数的调查报告显示，上海在文化兼容性方面在被调查的20个城市中不在前列。这种状况与上海加快实现“四个率先”、加快建设“四个中心”，与培育、树立城市精神的要求有较大差距，与争取承办一届“成功、精彩、难忘”的世博会亦不相适应，应当引起我们的重视和深思。

市委主要领导同志为此指出：海不辞水，故能成其大；山不辞土石，故能成其高。海纳百川，才成其为上海。上海是全国的上海，上海今天取得的成就离不开全国各地的关心和帮助，上海今后的发展同样离不开全国各地的支持与合作，上海要以更宽广的胸襟，兼容并蓄、博采众长，大力塑造“海纳百川、追求卓越、开明睿智、大气谦和”的新形象。这席话，对于拓宽上海的胸襟，塑造上海人的新形象，有着准确的针对性和深刻的现实意义。

上海是全国的上海，这是上海发展的规律。且不说当年的小渔村，靠着五方杂处、近悦远来，才成为全国最大的城市；就是新中国成立五十多年以来，上海以一个百业凋敝、藏污纳垢的“十里洋场”，变为社会主义的特大型城市，哪一点离得开全国人民的关心和帮助？尤其是改革开放以来，上海从后卫转到前锋，成为改革发展的领头羊、排头兵，更离不开党中央、国务院的正确领导，离不开中央各部委和各兄弟省市的大力支持，也离不开数百万外来的兄弟姐妹的拼搏奉献。事实上，世界上任何一个大都市，都不是一个孤立、封闭的独体，也绝不可能单单依托自身力量来造就，只有在不断吸纳周边、全国乃至全世界的人才、资本、信息、技术、物流和成功的经验中，才能最终建成。同样的，任何一个大都市的跨越式发展，都需要捕捉和抓住机遇，而这种机遇，往往是区域性甚至是全国性的，只有坚持联动发展，不断推动区域合作交流的全方位、深层次发展，才能在都市群的共同崛起中实现大都市的大发展。上海发展的历程和规律都告诉我们，上海的昨天、今天和明天都离不开全国的关心和帮助，尤其是上海要建成“四个中心”，作为一项国家战略，更离不开全国人民的支持。上海要以宽广的胸襟，虚心谦逊地学各地之长，脚踏实地地补上海之短，锐意进取地创上海之新！

上海是全国的上海，这也是上海肩负的庄严历史使命。新世纪新阶段的上海，处在我国改革开放的先行地区，这就要求上海必须积极实施国家战略，主动承担起率先探索的责任，努力为全国改革开放多作贡献。这既是全面建设小康社会的全局要求，又是上海真正建成“四个中心”和现代化国际大都市的内在要求。国际大都市的首先功能是服务，世界上任何一个大都市都是以它的吸引力、凝聚力和辐射力，在为周边、为全国乃至世界的服务中才能形成、凸显和提升它的都市功能；而任何一个经济、金融、贸易和航运中心，也只有在为全国乃至世界的资本、人才、物流、信息搭建让它们“长袖善舞”的舞台中，才能最终形成以服务为核心的综合竞争力。因此，上海要以更宽广的胸襟和更广阔的视野，把上海未来发展放在中央对上海发展的战略定位上，放在经济全球化的大趋势下，放在全国发展的大格局中，放在国家对长江三角洲区域发展的总体部署中来思考和谋划，牢固树立全国一盘棋思想，始终坚持在服务全国大局中发展上海自身。

我们正在与时俱进地培育上海城市精神。城市精神的培育要有文化的根基。上海文化是什么，从根上说来应当是移民文化、包容文化。但是在少数上海人眼里，移民文化被扭曲地演绎成“本土文化”。他们的思想方式是封闭式的，甚至有妄自尊大、瞧不起别人的盲目优越感。这种“文化”，很不利于上海的新发展、大发展。我们的目标和定位是现代化国际大都市，这就必须讲包容性、兼容性。上海还是要“开门”，必须要“开门”，只有海纳百川、和谐相融，才能真正建成“四个中心”。有了这样的文化观念、文化根基，城市精神的培育才有了保证。我们的观念一定要开放，绝不能排斥外来者，而是要去融合。比如，上海要实施科教兴市战略，就要占领人才高地，不但有国内精英荟萃，还要有国际人才聚集。又比如，上海城市的运转，离不开几百万农民工，在他们付出辛劳的同时，理所应当得到整个社会和城市的认同和尊重。

总之，上海人一定要海纳百川，虚怀若谷，从谏如流，闻过则喜，这才是我们的博大之处；上海人一定要既有精明、睿智的清醒头脑，更有大气、谦和的宽广胸襟，只有这样，上海的城市精神才能高扬，上海人才能以崭新的形象播扬于世！

（《解放日报》 2007年7月9日）

三、文艺评论

（一）文艺评论的含义

所谓文艺评论，是对各种文艺现象进行分析、研究、探讨、评价的一种理论性文章体裁，又称文艺批评。其直接对象包括作家、艺术家、文艺作品、文艺思潮、文艺理论、文艺运动等一切文艺活动现象。

（二）写作文艺评论应考虑的问题

1. 介绍文艺作品的作者与内容

作者是文艺领域内从事文艺创作的主体，文艺作品只是作者精神劳动的艺术产品，没有作者，就不会有异彩纷呈的文艺世界。因此，我们写评论的第一步是了解作者，介绍作者，把握作者的社会存在结构与自我结构。

介绍文艺作品的内容，实际上指的就是复述作品的内容。所谓复述就是概括性地用评论的语言简明地转述文艺作品的主要内容和有关材料。

2. 阐释文艺作品蕴含的思想性

一部作品的思想性如何，将直接关系它的社会价值和社会效果的评定。准确阐释文艺作品的思想意义，是文艺评论不可推卸的职责。要阐释作品的思想性，应研究分析作者和作品的总的思想倾向；坚持从作品的实际内容出发，阐释其思想性；将作者的实际情况和作品内容的时代背景、社会关系等联系起来评价其思想性。

3. 评述文艺作品的艺术形象

文艺作品是以艺术形象来反映社会生活，表达作者的情思的。不同门类的文艺作品其艺术形象的表现方式是不一样的，评论者首先应把握其艺术形象不同的特点及表现方式，然后进行分析评价，揭示其认识价值与审美价值。

4. 论析文艺作品的艺术形式

文艺作品的艺术形式由作品的结构、表现手法、语言创造、创作技巧、创作风格、意境的营造、作品的体裁等因素构成。在文艺评论的写作中，可以根据作品的特点，选择一两个重点来写，或交互运用，有机结合，以便写深、写透，写出具有独创性思想力量和艺术魅力的文艺评论。

（三）文艺评论的写作范例

【范例】

评当下流行音乐创作：高频快创作功利化

王宇飞

时下，戏曲元素在流行音乐中屡见不鲜。李玉刚的《新贵妃醉酒》糅合现代歌与戏曲腔，一人双声衔接得别有味道；王力宏的《盖世英雄》、《花田错》，陶喆的《苏三说》，将戏曲和RAP并置；往早了说，阎肃作词、谢津演唱的《说唱脸谱》，李谷一的《故乡是北京》、《前门情思大碗茶》都是将通俗歌曲和传统戏曲打通的成功先例。

很难说这种结合的产物到底是“戏歌”还是“歌戏”，是现代还是传统，戏曲的起承转合和抑扬顿挫，与现代音乐的简明、通俗和流畅反差强烈，互相接近时居然产生了奇妙的化学反应，大大丰富了音乐的表现力，颇受听众欢迎。而流传数千年的传统音乐能够出现在流行音乐中，也证明了它是有着顽强的生命力的。从长远看，两者的结合不是戏曲元素简单的切入，而是一种交融。

我们一直人为地严格区分某些艺术类别，让人担心的是，这种区分会否割裂了艺术的关联性？以音乐为例，现在一提“流行音乐”，人们就会想到它迅速传唱的同时也会很快被新音乐所取代，却很少想到历史上某些传唱不衰的红歌，如《国际歌》，也是一种跨越时代的“流行歌曲”；也很少去思考，为什么大量的歌曲有流行元素却仍没有受到欢迎，所谓“流行音乐不一定都流行，流行的音乐也不只是流行音乐”，其背后的原因很值得我们探究。从广义上讲，流行是一种文化与传播，出现、发展、普及是它的必经过程。戏曲，这朵中华民族的艺术奇葩，起码在古代，在某些特定时期是流行的，也是某种意义上的“流行音乐”，而我们现在的一些“流行作品”，在未来或许也将成为艺术门类中的传统“戏曲”。

当下的流行音乐创作，产出高频快，创作功利化，包袱巨大而灵感减产。我们引入了美欧越来越多R&B的节奏，RAP的饶舌，HIP－HOP的韵律，ROCK的疯狂等——“炫”、“酷”、“闪”、“靓”是唯一的标准。当流行音乐一味往前“冲”，探“奇”搜“怪”，数量和形式都无限扩张的时候，大众会否感到了烦躁、嘈杂和审美疲劳？我们一直希望传统艺术能够薪火相传，现在会否正是通过某种通道渐渐回归大众视野的契机？

不可否认，音乐的民族性传承和传统性熏陶，是其“流行”、流传的推动力。琴棋书画、诸子百家、诗词歌赋，这些都无法离开中国的历史、地理、民俗而“自外生成”。戏曲保留着传统文化艺术的精髓，其文化内涵对提升流行音乐的品位和社会价值具有不可小觑的作用。现在流行音乐数量极多，良莠不齐，近年来更是借助网络呈现爆炸式发展，某种程度上一种低级庸俗的音乐风气也有抬头之势，如何提升文化内涵，将流行音乐对听众的消极影响降低，营造高雅的音乐文化氛围，显得尤为迫切。

音乐的非语义性和非造型性决定了它的超强可塑性和巨大创新潜力。不管是中国乐器编曲，还是唱腔上的民歌和地方戏曲的运用，都证明了复兴传统音乐其实一直是“进行时态”。当然，如果说当下的艺术创作中，中国传统元素的回归还处于初级阶段，或者是无意识，或者是风潮化，那么增强其自觉性和创新性将是未来中国流行音乐发展的重心所在。

（《人民日报》　2012 年 9 月 4 日）

四、影视评论

（一）影视评论的含义

影视评论也可以算作文艺评论的一种，指以电影、电视等文艺作品为研究和评说对象的评论形式。

影视评论的内容大致包括三个方面：剧本、导演、演员表演。剧本的主题思想、人物刻画、故事情节、人物语言、悬念设置，导演对主题的把握和表现、对人物性格的塑造、艺术创造力、审美理想的表现，演员创造形象的能力、对剧本和导演要求的把握及演出技巧，艺术风格等，都在评论范围之内。

（二）影视评论的写作技巧

影视评论的写法很多，可以宏观大扫描，也可以微观具体评说；讲总体印象，也讲最深感受。但每篇评论不能泛泛而谈，要有中心、有重点，评出特色来，评出自己的独到见解来。关键是细心审视作品、艺术家如何反映生活中一些本质的现象。

下面介绍几种写法：

1. 理出最佳的线索

对任何一部影视作品，先从总体上找到感受，是成功，还是失败，进行具体分析；上升到理性认识，归纳出几个观点，然后再提炼一下，把发自内心的观感揭示出来。

2. 找到最深的感受

读者观赏任何一部优秀的作品，总会找到最深的感受。影视内涵、形象特点、导演技法、音美设计等，新的构思、新的艺术方法，总会触动读者的心灵。抓住这一点来写，就会有特色。

3. 进行认真的对比分析

对比分析是写影视评论常见的方法。这种对比，包括史料的对比、生活的对比等。《“远东阴谋”的十处不妥》（戴玉堂）对电视连续剧《远东阴谋》提出质疑；有的是史料有出入，有的布景、道具有差错，有的称谓不对头，有的服饰有问题。这涉及历史真实和艺术真实的问题。艺术可以虚构，可以加工，但必要的生活真实不能马虎从事。对比分析之后，最好有更进一步的综合分析，进一步升华，概括几个理论问题，这就是站得更高、看得更远。

（三）影视评论的写作范例

【范例】

新“007”伦敦放映遭恶评

新华社（2008年）10月24日讯　即将于下月在我国公映的最新邦德电影《007：大破量子危机》（前译《余温之恋》），近日在伦敦放映，观众是制片方邀请的部分媒体人员。这些媒体在肯定影片制作精良的同时，集中批评了该片的节奏把握和人物塑造。有影评人认为，较之前作《皇家赌场》，《量子危机》明显逊色。

BBC影评人认为，《量子危机》给人的感觉是“三部曲的第二集”，既没有第一集的炫目，也没有起到承上启下的衔接作用。整部影片的动作场面火爆，但没有脱离以往的套路。应当说，该片能看下来，丹尼尔·克雷格的蓝色双眸起到了关键作用，而朱迪·丹奇扮演的M还是一如既往的老辣。

《独立报》的评论说，克雷格在《皇家赌场》的高调亮相把007系列推向了新境界，但《量子危机》却没有延续这股气势和劲头。由于该片片长适中，所以观影过程还是非常震撼的，至少猛烈的动作场面胜过布鲁斯南时代的任何一集007作品。遗憾的是，松散无力的结尾让全片魅力受损。

在各家媒体的评论中，《时代在线》最为苛刻，其影评人表示，《量子危机》貌似《皇家赌场》续集，但整部电影却不如前者那样生气勃勃，邦德更像个退化版的“伯恩”，只顾着从一个国家跑到另一个国家。和以往的邦德片相比，该片还少了些智慧，台词也不够幽默。尽管片长已缩短很多，但看起来还是冗长。

五、经济评论

（一）经济评论的含义

经济评论以宣传党和国家的有关方针、政策、法规，推动经济活动的健康发展为宗旨，具有强烈的针对性、严格的时效性和突出的政策性。

（二）经济评论的写作要求

标题文字要尽量简练，做到无一字可增删；标题的意思要明确、贴切，所指范围不要过大，并能暗示或体现主旨；适当运用多种修辞手法，令读者耳目一新，产生阅读兴趣。

（三）经济评论的写作范例

【范例】

不是所有弯道都是超越好时机

孙秀岭

最近，有个“弯道超越”词汇很时新，诸如“正是弯道超越时”、“超越常在弯道处”等，常见诸媒体。

“弯道超越”，原本是赛车上的一个术语，指参赛车手在拐弯处比直线跑道上更易超越对手。有人认为，金融危机让世界经济处在了“弯道”上，此时正是跨越发展、超越对手的良机。应当说，经济发展上的每一次危机，都是产业重新布局、企业重新洗牌，新机遇不断涌现的重要时期，以“弯道超越”比喻危中之机，有振奋精神、鼓舞士气的功效。但算算如下几笔账我们能够看到，这种说法也只能算是一种比喻。

成本消耗账。一般情况下，有经验的驾驶员不会弯道超越，他们知道弯道超越更加耗油，更易磨损发动机和轮胎，损耗车辆寿命。赛车选手敢于弯道超越，很大程度因为这本是“烧钱运动”，可以不计后果地“透支”。不过，经济发展是一项长远事业，毕竟不是短暂的赛车。在金融危机还在继续蔓延、市场不确定因素不断增多的背景下，经济运行遇到的困难越来越多，在正常发展都遇到巨大挑战时，超常规发展就得付出更大成本、更多代价。那些以超越的名义乱砸钱、乱铺摊子的作为，那种为一时超越让资源能源难以承受的急功近利做法，是与科学发展观相悖的“歪道超越”。

安全风险账。赛车比赛中，人们不仅能看到精彩的弯道超越，也常目睹弯道车毁人亡的重大事故。换言之，超越常在弯道处，事故也常在弯道处。“弯道处要敢于踩油门”，被一些人喻为超越发展之宝典。其实，赛车手进入弯道的第一个动作是踩刹车而非踩油门。好的赛车手，在进入弯道前必须正确判断形势，若遇到了弯道就急着去超车，不翻车才怪。经济发展的弯道，比赛车场上的弯道更为复杂，充满着变数。弯道之处，最需要实事求是，按科学发展观要求讲方法、重技巧，量力而行，否则一旦用力过猛，很有可能事与愿违，“半路抛锚甚至翻车”。

实力功力账。在弯道能否实现超越，赛车状况和选手技术功力是比拼的核心。一般来说，赛车上的“弯道超越”，以“直道上黏住对手”为前提；若直道上已被对手落下较远，超越纯属妄谈。危机之中，“赶超机遇”的确存在，但能拿到“好牌”的，往往是具有技术领先等优势的企业和地方，而那些落后生产力，受到危机的冲击更为严重。“你开的是拖拉机，别人开的是小汽车，你最该做的是转型换代、积蓄能量”——有经济学家为热火朝天的“弯道超越”泼“冷水”、提建议，不无道理。

细细想来，不是所有的弯道都是超越的好时机，也不是所有的“车手”都可以做到安全超越。金融危机制造的“经济弯道”，有机遇也有险情，能“成”也能“败”，绝不是按照主观意愿想超越就能超越的，要实现“弯道超越”，需要拿出大智慧、大勇气，保持冷静头脑，尊重科学、遵循规律，把一些该算清楚的账算明白、算到位。

（《大众日报》　2009 年 4 月 13 日）

六、体育评论

（一）体育评论的含义

体育评论是一种针对体育活动及体育领域出现的倾向性问题或具体赛事发表看法的议论性文体。它常常从宏观和微观两个层面对体育问题进行述评与思考，对体育精神进行倡导和褒扬，促进并帮助人们升华对体育的认识。

（二）体育评论的写作要求

1. 选择角度

体育评论的角度选得是否有新意、有深意，直接决定着评论价值的大小；体育评论的角度选得是否恰当，也是其生命价值的一个重要参数。所谓恰当，第一，要求评论切入点要新，不落俗套，使评论具备应有的吸引力；第二，是切入点要准，不偏不倚，使评论具备应有的说服力。

2. 准备材料

作者在进行评论时，要做到左右逢源、得心应手，从而使评论产生应有的启迪和感染力量，在准备材料时需达到以下要求：

①必须占有较为充足的体育专业材料，使评论能够在专业知识的铺垫之上展开；

②要有较为充足的社会材料，使评论能够较好地适应当时社会背景的观众（读者）的心理需求；

③要占有一定的相关知识材料，使评论能够在较大的思维和审美空间中有效拓展其立论和说理的多维魅力。

3. 组织结构

一般说来，写作体育评论时，常用的结构形式有先叙后议式、先议后叙式、夹叙夹议式等几种。

在一般的写作过程中，这几种形式可以独立使用，而在较长的专题评论和综合评论中，也可交替使用。

（三）体育评论的写作范例

【范例】

专家称小贝去米兰只能添乱
纯粹只起卖球衣作用

马可范

网易体育（2008年）10月24日消息　为了延续自己在英格兰国家队的生涯，贝克汉姆有意在冬季转会期租借加盟AC米兰一事，经米兰副总加利亚尼证实之后，一时引起轩然大波，恐怕贝克汉姆是历史上第一个能因为一次租借同时在英格兰、意大利、西班牙和美国受到聚焦的足球明星了。不过尽管AC米兰和小贝本人都对这次租借的美好前景充满了憧憬，但并不是所有的业内人士都表示认可，英国卫报的足球专家多米尼克·费菲尔德就撰文对小贝租借米兰一事表示了不认可，他认为AC米兰根本不需要贝克汉姆，小贝去了只能给米兰添乱。

这就是小贝的作用？

费菲尔德首先设想了这样一幅场景：在未来的某场比赛中，AC米兰在对方禁区前沿获得了一个位置极好的直接任意球，当对方战战兢兢地排起人墙时，红黑军团内部却先炸开了锅。小罗感觉这个球自己要往近角罚，卡卡却想绕过人墙转远角，皮尔洛显然不同意他们的观点，强烈要求要先迷惑对方的门将，西多夫和舍甫琴科还在一旁虎视眈眈，这个时候贝克汉姆走了出来，“不好意思伙计们，这个球是我的”……很像广告是不是？但这个场景的确有可能出现。

尽管已经执教米兰7年的安切洛蒂对于贝克汉姆的到来表示了欢迎，“对我来说这是大好事，他能踢中场任意一个位置”。但事实真的是这样吗？AC米兰在经历了赛季初的低迷和磨合之后，目前正在走上正轨，米兰德比战胜了国际米兰，打出一波5连胜之后已经重回联赛夺冠行列，在联盟杯也是稳步前进。贝克汉姆如果在冬天加盟往哪里摆？卡卡和小罗的作用他肯定代替不了；如果是论中场的拦截拼抢，贝克汉姆显然不如加图索和安布罗西尼好用；若论组织，皮尔洛和西多夫之于米兰的风格都比小贝适合许多，即便是米兰今年买进的弗拉米尼恐怕都比贝克汉姆管用；温格的高徒是个真正的多面手，能够支持安切洛蒂的临时变阵。如果让一个打不上主力的球员拿着和小罗一样的高薪，皮尔洛会怎么想？

已经33岁的贝克汉姆在英格兰国家队起的最大作用已经不是冲锋陷阵，他的经验和一脚传中才是目前所长，但是看看米兰的阵容：加图索30岁，安布罗西尼31岁，西多夫32岁，埃莫森32岁，就连皮尔洛都29岁了，AC米兰一队28名球员有15人已过而立，他们难道还缺少经验……要说贝克汉姆起到的号召力和领袖作用？笑话！40岁的马尔蒂尼是干什么的？

还是从加利亚尼的谈话中透出了一点实情，“如今的足球已经不仅仅是和战术以及技术相关，这包括一个整体的运营，如赞助商，他们的目光会聚焦在贝克汉姆这样的巨星身上……”对，这才是实话，今年小罗的转会已经让AC米兰在经营上大尝甜头，贝克汉姆的到来恐怕又会让AC米兰球衣销售翻番——小贝目前身穿的23号是副队长安布罗西尼的，肯定不可能让出，至于以前的7号，帕托是AC米兰的未来希望，舍瓦的回归也没要回这个号码，这样一来，贝克汉姆就必须选一个新的号码！想想吧，万人迷在AC米兰将穿上一个新的号码，这对涌入商店准备买球衣的球迷是个多大的诱惑……

（网易体育　2008年10月24日）

七、政治评论

【范例】

新民诉法通过，公益诉讼须继续拓空间

十一届全国人大常委会第二十八次会议昨日闭幕，表决通过了全国人大常委会关于修改民事诉讼法的决定。修改后的民诉法新增“公益诉讼”条款，规定“对污染环境、侵害众多消费者合法权益等损害社会公共利益的行为，法律规定的机关和有关组织可以向人民法院提起诉讼”。

“公益诉讼”条款终被写入民事诉讼法，是值得肯定的立法进步——为公共利益而战，将结束数十年来在法律上没有名分的窘况。与此同时，本次将公益诉讼写入民诉法的过程，依然不乏妥协和遗憾。公民个体最终被排除在提起公益诉讼的主体之外，而最终获得通过的正式文本，对公益诉讼的适格主体采用了“法律规定的机关和有关组织”这一措辞。在此之前的草案中，曾出现“有关机关、社会团体”、“法律规定的机关和有关社会团体”等表述。围绕“谁能提起

公益诉讼”这一关键环节，各方在民诉法修改过程中的博弈令人印象深刻。立法过程中，“法律规定的机关”作为公益诉讼的适格主体，并不存在大的争议，核心争议点在对社会组织的定义和范畴划定。“社会团体”存在宽窄释义的差异，按照《社团登记管理条例》的狭义定义，绝大部分以“民办非企业单位”身份获得民政部门注册的民间公益组织，将被排除在外。相比而言，现在的“有关组织”较此前“社会团体”在范围上有较大扩展，为数不少民办非企业单位和基金会，得以用这种较模糊的说法有望获得公益诉讼资格。

同时亦须看到，正是目前这种仍较为模糊的定义，让提起公益诉讼的主体范围，存在诸种不确定性，民间公益组织的此种担忧并未冰释。按照全国人大常委会法工委的说法，“哪些组织适宜提起民事诉讼，可以在制订相关法律时进一步明确规定，还可以在司法实践中逐步探索”。先将各方在公益诉讼上达成的共识以法律的形式固定下来，进而在司法实践中逐步探索、完善，或不失为务实的思路。需格外注意的是，对提起公益诉讼的“有关组织”的资质，将有待制订相关法律时“进一步明确规定”。对立法过程中争论许久、难以达成共识的焦点部分，通过“有关部门商量一个办法，划个杠杠”的方法是否能圆满解决，值得推敲。而有权为此“划个杠杠”的有关部门，对民间组织提起公益诉讼，是拓空间、还是使绊子，可能会于此处产生方向性的大不同。

“公益诉讼”条款进入民诉法，需要配套法律的跟进与完善。就在民诉法写入“公益诉讼”条款的同时，此次全国人大常委会会议首次审议的环保法修正案草案，并未将“环保公益诉讼”写入草案。全国人大环资委主任委员汪光焘对此的解释是，一是“现行环保法和相关单项法律均未涉及”，二是“有关部门没有形成一致意见”。而第二个原因所占的比重，可想而知。

法案获得通过不是终点，而是法律适用的一个起点，公益诉讼的展开尚有不少难题待解。该类诉讼所涉内容为“损害社会公共利益的行为”，在很多时候可能遭遇地方经济利益与涉事企业利益的合体，地方权力或将成为阻碍公益诉讼立案、诉讼顺畅进行的因素，公益诉讼如何突围？目前尚无公益诉讼主体资格的公民个人，是否可以借助社会建设的大势实现对公益诉讼的有效参与？此前公益性诉讼案件所广泛存在的“立案难”问题，在诉讼提起主体依然不够明确的情况下，如何才能有大的改观？

民事诉讼主体资格经立法而修正，以往“直接利害关系”的诉讼要件，不再排斥“社会公共利益”这一更宽广视角下的、属于每个人的“利益攸关”。公益诉讼的立法破冰，值得肯定，更有理由期待。司法机关（乃至行政机关）戮力破除对公益诉讼的畏难、畏惧心理，竭力营造有利于民间组织为公共利益发言的司法氛围和制度环境，责无旁贷。

（《南方都市报》　2012 年 9 月 1 日）

八、军事评论

【范例】

海权问题中国如何“打硬牌”和“打巧牌”

乔　良

我国保钓人士在钓鱼岛宣示“主权在我”是一种对国家主权的庄严维护。我国海监渔政船在黄岩岛附近水域执法，也是对我国家主权的宣示和维护。今年以来，先是在南海黄岩岛，继而又在东海钓鱼岛，我国与邻国的岛礁争端此起彼伏，令国人乃至世人关注，其发生的时机和强度也颇耐人寻味。

具体来说，近期东海南海争端的烈度突然趋强，其背后不外有三方面的原因：一是中国的安全意识和海洋维权意识逐步增强。中国的资源需求越来越大，在全世界资源都紧缺的情况下，中国自然不允许他国占走自己的领土，拿走自己的资源。二是日本加紧对钓鱼岛周边海域的控制及一些东南亚国家加紧争夺南海油气资源，它们有一种紧迫感，能多拿走一桶就是一桶。三是美国的战略重心东移，使某些邻国有了跟中国对抗的底气。这三个主要因素互动，造成了当前南海东海争端愈演愈烈的局面。从某种程度上说，南海争端的实质是中美在南海问题上的间接撞车。

金融危机后，美国人手里的牌越来越少，但他总想有一张能制约你的牌。南海问题就是美国人凭空制造出来的一张牌。显然这是为了拖住中国的后腿，使中国没有更多精力去挑战他的霸权。当这张牌插进牌局后，牌面就被改变。

2012 年一开年，美国即高调宣布将战略重心转向亚太地区，经济、军事、外交、安全，多管齐下，动作频频，上演了一连串令人眼花缭乱的政治杂技：先是通过“天安号事件——延坪岛炮击——黄海军演”以及“钓鱼岛事件”，把本已有离心倾向的韩日两国重揽入怀；稳住东北亚的阵脚后，又掉头南下，以联合军演的方式激励越南、菲律宾在南中国海反复滋事；此后向缅甸政府释放“善意”，在中缅之间打进楔子；又与新加坡谈判部署沿海快速舰基地问题；与印度建立“战略伙伴”关系。

东盟国家不希望任何大国主导该地区，因此面对一个崛起的中国，它们希望把美国拉进来，以平衡中国的力量。但小国在大国之间玩平衡游戏，从来都是很危险的。越南在拉美国的同时，不想轻易跟中国撕破脸。菲律宾则天真地以为，美国会为菲律宾火中取栗。

对复杂的南海海权问题，中国应该如何面对？

中国近年来在经济和军事上力量逐渐强大了，但最重要的是：应该从思维、心态和手法上，积极跟上中国自身形势的变化，更要跟上国际形势的变化。对于如何维护国家安全与权益，从战略到策略，要有一盘棋考虑。当对手跟你打组合拳时，如果你只会还以一记左勾拳，肯定是应对不了他的。对付组合拳的办法，只能是用另一套组合拳。

本来我们很长一段时间都在“搁置争议”。现在搁置不了了，有的恶邻在家门口越来越猖狂。碰到这样的情况，一种办法是把他打趴下，把属于我的东西夺回来；另一种办法是谈判解决。一般来讲，国际争端的解决，完全不让利是不可能的。主权归我，这事没什么好争的，但可以让利给你，就是搁置争议、共同开发。这是底线。如果还要突破这个底线，那就坚持到底：共同“不”开发。

我以为韬光养晦不是忍让，而是不张扬、是低调，该做的事情还是要做，而且必须做。

现代军事对抗的手段多种多样：你可以动用军队，甚至可能擦枪走火，但要能把擦边球打得对手没脾气，这才是博弈高手——什么叫非战争军事行动？什么叫非军事战争行动？关键问题是要想清楚：在南海岛礁争端上，从军事角度来说，打下来不是问题，关键是打完了怎么办？这绝不只是如何管理和建设岛礁的问题，而是如何面对世界，特别是美国及东盟的问题。这些问题远比“打下来”要复杂得多也棘手得多。

曾经有人问我，从“超限战”的角度，解决南海问题有什么好办法。我的回答是，学习美国，想想美国在处理这类问题时都是怎么干的，想想美国对巴基斯坦边防哨所及其他国家是怎么屡屡“误炸”的？我们就应该有所了悟。我们应该亡羊补牢。“超限战”的基本原理是组合手段和错位打击。如果说，在南海问题上，“超限战”思维能有所运用的话，那就是手段的组合——打组合拳，出击的时候，要错位打击，而不迎面打击。不打仗并不等于不动用武力，不等于没有冲突，关键是要如何控制烈度。即，既要通过某些特殊行动向有关国家清晰传递中国的底线，又不至于一上来就将整个国家推向战争状态。

可以判断，如果不是真正触动了美国的重大核心利益，美国是不愿甚至也不敢在南海问题上为菲律宾等国与中国对决的。中美之间有更大的战略利益需要相互依存。所以，中美两国的利益不能被小国所绑架。反之如果中美发生冲突，结果只能是两败俱伤，之后出现的局面必将是欧盟、俄罗斯、日本甚至印度、巴西等第三方的崛起。

因此，中国不一定在所有的事情上都选择站到美国的对立面上，关键是看是否对自己有利。在对待美国因素上，中国需要最大的智慧、最高的策略、最韧的耐心。希拉里反复声称美国要使用巧实力，我们也可以巧。从历史上看，美国在崛起中最重要的经验，就是绝不让自己跟大英帝国直接对抗，而是鼓动其他国家跟它对抗，然后让自己顺利登顶。

中国是一个成长中的大国，从现代国家意义上讲，中国可以说还处于孩童时代，需要付出很多代价包括吃很多亏，才能学会怎么做现代性大国。民众觉得，我们今天已经是大国了，怎么能这么窝囊呢？因为民众也在成长中，并不太懂得当今世界政治军事的游戏规则。中国人在自己崛起的过程中不光需要充满战略智慧，还需要充满战略耐心。

（《中国青年报》　2012 年 8 月 28 日）

九、科技评论

【范例】

中国离“机器人”大国有多远

机器人世界杯赛连日来在苏州国际博览中心激战。中国参赛队伍表现不俗，显示出了“强国”水平。中科大教授、人工智能研究中心主任陈小平透露，目前中国在机器人大赛中已逐渐缩小了与日、美、德等世界强国之间的差距，参赛队伍的平均水平约居世界第四。

但面对如此骄人的成绩陈小平却没法高兴起来，他一再问记者为什么来看世界杯大赛的观众那么少，尤其是孩子？

其实这个问题的答案陈小平是知道的。他说，每次去参加比赛他并不在意选手们越来越高的水平，却非常希望看到有越来越多的观众能来参与比赛，尤其孩子。

中国可以称为机器人“强国”但却不是机器人“大国”，甚至可以说离“大国”的距离差得很远！

年幼的中国机器人产业缺少资金、缺少经验，更缺少“玩机器人的孩子”。

置身于场内，看着日本小选手们精湛的表演技术、回味着英国小选手美妙的创意、耳边响起的是新加坡小选手欢快的笑声。他们把比赛当成游戏，他们把对手当成朋友。

从十二岁开始参赛的日本选手长村腾也笑称此次来苏州参赛只是玩玩，当初接触机器人也只是凭个人兴趣爱好。他说，在日本有很多供孩子们玩的机器人教室，15 岁以下的孩子都会走进教室高玩着长大。当然如果感兴趣，孩子们自然会通过各种渠道了解与机器人相关的科普知识。

来自英国伦敦近郊的 Tithe Farm Lower School 的参赛队，此次是第二次参加 robocup 舞蹈组的比赛，参赛作品是《狮子王》。8 个小朋友穿着狮子王里的小动物衣服活蹦乱跳地在赛场上奔跑。

此情此景让在场采访的记者无法相信，他们是来参加机器人世界杯，也让大家似乎忘记了这是一次“世界级”的较量。

但在孩子们快乐的身影中却很难看到中国孩子的身影。就是有，也绝对不是来玩的快乐的孩子，他们必须得认真比赛，必须得和一群来“玩玩的孩子”一分高低，因为家长、学校需要的是比赛的结果，是好的成绩。

为之众多发达国家早已将智能机器人引进课堂、走进生活。在美国，智能机器人早已走进学生的课堂，走进孩子的家庭，它不再是只为各种竞赛做准备的训练工具，而是学生喜欢又能拓展学生的思维能力、发挥学生实践动手操作能力的科技教学用具，孩子们理想的玩具。

从这一点来说，中国目前的教育还是远远落后于这些国家。别国是普及性开展机器人活动，我国是局部性地为比赛而开展教学；别国是以必修课的形式开展教学，我国是打着科技活动的旗帜将其带入课堂；别国是将机器人作为一种玩具带进家庭，我国却是贵族家庭的象征，像孩子学钢琴一样不是爱好是因为有钱必须得学……

（中新网　2008 年 7 月 20 日）

十、文教评论

【范例】

谁会成为“异地高考”政策首批受益者

李 斌

教育要追求的两大目标，孔子在2000多年前已经提出：“有教无类”与“因材施教”。前者有关教育公平，后者重在解决教育的效率。日前，国务院转发了教育部等四部委《关于做好进城务工人员随迁子女接受义务教育后在当地参加升学考试工作的意见》（以下简称《意见》），可以理解为，这是我国政府为促进“有教无类”的实现而迈出的重要一步。

随着“进城务工人员随迁子女”在当地接受义务教育的问题得到初步解决，为他们提供在当地参加中考和高考的机会，应该是顺理成章之事，也是大势所趋。很显然，要求一名在北京或上海等地读完小学、初中的孩子回到他的户籍所在地（一个与他有千丝万缕关系但却很陌生的地方）参加高考，既有失公平，也不够人道，必然会在这些家长与孩子心中埋下对社会不满的种子。

因此，《意见》认为，进一步做好随迁子女升学考试工作，“是坚持以人为本、保障进城务工人员随迁子女受教育权利、促进教育公平的客观要求，对于保障和改善民生、加强和创新社会管理、维护社会和谐具有重要意义”。

目前，许多家长正翘首以待2012年年底的到来。因为按照《意见》的要求，各地原则上应在今年年内制定、出台随迁子女升学考试的具体政策。但遗憾的是，受高考制度、户籍制度、教育资源按户籍人口配置的管理制度以及流动人口管理制度等多种因素制约，在短期内，即将出台的那些政策恐怕还难以惠及所有进城务工人员随迁子女。

（略）

我们要警惕在试图解决某种不公平的同时，制造另一种不公。有媒体报道，上海“异地高考”政策将参考“家长贡献度”。上海市教委主任薛明扬此前也强调，“异地高考”适用人群有一个根本原则，就是随迁子女的家长必须有固定的工作岗位，“对这个城市有很大的贡献”。目前，有10类非沪籍考生可以报名参加上海高考，主要集中在精英人士子女，包括上海引进海外高层次人才子女（国家和上海市的“千人计划”）、外国侨民、经市政府合作交流办等部门认定的市外在沪工作人员子女等。

此次各地制定有关办法时，应该避免这种以职业贵贱区分贡献大小，从而将占进城务工人员主体的农民工子女排除在外的做法。同时，也应该大力防止此类政策成为某些人利用权力和金钱制造“高考移民”的“良机”。

在一定的时期内，当教育资源尚无法满足所有相关人士需求的时候，我们可以设置准入门槛，前提是公平、公正、公开，不论出身、职业、财富和地位，这样，才能将社会的怨气降至最低。

（《中国青年报》　2012 年 9 月 4 日）

十一、社论

（一）社论的含义

社论是以一个新闻媒体的身份针对某一重要现象或问题发表的意见。

社论是编辑部的论文，它反映编辑部对某个问题的观点。社论是指导性论文，它指出方向，表示报纸的方针。特别是在我们这样的社会主义国家，对多数作为党的机关报的新闻媒体来说，社论在一定程度上代表着同级党委，直接表达党委的观点意图，传达党和政府的声音。因此，它有极强的政治性、权威性、指导性。

社论主要有以下几种：

（1）时事性社论

时事性社论是针对一些重要节日、纪念日，国内外重大事件，以及国际国内的最新形势变化发表的社论。

（2）指导工作的社论

指导工作的社论是对思想政治、经济建设、文化教育等领域的业务工作和生产活动进行总结、指导和督促的社论。

（3）方针政策性社论

方针政策性社论是阐明一个政党或政府的路线、方针、政策的社论。它需要分析形势、确定原则和策略，是一个时期内的基本行动纲领。

（4）论战性社论

论战性社论是揭露和批判国内外的一些荒谬言行和异端邪说的社论。

（二）社论的写作要求

因各种类型的社论，其内容各有不同，格局也不一样。现就比较普遍使用的问题性社论为例，介绍一下其写作要求。

1. 概述提出问题的背景

在什么样的形势下提出问题，即问题的背景情况，这是解决问题的前提。

2. 主体部分

在本部分中要分析问题产生的原因、解决问题的重大现实意义及如何解决问题，讲措施、讲办法。这部分要理论联系实际，把问题论述透彻。具体问题，具体分析。最后，表示出坚定的信念和决心。

（三）社论的写作范例

【范例】

光荣属于伟大的奥林匹克

——热烈祝贺第29届夏季奥林匹克运动会闭幕

2008年北京8月24日专电　8月25日出版的人民日报将发表社论，题为：光荣属于伟大的奥林匹克——热烈祝贺第29届夏季奥林匹克运动会闭幕。全文如下：

燃烧了16天的奥运圣火，在国家体育场缓缓熄灭。放飞梦想的“鸟巢”，用不舍的温情点亮告别的夜晚，为第29届夏季奥林匹克运动会画上圆满的句号。

16天里，北京，这座有着光辉历史而又充满生机活力的城市，让我们经历了多少激情和欢乐。16天里，奥林匹克，这人类体魄与精神的大舞台，为我们呈现了多少精彩故事和传奇。

204个国家和地区，1万多名运动员，45亿观众，北京奥运会成为有史以来参赛国家和地区最多的一届奥运会，也是奥运会历史上转播规模最大的一次。体育是天神的欢愉，体育是生命的动力，奥林匹克的旗帜，前所未有地将整个世界凝聚在一起，这是北京的光荣，更是奥林匹克的光荣。

我们不愿告别，16个日日夜夜，我们尽情享受属于奥林匹克的欢乐和自豪。

博尔特百米潇洒飞越，菲尔普斯泳池狂揽八金，刘春红举重力拔山兮……奥运会上不断刷新的纪录，书写着人类超越自我、挑战极限的梦想。这里有力与美的展示，更有精神和意志的壮歌——它来自南非游泳独腿健儿的抗争，来自50岁的栾菊杰挺剑而起的勇气，来自印度、蒙古等国激荡人心的“零的突破”。“更快、更高、更强”，无数运动员的精彩表现，将体育精神带到一个新的高度，这是北京的光荣，更是奥林匹克的光荣。

我们不愿告别，16个日日夜夜，我们奏响团结、和平、友谊的北京乐章。

不同国家、不同民族、不同文化，五环旗下的伟大聚首，让我们看到人类携手未来的热切向往。当那些从索马里崎岖的砍柴小道上，从阿富汗、伊拉克战后动荡中跑来的健儿，共同站在了北京奥运会的赛场，当各国和地区选手簇拥着冠军绕场向观众致谢，当热情的观众为所有选手欢呼加油，人们再次看到奥林匹克精神超越一切的力量。“同一个世界，同一个梦想”，北京奥运会展现了世界人民团结友谊的和谐图景，这是北京的光荣，更是奥林匹克的光荣。

我们不愿告别，16个日日夜夜，百年梦圆的中国与世界美好相遇。

带着举办一届“有特色、高水平”奥运会的庄严承诺，13亿人民以最大的努力和最大的热情，为人类搭建一座欢乐的舞台，也为中国打开一扇理解之门。中国从未以这样的角色走进世界的视野。竞赛场上，中国健儿以51枚金牌100枚奖牌的优异成绩和崭新风貌令世界瞩目；赛场内外，百万志愿者以他们的亲切微笑和周到服务令世人称颂。奥运的契机，让我们在30年改革开放之后，从容不迫地呈现一个更加开放自信的中国。绿色奥运、科技奥运、人文奥运，北京奥运会必将在中国现代化进程中产生深远的影响，这是北京的光荣，更是奥林匹克的光荣。

赛场的奋斗只是人类奋斗的一个缩影。正如《奥林匹克宪章》所言：“现代奥林匹克主义是一种生活哲学”。在这里，不仅有成绩、奖牌、冠军，也有汗水、泪水、艰辛；不仅有坚韧、顽强、奋斗，还有和平、自由、公正；不仅有对抗、竞争和拼搏，更有理解、宽容和超越。在这个挑战日益严峻的世界，在我们这颗越来越小的星球，人类从未像今天这样需要相互理解、相互包容、相互合作，也从未像今天这样渴望分享奥林匹克的价值和精神，搭建团结友谊的桥梁。

请世界记住北京，记住这奥林匹克大家庭和谐相处的欢乐时光；也让北京感谢世界，感谢世界人民的共同努力，谱写了人类和平进步的美好篇章。

沸腾的“鸟巢”渐渐平静，心中的梦想仍在飞翔。今天，我们并未告别，带着激情、回忆和热望，让我们相约伦敦，期待4年以后的又一次欢聚，期待奥林匹克的新的荣光。

（《人民日报》 2008年8月24日）

十二、评论员文章

（一）评论员文章的含义

评论员文章是介于社论和短评之间的一种新闻言论形式。

评论员文章又可分为本报评论员文章、特约评论员文章、观察家评论等形式。

（二）评论员文章的写作范例

【范例】

关键的抉择 伟大的历程

——纪念改革开放30周年

2008年9月26日新华社特约评论员电 当代中国人最熟悉的词汇是改革开放，当代中国发展最强大的动力是改革开放。以30年前召开的党的十一届三中全会为标志，中国改革开放大潮波澜壮阔，势不可当。回顾30年来改革开放的伟大历程，总结改革开放的宝贵经验，对于我们继续解放思想，坚持改革开放，推动科学发展，促进社会和谐，进一步开创中国特色社会主义伟大事业的新局面，意义重大而又深远。

改革开放，是决定中国命运的关键抉择。30年前，邓小平同志以巨大的政治勇气和理论勇气振聋发聩地疾呼："不改革就没有出路""再不实行改革，我们的现代化事业和社会主义事业就会被葬送"。党的第二代中央领导集体作出了把党和国家工作重心转移到经济建设上来、实行改革开放的历史性决策，吹响了走自己的路、建设有中国特色社会主义的时代号角。此后30年间，改革开放的大潮冲破重重阻力、战胜各种困难，以不可阻挡之势奔腾向前。

实行改革开放，是国家的需要、时代的呼唤、人民的意愿；坚持不懈地推进改革开放，体现了党中央高瞻远瞩、矢志不渝地为民族求解放、为人民谋幸福的坚强意志；30年改革开放的伟大成果，是全中国人民在党的领导下自强不息，开拓奋进，大踏步赶上时代前进潮流的生动写照。

改革开放，是中国的第二次伟大革命。这场革命的目的是要解放和发展生产力，以人民富裕为基础，实现国家强盛、民族复兴；是要推动我国社会主义制度自我完善和发展，赋予社会主义新的生机活力，开辟中国特色社会主义道路；是要在引领当代中国发展进步中加强和改善党的领导，保持和发展党的先进性，确保党始终走在时代前列。

改革开放的伟大实践，带来了我国政治、经济、文化、教育、科技、社会、生活等各个领域的深刻变革，带来了人们精神面貌、价值观念、生活方式的重大变化，引起了社会各方面利益关系的调整。这场革命是社会主义制度的自我完善，是在党的领导下有秩序、有步骤地推进社会主义的自我发展。坚持和推进这场新的革命，成为我们党领导全国人民在30年新时期中最伟大的实践。

改革开放，是人类发展史上的一曲壮歌。30年的洗礼，30年的进步，让这个世界上最大的发展中国家面貌发生了巨大变化，生产力极大提高，综合国力不断增强，经济总量跃居世界前列，科技、教育、文化等领域取得巨大进步；中国人民的面貌发生了巨大变化，生活水平总体上达到小康，生活质量明显改善，精神面貌充满活力；中国共产党的面貌发生了巨大变化，党的建设新的伟大工程不断推进，党的先进性继续保持，执政能力不断提高，凝聚力、战斗力、创造力进一步加强；社会主义的面貌发生了巨大变化，在实践探索与理论创新的相互促进中，走出了一条有中国特色的社会主义道路，形成了中国特色社会主义理论体系；世界战略格局发生了巨大变化，中国与世界的联系日益紧密，中国的国际地位明显提高，中国在世界上发挥着越来越大的影响和作用。改革开放带来中国社会的这些巨变，无论在中国历史上，还是在世界历史上，都是少有的，也是举世公认的。

实践是检验真理的唯一标准。抚今追昔，见证了30年改革开放的每一个中国人，都会由衷地感受到祖国的发展进步，都会发自内心地赞叹改革开放的神奇伟力。30年的实践充分证明，改革开放是决定当代中国命运的关键抉择，是发展有中国特色社会主义、实现中华民族伟大复兴的必由之路；只有社会主义才能救中国，只有改革开放才能发展中国、发展社会主义、发展马克思主义。30年的实践充分证明，改革开放符合党心民心、顺应时代潮流，方向和道路是完全正确的，成效和功绩不容否定，停顿和倒退没有出路。

实践永无止境，历史昭示未来。站在新的历史起点上，身处风云变幻的世界中，中国的发展不会一帆风顺，改革开放作为一场新的伟大革命也不可能一蹴而就。在中国特色社会主义伟大旗帜指引下，中国人民有信心、有决心不为任何风险所惧，不被任何干扰所惑，继续解放思想，坚持改革开放，推动科学发展，促进社会和谐，把祖国建设得更加美好，为世界发展和人类进步作出新贡献。这，就是我们回顾改革开放30年得出的必然结论。

十三、编者按

（一）编者按的含义

编者按是编者对自己编发的新闻稿件所加的评论性按语。它可以针对新闻稿件中的事实和观点表明编者的意见和态度，可以对稿件的中心思想和现实意义进行强调，可以提供有关新闻背景，帮助读者理解新闻稿件的内容。

现代的编者按体现了一种文体的自觉性，是编者在编发重要稿件时，用以引导读者阅读的重要方式。

编者按主要有说明性按语和评论性按语两种。

1. 说明性按语

说明性按语主要用来提供帮助读者理解的相关材料，如新闻事件发生的背景，作者的有关情况，采写的过程，以及刊登或转载的目的等。这些材料一方面可以引起读者的阅读兴趣，一方面可以为读者理解新闻内容提供一定的背景依据。

2. 评论性按语

评论性按语的职能是：指出新闻报道的中心思想和现实意义，使读者能够准确理解文意；或借以传达有关的新精神、新政策；或肯定先进、批评错误、辨明是非、提出建议等。

（二）编者按的写作技巧

1. 编者按的写作形式

编者按的形式分文前按语、文中按语和编后按语。

（1）文前按语

文前按语一般没有标题，而且特别短小。它出现在新闻稿件的标题之下，正文之前，所以通常又被称为“题下按语”。

（2）文中按语

文中按语穿插在正文之中，这样的按语十分简短，用括号与正文区别开来。由于这种形式的按语容易阻断原文的脉络，造成一定的结构紊乱，所以使用时一定要慎之又慎，不当用时万不可用。

（3）编后按语

编后按语又称编辑人语、编者附记、编辑后记、编后小议、编余等，在各种媒体上都很常用。它依附在新闻稿件的后面，有感而发，针对性强，言简意赅，引人入胜。

2. 编者按的写作要求

①以文章为由头，借题发挥，表明编者对问题的看法和态度。按语要比文章看得深、想得远，给读者以启发。

②开门见山，抓住要点。在批评一种倾向时，要注意分寸。

③要有感情、有气势，别开生面，不落俗套。

（三）编者按的写作范例

【范例】

编者按　生态建设是西部大开发的重要内容。中国工程院组织专家经过两年多的考察、研究，完成了《西北地区水资源配置、生态环境建设和可持续发展战略研究》报告。这个报告提出了必须确立人与自然和谐共存的发展方针，必须以水资源的可持续利用来支持经济与社会的可持续发展等思路，以及10项战略对策，对西北地区经济社会可持续发展具有重要的指导意义。本报从今天起刊登对课题组部分成员的专访，介绍报告中的一些重要观点和对策。

（《人民日报》　2003年2月26日）

十四、短评

（一）短评的含义

短评是一种篇幅短小、内容集中、简明扼要、运用灵活的新闻言论。与社论、评论员文章相比，它的题材没有那么重大，因此庄严、凝重的色彩少一些，轻便活泼的特点较突出。

短评具有以下特点：

①短评要想写得短，必须遵循一事一议、一理一评的原则，针对一个问题、一个事件或一种现象，把道理讲深讲透。

②短评的内容不能是老生常谈，要有新意，要有独到见解。新鲜和深刻其实是不可分离的，有了别人所未见的深刻认识，才能给读者以新鲜感。

③短评形式多样，笔法灵活，常常三言两语，语言机警。

（二）短评的写作技巧

1. 短评的写作格式

短评的写作分标题和正文两部分。

（1）标题

大部分短评的标题，就是短评的中心论点。

（2）正文

短评的正文包括提出问题的部分、分析问题的部分和解决问题的部分。

2. 短评的写作要求

（1）形式多样，语言活泼

短评要尽量写得通俗、生动、活泼，以获得更多读者的共鸣。要做到这些，首先要注意文本体式的多样化。可以写成论文式的，也可以采用读后感、家常话、小品文、随笔的形式。另外，语言要有些幽默和机警，要有些独特的风格和文采。

（2）大中取小，小中见大

在短评写作的选题和论证中，首先要引起注意的是“大”与“小”的关系的处理。在选题时，应该“大”中取“小”。这里的“大”是指纷纭复杂的现实社会，犹如无边海水，浩瀚无涯。短评不可能展开笔墨去评论这个大千世界，而只能从中选取一事、一人、一景、一物来评议，这就是“大”中取“小”。但评论针对的事件虽小，却不能仅仅就事论事，也要借小事件阐发出有广泛意义和深刻价值的思想见解，最好能有“放之四海而皆准”的普遍意义，这就是“小”中见“大”。

（3）深入剖析，准确概括

短评是一事一议的写法，笔墨往往集中一点，既然瞄准了这一点，就应该挖出一眼深井来，也就是说，短评要有深入的剖析。除了剖析，短评还要有准确精当的概括，使全文的中心突出，焦点清晰。

（三）短评的写作范例

【范例】

推进城市社区建设的重大举措

“法律进社区”活动从今年起在全国范围内全面推开。这是推进我国城市社区建设的一个重大步骤，值得庆贺。

近年来，城市社区建设不断向纵深发展，全国一大批城市社区的面貌得到明显改观，对此人民群众给予了高度的评价。这当中，社区居民自治组织建设发挥了不可替代的作用。实践表明，只有在广大社区进一步开展“法律进社区”活动，让更多的居民学法知法，并自觉地运用法律来维护自身的合法权益，依法治理社区和提高社区管理水平才成为可能。或者说，只有具备一定的法律意识，广大居民才会积极地参与创造自己的幸福生活，进而维护社会的全面稳定。

因此，各地在开展“法律进社区”活动时，就要注重实效，紧紧地围绕“提高居民法律素质，推进社区依法治理”这一主题，继续推进“四个一”的落实。一方面，要根据社区居民的特点，开展丰富多彩的法制宣传活动，并持之以恒，不搞花架子，不在形式主义上费功夫，努力使社区居民的法律素质得到明显提高。另一方面，还要通过开展社区依法治理活动，使社区建设、社区管理服务工作的各项规章制度得到初步健全和完善，以进一步增强社区工作者依法办事、依法管理的能力和水平，提高社区自治组织自我管理、自我教育、自我服务的能力，并及时化解社区各种矛盾纠纷，预防和制止违法犯罪，保持社会的稳定。

此外，各地在全面开展“法律进社区”活动时，还要充分发挥各个职能部门的作用，从实际出发，因地制宜，精心组织，加强指导，讲求实效。总之，只要我们真正地把法律送进社区，诚心诚意地为社区群众服务，“法律进社区”活动就一定会具有强大的生命力。

（《法制日报》 2003 年 3 月 31 日）

十五、杂文

（一）杂文的含义

杂文既是文学作品，又是社会论文，还是报刊上常用的新闻言论体裁之一，人们通常称杂文为三栖文体。

杂文具有以下几个特点：

（1）现实性和战斗性

杂文虽然也有歌颂性，但多数是站在批判的立场上立论的。它敏锐地对现实生活中种种腐败、愚昧、落后现象作出反应，进行嘲讽和抨击。

（2）讽刺性和幽默感

杂文的语言富于幽默感，常采用反语、夸张、调侃的手法，进行机智灵巧的辛辣讽刺，在嬉笑怒骂之中实现其质疑和批判的功能。

（3）手法灵活

杂文在形式上变化比其他新闻言论体裁都要丰富。杂文既可以采用短论的形式，也可以采用书信、序跋、对话、剧本等多种多样的形式。从手法上说，比喻、对比、象征、想象等文学手法，都可适当运用。

（二）杂文的写作技巧

1. 虚实相生，叙议结合

写杂文，首先要处理好虚实结合的问题。“实”，指的是作为杂文写作由头的新闻事件或其他的种种社会现实；“虚”，指的是由事实生发出来的思想认识、理论观点。而杂文的“虚”处，常是作者深入思考后的思想精华所在，与“实”处相比，有事实与理念、现象与哲理的区别。一般来说，“实”处用“叙”，“虚”处是“议”。这就是我们说的写杂文要虚实相生，叙议结合。

2. 多用曲笔，讽刺辛辣

杂文较多地使用反语、暗喻等言此意彼的手法，目的是利用归谬、反讽造成错位，从而形成巨大的张力，给读者以深刻震撼，给时弊以强烈的嘲讽。

（三）杂文的写作范例

【范例】

“江西第一贪”疯狂敛财9年令人咋舌

江西省政府原副秘书长吴志明巨额受贿案21日在江西省九江市中级人民法院开庭审理。据检察机关指控，吴志明利用职务便利，为他人谋取利益，累计收受他人财物折合人民币共计4748万余元。(9月22日新华网)

宋代的陈襄在《州县提纲》中说过这样一段话：“盖思人生贫富，固有定分，越分过取，此有所得，彼必有亏。况明有三尺，一陷贪墨，终身不可洗濯。故可饥、可寒、可杀、可戮，唯独不可一毫妄取。”意思是：人一生中的贫富，本来有定数，如果过多地索取，就会有所得必有所失。况且有法律在，一旦陷入贪污受贿之中，终身都洗不干净。因此，可以挨饿，可以受寒，可以被杀，可以被斩，唯独不可以非法索取分毫。

遗憾的是，吴志明恐怕始终没有读懂、或者根本没想读懂其中的“真经”，有了今天的结局是必然的。正所谓“滴水常击水滴石穿，小欲常纵欲溢自毙”。

然而，令人咋舌的是，广厦千间，躺下只有七尺；黄金万两，一日三餐足矣。可经查，2002年至2011年，吴志明在先后担任南昌市西湖区区长、南昌市青山湖区区委书记、南昌市政府市长助理、南昌市委政法委书记和江西省政府副秘书长等职务期间，先后41次收受他人贿赂，并在工程项目、人事调动、干部提拔等方面为他人谋取利益，折合人民币共计4748万余元，成为是新中国成立以来江西查处的个人受贿金额最高、单笔受贿金额最大的一起官员腐败案。也就是说，吴志明已经拿到了“江西第一贪”的头牌，真是“不说不知道，一说吓一跳”。

我们应该承认，吴志明也是凡身肉体，有父母妻女，不可能无欲无求，有一定的欲望，并不为过，满足正常的欲望，也是人类文明的表现。但问题是，欲望是很容易变为贪婪，所谓欲壑难填，人一旦陷入金钱、权利、美色追逐的旋涡，就很难自拔。曾收受索要巨额贿赂高达4700多万元的原河北省外贸厅副厅长兼省机电产品进出口办公室主任李友灿，就是被“钱欲”毁掉的典型。有人给他算了一笔账，从2001年8月至2003年4月在任该职务期间，李友灿平均每月敛财235万元，日均近8万元。疯狂敛财，一甚于此，真是欲壑难填。然而有道是“人不可能把金钱带入坟墓，但金钱却可以把人带入坟墓”，李也终于“人为财死”，被判处死刑。

现如今，作为“江西第一贪”，吴志明的贪婪程度与李友灿相比，也是有过之而无不及，等待他的也绝不会有什么好果子吃。

所以，掩案沉思，笔者认为，就此案而言，有两点值得我们反思。其一，从吴志明的堕落轨迹看，其“潜伏”能力特别强，因而也成了“过腐过升”的典型，但其中的原由有关部门应该细细反思、查找；其二，9 年时间，吴志明疯狂敛财 4748 万余元，不可能没有一点蛛丝马迹，那么，我们的监督在哪里？假如我们监督的眼睛无处不在，监督的眼睛无处不有，或许吴志明也走不到今天，更会减少许多不必要的损失。

（新华网　2012 年 9 月 23 日）

十六、专栏言论

（一）专栏言论的含义

专栏言论是报纸上专门刊载某类议论文章的常设园地，并标注特定的栏目名称，是刊登在专栏内的评论文章。专栏言论是作者署名的，是一家之言。

（二）专栏言论的写作格式

专栏言论一般在千字以内、三五百字最多。但内容广泛，可谈天下大事，也可讲个人见闻中的心得体会；其行文风格，结构布局也无所拘泥，自如活泼。

（三）专栏言论的写作范例

【范例】

石首事件官员复出为何备受关注

李　舆

近日有媒体报道，石首两名被问责干部不到一年复出，享受与原级别同等待遇。7 月 12 日，湖北荆州市委组织部新闻发言人回应称，媒体的相关报道失实。

大家对被问责官员复出一事关注有加，表明在现今时代，尤其是网络监督越发显现威力的当下，公众对热点事件包括群体性事件的关注已经不再是事发时的一个点，而是横向纵向都有延伸。

随着时间纵向推移，类似石首事件这样的热点事件，并不会因“时过境迁”而“事过境迁”，事件的善后处理，当地政府能否真正吸取教训，成为公众关心的焦点。

公众监督的横向延伸，则在于公众对问题官员问责的关切。问责制的存在，不是封死官员的复出道路，而是有着明确规定。根据中共中央办公厅、国务院办公厅2009年7月印发的《关于实行党政领导干部问责的暂行规定》第十条，引咎辞职、责令辞职、免职的党政领导干部，一年内不得重新担任与其原任职务相当的领导职务。此次事件中，公众情绪大多源于媒体报道中提到的几个关键信息：“不到一年”“复出”“同等级别待遇”，因为若真如此，制度尊严何存、程序正义何在？

去年就有论者指出，石首事件，是考验在突发敏感事件面前官员的执政智慧，以及应对危机事件能力，考验地方政府如何避免缺语、失语、妄语。今天，反观这场因被问责干部复出引发的舆论风波，会发现在处理热点事件后续工作时，公众期待政府本着以对人民负责的态度，坚持问责制的刚性原则。前者是立党为公、执政为民的要求，后者则是法治社会、遵章守纪的表现。

应当说，此次荆州市委组织部的回应，可谓及时。热点问题上，公众的知情权、监督权如何保障，直接关系到政府公信。而对媒体而言，应为政府为公众打造更迅捷便利的信息沟通平台。应擦亮眼睛、竖起耳朵，发挥舆论监督的利器之效。任何失实的报道，对媒体自身公信是伤害，对政府和公众也有影响。毕竟，大家期待的是政府、媒体、公众间的良性互动，共同为信息透明、程序正义、刚性问责、阳光监督保驾护航。

（人民网　2010年7月15日）

第四章　新闻特写的写作

第一节　新闻特写概论

一、新闻特写的概念

新闻特写是区别于消息与通讯的一种体裁。它摄取新闻事实中最富有特征和表现力的片断，通过多种表现手法做具有强烈视觉及情感效果的着力刻画，使其产生立体感，从而更集中、突出地表现新闻事实和主题。

新闻特写与新闻通讯相比较，内容容量要相对的小些，体式亦单纯、简省些。新闻通讯写人可以纵横伸展笔墨，要有一定的完整性，写事则写出事件发生与发展的过程。而新闻特写写人往往只取其生活瞬间的片断，不求完整全面；写事也只截取某些横断面，不要求事件在时间和空间的延续上反映事件的全貌。

二、新闻特写的分类

（一）人物特写

人物特写以写人为中心，一般写在当代（并且是新近）生活舞台活跃而有一定影响的"新闻人物"，主要是能对生活起推动作用的正面人物。不是写人物全部的生活史，也不是写人物现实表现的各个方面，而是只写新近引人注目的生活镜头、生活片断。

（二）事件特写

事件特写重在写事，写具有新闻价值的典型新事，如通过正面的典型新事表现出崇高精神、良好风气。事件特写又包括场面特写和专题特写。

第二节　新闻特写的写作指导

一、题材的选取

好的题材可以从以下几个方面去选取：

①奇怪的事、反常现象、巧合、特殊人物，等等。

②众人熟悉的人物、场所、事情，里程碑性的历史事件、纪念日。

③突然变富的暴发户、英勇抢险行为或震撼人心的险情、受迫害人等。

二、写作的运笔技巧

（一）安排趣味点

新闻特写中，总要有一到数个趣味点。趣味点就是文章中新异精彩、生动有趣、能够激发读者阅读兴趣的地方。这是特写区别于其他新闻体裁的特异之处。没有趣味点的特写是乏味的。趣味点可以是显示人物独特个性的细节，可以是事件的某个关键之处或出人意料的转折之处，可以是某种动物、植物或其他事物的特异点，可以是某种反常现象等。

短小的特写，可以只有一个趣味点，但一定要安排在合适的位置上。不能出现太早，那样后文难以吸引人继续阅读；也不可太晚，让读者已经失去耐心还没出现。至于在什么地方出现才是合适的，那要因事而定、因文而定。对于较长的通讯，不能只有一个趣味点，而要有较多的趣味点相互呼应。这若干个趣味点中有一个是中心趣味点，其他的趣味点分布在它的前后。

（二）工笔、白描

工笔就是细描，是浓墨重彩、精雕细刻的写法。特写在刻画人物、描绘景物的时候，不妨适当采用。不过，在特写中使用最多的，还应该是白描。白描是简笔勾勒、遗貌取神的一种描写方法，文字比较简练朴素，但能够传达描写对象特有的神韵。特写毕竟还是新闻，不是小说，所以白描应该比工笔更受重视。

（三）制造气氛和情调

在新闻特写中，作者还要常常运用铺垫、烘托、渲染等方法，制造特定的气氛和情调，在此基础上再描绘相应的人、事、景、物。

第三节　新闻特写的写作范例

一、人物特写

（一）人物特写的含义

人物特写，即以人物为中心，但既不是人物消息，也不是人物通讯，而有些类似于文学作品中的人物素描。

（二）人物特写的写作范例

【范例】

残奥英雄凯歌还

2008年9月20日13时，北京残奥会主火炬手侯斌和参加北京残奥会的厦门籍选手叶超群、陈鸿杰载誉归来。在本届残奥会上，厦门仅有的两名参赛选手合力拿下了一金一银一铜的优异成绩，延续了厦门在最近四届残奥会上都有金牌入账的优异表现。

中午1点10分，侯斌、叶超群和陈鸿杰三人刚刚出现在厦门机场贵宾厅，就被前来迎接的社会各界人士和媒体记者围了个水泄不通。鲜花、掌声、频频闪动的闪光灯，18岁的陈鸿杰显得有些腼腆。陈鸿杰15岁才开始接受规范性训练，仅仅3年时间，还缺乏任何世界大赛经验的他就一鸣惊人，拿下了北京残奥会男子跳高的铜牌。而且他1米95的成绩，也接近了他个人的最好成绩。

北京残奥会男子跳高铜牌获得者陈鸿杰说："对我今后发展肯定很有帮助。各方面对我的关心和照顾真的很大，今天能取得这样的成绩，真的很谢谢他们。"

恰逢本命之年的叶超群在赢得北京残奥会金牌前，已经拿到了无数荣誉。面对镜头，帅气的他显得很淡定。叶超群说，下一步只想休整之后，早点回学校读书。

北京残奥会乒乓球团体冠军、男单亚军叶超群说:“挺兴奋的,我很急切地回来这里,我已经一年没有回来了。这次回来以后,忙一阵子完了以后就得上学了,我在福(建)师大上学。今年好像没比赛了,可以好好休息一下。”

潘世建副市长给了两位夺得奖牌的选手一人一个有力的拥抱。他说,我们的小伙子都是好样的。同时他还提醒我们,今天是北京残奥会主火炬手侯斌的结婚周年纪念日。

北京残奥会主火炬手侯斌:“在今天这样一个难忘的日子,我和所有的运动员能够回到我们家乡,回到我们热爱生活的地方。在一周年以前,我和我太太是在厦门举行了婚礼,潘世建副市长参加了我们的婚礼,这个日子非常难忘。今天非常高兴,有这么多人来接,这么多运动员回家乡,非常感谢市委市政府对我们残疾人事业的关心关怀,我也希望有更好的工作去做,能把残疾人事业做得更好。”

侯斌说,在传递火炬的当天,他就接到了何立峰书记的电话问候,感受到了厦门人民以及市委市政府对残疾人事业的关心。担任本届残奥会形象大使的侯斌说,近一段时间他已经接受了200多家媒体的采访,他最高兴的就是通过采访,把残疾人的形象、厦门的形象又做了一次推广和宣传。

(厦门广播电视集团　2008年9月20日)

二、场面特写

(一)场面特写的含义

所谓场面特写,即新闻事件中精彩场面的再现。

(二)场面特写的写作范例

【范例】

第二十九届奥运会开幕　全球共享“北京时间”

北京8月8日电　两千零八名演员在变幻莫测的光影组合中击缶而歌,中国人以既古老又现代的方式向世界致敬。第二十九届夏季奥运会,就在北京——这样一个“充满魔力”的夜晚开始了。由四万一千八百七十五吨钢架编织而成的

“鸟巢”，笼罩在中国式智慧的神秘之中。中国著名导演张艺谋担负着把中华五千年文明史浓缩在一个夜晚的重担。

世界正在倾听这个动人的中国故事。故事的开头足以震撼世人：随着不同组合的或明或暗和排兵布阵般的莫测变换，两千零八名身着古装的演员用中国古老的乐器——缶，魔术般地敲击出奇光异彩，神奇般地出现倒计时数目……

此刻，开幕式“鸟巢”焰火燃放实施团队总指挥赵伟平已在“鸟巢”顶部待了十几个小时，他将随时准备对一万六千枚焰火发出准确的指令。在随后的三个多小时内，作为火药发明地，中国将以一场史无前例的烟花表演点燃全世界四十亿观众的激情。

在“鸟巢”的贵宾席上，布什、普京、萨科齐等近百位外国政府首脑、国家元首和皇室成员正在分享这美妙的北京之夜，这是奥运史上规模最大、层次最高的阵容。本届奥运会的特殊在于，这是联合国五个常任理事国中最后一个举办奥运会，也是社会主义国家中首次完整举办的奥运会。

作为百名海外华人代表之一，南开大学老校友林恒正见证着这一盛典。一九零八年，他的校友、南开大学创始人张伯苓曾发出著名的“奥运三问”：中国何时参加奥运、何时夺金、何时举办奥运会。回答前两问，历经七十六载。今晚，第三问也有了答案，历时整整一百年。

从浙江开化县骑行十二天来到北京的鲁民成为九万一千名现场观众中的一员，他有着比其他观众更为骄傲的理由：十三岁的儿子鲁致远在首都机场守候八天后获得了包括网坛巨星纳达尔在内的三百多名全球明星的签名。鲁民说：“是奥运成就了普通人的梦想。”

白领丽人于兰坐在“鸟巢”A 区三层二十五排二座的红色椅子上，屏息观望。一九七八年出生的于兰，恰好与中国改革开放同岁。她说：“这是我们国家改革开放后接受的一次‘成年礼’，我为我们的国家感到骄傲。”

此时，开幕式仍在继续，而主火炬点火方式仍是悬念，三个多小时后，经历一百三十多个城市传递的奥运火炬将传至“鸟巢”并揭开谜底。

长长的“中国画卷”正在开幕式上徐徐展开，中国人仍在对其历史和现状进行极具象征意义和想象力的展示。

此刻，全球共享“北京时间”。

（中新社　2008 年 8 月 8 日）

三、专题特写

（一）专题特写的含义

所谓专题特写，就是写一个问题或一种社会现象。

（二）专题特写的写作范例

【范例】

“神七”升空　香江欢腾

新华社香港（2008 年）9 月 25 日电　“……5、4、3、2、1！”25 日晚，伴随着神舟七号发射升空的电视直播，正在此间参加香港九龙西区各界庆祝国庆 59 周年联欢晚会的数百位香港市民，聚集到电视屏幕前，齐声高喊着为飞船升空倒计时。

在飞船腾空而起的那一刻，全场欢声雷动，掌声、欢呼声、笑声，交织成一曲欢乐的乐章。

“这是中国在太空领域迈出的重大一步，是一个新的突破。”九龙西区各界庆祝国庆筹委会常务副主任委员邓佑才在接受记者采访时，语调无比激动。他笑着说，这个夜晚，香港同胞乃至全球华人都十分开心、十分荣幸。“在‘神七’升空之际，我们恰好举办庆祝国庆的晚会，这更加令人满怀喜悦、满怀豪情。”

邓佑才说，香港市民一直关注国家航天事业的发展，神舟五号、六号的成功让大家都非常开心。航天员是香港市民心目中的英雄，希望“神七”的航天员在成功返回后也能来香港访问，一定能和神舟五号、六号的航天员一样，受到香港市民的热烈欢迎。

香港特区行政长官曾荫权 25 日晚代表香港特区政府和全港市民，祝贺神舟七号成功发射。

今晚，神舟七号发射成为香港市民关注的焦点。在香港有电视大屏幕的街道上，来往行人纷纷驻足，仰头观看“神七”升空的历史性时刻。看到“神七”顺利发射飞向灿烂星空，香港的街道上一片欢腾，素不相识的人们相视而笑，用掌声或挥舞的手臂来表达自己的喜悦。

“我天天都看报纸，了解神舟七号的情况。”市民钟小姐说，一直坚信飞船一定能发射成功，“我对国家的航天科技有信心”。

香港社会福利服务机构庆祝国庆59周年筹备委员会主席陈圣光对记者说，这次“神七”升空，中国的航天员将进行第一次太空漫步，非常有意义，香港市民都很高兴。在电视上看到航天员说“无限风光在险峰”，令人非常感动，这对香港青年人很有教育意义。

“希望‘神七’航天员完成任务后来香港访问，给香港青年人以更大的鼓励。”陈圣光说，香港同胞十分关注国家航天科技的发展，“国家进步、国家好，香港也好”。

港人不仅关注而且一直大力支持国家航天科技的发展。原全国人大常委会委员、香港金利来集团主席曾宪梓曾于2004年捐资1亿港元设立曾宪梓载人航天基金会，旨在奖励为载人航天事业作出重要贡献的优秀科技工作者，以吸引更多有志之士投身中国载人航天事业。

今天在接受记者采访时，曾宪梓动情地说：“‘神七’的顺利升空，说明我们中国人有智慧、有本事！这极大地振奋了我们中华民族的信心。”

他表示，“神七”升空显示了国家的经济实力，因为航天航空事业没有经济基础是不行的。中国航天技术发展很快，从“神五”到“神七”，不过几年时间，这次可以太空漫步了。

曾宪梓表示，载人航天基金已经颁奖两届，今年11月又将颁发1500万元人民币的奖金，奖励为航天事业作出贡献的人，包括航天员、工程师和科学家。

第五章　专访的写作

第一节　专访概论

一、专访的含义

专访，具有通讯和谈话录消息的某些共同性，一定意义上说，它是用通讯体裁写的谈话录，或者是以记录专一访谈为基本内容的通讯。从表达手法看，它应归入新闻三大类体裁消息、通讯和新闻评论中的通讯类。

二、专访的特点

专访跟通讯有相近的地方，都讲究详尽和丰富，都运用多种表达方式以求文章的生动性和可读性。但是，专访与通讯也有一些不同，主要表现在：

（一）记言为主

通讯是写人、述事、写景、状物为主，而专访以记言为主。记言为主是专访的特点，主要是采访者和采访对象之间的对话，其中以采访对象的话语为中心。在专访中，记者除了提出问题、作些适当的插话之外，基本放弃了话语权力，即便是转述，也不得违背采访对象的原意。

（二）专题性

这是专访在选材上不同于一般通讯的地方。“专”就是记者根据目前形势和受众的期待，事先就一个比较热门的问题，针对一个专门的意图和目的，而进行采访和写作的一种特征体现。

（三）访谈性

专访从形式上看，是采访者和采访对象之间的双声对话，具有一定的“口述实录”性质。话题围绕着一个中心，在问答的过程中次第展开。这种谈话是双向互动的，不像新闻发言人答记者问那样死板。在交互的问答中，话题不仅始终在双方的兴趣范围之内，而且双方有着较多的相互讨论和情感交流。

第二节　专访的写作指导

一、专访的结构形式

专访的结构形式可分为问答交谈式、人物自述式和散文式三类。

（一）问答交谈式

问答交谈式是以“问”和“答”为记言的主要方式。专访中的“问”与“答”，常伴有对话，即记者并不是纯粹地“问”，有时也表达出思想、观点，和被访者形成对话，这种对话可能是双方认知的共鸣、互补，也可能是观点的交锋，然后在共鸣或交锋中产生思想的火花。无论是共鸣还是交锋，都使专访的“问”与“答”显现出交流、交谈的色彩。

（二）人物自述式

人物自述式专访，是指由人物以自述的方式谈人物自己的思想、情感、业绩。谈话录中的人物直接叙述，一般是针对记者的提问，回答问题，陈述观点。这里的人物自述，主要是述人物自身。一般在人物自述之前，由记者交代背景，介绍人物。

人物自述式专访比一般人物专访的取材面宽，具有人物通讯的取材幅度，但表达手法没有人物通讯那么多样，这可以说是体裁演变发展的新尝试。

（三）散文式

散文手法，和谈话录消息的记言叙述式写法，看似相仿，实则不同。记言叙述式是用记者的话语串联被访者的谈话，基本是记言。散文式则是将记言、叙事、写景、描绘人物音容笑貌融为一体，有时还可以融入记者的议论和抒情，有较浓的文学色彩。

二、专访的写作要点

（一）记言准确传神

专访和谈话录消息一样，记言是其最重要的特色。因此也和谈话录消息一样，要求记言必须准确而传神。不仅要准确记录谈话的寓意，还要准确体现被访者的性格、身份。要抓住被访者个性化的语言与风格，再现于作品。对于被访者的话，可以直接引用，也可以转述即间接引用。直接引用更具现场谈话氛围，间接引用便于概括集中。

（二）再现场景

这里的场景，是指访问现场。再现场景于作品，一是给受众以身临其境的感觉，增强作品的表现力；二是以景写人，用场景衬托人物身份、性格、情趣和精神风貌。

（三）透出时代气息

专访，访的是当代人物，写的是当代人们关心的事情或问题，因此，时代感便成为专访的生命。时代感，主要是通过问题的针对性和人物的精神、观念体现出来的。

选题要切准时代脉搏，要写当代人们关注的问题，写当代人们政治生活、经济生活、文化生活中普遍感兴趣的问题。选择专访对象，要选择具有先进思想、先进事迹或者掌握先进知识、先进文化的代表性人物。

只要专访的问题切准了时代脉搏，专访的人物具有时代的代表性，专访的时代精神、时代气息也就在其中了。

（四）新鲜活泼

新鲜是指内容而言，活泼是就形式而论。内容新鲜，一是要及时捕捉生活中出现的新问题和新人新事；二是要选择好新闻的由头，即挑选合适的时机。

另外，专访的结构应灵活、自然。写人物，可以按几个片断组织材料；写事件，可以按几个侧面安排层次；无论写人、写事、写问题，都可以按访问谈话的自然次序写来。可以直接入题，也可以从环境写起。

（五）专访要“专”

专访的“专”，表现在两个方面：一是内容的专题性，写人、写事、写问题都要求集中、专一，不宜散；二是媒体专栏、专页、专版的“专”有特色。不同的媒体，面对不同的受众，有不同的需求，因此不同的媒体应形成自己专有的、不同于其他媒体的专访栏目，谈论自己的受众关心的问题，访问自己的受众关注的人物，采用贴近自己受众的语言和表达方式。

第三节　专访的写作范例

一、人物专访

（一）人物专访的含义

人物专访，就是抓住当前人们普遍关心的人物或单位，用第一人称出场的形式写，常用问答式介绍访问内容。

这种报道以“访”为主，即以叙述被访人的看法、意见为主，围绕被访者对某特定问题的看法，写他在这方面的经历和见闻。

（二）人物专访的写作要求

①要交代清楚访问对象和访问原因；

②对被访问者的描述要有重点；

③要抓住特点，刻画出人物的精神面貌；

④要注重描写人物语言，给人以访问的实感；

⑤人物专访的结尾，可写一点作者的感受或对被访者的祝愿和希望。

（三）人物专访的写作范例

【范例】

专访登珠峰队员次仁旺姆：藏族女孩神奇经历

记者：你觉得这次火炬上珠峰跟你之前的任务有什么不同，感受上？

次仁旺姆：有，以前是在我们学校，一般去登珠峰，这次就是我们国家的任务，要去登完，要登珠峰，我也感到特别高兴，我也会努力地登上，这次很好的机会，我会圆满完成的，请你们放心。

记者：好像这次火炬上珠峰，你和你弟弟都在里面？

次仁旺姆：我弟弟在央视那边。

记者：高山摄影是吗?

次仁旺姆：对，他们现在也在西藏集训，上次说要来，现在还不一定，我弟弟今年是19岁，也是国内登上珠峰的最小的年龄。

记者：你当年上珠峰的时候才19岁。

次仁旺姆：才19岁，国内女子年龄最小的就是我。

记者：真的很骄傲。这次任务完成了之后你还有什么登山的计划吗?

次仁旺姆：有，我想登14座。

记者：你想登14座?

次仁旺姆：有机会的话我特别想。

记者：为什么，很困难啊这对女孩子来说。

次仁旺姆：我弟弟不是参加到西藏登山学校，那个时候我感觉他去登山我特别羡慕他，他各个地方去登山，有国内的、外国的，特别多的去登山，我就很羡慕他们，他们不是来招我们吗，西藏登山学校，还有我们的校长，还有阿旺扎西，他们来招我们，那个时候我们要考汉语，还要考英语，还要跑7公里，我就考上了，第二名还是，然后可以参与西藏登山学校，然后我们体检，体检完了就可以参与西藏登山学校，然后我2005年去北京，极度体验那边培训了一遍，那个时候要学各个方面，什么攀岩、管理都学了，一回拉萨，那个时候也没什么训练，2006年，我们校长说让我们去登珠峰，提前没说，但是到学校的时候，他一点不知道，反正他知道我训练的方面很刻苦，他说你能行吗，我说能行，没问题，然后我就自己的身体素质各方面，觉得特别好，高山适应能力还比较好，那个时候校长也去登了，还有五名女队员，一个是蒙古，一个是白雪，罗莉莉，我们学校还有三个女孩，就让我们去登顶，到了第二台阶，她们两个就都走不动了，另外两个身体有一些不舒服，就没登上，最后我感觉第一次登山的时候没什么，不知道是珠峰，还以为是很低的山，到了第二台阶特别陡，感觉特别害怕，然后我一看起来登山是特别危险的，回来我一看珠峰，我说我应该没登上这么高的山，感到心里特别高兴，就是这样子。

记者：你回家的时候跟小姐妹聊起来，跟你的好朋友们。

次仁旺姆：聊了，本来那个女孩的体能，他们特别相信她，他们说你应该不行吧，他们也不是特别相信我，我也说别这样吗，平时在训练方面特别好，登山也有一个高山适应能力，也要看自己的身体素质好不好，结果我登上了，他们说很厉害。我妈妈也是很羡慕她，特别羡慕。以前登山学校各个方面训练特别累，就给家里打电话，说这个训练特别累，受不了。我妈妈说没事的，慢慢地就习惯了，这次参加了西藏登山学校，这也是我最好的机会，我要坚持，坚持到底，进入到现在这个很好的机会，2008 年奥运火炬传递，我也很荣幸。

（第 29 届奥运会官方网站　2008 年 5 月 6 日）

二、事件专访

（一）事件专访的含义

事件专访虽然也是采访人，但采访者和采访对象的主观意向都不在于人本身，而在于采访对象所经历过的或比较知情的某件事。从采访者角度来看，目的无非集中在以下两点：请采访对象提供事件的过程或真相，或请采访者发表对事件的意见和评价。

（二）事件专访的写作范例

【范例】

浪漫的中国·梦想的世界
——北京奥运会开幕式总导演张艺谋专访

在北京奥运会开幕式前夕，总导演张艺谋接受了新华社记者的专访，就北京奥运会开幕式创作进行了解读。

问：成为北京奥运会开幕式总导演，您经常表示要以一颗平常心开展工作。您是否做到了这点？

张艺谋：为北京奥运会开幕式付出了两年多的努力，虽然一直说要以平常心看待，但真正做起来时谁也做不到平常心，因为肩上的担子和责任太重，由此带来的压力是巨大的。奥运会开幕式的创意，很像我拍电影时寻找好的剧本一样。电影的好与坏，往往取决于剧本是否精彩。花了一两年时间用在寻找好的创意，即使是到了彩排的时刻，我们也仍然没有放弃其他好的创意。只有真正等到了开幕式办完后，回过头来才能发现，其实真正好的创意，它真的是好。我们最初的有些精彩创意，经过了一次次考验，一直坚挺到了最后。

问：开幕式上有哪些是亮点？

张艺谋：开幕式上还是有不少亮点的。一台节目、一部电影，要想处处都是亮点，太难了，也不可能，那是违反艺术规律的。因为有些好的创意，实现起来，挺不容易的。而一些付诸实施的创意，也会在实施的过程中打很多折扣，最终的效果会与最初的构想有较大的反差。

问：从最近几届奥运会开幕式上借鉴了些什么？

张艺谋：我们对最近这十几届奥运会开幕式进行了研究。我个人十分喜欢雅典奥运会开幕式。雅典奥运会开幕式的构思很巧妙的一点，是寻找到一个舞台，一个行进的车队。在这两个载体中进行充分的展示。他们将传统的舞台艺术发挥到了极致，在空间中采用了巨大的吊装。要想超越，太难了。因此，我们的开幕式的突破点选择在多媒体数字技术上，结合传统的舞台、团体操等，进行立体的展示。从空间上寻找突破，对这一点寻找了很长时间。刚开始时，有“老虎吃天”的心态，走入了“闻所未闻、见所未见”的误区。经过一年左右的摸索，逐渐回到了务实。

(略)

问：点燃主火炬的时刻都是历届奥运会开幕式最激动人心的时刻，北京奥运会也不例外，怎么解读北京奥运会的这一震撼瞬间？

张艺谋：主火炬点燃，是整场开幕式的最高潮。是对北京奥运会开幕式理念最完整的阐述，是北京奥运会世界性的一种体现。北京奥运会绝不仅仅只是中国人的奥运会，除了要展示中国文化之外，更要展示当代中国宽广的胸怀、海纳百川的气魄。北京奥运会开幕式团队成立以来，收到了无数的建议。我们的这个点火仪式，体现了为全人类的这一盛会欢呼的主旨，让人们能够看明白这一点。

问：如何定位北京奥运会开幕式最大的特点？

张艺谋：我们的这次奥运会开幕式最大的特点就是一个词：浪漫。我个人非常喜欢“同一个世界、同一个梦想”这个主题口号。“梦想”这个词就让人心生浪漫。

中国人其实从古至今，一直不缺乏浪漫。中国古代的写意画、中国的诗词、音乐，充满着浪漫的色彩，浪漫其实早就融入了中国人的血液里面。不着一字，尽得风流。

但在现当代，外国人对中国的认识还是较为片面的。不少人总是认为中国人生活单一，模式化。我们这次就是要借奥运会这一个巨大的平台，让全世界都认识到中国的浪漫。

问：承担奥运会开幕式的总导演与拍电影相比，哪一个更累？

张艺谋：当然是开幕式了。办这么一个开幕式，比拍10部电影大片还要累。工作量和困难简直是拍一部电影的上百倍，幸运的是从生理到心理都扛了下来。

这主要是奥运会开幕式承载的内容太多、太多。百年奥运、中华圆梦。中国人上百年才办一次奥运会，太不容易了。作为有幸承担这一重任的一名艺术家，只能竭尽全力，办好开幕式，为中华文化的弘扬贡献力量。

而拍电影则不同，拍电影更多的是一位导演的个人创作。拍砸了三四部电影，还有希望从下一部中东山再起。而奥运会开幕式则完全不同，只能成功，没有失败一说。其重要性，二者根本不能相提并论。

（新华社　2008 年 8 月 8 日）

三、科学专访

（一）科学专访的含义

科学专访是一种以传播科学知识为主的人物专访，由采访对象向读者介绍有关某一学科或某一技术的基本知识和应用前景。

（二）科学专访的写作范例

【范例】

科技的能量有多大？

——中国科协副主席吴阶平访谈录

高　萍

一间书房，沿壁书橱摆满了中国大百科全书和中外科技、医学专著，精神矍铄的主人正在撰写书稿，此情此景恰好映衬了吴阶平教授那“献身、创新、求实”的心境。

听说记者要他谈谈科技是第一生产力的问题，这位 74 岁高龄的中国科协副主席颇有感慨：科学技术是第一生产力现在大家都会说，然而，科学技术的能量到底有多大，恐怕没有多少人能讲得明白，因为这是很难计量的啊。

吴阶平教授是我国泌尿外科学奠基人之一。作为中国科学院学部委员、中国科协副主席，他对其他领域科技的发展也很关注。据他介绍，科技在古代发展是缓慢的，与经济的关系也不密切，但是近代蒸汽机的发明导致了第一次产业革命后，情形就不同了。这次产业革命的发祥地英国因此大大提高了劳动生产率，它在世界各国中工业产值的比重猛升到39%，煤和铁的产量更占到了50%，外贸总值达32%，商船总吨位则是荷兰、美国、德国、俄国的总和。之后，科技的进步使美国、德国崛起，英国的地位有所下降。但是，科学技术对生产力日益增长的影响，却引起了更多人的重视。有人用这样一个公式来表示它：生产力＝（劳动者＋劳动工具＋劳动对象）×科技。

到了20世纪后半叶，由于科技在许多领域取得了巨大突破，以信息技术、生物技术、新材料技术、新能源技术、空间技术、海洋开发技术为代表的高技术群以及相应的高技术产业的出现，对生产力的发展起到了巨大推动作用，更开阔了人们的视野。

吴老列举的一个个事例，确实令人叹服：

美国洛克菲勒基金会的一个农业小组，1961年育成的“墨西哥小麦”，使墨西哥的小麦平均亩产由60公斤提高到200多公斤。这个基金会和福特基金会组织的国际水稻研究所，在1965年又育成“菲律宾水稻”。这一品种的生长期仅105天，热带地区一年可三熟，单季亩产600公斤，三熟亩产可达1500公斤。

在我国，20世纪60年代突破了高秆变矮秆后，水稻平均亩产由1949年的126公斤增加到三四百公斤，而70年代育成的籼型杂交水稻，又进一步把水稻单产提高到500公斤以上。最高的可达到近1吨。

如果说这些事例还易于为人们所理解的话，那么吴阶平教授介绍的另一些科学技术对发展经济的神奇的能量，则远远超出了公众的想象范围。

（略）

“对于我们这样一个人口众多、资源相对不足、环境污染日趋严重的大国来说，这是一个最根本的制约发展的因素。我们的国情已不允许再用能源、材料的过度消耗来搞经济建设，必须真正地把经济发展转到依靠科技进步和提高劳动者素质的轨道上来。”

吴阶平教授急切的心情溢于言表：“在当今世界各国增强综合国力的‘战争’中，谁能抢占到科技的‘制高点’和‘前沿阵地’，谁就能取胜。一国兴，兴于科技发达；一国衰，衰于科技落后。要让大家看到科技的能量，就要从这样的高度看问题。希望人们达成共识，并赶快行动起来。”

四、问题专访

（一）问题专访的含义

问题专访是一种出现频率较高的专访。记者针对某一个具有普遍意义的社会问题，请采访对象提供有关情况或发表相关见解。问题专访一般比人物专访和事件专访有较明显的理论深度，采访对象通常是某一领域的专家学者，所发表的意见，应该具有一定的学术性、权威性。

（二）问题专访的写作范例

【范例】

国家土地副总督察就国家土地政策问题接受专访

为子孙守耕地红线　为政府做深度体检

——就当前国家土地政策问题专访国家土地副总督察甘藏春

新华社北京（2011年）4月12日电（记者 王立彬）　2011年是“十二五”开局之年，也是国家土地督察制度实施5周年。以“百日行动”应对“十一五”开局年的国家土地督察机构，如何应对又一个五年的经济要发展、粮食要安全“两难”处境？

近日，国土资源部党组成员、国家土地副总督察甘藏春就相关土地督察重大问题接受本社记者专访。

从百日行动到双保工程：在挑战中成长

记者：今年是国家土地督察制度实施5周年，这一制度与设计目标是否一致，取得成就主要有哪些？

甘藏春：2006年7月，《国务院办公厅关于建立国家土地督察制度有关问题的通知》印发，国家土地督察制度建立。五年来，一条有中国特色国家土地督察制度开始形成。

5 年来，国家土地督察机构履行职责，监督检查省级及计划单列市人民政府耕地保护责任目标落实情况，开展土地利用年度计划执行情况检查，督促地方政府层层签订耕地保护目标责任状。在 123 个地级城市开展例行督察，对地方土地管理进行全面检查。

（略）

经过五年探索，违规违法用地被有效遏制，土地管理秩序得到较好维护，工作模式初步形成。在“十二五”期间，国家土地督察机构将恪尽职守，为人民守红线，为地方政府做“体检”。

从猫鼠关系到免费体检：探索中央地方良性关系

记者：中央与地方在耕地保护上，着眼点有所不同，国家土地督察制度如何约束地方政府土地违规违法，这是猫和老鼠关系吗？

甘藏春：实行最严格土地管理制度，是中央确定的指导思想。长期以来，最严格土地管理制度框架形成后，付诸实践要有两个条件：一是强化省级政府统筹本区域土地管理权力、责任和能力；二是强化中央政府监管能力，这一方面做得不够。监管不到位、监管能力不强，主要是缺乏手段。国家土地督察制度填补了对地方土地管理行为纠正监督机制的空白，既可发挥地方政府积极性，又提高了中央政府监管能力。

（略）

例行督察一度让地方很紧张，现在被认为是“免费体检”、“深度体检”。顺利通过，说明身体不错；有毛病，治病救人。在督察过程中，地方土地管理的成功经验也被大力推广，也促进了土地督察机构与地方关系。

有多大碗吃多少饭：走出“开局年怪圈”

记者：国家土地督察制度实施时，恰逢中央决定加强土地调控，因为“十一五”开局年出现建设用地总量增长过快、违法用地严重问题。“十二五”开局之年，如何避免类似现象？

甘藏春：2004 年中央提出土地政策参与宏观调控后，学界一直讨论土地政策属性问题。根据市场经济理论，在市场经济国家，宏观调控工具主要是货币和财政政策。土地政策参与宏观调控，是我国特有现象。

（略）

只有最严格耕地保护制度，才能“倒逼”改变过度依赖土地的发展模式。

土地政策与货币政策、财政政策有一大区别，就是“土地闸门”不存在宽松问题，有大多碗，吃多少饭，这是国家土地督察制度存在的国情基础。随着城市化工业化快速发展，经济发展用地需求越来越大。在“两难”处境下必须头脑清醒。保护资源和保障发展，保护资源在前；服从中央和理解地方，服从中央在前；节流和开源并举，节流在前。必须强化耕地保护优先观念。

第六章　深度报道的写作

第一节　深度报道概述

一、深度报道的含义

所谓深度报道，就是在报道新闻事实的同时，对事实作出解释和分析，努力阐明事件之间的因果联系，并力图对事件发展趋势作出准确预测的报道方式。

二、深度报道的特点

1. 重视揭示新闻事实的基本性质和深层含蕴

深度报道的这一特点体现在：

①不仅要报道现象，还要抓住现象背后的本质；

②不仅要叙述清楚事件本身，还要揭示出事件的深层含蕴；

③不仅要确认事件的现状，还要预测事件的发展趋势。

2. 解释充分，分析透彻

深度报道永远离不开解释和分析。

报道在提出新闻事件的同时，更要注重追踪事件发生的原因和影响，预测今后发展的趋势，并在可能的条件下，提出解决问题的方案。要想做好一篇或一组有深度的解释性报道，充分地采访以获取全方位的事实材料是必不可少的。

分析事件的影响时，从辩证法角度出发，我们更需要分析事件的主要影响。在分析事件对当事人及部门这些微观客体的影响时，我们更不能忽视其对整个行业、社会乃至国家这些宏观客体的影响。

3. 形式多样化

报道形式的多样化是深度报道的一个显著特点，但一般情况下在单篇作品中看不出来。深度报道自身并无固定的形式，可以借助于通讯、述评、专访、调查报告的形式，也可以融合以上各种形式于一体。

4. 视野开阔，材料详尽

深度报道叙事不局限在中心事件上，议论也不局限在一事一议的小范围之内，它所提供的信息有一定的立体感和系统性，明显带有视野开阔的特点。

三、深度报道的分类

深度报道分为复合型和单项型。复合型由若干篇组成，其组合形态有两种，一种是沿时间顺序展开的进行性深度报道，另一种是呈并列态势的系列性深度报道。单项型是指针对一个中心话题，作一次性的集中报道。

1. 复合型深度

（1）系列性深度报道

系列性深度报道与进行性深度报道的不同之处在于，它不是在时间的链条上逐次展开的纵向结构，而是围绕一个中心，分别从不同角度进行报道。每一篇文稿之间，基本上是呈现并列关系，合构起来才能体现出思想的深度。

（2）进行性深度报道

一个事件正在发生和发展的过程中，还没有结果，新闻就可以对它进行连续的阶段性报道，这就是人们常见的连续报道或曰追踪报道。如果这种报道不满足于现象的描述，而是逐步进行深入的发掘，这组报道就是进行性深度报道。

进行性深度报道是在时间顺序上逐次展开的，每一篇文稿都是整个报道中的一个环节，作者在写作前面的文稿时，并不知道事件下一步将发展为什么状况，更不知道事件最终的结局。能够成为连续性报道题材的新闻，一般都是众人关心的事件，而后续内容的不确定性，以及不断制造出来的悬念，吸引读者更强烈地关注。

进行性深度报道多以事件为中心题材，也有以某一人物一个时期内的行动，或以探讨某一存在问题的过程为中心题材的。

2. 单项型深度报道

（1）典型性深度报道

典型性深度报告，就是选择一个具有广泛代表性的事物，对其进行深入的剖析，得出一些具有普遍价值和意义的结论，用以指导全局的一种报道方式。典型性深度报道一般用于报道有模范意义的先进人物或集体，或介绍和推广成功经验。

（2）预测性深度报道

预测性深度报告，指作者对于人们密切关注的新闻事件的发展趋势作出必要性的预测，为读者提供可资参考的报道方式。这种预测要建立在深入的调查和分析的基础上，要有相当多的事实和数据作依据，要讲究科学性。预测性报道常用在经济新闻和国际新闻中。

（3）解释性深度报道

解释性深度报道的特点是，在报道新闻事实的同时，对其发生的原因进行深入的说明和解释，以使读者对事件发生的必然性有准确的把握。其用于解释和说明的材料比较丰富，包括人物事迹、地理环境、历史形态、相关政策、物质条件等。

（4）调查性深度报道

调查性深度报道是针对某一新闻事实，通过展示调查过程，提供大量事实、数据和有关反映及评价的方法，来深入揭示其本质、特征及发展规律的一种报道方式。调查性深度报道多用于各种媒体的新闻调查。

（5）分析性深度报道

分析性深度报道的特点是，在报道新闻事实的同时，运用分析、综合、比较等方法，确认新闻事实的性质、意义和发展方向，以帮助读者深入理解新闻事实。分析性深度报道常用于经济形势报道、政治形势报道和国际问题报道。

第二节　深度报道的写作指导

一、深度报道的写作要求

1. 善于把握导向

深度报道要具有一定的舆论向导作用。要有鲜明的立场、观点和倾向，要提供积极的、建设性的意见，对读者进行正确的引导。

2. 题材要有分量

题材分量要重，一是能引起人们的注意，二是有深入的余地。所谓分量重，主要体现在以下三个方面：

①报道人民群众普遍关心、迫切要求解决的问题；

②报道所反映的事件关系到重大的原则问题；

③报道是各界注目的社会焦点。

3. 运用立体思维

深度报道所涉及的多是重大事件、热点问题，在写作时，作者只有运用全方位、多层次、多角度的立体化思维方式，才能不断开拓出新的思路，触发新的灵感，获得创造性的发现。

4. 手法灵活多样

深度报道并无固定的形式和固定的写作手法，各种新闻体式皆可拈来，各种手法皆可运用。

二、深度报道的写作要点

1. 内容深刻

充分延伸和拓展“6W”的要素，注重“6W”中“why”、“how”的要素。

when：立足此时，追溯既往，推测未来。

where：立足现场，左右延伸，纵横兼顾。

who ：立足事实，追踪采访，涉及相关。

what：立足此事，搜集情况，报道细节。

why：立足直接，分析横向，追究纵深。

how：分析意义，注重结果，预测未来。

2. 思考科学

多维思考，不孤立报道单个事件，围绕一个中心（事件或观点）立体地组织新闻要素。

3. 目标主流

选择显著的新闻事件加以报道。

① 准备报道的事实读者是否关心，事实在多大程度上关系到多少读者的利益。

② 新闻性强，事实包含多项新闻价值。新闻性较弱的一般不宜做深度报道。

③ 事实内部是否包含复杂的关系。内容比较单一的事实也不适合做深度报道。

第三节　深度报道的写作范例

对于深度报道，新闻界有多种不同分类方法，我们根据内容侧重点和写作特点的不同，列举了三种最常见的类型：解释性深度报道、预测性深度报道和调查性深度报道。

一、解释性深度报道

【范例】

中国学者解读福岛核泄漏影响路径

研究人员称，福岛核泄漏物质通过海洋通道

抵达中国附近海域的时间大致需要5年至15年

【财新网】（见习记者　××）“3·11”日本大地震和海啸造成日本福岛核电站发生泄漏后，北美、冰岛、中国等相继监测到环境辐射水平异常。中国学者发表的一篇研究论文，则对未来一段时间福岛核泄漏物质影响路径进行了情景预测。

在4月25日出版的××××年第12期《××》杂志上，国家海洋局××研究所乔××研究员及其同事发表论文称，核泄漏物质短期内对中国的影响主要通过大气通道，中长期则主要通过海洋通道。“从气流分布看，首先受影响的是北美，然后是欧洲，最后才传到中国和朝鲜半岛。早受影响的话，浓度会高一些”。

据悉，该论文3月23日正式提交。在3月26日中国境内检测到核泄漏物质之前，研究人员已经基于发生核泄漏的纬带盛行强劲西风等因素，作出如下预计：核泄漏物质10天后影响范围可达北美大部，20天左右跨过欧洲，前锋进入中国境内，30天后布满整个纬带。

论文同时指出，核泄漏物质随着气流的运移扩散，浓度迅速降低。在不考虑沉降和衰变的理想情况下，其前锋到达中国时，浓度也仅为福岛附近模式浓度的百万分之一；如果考虑核泄漏物质存在沉降和衰变等过程，浓度量值应比前述估计还要低。而极低浓度的放射性物质首先从中国北方进入，也正是中国境内在黑龙江省首先监测到放射性物质的原因。

至于海洋通道传输，目前主体上是向东输运，需要3至5年才能到达美国西海岸，然后沿美国加利福尼亚沿岸向南，再转向西。经过这样一个大循环，再回到西太平洋。中国附近海域属于西太平洋的一部分。目前，对于放射性物质回到西太平洋海域的时间估计有所不同，但大致需要5年至15年。

不过，研究人员强调，海洋通道运输速度缓慢，长期预测非常困难。关于核泄漏物质何时通过海流进入中国管辖海域，还需进一步监测和研究。“目前我们预报了2个月……近期内对中国造成影响的可能性极小。但给出一个长期的、非常确切的估计很难。”

研究人员表示，核泄漏物质运移存在三类自然通道，即大气中随气流的快速输运通道、海洋表层随海流的慢速输运通道，以及海洋内部的极慢速输运通道。此外，还有船舶、飞行器等人类活动，海洋游泳生物等非自然输运通道。北美和欧洲在泄漏物质运输通道上处于中国上游，上述地区的环境辐射水平监测、评估结果将对中国具有警示和借鉴意义。

二、预测性深度报道

【范例】

专家预测对利军事干预行动最多持续两周

21 日，美国总统奥巴马在“空军一号”上与白宫国家安全顾问汤姆·唐尼伦就利比亚局势通电话。

专家预测称　西方并不想将卡扎菲赶下台　利比亚最终可能会屈服于西方

深度解读

利比亚遭到多国部队的三轮军事打击，利比亚政府此前向平民发放武器弹药，并准备要与西方“打持久战”。利比亚最终会屈服于西方的军事打击吗？多国军事干预会持续到什么程度？

本报专访中国社科院非洲问题专家贺文萍和中国现代国际关系研究院中东研究室主任×××，详细解读和预测利比亚战火的走势。

本报特派××记者　×××、××、××

本报讯　×××曾于今年 3 月 9 日在媒体撰文《利比亚会是第二个伊拉克吗?》。

文中预测指出，美大规模向利出兵基本可排除，但不排除军事上一定程度介入的可能，其形式上将主要是三种：大力支持利反对派；设禁飞区，但由欧盟主导，美国协助；向利特定军事目标（如卡扎菲本人）从海空发动军事打击或派小规模特种部队渗透。

×××精准的形势预测一如利比亚后来的发展态势：由设立禁飞区决议引发多国军事干预。

×××解释说，一方面，美国“太忙了”，无暇开辟继阿富汗、伊拉克之后的“第三战场”。同时，美对阿拉伯国家动武一向敏感，也往往被“基地”组织利用来反美。奥巴马上任后不久即赴开罗发表演说，发誓要改善美国与阿拉伯世界的关系，尽快结束伊拉克战争，公开承诺在其任内不会再对阿拉伯国家宣战。事实上，美国参与这场军事干预是被欧洲人拉进来的，因为单凭欧洲的军事力量是不够的。

西方不想卡扎菲下台

本报讯　×××认为，卡扎菲的政策是不停变化的，经常会做出一些180°大转弯的决定。这点历史上是有过证明的，比如2003年利比亚跟西方的和好。

就目前来说，能够促使卡扎菲政策变化的原因主要是西方的军事打击。实际上，从卡扎菲2月到现在的讲话来看，他一直没有说要跟西方划清界限，他在最新的决议通过之后还给奥巴马写信。卡扎菲的高调更多是出于宣传的目的。

美国之所以对卡扎菲的“停火”声明不“感冒”，是因为美国所要的目标没有达到。美国所要的不是“停火”，也不是要把卡扎菲赶下台，更多的是要建立“禁飞区”。

×××表示，设立禁飞区本身就说明不管是西方还是美国都不想将卡扎菲赶下台，禁飞区本身就是维持现状的一个产物。禁飞区本身是保护防御，不是进攻。实际上就是遏制住卡扎菲，然后把反对派扶持起来。事实上，美国也还未找到卡扎菲合适的继任者，美国不喜欢卡扎菲，但也知道卡扎菲之后，利比亚可能陷入内战分裂，他们很担心没有了卡扎菲，谁来掌控局面。

兼具索马里和伊拉克特点

本报讯　×××认为，利比亚的未来有可能兼具索马里和伊拉克这两个国家的元素。

索马里的状况是军阀割据，各占一方，没有一个强有力的统一的中央政府。在利比亚，西方保持强大的军事支援，还有可能直接送武器装备给反对派。同时，如果卡扎菲没有下台，他就始终是一面旗帜，他的精神力量能够号召和团结他的支持者。这样的话，利比亚的格局就可能出现索马里化，就会出现军事割据，各占一个山头，呈现一种分裂的状态。

伊拉克战争的最大特点，就是不断出现占领与被占领以及武装力量化整为零的情况。在伊拉克，美国部队是进去了，可反对派的势力化整为零，不断搞恐怖袭击，长期地出现占领军“进得来出不去”的局面。在利比亚，即便反对派力量占领全国，卡扎菲的残部和支持他的部族也可能化整为零。最后即使反对派的力量成为主导力量，也会不得安宁，经常遭遇袭击和恐怖活动。“所以，在我看来，索马里化和伊拉克化都可能会呈现在利比亚。”

未来出现打打停停局面

本报讯　×××针对目前利比亚的局势，再次作出预测，利比亚可能最终会屈服于西方，多国军事干预最多只会持续一到两周，之后会出现打打停停的局面。

在他看来，目前空袭行动的目标是为了筹备建立禁飞区，设立禁飞区是要保证禁飞区巡航的安全。决议也不包括派遣地面部队的内容，除非是未来形势进一步发展，而且这需要安理会重新授权。

×××称，西方要的就是禁飞区和遏制卡扎菲的进攻，而不是推翻卡扎菲。根据历史来看，禁飞区可能会维持五年十年。军事行动的首要目标是将防空设施摧毁，如果之后卡扎菲也停止了进攻、从一些地方撤退了，那么可能一两周内空袭阶段就会结束，随后转入正常的空中巡航阶段。

当然，如果巡航阶段再产生摩擦或者卡扎菲再有行动的话，可能还会有一些打击，但这种打击不是常态。当年在伊拉克设禁飞区也是这种情况，哪天不高兴了或者对方挑衅了，西方就会打一下。

三、调查性深度报道

【范例】

联通 iPhone 销量真相调查

一个个 iPhone 手机缺货、要求补货的电话和邮件传递到中国联通运营终端的子公司联通华盛，在好不容易旺销之际，iPhone 手机却在全国大面积断货，出现罕见的一机难求的局面，这到底是怎么造成的呢？本报记者调查后发现，这其中虽然联通 iPhone 套餐降价带来销量大增为主要因素，同时，苹果公司对 iPhone 前景误判，导致生产和供货严重不足则是让人吃惊的另一原因，反映了 iPhone 在华销售的曲折道路。

一、iPhone 缺货困境

“iPhone 缺货”，从 4 月下旬开始，这一信息在经销商中开始传出。5 月 3 日，中国联通北京朝阳路营业厅，对于这个问题，一位营业员说：“目前北京基本还能保证 iPhone 供货，听说外地很多营业厅缺货，一般各地的旗舰营业厅里肯定有货。”

斜对面的苏宁电器朝阳八里庄店一位卖手机的店员则说，目前联通为保证自己的供应，对社会卖场限制供货，很多地方的手机卖场已无法卖 iPhone 裸机，联通主要保证合约套餐中的 iPhone 手机供货。

而中国联通运营终端的子公司联通华盛的一份内部报告也如此描述："5 月初虽然 iPhone 呈现了良好的销售势头，但渠道库存异常紧张，尤其是 16G 产品缺货，广东、北京、江苏、山东等销售大省的库存已经严重告急，目前的到货只能满足销售大省联通自有渠道的部分需求。"

本报记者获悉的这份报告还同时指出："随着'五一'后中国联通新的资费政策开始执行，iPhone 的绝对销量与合约计划销量比之前都有了较大提升。5 月绝对销量环比增长近 100%，5 月合约计划日均销量比之前增长近 140%。"

该报告同时向上级建议：一方面尽量减少卖 iPhone 裸机，而主卖 iPhone 合约套餐（内含 iPhone 及联通对用户的购机补贴），另一方面，向生产商通报销售情况，积极申请货源，以保证市场供应以及向渠道代理商供货。预计 iPhone 缺货情况过段时间将缓解，以满足用户和渠道代理商需求。

二、降价及水货吸引力下降双重效应

一款 iPhone，曾令联通一再回避销量问题，但眼下却显示出卖得供不应求的局面，这着实令人吃惊，其实，iPhone 在华所有问题的始作俑者主要是价格和水货。

中国联通自去年 10 月开始销售 iPhone 后，11 月 3 日，在联通的股东特别大会上，联通总裁陆益民表示，在正式发布 iPhone 3GS 的 4 天时间里，iPhone 的销量已经达到 5000 部。这一数字其实并不算高，韩国开始销售 iPhone 比联通晚，但开售一周内销量达 3 万部。

成也萧何，败也萧何，导致消费者对 iPhone 既爱且恨，徘徊观望的主要问题是价格，而现在 iPhone 销售火暴的原因也是价格。此前，中国联通 5 月 1 日开始执行新的 3G 资费。与此同时，联通版 iPhone 的合约计划也将同时变更，最低档月费由 126 元降至 96 元，以预存话费方式参与的合约价格也下降千元左右，总体降价幅度达 20%，用户的进入门槛较大幅度下降。

本报记者的调查也显示，目前 iPhone 水货的吸引力大降，之前，网上报价 16GB 港版 5450 元，32GB 港版 6350 元，比正品行货 iPhone 分别要低 430 元、640 元，8GB 版有大量美国货，比联通正品行货低 1000 多元，但现在 iPhone 3GS 16G 版本只需要预存话费且承诺使用 286 套餐即可享受 0 元购机，即免费赠送 iPhone 手机，这比水货还要划算，因此先前被价格压抑的用户需求一下子释放出来，导致联通版供不应求。

另外，所有 iPhone 水货都经过软件改动，苹果公司不给授权，不能升级，8G 版比较容易"越狱"升级，16G 版和 32G 版很难升级，因此，水货用户主要集中于8G版，而8G版已逐渐显得落伍，中高端用户开始全面向联通版靠拢。

三、本周将缓解

在这两种因素的促进下，尤其是iPhone降价的刺激下，iPhone销售开始火暴。联通原计划‘五一’之后iPhone销售冲刺7万部，实际上最后结果是，根本不用“冲刺”，而是各地断货的告急信如雪片般飞来。

四、渠道库存异常紧张

但即便库存紧张，iPhone也不应该供货告急，本报记者获悉的情况是，今年3月，iPhone的供应商苹果公司对联通iPhone的销售判断不足，未予安排足够的货源供应，即便联通iPhone降价，也未引起苹果公司足够重视。结果，如此热销局面大大出乎苹果公司的想象，但之前制订的生产计划目前根本无法满足货源需求。

在这种情况下，据悉，苹果公司已逐步调整了生产计划，从本周开始对中国联通的货源供应逐渐增加。

“好东西不愁卖。”中国联通一位高层曾如此坚定地对外说。但实际上，iPhone销售历经诸多曲折。“好东西也要讲究物美价廉。”这是消费者的反应。

第七章 事件新闻、非事件新闻的写作

第一节 事件新闻、非事件新闻概述

一、事件新闻的含义

事件新闻，是以突发事件为主的新闻报道，是动态新闻的主要品种。其内容包括：

1. 社会政治、经济局势的突变

如战争、骚乱、暴动、兵变、政权更迭、政府人事或政策大变动、经济危机，等等。

2. 重大自然灾害

如水灾、旱灾、火灾、风灾、地震、海啸、泥石流，等等。

3. 重大交通事故或其他意外事故

如空难、沉船、撞车、翻车，等等。

4. 暴发性流行病

如瘟疫、肝炎，等等。

5. 重大刑事案件

如杀人、投毒、抢劫，等等。

6. 对社会各界有较大影响的新发现或新成就

如卫星上天、登月探险、考古新发现，以及自然界新出现的奇观、人们打破历史纪录的行动，等等。

二、非事件新闻的含义

非事件新闻是在表现内容与表现方法上都有别于事件新闻的新闻报道的统称。其特点如下：

1. 抓渐变中的规律

非事件新闻不以记录突发事件为满足，而是注重事物渐变过程中对某些带有规律性内容的揭示。

非事件新闻，一般都具有一定的分析、研究色彩，通常要求有一定的思想或理论深度。

2. 具有新闻性

非事件新闻也如事件新闻一样要求具有新闻性，然而它对新闻时效性的要求没有事件新闻那样严格，不必拘泥于“今天”或“明天”。非事件新闻所报道的内容要新鲜，要有现实针对性，而且是广大读者应知、未知而又渴望知道的。

3. 综合、归纳多个事件或事实

非事件新闻，不像事件新闻那样以一个独立事件为主体，而是综合归纳了多个事件或事实，经此衬托、说明某种新发现、新见解或解决问题的新方式。

4. 非事件新闻，写作要找新闻由头，发表要寻报道时机

非事件新闻由于涉及事物的渐变过程，时间跨度一般总是比较大，搞不好，写出来的东西就会“不像新闻”。为了消除这个弊病，一定需在报道时找一个较好的新闻由头。非事件新闻能否发表，要看当时当地的时机是否成熟。非事件新闻的报道时机总是与当前形势、当前人们所关注的“热点”问题有关，抓住了这一点，就易事半功倍。

5. 非事件新闻仍需以写实为主

尽管非事件新闻往往由多种事件通过综合、归纳、概括、提炼而成，比写事件新闻，记者有更多的主观能动作用，然而仍要严格遵守客观叙事的原则。首先要尊重事实，实事求是，按照事物的本来面目来如实报道，不允许任意夸张、曲解事实；其次，要善于“用事实说话”，通过客观叙事的方式来体现记者所欲表达的某种见解，议论不要太多，而且一定要依托新闻事实。

6. 揭示实质

非事件新闻是一种透视性的新闻报道，它要求记者具有较强的政治理论素养

与新闻洞察力。就报道本身来说，切不可简单地罗列现象，要通过纵横对比、层层剖析、由表及里地揭示事物的实质或新闻背后的新闻。

广义的非事件新闻，包括综合新闻、记者见闻、记者述评、新闻综述、采访札记、工作通讯等多种报道形式。狭义的非事件新闻常常限于消息体裁。

第二节　事件新闻、非事件新闻的写作指导

一、报道事件的首选体裁

消息是报道事件的首选体裁，原因在于：消息具有广泛的适应性，在真实准确的原则下，消息可以用概括的手法记述各类新闻事件；消息制作和传播过程的简短、平实迅速的特点，也为它报道事件创造了条件。特别是面对突发性事件，消息无疑是报道事件的最佳体裁。

二、事件在新闻报道中的重要性

第一，事件本身具有明显的变动特点，易对读者引起关注。

第二，凡事件都有其原始的戏剧性，对读者都有吸引力。

第三，事件本身程度不同地都具有典型性的特点，具有典型示范的作用。

三、报道事件新闻需注意的问题

1. 清楚明了地记事

尽管对于不同的事件，写作的着眼点不尽相同，但是事件性新闻总要写事，因此，清楚明了地记事，就成了事件新闻的写作要求。

2. 勿做表面文章

记者应当能够透过事件的表面现象看到其深层的含义，预见到事件的影响，并用准确的语言将事件的意义、自己的发现告诉读者。

3. 不要忽视人的要素

读者关注事件，实质上也是关注人。采写事件新闻，不应忽视人的要素。

四、非事件新闻的写作要求

1. 将其变化，其问题性、新闻性，明显地揭示出来

非事件性新闻所报道的一些社会或自然界的现象、问题，往往呈渐变状态，不像事件，特别是突发性事件那样，容易引起人们的注意。因此，非事件性新闻的写作，要求记者通过材料的选择和运用，将其变化，其问题性、新闻性，明显地揭示出来，摆在读者面前。

2. 将散在的事情加以概括和集中

非事件性新闻在写作上有必要将散在的事情加以概括和集中。集中的一个有效手段是总体量化——剥去事件的个别的外壳，以抽象了的全局性的数字，反映某些社会问题、社会现象的总体态势。

五、非事件新闻的特殊价值

第一，非事件新闻以消息体裁报道非事件性事物，可进一步拓宽新闻的报道面。

第二，非事件新闻可以促使记者和媒体不待事件召唤，主动寻找报道题材，也就是说，它有助于发挥媒体的主体意识。

第三，非事件新闻富有趣味性，可以给读者带来精神的愉悦。

第四，非事件新闻可为媒体采制独家新闻创造条件。

第三节　事件新闻、非事件新闻的写作范例

一、事件新闻

【范例一】

农大志愿者关爱自闭症患儿

暑假期间，青岛农业大学青年志愿者协会组织志愿服务队走进青岛圣之爱儿童自闭症康复中心，和来自全国各地的患儿亲密交流。服务队共由13名成员组成，他们用热情和爱心为自闭症患儿带来了温暖。经过一段时间的接触，志愿者们对自闭症有了更深入的了解。服务队成员×××这样说道："以前对他们不了解，经过一段时间的实践，我们发现，其实这些孩子比普通人更渴望被关爱。我作为一名当代的大学生，应该利用暑期的时间来做一些对社会有意义的事情，也希望能够以自己的实际行动，为青岛市创建全国文明城市添砖加瓦。"

【范例二】

一位大学生"村官"的合作社"改良试验"

××村是远近有名的苹果专业村，2008年就办起了果品专业合作社，但由于不懂管理，合作社一直没发挥出应有的作用。去年9月，大学生"村官"××接手合作社管理后，用自己的专业知识对合作社进行了一系列"改良试验"，引发了当地农民对合作社的重新思考。

一、"产学研工作站"落户小山村

今年5月，××农业大学合作社学院产学研观水工作站正式揭牌成立，这是全国首家专业合作社产学研工作站，也是××对观水的农业合作社进行的第一项改良试验。

农业合作社的一个重要功能，就是将农业新品种、新技术及时传播到田间地

头。但接手合作社不久，××就发现，现有合作社的成员大多是本村村民，技术力量缺乏，更缺乏与外界交流的渠道，制约了合作社功能的发挥。

“大学的技术力量丰富，如果能跟大学联合，我们的技术力量一下子就可以加强了。”毕业于青岛农业大学的××，萌生了请母校老师“出山”的想法，在镇里的支持下，她与青岛农业大学合作社学院多次联络，促成了二者之间的合作。工作站成立后，来自合作社学院的一名果树专家和两名研究生长期在此驻站，指导全镇的果树技术，合作社学院还为观水镇的合作社经理、村支部书记举办了3期合作社运营管理培训班。

专业人才很快开始显现效果。村里推行了多年的果树“密改疏”，一直因为村民们不忍心改造而停滞，工作站入驻以后，看到专家图文并茂的讲解，村民们才下定了改造决心；接受完培训、开了眼界的合作社经理们也开始重视商标保护，全镇42家专业合作社，现在一半设计了自己的苹果商标。

二、借力填补“空缺链条”

合作社的另一个重要职能，是将分散的农户聚成团，提高应对市场的能力。观水村的果品专业合作社成立以来，也做了大量的工作，村里新建了上万吨的苹果冷藏库。

但社员们依然有“心病”。观水镇种植的多是富士苹果，表皮薄，一不小心就会碰坏结疤，成为残次果，卖不出好价钱，每年都有大量苹果因此烂在地里。虽然残次果可以加工成营养果汁，村里也曾试图上一条果汁生产线，但终因资金、技术不足，对市场没有把握，最后放弃了。

详细了解情况后，××萌生了招商引资办果汁厂的念头。她将这一想法通过“产学研”工作站，反复与青岛农业大学的专家进行沟通。在专家的帮助下，一名正在寻找投资机会的日本客商被介绍到观水，要在此设立一座保健果汁加工厂，产品100%返销日本。项目建成后，观水残次果问题就可得到有效解决。

对于这一项目，××颇为得意：“合作社可以将社员的力量联合起来打市场，提高应对市场的能力，但眼下很多合作社规模还比较小，自己的实力还有限，借助外力，引进投资，也是个不错的选择。”

三、筹建“总部大楼”

小小的观水村的果品合作社，正在盖“总部大楼”。记者在现场看到，一层的混凝土已经打好。现场施工人员告诉记者，这“总部大楼”共有3层，建筑面积2700多平方米，总投资200多万元。

××村村支书×××告诉记者，建“总部大楼”是合作社集体商讨通过的。

按××的建议，“总部大楼”建成后，将拿出一楼作“农资超市”和合作社的办公、会议区域，从硬件上保证合作社的顺畅运行。多余的面积，将用作餐厅和客房，对外经营。

对于这“总部大楼”的意义，××说，种苹果、卖苹果，是合作社的基本职能，挣的也是低端环节的钱。农业合作社要提高赢利能力，也要开拓相关的旅游、餐饮等高端市场。

原来，观水每年都有大量的苹果客商来考察、做生意，还有不少游客慕名来参观。为来观水参观的游客们提供服务，可为合作社带来一笔新收入。

四、大学生“村官”如何尽快“发光”

“到村里工作不过一年，××做的这些工作，非常不简单。”××镇政工书记×××，对××给镇上的合作社带来的一系列变化非常赞赏。

“我觉得，大学生到村里的主要目标，不是简单地处理村内事务，在这方面，××可能还不如一般村干部有优势，她现在做的是充分利用自己的专业知识和各种资源，为村里提供新信息、新办法，为农村发展注入科技元素。”董瑞林深有感触。

而××村支部书记×××对××做的一些小事印象深刻。“刚来不久，××就组织全村妇女学电脑，手把手教她们网上购物；镇上组织秧歌比赛，她每天陪村民练到晚上9点多，为村里捧回来了一个‘优秀表演奖’。正是这些不起眼的小事，帮她赢得了村民的信任，村民们才能认真听取她的建议。”×××说。

“农民需要知识和技术，但缺少有效途径，对陌生人也不信任；农村之外的不少人，也在寻找实践和投资机会，通过我这个双方都熟悉的桥梁，‘产学合作’就能顺利实现，我感觉这是大学生村官实现其价值的一个好办法。”××自己总结说。

二、非事件新闻

【范例】

×××博士接受齐鲁网采访

×××是青岛农业大学教授，曾留学日本，专门从事动物遗传育种及克隆技术的学习研究。在克隆羊多利降生后，她就萌生了用自己的技术和双手培育中国第一例体细胞克隆牛的心愿。后来在青岛农业大学各级领导和同事的帮助下，×××在××××年11月3日和6日成功做出我国首例和第二例健康成活的体细胞克隆牛“康康”、“双双”。××××年又做出国际首例体细胞克隆牛玻璃化冷冻胚胎移植犊牛“蓓蓓”。××××年4月成功做出国际首例抗疯牛病转基因体细胞克隆牛。×××所发明的“点击去核法”实现了国际首创，以中国科学院动物研究所陈大元研究员为首的专家鉴定委员会一致认为该项技术达到了国际领先水平。×××与她的课题组两次获得山东省科技进步一等奖。

三、记者见闻

【范例一】

青岛成立应急宣教志愿者服务队

7月16日消息（记者　×××　×××）　16日下午，青岛市应急宣教志愿者服务队成立大会举行，首批来自青岛农业大学300名志愿者参加了大会。

据了解，为加强青岛市应急宣教志愿者队伍建设，普及应急管理知识，增强全民应急意识，促进青岛市志愿服务事业专业化、常态化发展，青岛团市委、市应急办、市地震局联合成立了青岛市首批专业化应急宣教志愿者服务队。

在成立仪式上，与会领导向志愿者代表授旗，并为志愿者代表发放了录用通知书和青岛市防震减灾知识手册。志愿者代表带领全体志愿者宣誓：“牢记岗位职责，践行志愿精神，争当宣教使者，展示文明形象，尽己所能，不计报酬，为青岛市应急宣教事业的发展贡献志愿者的力量!”

仪式结束后，青岛团市委、市应急办、市地震局还共同组织志愿者进行了救护知识、应急避险知识的专业培训。

据了解，下一步，青岛团市委、市志愿者协会将联合相关部门，继续对志愿者进行专业化、全方位的培训。在暑期，将组建多支应急宣教志愿服务小分队，进社区、进学校，进企业、进农村，进行防暑降温知识、应急逃生知识、安全防护知识、安全用电等常用知识的集中宣讲，将知识送进千家万户，并根据实际情况进行实地演练。

此外，团市委联合相关部门，还会依托专业志愿者队伍的再培训能力，以社区为重点、以基层为突破、以普及为抓手，实行应急宣教志愿服务工作的基层普及计划，争取在全市每个社区都配备应急宣教志愿者，在全市更广范围内开展应急科普知识培训。不断完善志愿服务的组织体系，积极推动应急宣教志愿者队伍的规范化、专业化、系统化发展。

【范例二】

××日报：××农大助推民企转变增长方式

记者　×××　×××

××农业大学近日一次性与××科技有限公司等30家民营企业签署合作协议书。根据协议，××农业大学将充分发挥自己的人才和技术优势，全力助推这些企业“升级改造”，该校的一些新成果、新技术将首先在这些企业转化和应用，××农大的一批相关专家、教授也将为这些企业的发展提供技术指导。

今年，由××市委统战部、市工商联、市人力资源和社会保障局联合开展的“民营企业进高校活动”走进××农业大学，该活动旨在贯彻落实市委市政府“转方式、调结构、促就业、惠民生”的一系列决策部署，搭建起××民营企业与高校“产学研”对接的桥梁和纽带，促进科研成果的转化，推动民营企业依托高校的力量，提高技术水平，优化产品结构，实现可持续发展。

在半年的时间内，××农业大学与40多家民营企业进行了联系与洽谈，最终该校园林园艺学院、农学与植物保护学院、动物科技学院、药学与化学学院等9个学院分别与30家企业达成了成果转让、技术服务、项目合作和共建教学科研基地等方面的产学研合作意向。

××农业大学一直坚持以应用研究为主和全力服务“三农”的科研思路，密切结合产业发展和生产实际需求，开展科学研究，并积极推动成果的转化，科研成果转化率一直位居全省前茅。近年来，学校的科技创新能力不断提升，在主要农作物、蔬菜、果树和茶树育种、栽培和病虫害控制，畜禽育种、饲养、疾病控制，设施农业，农产品加工，农产品安全质量控制、农药、兽药、疫苗、肥料创制、农业机械研发、天然活性物质应用、农业信息化及合作经济等研究领域都处于国内先进水平。

第八章　答记者问、谈话录的写作

第一节　答记者问、谈话录概述

一、答记者问、谈话录的含义

1. 答记者问

答记者问，是政府各级领导人、有关方面负责人或专家、学者直接回答记者提问的一种报道形式。提问、答问内容，是有关读者亟须了解和关心的问题，或有关领导机构需要向广大群众宣传、解释的问题。通常就某项事件由记者请有关方面负责人正式发表意见，随后以问答记录形式公布。

2. 谈话录

谈话录，有人叫做“谈话记”、“访谈录”，传统的称谓是“答记者问”、“谈话”等。顾其名，思其义，它是以记录被访者的谈话为基本内容和基本表达特色的新闻。

谈话新闻的来源有两种情况。一是新闻媒体就社会生活中出现的某些为受众关注的新鲜问题，热点、难点问题，主动访问有关权威人士，以求解答，将访问谈话整理发表。二是社会党团组织、政府部门、企业机构乃至一些特殊身份的个人，为了舆论的需要，举行记者招待会，记者应邀参加，将会上“听”到的和自己“问”到的谈话内容，整理发表。

二、答记者问、谈话录的特点

1. 答记者问的特点

①有助于读者、听众、观众明白某一问题的实质，明白某项决策的精神。

②采用提问、答问的形式。

③提问在很大程度上包含着记者的主观性。

④答问包含着政府各级领导人和有关方面负责人就某一决策性问题向读者宣传、解释的内容。

2. 谈话录的特点

谈话录新闻有四个显著特点：

①实录性。无论是采用哪一种表达方式，谈话录新闻都表现出实录的特点。所谓实录，就是如实记录被访者的谈话，被访者怎么说，记者就怎么记。

②访谈性。谈话录是记者访问特定人物的谈话新闻，而且许多篇以问答形式表达，有一种浓郁的访谈气氛。纵然采用被访者直叙或记者叙述的表达形式，因为所谈都是记者提出的问题，读来仍能感觉到问与答的潜影，仍具明显的访谈气氛。访谈性是谈话录与通讯体裁的专访共有的特点。

③针对性。记者所提问题，都是在一定范围之内为受众普遍关心的问题，有些是关系到国家命运、受众生存、社会发展的大问题，因此这些问题有更强的针对性，并能引起更大的社会反响。

④引导性。因为所谈多是受众关注的重要问题，谈话人都具有一定的权威性，因而这类新闻比一般消息有更强的舆论引导作用。这是谈话类新闻和新闻评论共有的特点。有些谈话还有很强的政治性和政策性，这也是它和新闻评论的共同特点。

第二节 答记者问、谈话录的写作指导

一、答记者问的采写要求

①提问要为读者着想，力求是读者当时想问、未问、欲问的问题。

②答问者不仅要具有权威性，而且要熟知某一问题表象及其实质，在答问时能说出一个“所以然”来。

③提问要集中，要抓住要点。这就要求记者对客观情况有所了解，并经过思考之后，有准备、有目的地提出来。

④答记者问的稿件，在发表前要让答问者或其他委托者过目，以便进行修改和订正，加强其准确性。

二、谈话录的采写要求

1. 问要点

谈话录的写作，相对而言比较容易掌握，其成败的关键在采访，采访的难点在于提问。也就是说，其成与败首先取决于记者是否能提出跳动着时代脉搏、拨动受众心弦、聚焦社会视线的问题，或者说，所提问题是否点到了社会生活的敏感点，点到了社会生活的穴位。

2. 谈话要有权威性、代表性

权威性的谈话，有代表性的谈话，才有可信性。这就要求所选择的访问对象必须对所提问题精通、内行。

3. 记言准确传神

谈话新闻，不仅要准确地记录谈话的语言意义、概念意义，还要传达出语言中所体现的谈话人的精神、气质，谈话时的某些情绪。

4. 点染场景，穿插背景，增加生动性

谈话新闻由于主要是记言，信源单一，手法也较单一，适当地点染现场情景或勾勒人物形象，能增加可读性。但无论是点染现场情景还是勾勒人物形象，必

须为报道主旨服务，必须有益于强化传播效果。

场景点染、背景穿插不可滥，也非每篇谈话都需有场景。不同的媒体，有不同的风格，当有则有，当无则无。无论是有是无，都必须突出谈话纪实性的特色。

三、谈话录的表达形式

由于现在的谈话新闻吸纳通讯的手法，常常在记录谈话内容的同时，加上现场描摹和人物音容勾勒，或穿插较多背景，在问答式、自叙式、叙述式基本形式的基础上，形成了如下一些具体方法：

1. 问答式

纯粹由记者“问”、被访者“答”的形式，构成谈话录的主体。这也是“答记者问”、“谈话”一类新闻传统的表达方式。这种形式比较庄重，也比较简洁，由缘起和谈话两部分构成。缘起写在开头，主要是交代访谈的人物、时间、地点、事项，由缘起导入谈话。

2. 问答提要式

在问答式行文中，加进提要式小标题，将所答一个个问题的主要内容或主要精神，提取出来，做成小标题，加进行文，既可以活跃报纸版面，又可以帮助读者尽快了解谈话的主要内容。

3. 问答、场景式

在问答式行文中，加入现场描写，或以场景段的方式渲染，或以插叙、旁白方式点化。

4. 主持人问答式

报刊的主持人形式，是对广播、电视主持人节目的移植，一般运用于多个访谈对象，也可以把不同时、地多个访谈对象的谈话，在同一主题下组合。这种形式，就实质而言，和问答提要式无二致，只是将记者角色换成主持人。不同处在于答问主体多元化，访问时间、地点可以不限一时一地。

5. 谈话人直叙式

由谈话人用自己的口吻直接叙述。

6. 记者叙述式

由记者以第三人称方式叙述谈话内容。

第三节　答记者问、谈话录的写作范例

一、专题式答记者问

【范例】

毕业生供需信息系统反响非凡

——全国人才流动中心负责人答记者问

在××届大中专毕业生面临分配就业之际，国家人事部全国人才流动中心在全国300家省、地、市人才交流服务机构的支持下，创建了“全国大中专毕业生供需信息查询系统”。该系统开通后，××届毕业生和社会各界十分关注，纷纷要求进一步了解情况。对此，本报记者就大家关心的有关问题采访了全国人才流动中心负责人。

问：“查询系统”开通以后，广大毕业生十分关心，请您谈谈建立这一系统的初衷？

答：最近刚刚闭幕的全国人事厅局长会议提出，人事工作正面临两个调整，一是改革以往与计划经济相适应的人事管理体制，建立与市场经济相配套的人事管理体制；二是由传统的人事管理调整到整体性的人才资源开发上来。人事部门作为全国大中专毕业生接收工作的职能部门，面临着两大任务，一是根据《中国教育改革发展纲要》的要求，在保证国家用人计划的基础上，面向自主择业的毕业生，建立“平等、公开、竞争、择优”的就业市场，二是树立服务意识，为毕业生和用人单位提供实实在在的服务。

问：查询系统是如何运作的？

答：查询系统有固定的办公机构，可为××届中专以上毕业生提供长期服务。查询系统有由数十台计算机组成的计算机管理系统，可保证毕业生供需信息得到及时处理和交流。查询系统通过各级人事部门和人才交流服务机构，将全国各地对××届中专以上毕业生的情况输入计算机数据库，毕业生本人也可自愿将自己的求职信息送达查询系统并输入计算机数据库；接收单位和毕业生可通过该

系统进行双向查询。接收单位在查询到所需的毕业生后，即向毕业生发出意向接收函，与毕业生双向选择。毕业生在查询到自己的意向单位后，亦可直接与意向单位联系，实行双向选择。

为保证全国的毕业生及时了解国家有关毕业生分配就业政策、分配就业形势和查询系统动态，本系统于每周三在《中国青年报·教育导刊》上定期刊出查询系统的有关情况，同时，定期在《中国人事报》上刊登毕业生的意见、建议和要求。

问：查询系统为毕业生提供哪些服务？

答：一是将毕业生求职信息入库，供接收单位查询；二是毕业生通过本系统查询意向单位；三是提供政策和形势咨询。

问：查询系统如何保证入库的毕业生求职信息能得到接收单位的查询？

答：从××××年元月下旬开始，全国人事部门和人才交流服务机构，以及上千家大型国有企业、大型三资企业和民营企业，将陆续联合或单独通过本系统查询毕业生，需求量可达一二十万人。这样，凡是将求职信息输入查询系统数据库的毕业生将得到相当多的被挑选机会。

问：查询系统中有多少用人单位需求毕业生的信息？

答：目前有10万条，主要是国务院各部委以及在京直属企事业单位信息，同时也有四川、黑龙江、河南、广东、浙江、山东等省的部分需求信息，各地的需求信息正陆续汇总并入库，预计到××××年3月份，系统数据库中用人单位需求毕业生的信息可达到30万条。

问：毕业生如何报名参加查询系统？

答：毕业生可来人、来函、来电索取《查询系统简介》、《服务办法》、《毕业生求职登记表》等资料，本系统将免费寄送，毕业生可根据《服务办法》中的要求报名参加查询系统。

问：查询系统如何为毕业生查询意向单位？

答：本系统查询意向单位的工作一律由系统工作人员代为进行。不接受毕业生自己上机查询，毕业生根据自己的意愿，认真、准确填写《毕业生查询登记表》，系统工作人员将严格根据毕业生的要求，按毕业生自己要求的日期进行查询，之后将“查询结果通知单”在24小时内寄出。

问：查询系统如何保证供需双方的成交率？

答：一是保证供需信息真实、准确、可靠；二是接收单位当场查询、当场发意向接收函；三是对于一些确实符合学校和国家有关政策的毕业生，查询系统通过各地人事部门协助解决毕业生和接收单位在接收时遇到的困难和问题；四是对被三资企业和民营企业接收的毕业生，将通过人事部全国人才流动中心和各地人才交流服务机构，如同国有企事业单位一样办理毕业生接收手续，并开展人事代理业务。同时，本系统也提醒毕业生在填写求职意向时，从学以致用、从未来发展和国家需要考虑积极争取去国家最需要的地方。这样，才能在双向查询、双向选择中实现个人意愿和国家需要的统一。

问：国家不包分配的毕业生可否参加查询系统？

答：可以，这也是查询系统的特色之一。××××年，全国不包分配的毕业生就业压力很大，我们将在全国人才交流系统的支持下，为不包分配的各类毕业生求职提供服务。

查询系统最大的优势是“公开、平等、竞争、择优”。在查询系统中，每名毕业生，每家接收单位都是平等的，信息也都是公平的。只要你有真才实学，就不会被埋没。

我们希望全国的毕业生能通过查询系统落实到理想的工作，同时希望广大毕业生及时给我们提出意见和建议，以便我们把这项工作做得更好。

二、发布会上的答记者问

【范例】

再上一个大台阶

——国家计委主任陈锦华答中外记者问

时间：1996年3月8日上午10时

地点：人民大会堂新闻发布厅

今天，国家计委主任陈锦华在新闻发布会上，首先向中外记者介绍了“八五”成就和“九五”计划及2010年远景目标纲要的主要内容。

他说，“八五”期间，我国社会生产力迅速发展，综合国力进一步增强，基础设施建设加快，经济结构得到改善，提前五年实现了国民生产总值比1980年翻两番的目标。“九五”计划时期，要全面完成现代化建设的第二步战略部署，2000年实现人均国民生产总值比1980年翻两番，初步建立社会主义市场经济体制。2010年，全国国民生产总值比2000年翻一番。实现这个跨世纪的宏伟目标，将使我国的社会生产力、综合国力和人民生活水平登上一个新的大台阶。

有记者问：“九五”期间，中国对外开放有什么新打算？

陈锦华：“九五”期间，我们将坚定地执行对外开放政策，欢迎外商在农业、基础设施、基础工业和支柱产业领域投资，尤其欢迎到中国的中西部地区投资。

有记者问：在科技兴农方面有何计划？

陈锦华：我们提出“科教兴国”，农业是很重要的方面。到本世纪末，我们要增产一千亿斤粮食，主要要依靠科技进步。我们要加快农业增长方式的转变。“九五”期间，要下力气更换粮食、棉花种子。

有记者问：中国的适度从紧的货币政策会松动吗？

陈锦华：我们实行的适度从紧的货币政策对近两年来中国宏观经济的稳定起到了重要的作用。“九五”期间，将继续实行适度从紧的政策。实践证明，我们的宏观调控措施和适度从紧的货币政策同我们经济目前发展是相适应的。去年，国内生产总值增长10.2%，通货膨胀率降到14.8%，投资、工业生产、出口都保持了全面增长的良好势头，就是得益于这个政策。当然，我们在执行的过程中，也要针对出现的问题进行微调，1995年9月，国务院就决定“三保”，即保农产品收购，保有销路产品和出口企业生产，保国家重点建设资金。

有记者问：“九五”期间，破产工作会有何进展？

陈锦华：建立社会主义市场经济体制，企业在市场竞争中优胜劣汰是必然现象，有企业破产是不可避免的。目前，总的来说，我们对企业破产采取谨慎推进的态度。因为这涉及很多方面的工作，我们更鼓励企业间的兼并。

有记者问：吸引外商到中西部投资，国家有何优惠政策？

陈锦华：对投资者来讲，更重要的是市场，是投资环境的改善。这些年来，中西部地区在交通、邮电等基础设施建设方面有进展，投资环境得到改善，而且有比较便宜的劳动力。我国对外开放水平和层次越来越高，我们要对国内、国外企业逐步实行国民待遇。

三、记者叙述式谈话录

【范例】

一个意义重大的构想

——邓小平同志谈“一个国家，两种制度”

××× ×××

邓小平同志最近在会见外国客人和港澳同胞时曾对“一个国家，两种制度”的构想作了精辟的论述。

从中国的情况出发考虑

“一个国家，两种制度”，具体说，就是在中华人民共和国内，大陆10亿人口实行社会主义制度，香港、台湾实行资本主义制度。“一个国家，两种制度”的构想是一项重大的战略决策，并非权宜之计，这个构想是怎样产生的，它有什么现实意义?

邓小平说：实现国家统一是民族的愿望，一百年不统一，一千年也要统一的。怎么解决这个问题，我看只有实行“一个国家，两种制度”。“一个国家，两种制度”的构想不是今天形成的，是几年以前，主要是在党的十一届三中全会以后就形成了。这个构想首先是从中国解决台湾问题和香港问题出发的。

他说，我们提出要保存香港的资本主义制度，就是实行“一个国家，两种制度”。这个构想是我们从自己的情况出发考虑的，而现在已成为国际上注意的问题了。我们的社会主义制度是不会改变的，永远不会改变。但是，不保证香港和台湾继续实行资本主义制度，就不能保持它们的稳定和繁荣，也不能和平地解决问题。

第九章 广播、电视新闻的写作

第一节 广播、电视新闻概述

一、广播电视新闻的含义

广播电视新闻的基本要求与报纸一样。不同的是，广播的最终“产品”是声音，电视的最终产品是画面、声音和字幕，而报纸则是文字。因而，它的写作规律有所不同。

二、广播电视新闻的种类

广播电视新闻的种类大致与报纸相同。不同的是叫法和采制。目前列入中国广播电视新闻的种类有短消息、长消息、连续报道、评论、专题、现场直播等。平常，经常使用的还有广播、电视讲话。广播电视新闻与报纸新闻可以根据自身特点相互转换。

第二节 广播、电视新闻的写作指导

一、广播电视新闻的写作特点

1. 文字的写作必须通俗易懂

广播电视新闻的文字稿要通俗易懂，做到口语化。不口语化，就会破坏一条新闻的完美。

2. 文字的写作要考虑声音和画面

广播电视新闻的写作是“为听而写”，电视除了与广播一样，要考虑声音传播的规律，还要考虑与画面的配合。

3. 要面向不同国家、民族的受众

广播电视新闻如在卫星频道播出，覆盖范围的国家可以收听、收看，新闻的制作要考虑这些国家的受众。

二、广播电视新闻的写作要求

广播电视新闻的写作要求具体表现在以下几个方面：

1. 内容新鲜、具体形象

广播电视新闻最好是“现在新闻现在报”，同时，还应展现更多具体形象的事实，特别是专题、连续报道、现场直播更应如此。

2. 篇幅短小，精粹简洁

广播电视新闻要短小精粹，简洁明白，在庞杂的新闻要素中把握精华，在纷纭的事物中抓住其要害。

3. 行文顺畅，通俗易懂

结构要做到简明顺畅，适合听的规律；语言要通俗到口语化的程度。

第三节　广播、电视新闻文体的写作范例

一、广播稿

1. 广播稿的含义

供给有线广播和电台广播的专用新闻稿件叫广播稿。

2. 广播稿的写作要求

（1）结构要简化，跳跃要小，语言要简洁

广播稿的写作和播出要首先考虑听众能听得懂、听得清。这就要求文章在线

索安排上要力求单一，或按事情的发展顺序写。而且，文章的上下文之间连贯要紧，层次衔接要严，运用倒叙、插叙时要自然，时间和空间的跳跃要小。广播稿的语言跟其他报刊文章不同，它要求尽量简洁，尽量不要使用长且复杂的句子。这样，播音员读起来省力，听众也易听懂。

（2）要注意使用好懂易记的语言

要做到广播稿好懂易记，首先，要注意使用通俗易懂的语言；其次，对于一些关键性的内容，可做适当的反复交代和说明，以加深听众的印象。

3. 广播稿的范例

【范例一】

青春·理想

大家好，今天我为大家带来的演讲叫做《青春·理想》。

我们，撇下无知迎来了属于我们的青春。青春，让我们肆无忌惮，畅然释怀，体味风那样的自由，感受云那般的自在，因为青春赋予我们的是生命的巅峰，我们无须成熟，我们不再无知，我们唯有执著。

人生是对理想的追求，理想是人生的指示灯，失去了这灯的作用，就会失去生活的勇气。因此，只有坚持远大的人生理想，才不会在生活的海洋中迷失方向。托尔斯泰将人生的理想分成一辈子的理想，一个阶段的理想，一年的理想，一个月的理想，甚至一天、一小时、一分钟的理想。当你听到这里，同学们，你是否想到了自己的理想？

人生的花季是生命的春天，它美丽，却短暂。作为一名大学生就应该在这一时期，努力学习，奋发向上，找到一片属于自己的天空。青年是祖国的希望，民族的未来。每个人主宰着自己的明天。

有一位哲人说过："梦里走了许多路，醒来还是在床上。"它形象地告诉我们一个道理：人不能躺在梦幻式的理想中生活。是的，人不仅要有理想，还要大胆幻想，但更要努力去做，在理想中躺着等待新的开始，结果不仅遥遥无期，甚至连已经拥有的也会失去。同学们，你们是否也正在梦幻的理想中彷徨呢？

前人说得好，"有志之人立长志，无志之人常立志"，那些无志之人的"志"，就是美梦，就是所谓的"理想"，他们把自己的蓝图构画得再美好、再完善，也只是空中楼阁、海市蜃楼罢了。同学们，你是立长志之人，还是常立志之人呢？

最后我想用梁启超的话来结束今天的演讲："少年智则国智，少年富则国富，少年强则国强，少年进步则国进步，少年雄于地球，则国雄于地球。"让我们洒一路汗水，饮一路风尘，嚼一路艰辛，让青春在红旗下继续燃烧；愿每一位青年都怀抱着自己的理想，在人生的航程上不断乘风破浪，奋勇前进！

【范例二】

放飞理想——希望的萌动

我们每个人都从幼年一步步走向成熟，就像沿着一条河流逆流而上。

年少时，我们都曾有过一些美妙、绮丽而又略显天真和不切实际的幻想，就像河流边那些五光十色的鹅卵石。我们都曾陶醉于那些绚丽的颜色中。渐渐地，我们长大了，目光由脚边的鹅卵石移向前方。河流的源头，屹立着一座雄伟高峻的雪山，令人神往。我们把它称之为——理想。一个最美的字眼！

理想，包含着我们对未来的向往，对未来的希望，对未来美好的憧憬。

金色的童年，沉淀着儿时的快乐、沉淀着淡淡的稻香，就像陈年的女儿红，愈久愈香，愈久愈让人不满足于回味。小时候的我，最大的理想就是爸爸妈妈能多给我买些玩具和好吃的。现在看来，才觉得儿时的我多么的天真。

长大后，才渐渐地明白："理想，不在于一朵娇嫩的鲜花，需要我们渴望的目光去滋润，更需要我们用真挚的心灵去呵护。"

的确，每个人都有理想，但要让这美好的理想变成现实，关键还要看自己。在失败中振作，在振作中奋发，在奋发中取胜，这才是我们要的精神。俗话说："有志者，事竟成。"我相信，只要我们努力踏实地学习，一定会使自己的理想成真！

理想是石，敲出星星之火；理想是灯，照亮夜行的路。

理想是火，点燃熄灭的灯；理想是路，引你走向黎明。

当然，理想也是一股动力，推动着我们前进而不气馁。

让我们为理想插上翅膀，让我们一起放飞自己的理想！

【范例三】

十七岁，诗意烟雨

岁月荏苒，不知不觉间，度过了十七个流年。往事被镌刻上了明媚的伤痕，岁月被谱写成了悠扬的哀乐，或喜或悲，或苦或甜。自信充实了流年，梦想激进了人生，我们用汗水和泪水，送走了往昔岁月；用拼搏和自信，迎来了梦幻年华，这是我们青春的模样。

花样年华，梦幻岁月。岁月的微笑映着明媚的伤，成长的苦涩射出幸福的甜。我们有时候，自己也搞不懂自己。偶尔会莫名其妙地大笑，偶尔也会莫名其妙地哭。而且，还会常常迷茫。有时候，阳光活泼；有时候，孤独冷漠。十七岁，究竟是个什么样的岁月？

刚走出豆蔻年华的我们，或许还有很多不懂，或许还有些天真。所以，在青春的雨季，偶尔会迷失方向。狠狠地抛弃平坦的阳光大道，固执地走进崎岖小路，只为满足心中的好奇。因为倔犟，也曾一个人窝起来哭，也伪装坚强，不愿把辛酸同别人分享。牵着他（她）的手，自认为很光荣，却常常因此吃尽虚伪的苦头。也曾胸怀大志，渴望美好未来，可是所有的志向却总不能付诸行动。……我们到底是怎么了？但是，我们毕竟年少，年少不言败！重创也不击垮斗志，失败也不能溃散自信。总是在短暂的迷茫后更坚定理想；总是在现实的失败后屡败屡战。因为，我们相信：我们注定成功，我们必将辉煌！失败只是暂时的，拼搏才是正确的！

我们高喊：90后，我们会成功！

十七岁，缤纷呈现在你我面前，等待被掌控。十七岁的年华，不该是堕落的年华，应该是奋进的岁月！

二、现场广播报道

1. 现场广播报道的含义

现场广播报道是记者亲临实地，对眼前正在发生的新闻事实作现场解说的一种报道形式。它的亲历性和现场感比录音报道还要强，也正因为它的这种报道与事件同步进行的特点，人们才格外地欣赏它。

2. 现场广播报道的范例

【范例一】

我校在广播电视大学案例设计与分析大赛现场赛中获奖

8月18日，××××年广播电视大学学生案例设计与分析大赛经过两天激烈的角逐，在东北财经大学落下帷幕。

此次法学和工商管理两大专业案例大赛现场赛，各有12支代表队获得入围资格，我校是同时获邀法学和工商管理两支代表队参加现场赛的4所省级电大之一。参赛学员分别是来自开放教育学院的侯××（工商管理）、陈×（工商管理）、李××（法学），南岸分校的黎××（工商管理），涪陵电大的王××（法学），石柱分校的冉××（法学），他们克服了工作、家庭等方面的重重困难，冒着高温酷暑，在我校导学中心几位教师的辛勤指导下，积极准备现场赛，经过团队的共同努力与紧密协作，最终获得了现场赛法学三等奖和工商管理优胜奖的好成绩。

在我校导学中心的精心组织和推动下，开放教育学院、涪陵电大、南岸分校、石柱分校等四所分校还获得了中央电大颁发的“××××年广播电视大学学生案例设计与分析大赛现场赛组织奖”。

【范例二】

“峥嵘岁月英雄赞歌”大型现场直播活动26日举行

作者：李欣　××××年9月28日

“今天，我们将把芬芳四溢的鲜花和热情炽烈的掌声献给他们，让他们那一段段铭刻在峥嵘岁月中的英雄故事，成为颂扬奉献品格、时代精神的华彩乐章……”9月26日下午，省公安厅和青海人民广播电台共同携手，在西宁举行了以“峥嵘岁月·英雄赞歌”为主题的大型现场直播活动。省委宣传部、省政法委、省广电局、省公安厅、省工商联、青海人民广播电台等单位和部门的有关负责人与全省广大公安民警、公安现役部队官兵200余人共同观看了直播节目。××致辞。

据悉，省公安厅与青海人民广播电台联合举办大型现场直播活动，旨在通过与新闻媒体的合作，进一步宣传青海公安工作，搭建一个有利于加强公安机关与社会公众的沟通、构建和谐警民关系的渠道和开辟公安宣传阵地、加强公安宣传工作的平台。进一步宣传我省公安机关在开展“三项重点工作”和“三项建设”、抗震救灾、打击犯罪、“创先争优”等方面的工作和成果，推动全省公安工作和“创先争优”活动深入发展。在两个小时的现场直播活动中，青海人民广播电台通过主持人讲解、邀请嘉宾到现场、记者发表采访感言等形式，向现场观众和广大广播听众讲述了××州公安局副局长、交警支队支队长×××，互助县××派出所所长×××，××县公安局，××县公安局政委××，××市××派出所藏族民警×××，××县刑警队司机×××，××县公安局法制科科长×××，××公安分局×××派出所片警×××，××路派出所教导员×××，××省公安厅交通警察总队等全省公安系统先进个人和集体的感人事迹。

活动现场还举行了省公安厅汇集的《大灾面前——青海省公安机关4·14玉树抗震救灾纪实》和《危难时刻——青海省公安机关4·14玉树抗震救灾影像志》两本书的首发仪式。

三、口播新闻

1. 口播新闻的含义

这是以播音员面对摄像镜头进行播音的方式发布的新闻，屏幕上一般只有播音员的形象，没有与新闻内容相对应的画面出现，这样的新闻体式跟广播电台的广播新闻没有多大的区别。有时，电视的口播新闻也配有跟新闻事件有关的图片，又有些近似于报刊上的图片新闻。总之，这样的新闻体式不能充分地显示出电视音像俱全的优势，不是电视新闻的主导体式。在写法上，也跟广播稿差别不大。

2. 口播新闻的范例

【范例一】

世界地球日

今天是第41个世界地球日，地球日活动最初起源于美国。

从20世纪90年代起，我国在每年的4月22日都举办“世界地球日”宣传活动，并根据当年的情况确定活动主题。今年我国纪念世界地球日的主题是：“珍惜地球资源，转变发展方式，倡导低碳生活。”在这个特别的日子里，你不妨也行动起来，为低碳环保尽一份力。你可以吃素一天；选择走楼梯，不搭电梯；出门多走路、骑自行车、利用大众运输系统；少扔一些垃圾；少用一些水；少用一些卫生筷。

让我们一起来爱护我们的共同家园——地球！

【范例二】

外来工代表杨××建议在全国设立环卫工人节

10日中午，正在北京参加十一届全国人大一次会议的全国人大代表、××市××有限公司制品分厂二车间质量员杨××接到××省人大代表、××市××区环境卫生养护中心的保洁员徐×的来电，徐×在电话中希望杨××能够在大会上提交《关于在全国设立环卫工人节和环卫工人安全周的建议》，让全国的环卫工人都得到社会的关心和重视，让全国的环卫工人安全问题都能引起全社会的关注，杨××在与徐×交流后表示将向大会提交这份建议。

杨××在与徐×通话后对记者说，环卫工人群体是一个特殊的群体，理应受到社会更多的关心和爱护。徐×提出借鉴浙江省设立环卫工人节的做法，建议在全国设立环卫工人节和环卫工人安全周，她也觉得很有必要，表示将把这件建议提交给大会。

四、视像消息

1. 视像消息的含义

视像消息是以现场摄录的活动画面为主，以记者的解说为辅的一种消息形式。它的最大特点是以画面作为一种重要“语言”来实现新闻的直观化传播。

2. 视像消息的范例

【范例一】

“嫦娥一号”多项科研成果公布　我国获得国际先进全月球影像图

国家国防科技工业局16日发布的报告显示，我国对“嫦娥一号”卫星探测数据的处理、分析与研究，目前已取得阶段性成果，填补了我国在月球探测领域的空白，其中，根据“嫦娥一号”数据制作的“全月球影像图”为国际先进水平。

“嫦娥一号”于2007年10月24日成功发射；2009年3月1日，“嫦娥一号”成功受控撞月。据中科院院士、我国绕月探测工程月球应用科学首席科学家××××介绍，通过对“嫦娥一号”探测数据的分析研究，我们主要取得了五方面的科研成果。

第一，我们获得了具有国际先进水平的全月球影像图。“嫦娥一号”CCD立体相机第一次实现了月球表面的100%覆盖，制作的“全月球影像图”在几何配准精度、数据的完整性与一致性、图像色调等方面均在国际上处于先进水平。

第二，我们获得了精度和分辨率最高的全月球数字高程模型（DEM）和三维月球地形图。我们采用激光测高数据制作了分辨率为3公里左右的全月球数字高程模型（DEM），达到了国际先进水平。我们采用三线阵数字摄影测量方法制作的全月球三维数字地形图，在数据覆盖范围、平面定位与高程精度、空间分辨率等方面均优于国际现有全月球数字地形产品。

第三，我们获得了重要元素的全月球和局部区域的含量分布数据。不过，由于信号积累时间的限制，只有铀、钍、钾等3类元素能够解译出全月球分布和含量，镁、铝、硅、铁、钛等元素只能解译出区域含量与分布数据。

第四，我们获得了月表微波辐射亮温数据的全月球分布数据，得到全球亮温图，这对月壤特性、月壤厚度以及月壤稀有气体的研究有重要的科学价值。

第五，我们获得了独特的近月空间高能粒子和太阳风离子数据。“嫦娥一号”携带高能粒子和太阳风离子探测器对月球轨道空间环境进行了探测，这对丰富太阳辐射及其与地球磁场和行星（月球）的认识具有特殊的意义，有望获得更多的科学发现。

【范例二】

中国电子视像行业协会联合华旗制定 MP5 标准

记者从今天华旗资讯举办的“爱国者 MP5 节”开幕仪式中获悉，尽管我国 MP3、MP4 国家标准尚在公示中，但中国电子视像行业协会等部门已经会同华旗资讯等企业在研究制定 MP5 国家标准了。

这个消息是中国电子视像行业协会副秘书长郝××在参加“爱国者 MP5 节”开幕仪式时透露的。他说，在便携式多媒体播放器领域，我国企业一直走在世界的前头，MP3、MP4 国家标准都是我国企业在这个领域里自主创新的标志，而现在由华旗资讯率先推出的这种更强调人机互动的 MP5 产品，也引领了中国影像产品的最新潮流，对整个产业而言是一种突破。

他透露，目前我国 MP3、MP4 国家标准都已制定完毕，正处于公示之中，而 MP5 国家标准也已经在研究制定中，框架已经成形。

据了解，MP5 产品是华旗资讯今年 1 月率先在国内市场推出的第五代便携播放器产品，它强调“网络传输的终端产品”的概念，具有“无须格式转换，可直接下载观看”的优势，其后续研发瞄准数字电视、GPS、WiFi 下载等。目前爱国者已有 5 款成熟产品问世，此次高调举办“MP5 节”，旨在进一步宣传 MP5 的概念。

五、焦点述评和新闻调查

1. 焦点述评和新闻调查的含义

选择一个焦点性的新闻事实，在报道的同时对它的性质、成因、发展方向等进行深入的挖掘和探讨，既有新闻性，又有政论性，这就是近年来在电视屏幕上十分走红的焦点述评和新闻调查。

2. 焦点述评和新闻调查的特点

这两种电视新闻体式的特点体现在：

（1）揭露性和批判性

焦点述评和新闻调查突出的特点表现在揭露性和批判性方面。它有着直面现实的勇气，有着犀利的批判锋芒，这是其大受社会欢迎的一个主要原因。

（2）充分的背景和深入的调查

这两种电视新闻体式除报道新闻事实外，还要提供较充分的背景材料和深入调查结果，有着多层次、多角度、多侧面的开掘。所以，这些新闻不像消息那样简短。

（3）各界的反映和科学的分析

针对所报道的新闻事实，邀请各界人士发表意见，特别是邀请有关专家进行科学的分析，使报道获得理性深度。

3. 焦点述评和新闻调查的范例

【范例一】

让评论成为新闻网站的另一只拳头——兼谈人民网的新闻评论

×××

编者按：新闻网站怎样做才能使自己更加抢眼并立于不败？此文以人民网为例，论述了网络媒体的“另一只拳头”——评论的作用。文章向读者介绍了人民网创建评论栏目，帮助网民解读新闻，促进网站与网民之间的互动，既反映民间舆论，又潜移默化地引导舆论的做法。加强网上评论是一条在竞争中求发展，扩大影响力的好途径。文章有的放矢，言之有物，值得一读。

我国新闻网站已成为人们获取新闻的重要渠道之一。但是，新闻网站因为新闻来源相同、内容雷同而缺少个性。尽管传统媒体网站凭借其多年形成的影响力，具有一个较高的起点，公众对其品牌较易认同，但不容忽视的是，这种优势可能会因为缺少个性而弱化并渐渐失去。如何避免这种情况的出现，如何使新闻网站能在竞争中立于不败之地？笔者以为，应借鉴传统媒体的做法，并且根据网络媒体的特点进行创新，在做好新闻的同时，重视发展网上新闻评论。

网络时代，人们需要新闻，但更需要对新闻的解读。新闻评论正是解读新闻的重要形式。新闻网站应在做好新闻的同时，把新闻评论作为自己的独特的“秘诀”，形成核心竞争力。

一、网络新闻的特点，决定了新闻网站必须重视新闻评论，通过评论来解读新闻，树立品牌，扩大网站的影响力。

新闻评论针对现实生活中典型的新闻事件和群众普遍关心的重大问题，直接阐明编辑部或作者的立场和态度，反映舆论和引导舆论，从而影响读者的思想和行动。传统媒体在新闻传播过程中有两只拳头，一个是新闻，一个是评论。如果说新闻是客观反映社会现实，评论则是主动表明媒体对于新闻的态度。因此，很多传统媒体都非常重视评论，重视传播自己的和读者的“声音”。

相对于传统媒体，网络媒体的传播方式变了，但评论在重点新闻网站的新闻传播中的作用不仅同传统媒体一样，而且这只拳头的作用越来越重要。

首先，新闻评论能体现重点新闻网站的个性。在新闻传播方面，与报纸、广播、电视相比，网络媒体有着自己得天独厚的优势。这主要表现在：时效更快、信息海量、互动性强。在过去信息短缺的时代，人们的要求只是要获得信息，但在信息过剩的时代，铺天盖地的网上新闻，会让受众无所适从。况且，目前新闻网站都面临着一个共同的问题，即新闻的低质量重复。浏览各个新闻网站，主要新闻都差不多，你有的我也有，我有的你同样有，缺乏个性。美国数学家D. 霍夫斯塔特说过：“你想要理解任何一份消息，就必须先有一种消息告诉你如何去理解它。”人们需要了解新闻，更需要了解新闻背后的信息，了解新闻的意义，了解新闻的发展趋向，了解人们尤其是编辑部对新闻的态度。而新闻评论，正是这种关于新闻的“消息”、“观点”。它是不可克隆、无法重复的。谁为网友提供了这样高质量的关于新闻的观点和信息，谁拥有自己独特的评论性品牌栏目，谁就会走出新闻低质量重复的窘境，在新闻网站中脱颖而出，显现出其个性。

其次，新闻评论能扩大新闻网站的影响力。什么是媒体的影响力？中国人民大学舆论研究所所长喻国明教授认为：媒介本身就是一种影响力经济，就像市场经济中所说的是做品牌的。品牌的含义就是说，让你的目标读者在情感上依赖你，觉得离不开你，你能够回答他很多问题；在行为上，读者很黏着你，经常接触你。这就说明，你在他们当中有影响力了，已经成为他们不可或缺的资讯来源和生活当中一个基本要素了。现在人们关注新闻，已经变成了一种接受习惯，主要不是为了娱乐，而是为了通过掌握信息，更好地安排生活和工作。新闻评论的特点是尽可能地面向最广大的群众，就广大群众最关心和最感兴趣的、同群众的利益密切相关的，又是能反映群众的要求和呼声的问题，进行分析，释疑解惑。只有为网友整合、梳理看似杂乱无章的信息，为人们提供有序而冷静的观察与分析，让网友总能在你这里得到他们想知道的问题的答案，你才有可能让他们黏住你，你才有可能在他们中形成影响力。新闻网站中谁有个性和影响力，谁才会在新闻争夺战中有取胜的把握。一些新闻网站已认识到了这一点，在新闻评论方面开拓着自己的领域。其中人民网是做得较早也是最成功的。

二、发展网上评论，在实践中提高网站的声誉和影响力，是一条在竞争中求发展的好途径。

信息时代的媒体竞争，在很大意义上不仅是新闻题材的竞争，更是新闻解读的竞争。网络媒体在传播过程中，主要通过两个方面来解读新闻：一是在新闻中解读新闻；二是通过评论来解读新闻，包括评论员的评述、网友的评论，以及编辑与网友、网友与网友的互动性讨论。

在新闻中解读新闻，更多地依赖于记者在写稿时，就要对新闻事实或社会现象作出深刻的剖析。传统媒体的深度报道已为新闻网站提供了很好的范本，而且新闻网站也已开始下功夫，推出自己的品牌栏目，比如人民网的《人民视点》、《人民观察》，新华网的《焦点网谈》，等等。

相对于新闻解读来说，通过评论来解读新闻的方式难度要大一些。几年来，人民网在充分开掘各种资源，为网友解读新闻，反映舆论并引导舆论方面，做了不少努力，也取得了一些成绩。

2000 年 4 月，人民网改版时，就增设了观点频道，尽可能地汇集媒体的评论文章，让网友能方便地找到对于热点新闻的评论文章。同时，在《网友说话》栏目中编发少量网友投来的原创的评论性文章。一个新闻网站不能总是照搬其他媒体的文章，必须拥有自己的“声音”，拥有原创性品牌栏目。基于这种认识，2001 年 3 月，人民网再次改版时，依托人民日报的评论资源优势，开设了《人民时评》栏目，每天由评论员（编辑、记者）就热点新闻进行评述。而且，《网友说话》栏目的稿件数量增多了，质量也大大提高。此后，又在网友互动方面开设了一系列的栏目，如《网友感言》、《热门话题》、《观点碰撞》、《网友热评》和《网友七日谈》。经过几年的努力，观点频道已做到了相当的规模，网友互动性栏目有声有色。

1. 评论员评述，帮助网友把对新闻的感性认识向理性认识转变。

评论员的评述是跳出新闻来解读新闻。它可以有更开阔的视野，更宏观的背景，更多的理论支持，有一定的权威性。

曾对人民网的《人民时评》做过专题研究的中国社会科学院新闻与传播研究所研究员陈力丹说：现在的网络用户，文化水准不低，他们不仅要从网络上获知新闻，更有一种“期待”，即想进一步了解新闻的背景以及由此对未来的预测。人民网开设的独家评论栏目《人民时评》就是这样一种能满足人们期待的评论。对刚刚发生的国内外的重大事件或人们关心的热点，人民网及时请各方面有专门研究的记者、编辑发表网上评论。由于评论员均是权威人士，既对党和国家的方针政策十分熟悉，又很了解读者的需求，所发时评常常是先声夺人，因而文章的转载率和网友的反馈率都是最高的，被誉为“网上第一评”。我们的媒体竞争开始强调“减去共同的东西”，陈力丹认为还应补充一句：“加上新闻的意义。”而加上新闻的意义比报道新闻本身要困难得多。而这，也正是有实力的重点新闻网站努力的方向。

网上评论的舆论导向有一定的隐蔽性，需要以适应读者的观念认同为前提，并要有亲和力。这一点做得越好，越能以正确的舆论导向影响网友。

2001 年 4 月初，美国黑客对中国网站发动了攻击。有报道说，中国黑客高手（“红客”）奋起还击，至少有 9 家美国网站遭到了中国黑客的攻击。他们还准备发动一次大规模的攻击行动，以体现他们的爱国热忱。5 月 5 日，人民网发表时评《“红客”“黑客”都对网络秩序构成危害》。文章承认，中国“红客”是一群有正义感和爱国热情的网友。在此基础上，文章提出，无论中国“红客”还是美国“黑客”，攻击、破坏网站这一行为是不可原谅的违法行为。接着，文章论证了这一论点，并坚决反对把中国“红客”的网络攻击行为高尚化。文章在认同公众一般看法的前提下，进一步提出深层次的问题，因此能够使人接受，并引发思考。

这样的事例还有很多。帮助读者把对新闻的感性认识向理性认识转变，《人民时评》做了有益的工作。

2. 网友评论，开一扇反映民间舆论、传达社情民意的敞亮的窗口。

过去，多数普通百姓不太习惯和不太善于利用新闻媒体表达自己的呼声，况且，传统媒体受时间段、版面的限制，传达呼声的渠道不是很畅通。网络的出现，改变了这一状况，首先，只要能上网，人人都可以随时将自己的观点、言论发到新闻网站的编辑部；其次，网络空间无限，可以为网友说话提供一个大舞台；再次，网友中间有各行各业人士和有着较高水平的写手，这是民间言论的代表者、转达者。问题是，编辑部如何对待这些来自民间的言论或叫“民间舆论”。

司法部司法研究所刘武俊说，所谓“民间舆论”乃是通常以媒体为主要传播渠道，而且对公共事务具有较大辐射面和影响力的，来自公民社会的以民间立场出现的声音和话语。客观地讲，民间舆论中有的是谏言，有的则是怨言，谏言固然可嘉，怨言也未必就可畏。其实，让民怨及时发泄出来往往可以缓解冲突，消除某些潜在的隐患，无视民怨乃是不明智之举。当然，民间舆论带有一定的利益驱动性和盲从性，形象地讲，形形色色的民间舆论有时就如同“酸雨”，其建设性和破坏性俱在。善待民间舆论，是形成舆论多元的良性状态所必需的。

人民网开设《网友说话》栏目已有两年了，共发表了网友的近2000篇评论稿件，这些稿件代表着网友对新闻、对现实生活的理解。如何放大这些言论的建设性，消除这些言论的破坏性，这就要看编辑把握舆论导向的水准了。可以说，人民网的编辑在这方面做得比较出色，因此，在网友的心目中，人民网在反映民间舆论、传达社情民意方面开了一个有代表性的敞亮的窗口。

北京市海淀区非法营业的“蓝极速网吧”发生火灾，烧死24人。事故发生后，各媒体都发表了评论，同样，网友也给人民网发来了评论稿件。网友杨仕智说：“网吧当然要整顿，这本没错的。但更重要的是整顿我们的政府部门的工作作风，改革我们的运转机制，建立健全安全预警防范和监督机制。”还说：“发生了那么大的事情，至少那些跟在事故后面跑的北京市的相关职能部门，如公安、文化、工商的头头脑脑们也当对首善之区乃至国人有个交代吧?”这些话颇能代表老百姓的声音。

人民网对处理网友的评论性稿件有一个工作制度，就是接到稿件后3个工作日之内答复网友是否采用。很多稿件都是收到的第二天就编辑上网，甚至当天就上网。这非常符合网络的快速性的特点。这一制度大大提高了网友给人民网投稿的积极性。人民网已聚集了一批忠诚的网友评论作者。《网友说话》也由最初的每天上一两篇稿子，逐渐发展到多时一天上十几篇稿子。而且，网友的文章经常上每日新闻排行榜。

3. 引发网友讨论，主动整合、梳理杂乱无章的信息，在互动中引导舆论。

解读新闻的最后一种方式就是网友对于新闻事件的讨论，这是一种自发式的、群言式的解读新闻的方式。

从自发性看，网友讨论的话题，必然是他们内在的兴趣的体现；从群言性看，网友的讨论，并不完全公平理性，感性色彩比较浓。这种解读方式更可以体现网络特色。

一般来说，传统媒体是报社、广播电台和电视台作为信息发出源的一点向多点的单向传播，传播者和受众是主动发布和被动接受的关系。这种传统的传播方式虽然比较集中，易于管理和控制，但这种优势受到网络媒体的“互动性”的严峻挑战。清华大学新闻与传播学院刘建明教授说，在网络新闻收阅中，受众不是被动的读者和观众，他们对记者、编辑的报道不只是“洗耳恭听”。他们认为必要，可与新闻机构的采编人员和其他受众进行交流，把单向传播变为双向以至于多向的对话。

网友看到了一条新闻，产生了一些想法或情绪，他可以马上回复一封信，将几句感言发到编辑部。编辑也可与网友进行交流，但这种单对单的交流毕竟范围太小，而网友间的讨论，其影响面就大得多。

人民网最初的做法是：把这些网友对于新闻的感言集纳起来，收到《网友感言》栏目中，让其他网友看这些网友是如何理解新闻的。当然，这种方式离真正的互动还有一段距离。2000 年，人民网观点频道推出了《热门话题》栏目，并精心设计页面，就近期的新闻热点，请网友参与讨论。这样，对编辑来说，被动地接收、编发网友讨论就变成了主动地引导网友讨论。编辑在选发网友的讨论内容时，既注意保留网友感情化色彩，又注意删去那些毫无礼貌的粗话，保证内容的健康又不失网友的风格。

《热门话题》是一个周期比较长（一般是一周一个话题）的栏目，相对于层出不穷的新闻热点，它有时显得有些迟缓。2002 年年初，人民网推出了相对“短、平、快”的栏目《观点碰撞》，每天选取最新发生的热点新闻为由头，将人民网网友和其他媒体对新闻的各个角度的评论作观点摘要和文章链接，再由编辑写上几句引导性的话，推荐到主页显著位置，等待网友“碰撞”。半年来，《观点碰撞》一半以上都名列新闻排行榜的前 10 名，《米卢过时了？离任之际看米卢》、《百余干部带薪外出打工，合适吗?》、《人才“黑档案”到底有多“黑”?》、《汽车降价了，买得起但用得起吗?》等，都引起了网友的热烈反应。

网站共同的东西太多，这就要创造自己的独特品牌。报道新闻比较容易，但告知新闻的意义就困难得多，网站的水平因此才显示出来。重视新闻评论，重视对新闻的解读，使人民网的声誉和影响力得到了很大的提高，很多独家的新闻评论在网友中产生了不小的反响。有网友评论说，人民网的观点频道在新闻网站中是“一枝独秀”。

【范例二】

要用坦诚务实的行动修复对华关系

9 月 7 日，日本方面在钓鱼岛海域非法抓扣中国 15 名渔民和渔船，并将船长扣押至 9 月 24 日。对这一严重侵犯中国领土主权和中国公民人权的行径，中国政府表示强烈抗议，海内外全体中国人表达了愤怒之情。

日本方面一手造成的这一事件严重破坏了中日关系改善和发展的良好势头。人们注意到，这两天日本领导人就对华关系发表了一些谈话，表示意识到“恶化的征兆”，同时希望“修复日中关系”并“充实两国的战略互惠关系”。

然而，让中日关系回到正确轨道上来，不是嘴上说一说就管用的。听其言，更要观其行。日本政府如果真的想修复对华关系，就必须拿出坦诚务实的行动，彻底改变错误做法。

钓鱼岛及其附属岛屿自古以来就是中国的固有领土，中国对此拥有无可争辩的主权。日方对中国渔民渔船的扣押、调查以及任何形式的司法举措都是非法和无效的。日方必须就此次事件向中方作出道歉和赔偿。

第十章 政治新闻的写作

第一节 政治新闻概论

一、政治新闻的含义

政治新闻毫无疑问是关于时事政治的新闻报道。要弄清政治新闻的准确含义，必须明了“政治”一词的含义。政治，按《简明社会科学词典》的解释，是“经济的集中表现。政治归根结底是由经济决定的，同时它又反作用于经济，给予经济的发展以巨大的影响”，“处理阶级内部的关系、阶级之间的关系和民族间、国家间的关系等，都属于政治的内容。其表现形式为代表一定阶级的政党、社会集团、社会势力在国家生活和国际关系方面的政策和活动”。按照这种解释，政治新闻就是关于社会阶级斗争和各阶级处理阶级内部关系、处理阶级与阶级关系、处理民族关系和国际关系的报道，是关于某个阶级的政党、社会集团、社会势力在国家政治生活和国际政治关系方面的方针、政策和活动的报道。换言之，凡属于阶级、政党、社会团体的政治生活及它们之间的关系的报道，凡属于国家与国家、民族与民族之间政治关系的报道，都属于政治新闻。

由此可知，凡属于党和国家重大政治活动、政治会议、政治节日、政治事件的报道，凡属于国家与国家、党与党、民族与民族之间关系的报道，都属于政治新闻报道。另外，党和国家领导人的重要内政、外交活动，党和国家最高权力机构做出的重要决定和对干部的任免，党和政府的组织建设、思想建设和民主作风建设以及各民主党派和各群众团体的重要活动和组织、思想建设，统一战线工作、民族工作和侨务工作，等等，这些都属于政治报道的范围。

二、政治新闻的特点

政治新闻相较于其他新闻而言，有其独有的特点。

1. 政治性强

与经济新闻、科技新闻、文艺新闻相比，政治新闻的政治色彩更浓，政治倾向性更鲜明，政治性更强。政治新闻政治性强的特点，主要表现在以下几个方面：

（1）报道内容具有很强的政治色彩

政治新闻关注的是具有新闻价值的政治活动、政治事件、政治会议、党风党纪，或事关全局的重大政治决策等。这些报道内容本身的政治色彩就很强。

（2）报道的政治倾向性比较鲜明

政治新闻赞成什么，反对什么，态度一般非常明确。政治新闻的政治立场往往比其他专业报道鲜明，无论是报道政治活动、政治会议、党风建设还是政治事件，记者的立场都会通过不同的方式鲜明地表现出来。

2. 政策性强

政治新闻既然"是一定阶级的政党、社会集团、社会势力在国家政治生活和国际政治关系方面的方针、政策和活动的报道"，自然具有很强的政策性。政治新闻虽然不是长篇累牍地集中宣传党和国家的某项政治政策，但它们通过报道党和国家领导人关于内政、外交政策的讲话，通过报道大量的政治活动、思想政治工作、政治事件，直接或间接地反映党和国家关于内政、外交的政策和方针。

3. 重要性和显著性

政治新闻所报道的内容，无论是政治活动、政治会议，还是政治事件、政治思想倾向，都直接关系到党和国家的大政方针和利益，关系到广大人民群众的根本利益，极具重要性。正因为政治新闻具有重要性和显著性，许多受众对它们十分重视，希望通过阅读和收视（听）政治新闻，来了解国内外形势，了解党和国家的政策走向。这就是政治新闻受众广的根本原因。

政治新闻的重要性和显著性的特点，又决定了从事政治新闻报道的严肃性和准确性。政治新闻必须真实地、准确地反映报道内容，丝毫差错都不能有，稍有不慎，就会酿成政治性错误，甚至会挑起国际事端，造成极为恶劣的后果。

4. 报道面宽，涉及范围广

政治时时有、处处有。政治新闻涉及的内容非常广泛，除上面提到的政治活动等方面外，还有党政工团的思想建设和组织建设、民主法制建设、廉政建设，等等。政治新闻报道所涉及的范围同样十分广泛。例如党风建设和人民群众行使民主权利这类政治新闻报道内容，无论是在中央领导机关，还是在工厂车间、农村村组，都会大量存在。在我国，这些组织和团体遍布城乡的每一个角落。因此，政治新闻的报道对象和范围无所不包，无处不至。这一特点，为政治新闻报道提供了广阔的天地和众多可供选择的报道素材、内容，同时，也为写好写活政治新闻提供了有利的条件。

三、政治新闻的分类

从内容上划分，时政新闻可分为以下几大类：

（一）政治形势报道

政治形势报道即对一个时期以来国际政治形势、国内政治形势或本省、本地区的政治形势所进行的报道。这类报道涉及面较广，问题重大，需要在充分掌握大量材料和进行分析的基础上，高屋建瓴地提出有见解、有新意的观点，对政治形势进行精当的阐述。在进行政治形势报道中，常见的新闻体裁有消息、通讯等，通讯员述评则是报道政治形势时常用的一种消息类型。

（二）政治生活报道

政治生活报道即关于各级党组织、各级政府机构的民主作风建设、廉政建设和广大人民群众享受民主权利情况的报道。政治生活直接关系到人们所享有的民主自由权利，关系到党风党纪建设和廉政建设，因此，在党和群众的生活中占有重要地位。工矿企业中的职工代表大会、农村中的村民委员会选举、人代会、党代会、政协会等，都是我国人民政治生活中的大事，是我国广大共产党员和人民群众行使政治权利的重要场所，也是政治报道的重要内容。

（三）重大节日报道

“三八”国际劳动妇女节、“五一”国际劳动节、“七一”党的节日、“八一”建军节、“十一”国庆节等节日，都是重大的政治节日，也是政治报道的重要内容。抓好重大节日的报道，既可以总结过去的工作，又可以展望未来，意义重大。正因为如此，各新闻传媒对每年的重大节日报道都予以充分关注，投入的力量强，报道的时间长、版面（或节目时间）多。

（四）思想政治工作报道

政治思想工作极其重要，它是人们精神力量的源泉。向工人、农民进行爱国家、爱集体教育，向大、中、小学生进行正确的人生观、价值观教育，等等，都属于思想政治工作。健康向上的思想政治工作，是取得各项工作胜利的重要保证。

（五）党的建设报道

党的建设是中国共产党的头等大事，直接关系到党的存亡和国家的兴衰。党的建设报道在我国新闻传媒的报道中也占有重要地位，一直受到新闻传媒的极大关注。许多报纸、电台、电视台还开办有“党的建设”、“党的生活”专栏或专题节目，经常地、大量地刊登关于党的建设方面的报道。许多报道由于事实感人、思想性强，受到广大受众的关注，有的还成为新闻名篇，被广泛传诵。

（六）重大政治事件报道

所谓重大政治事件，即在政治上有重大影响的事件。这些事件将给党和国家的命运和前途带来重要的影响。

（七）民族与民族关系报道

民族问题与民族关系问题，属于政治问题，因此，关于民族与民族关系的报道，属于政治报道范围。鉴于此，国内各新闻单位把民族与民族关系的报道划归政治部或政治文教部负责采写。

第二节　政治新闻的写作范例

一、政治形势报道

【范例】

“东边日出西边雨”——亚洲地区政治经济形势综述与展望

新华网香港12月11日电　新华社记者　2007年，亚洲地区政治、经济形势都发生了重大变化。政治上，尽管整个地区局势趋于平稳与缓和，但一些国家出现了局部动荡。经济上，区域合作和一体化进程不断加快，亚洲经济继续发挥着引领世界经济发展的火车头作用。

区域关系缓和，局部动荡不断

在和平与发展的潮流下，经各方共同努力，亚洲地区特别是东北亚地区出现了政治气氛缓和、国家关系改善、热点问题降温的局面。

继日本前首相安倍晋三对中国开展“破冰之旅”和中国国务院总理温家宝今年4月对日本进行“融冰之旅”后，中日关系得到了很大改善并保持了良好发展势头。11月，新任日本首相福田康夫与温家宝总理在东亚峰会期间商讨了巩固和发展两国关系大计。近来，中日两国在国际和地区事务中保持沟通与协调，两国经济高层对话机制业已正式启动，双方正在不断扩大交流，深化互利合作，以推动两国关系不断向前发展。

今年，朝鲜与韩国的关系取得了突破性进展。由于朝鲜核试验而陷入低谷的朝韩关系2007年随着朝核问题取得进展出现了新的转机。今年6月，在朝鲜被冻结资金的转移问题得到解决之后，朝鲜随即宣布关闭和封存宁边的核设施，不久有关方面开始向朝鲜提供重油援助。在此期间，国际原子能机构人员经朝方同意多次前往宁边地区进行监督验证，使朝核问题的解决迈出了非常重要的一步。10月初，朝韩第二次首脑会晤的举行和《南北关系发展与和平繁荣宣言》的发表，使朝韩关系进入全面发展的新阶段。

随着朝鲜半岛无核化进程的继续和朝美关系的改善，朝韩两国在新的一年将继续保持和平、合作的趋势。同时，朝韩关系的改善和经济合作的深入，也有利于增进朝韩互信，缓和半岛局势，进而推动朝鲜半岛无核化进程，建立朝鲜半岛的和平机制。

尽管上述这些国家的政治关系得到了改善，东北亚地区的整体局势趋于缓和，但亚洲其他一些国家却经历了不同程度的动荡和不安。

进入2007年，巴基斯坦国内政局出现动荡，宗教极端势力猖獗，恐怖袭击事件不断。近几个月来，围绕巴基斯坦总统选举及将在明年初举行的议会选举，各派势力及政治领导人展开了激烈角逐，总统穆沙拉夫多次采取措施，包括宣布实行紧急状态，以稳定国内政局。

近年来相对平静的缅甸，9月中下旬爆发了僧侣和民众示威游行活动。在联合国特使等斡旋下，缅甸政府采取措施，一方面坚持推进七点民主政治路线图计划，另一方面更加重视社会经济发展和改善民生问题。与此同时，当局还与被软禁的全国民主联盟总书记昂山素季开展对话并达成共识。

在阿富汗，境内的塔利班等反政府武装今年活动更加频繁，阿政府军在北约部队和美国领导的联军配合下加大了对反政府武装的打击力度，但阿各地爆炸和绑架等暴力袭击事件时有发生，安全局势不断恶化。据统计，今年在阿全国发生的各类暴力袭击事件中已有6000多人死亡。同时，外国军队在阿富汗的伤亡人数也在不断增加。以美国为首的西方力量在阿富汗的反恐行动已陷入“战而不胜，进退两难”的窘境。阿富汗实现国内和平还难以预计。

经济强势发展，合作步伐加快

2007年，亚洲大多数国家的经济仍取得了较快发展。亚洲开发银行发表的《2007年亚洲发展展望》显示，2007年亚洲经济发展强劲，亚洲发展中国家和地区经济增长率有望达到8.3%。

亚行说，由于出口、投资和消费的拉动，中国经济前三个季度增长速度高达11.5%；而2007财年前两季度（4~9月），印度的经济增长率也达9.1%。中印两国经济规模在整个亚洲占有相当大比重，对亚洲经济发展有着极为重要的影响力。

经济快速增长的势头并不仅限于中印两个发展中大国。2007年前三个季度，菲律宾的经济增长率达7.1%，全年有望实现6.1%至7.1%的增长目标。同时，印度尼西亚的经济也一直处于持续增长状态，2007年其经济增长率有望超过6%。

亚行同时认为，尽管美国经济增长放缓对亚洲会产生一定影响，但在未来一段时间里亚洲经济将会继续保持高速增长。亚行预测2008年亚洲发展中国家和地区经济增长率将达到8.2%。

亚洲经济的增长吸引了大量私人资本流入。同时，由于亚洲经济体积累了大量外汇储备，不少国家和地区更积极地到海外投资，国际金融市场资本流动出现新的动向。亚洲经济无疑正带动着世界经济的发展。

在经济快速发展的同时，亚洲地区为共同发展和共同应对各领域挑战，加快了经济一体化步伐。今年1月，东盟国家领导人决定将实现东盟经济一体化的目标从原定的2020年提前到2015年。11月在新加坡举行的第13届东盟首脑会议又通过了《东盟经济共同体蓝图》，确定了东盟经济一体化的总体规划和指导路线。

与此同时，以东盟为主导的区域合作已扩大到整个东亚地区。自2005年以来，东亚领导人每年举行峰会，确定合作领域。可以说，东亚地区正以多样化合作机制、明确的合作领域和具体的合作步骤，走上共存共荣的道路。

（新华网　2007 年 12 月 11 日）

二、政治生活报道

【范例】

卫生部：社会资本可自主申办营利性医疗机构

中新网 5 月 21 日电　据卫生部网站消息，日前，卫生部下发《关于社会资本举办医疗机构经营性质的通知》，通知明确指出，社会资本可以按照经营目的，自主申办营利性或非营利性医疗机构。

为贯彻落实《国务院办公厅关于转发发展改革委卫生部等部门关于进一步鼓励和引导社会资本举办医疗机构意见的通知》精神，促进非公立医疗机构持续健康发展，卫生部就社会资本举办医疗机构经营性质有关问题通知如下：

一、社会资本可以按照经营目的，自主申办营利性或非营利性医疗机构。2000 年，卫生部、国家中医药管理局、财政部、国家计委联合印发的《关于城镇医疗机构分类管理的实施意见》中“城镇个体诊所、股份制、股份合作制和中外合资合作医疗机构一般定为营利性医疗机构”的规定不再适用。

二、社会资本举办的医疗机构，转变经营性质的管理规定另行制定。

三、重大节日报道

【范例】

庆祝新中国成立 60 周年　首都举行阅兵式和群众游行

新华网北京（2009 年）10 月 1 日电　首都各界庆祝中华人民共和国成立 60 周年大会 1 日上午在北京天安门广场隆重举行，20 万军民以盛大的阅兵仪式和群众游行欢庆新中国60华诞。

中共中央总书记、国家主席、中央军委主席胡锦涛检阅受阅部队，并发表重要讲话。江泽民、吴邦国、温家宝、贾庆林、李长春、习近平、李克强、贺国强、周永康等出席庆祝大会。

国庆佳节，中华大地万众欢腾，首都北京繁花似锦。

天安门城楼金碧辉煌、庄严雄伟，城楼红墙正中悬挂着新中国缔造者毛泽东同志的巨幅彩色画像。巍巍耸立的人民英雄纪念碑前，竖立着伟大的革命先行者孙中山先生的画像，纪念碑两侧超宽电子屏上“伟大的中华人民共和国万岁”、“伟大的中国共产党万岁”等标语格外醒目。

天安门广场上空，60只直径5米的大红灯笼，烘托出热烈、喜庆、祥和的氛围；广场东西两侧，56根绘有各族群众载歌载舞图案的民族团结柱，象征着56个民族共同擎起祖国繁荣富强的伟大基业。广场上彩旗招展，8万名青少年手持花束，组成各种绚丽图案，使整个广场成了花的世界、欢乐的海洋。

上午9时58分，在欢快的乐曲声中，胡锦涛、江泽民、吴邦国、温家宝、贾庆林、李长春、习近平、李克强、贺国强、周永康等党和国家领导人来到天安门城楼主席台。

10时整，中共中央政治局委员、北京市委书记刘淇宣布庆祝大会开始。

60响礼炮响彻云霄，200名国旗护卫队官兵护卫着五星红旗，迈着铿锵有力的步伐，从人民英雄纪念碑行进至广场北端的旗杆基座。由1500人组成的中国人民解放军联合军乐团奏响中华人民共和国国歌，全场齐声高唱，鲜艳的五星红旗冉冉升起，在天安门广场上空迎风飘扬。

雄壮的《中国人民解放军进行曲》奏响，胡锦涛主席乘国产红旗牌检阅车，穿过天安门城楼，经过金水桥，驶上长安街，检阅了44个精神抖擞、装备精良的地面方队。

检阅部队后，胡锦涛登上天安门城楼，发表重要讲话。

10时37分，阅兵分列式开始。由陆海空三军仪仗队组成的方队，护卫着中国人民解放军军旗走在最前面。随后，由军区、军兵种、武警部队和总部直属部队以及北京市民兵预备役部队官兵组成的13个徒步方队、30个装备方队依次通过天安门广场，接受祖国和人民的检阅。

11时10分许，广场上空响起隆隆轰鸣声。由陆海空三军组成的12个空中梯队呼啸而至，151架飞机低空飞过天安门广场。由第一批女战斗机飞行员驾驶的教练机梯队殿后，在蓝天上拉出一道道绚丽的彩烟。

11时22分，以“我与祖国共奋进”为主旨的群众游行开始。游行分“奋斗创业”“改革开放”“世纪跨越”“科学发展”“辉煌成就”“锦绣中华”“美好未来”7个部分，由36个方阵、60辆彩车和6节行进式文艺表演组成。参加游行的10万各界群众以各种方式，尽情抒发着对伟大祖国的由衷赞美和美好祝福。

最后，全部由青少年组成的以“美好未来”为主题的游行方阵走来了。在“未来号”航船造型彩车引领下，少年儿童踩着欢快的节拍，唱着《中国少年先锋队队歌》，象征着中国特色社会主义伟大事业薪火相传、后继有人。

当5000多名手持彩色气球和缤纷花环的少年儿童来到天安门前，《歌唱祖国》的乐曲响彻整个广场。5万只彩球腾空而起，少年儿童春潮般涌向金水桥，向着天安门城楼，挥舞手中的花环，尽情地欢呼、尽情地跳跃。

城楼上，胡锦涛、江泽民等领导同志满面笑容地向孩子们挥手致意。城楼上下真情交融，广场内外一片欢腾，共同庆祝这个盛大的节日，共同祝愿祖国明天更加美好。

12时25分，历时2小时25分的庆祝大会圆满结束。

（新华网　2009年10月1日）

四、思想政治工作报道

【范例】

把思想政治工作优势转化为发展优势

乔保平

中宣部、国资委《关于加强和改进新形势下国有及国有控股企业思想政治工作的意见》（以下简称《意见》），是指导当前和今后一个时期国有企业思想政治工作的纲领性文件，对于推动国有企业有效应对后金融危机时代挑战，实现“十二五”良好开局，具有重要的现实意义。

中国国电集团公司作为全国5大综合性电力集团之一、世界500强企业，深入学习贯彻《意见》精神，既是对集团公司的政治要求，更是企业科学发展的内在需要。当前和今后一个时期，我们将以深入推进“学习提升、文化铸魂、和谐共建、强基固本”四大工程为主线，努力把党的政治优势转化为企业发展优势和竞争能力。

推进“学习提升工程”，培育“四有”职工队伍

《意见》要求，“努力提高国有企业思想政治工作科学化水平，培养和造就有理想、有道德、有文化、有纪律的社会主义劳动者，为推动企业科学发展、促进社会和谐稳定作出新贡献”。企业科学发展，关键在人。要把思想政治工作与建设学习型党组织、学习型企业结合起来，不断增强干部职工的学习力、执行力、创造力。

（略）

深入实施“人才强企”战略。推行市场化选人用人机制，积极引进新能源、煤化工、金融等方面紧缺人才，加大海外高层次人才引进力度，重点引进能够突破关键技术、发展高新技术产业的战略性科技人才、创新创业的领军人才。深入实施“职工职业发展工程”、“职工素质提升工程”，拓展职工职业发展通道。

推进“文化铸魂工程”，打造企业软实力

把企业文化建设与弘扬和传播社会主义核心价值观结合起来，不断增强思想政治工作凝心聚力的功能，打造企业软实力。

大力加强企业文化建设。坚持“用文化铸魂育人，用文化推进企业发展”，不断提高干部职工对集团文化的认知度、认同感，形成文化自觉。探索把企业价值理念融入管理制度，把职业精神和职业道德融入岗位职责和工作标准，使企业文化渗透到经营管理的各个环节。

（略）

广泛开展劳动竞赛活动。围绕企业生产经营的中心工作，开展岗位练兵和技术比武活动，深入开展劳模和先进评选表彰活动，引导干部职工立足本职岗位提升业务素质。

推进“和谐共建工程”，营造良好发展环境

今后一个时期，是国电集团企业转型的关键时期、攻坚时期，迫切需要我们加强和改进思想政治工作，营造和谐稳定的发展环境。

（略）

解决职工实际问题。坚持把帮助职工解决实际困难和问题与解决思想问题结

合起来，以保障和改善民生为出发点，建立职工收入与企业效益联动机制，让广大职工共享企业改革发展成果。

推进“强基固本工程”，强化责任体系和保障机制

按照《意见》关于“建立健全国有企业思想政治工作的责任体系和保障机制”的部署，强化思想政治工作的组织和制度保障。

（略）

在以新能源为标志的电力工业转型的伟大变革中，国电集团将深入学习贯彻《意见》，不断开创集团公司思想政治工作和改革发展的新局面，切实担负起中央骨干企业的经济责任、政治责任、社会责任，为国民经济平稳较快发展和社会和谐稳定做出积极贡献。

（《人民日报》 2011年3月29日）

五、党的建设报道

【范例】

全国组织系统讲党性重品行作表率活动总结会议侧记

王　军　赵振宇

八月的北京，金风艳阳。8月29日，全国组织系统讲党性、重品行、作表率活动总结会议在京西宾馆隆重召开。

党的十七大以来，全国组织系统紧紧围绕“建设模范部门、打造过硬队伍”的目标，持续深入地开展“讲重作”活动，涌现出一大批先进典型。这次会议表彰的100个“全国组织系统先进集体”、53名“全国组织系统先进个人”和150名受嘉奖的同志，就是其中的优秀代表。

会前，中共中央政治局常委、中央书记处书记、国家副主席习近平亲切会见了与会代表，号召各级组织部门和广大组工干部向受到表彰的优秀代表学习，并指出，活动虽然告一段落，但讲党性、重品行、作表率作为一个永恒主题，在组织系统要长期坚持下去。

"'讲重作'只有进行时，没有完成时。"与会代表纷纷表示，这次会议让人备受鼓舞、倍加坚定——一定按照中央要求，把讲党性、重品行、作表率的要求融入自身建设的全过程和各个方面，努力做到常态化、长效化，为改革发展稳定提供坚强的组织保证，以优异成绩迎接党的十八大胜利召开。

收获之旅

"当近平同志握住我的手时，我的眼泪忍不住在眼眶里打转。"从事组织工作20多年的海南屯昌县委常委、组织部长邓玉妹说，"领导同志那么忙，还专门抽出时间来接见我们，充分体现党中央对我们组织部门和组工干部的重视、关心和厚爱，这让我感觉到无上的光荣和自豪！"

"第一次面对面聆听近平同志的讲话，让我无比激动。"作为一名"80后"的组织工作新兵，四川广安市委组织部研究室主任左松林说，"近平同志的重要指示极富指导性和针对性，不仅为我们下一步的工作指明了方向，更为我们鼓足了劲、加满了油，让我们动力倍增！"

（略）

"这次会议不仅是展示当代组工干部风采的大平台，更是各地组工干部相互学习、促进提高的大课堂。我们不仅拿到了证书，更学习了很多好做法好经验，对今后工作的开展大有裨益。"北京密云县委常委、组织部长、统战部长韩耕说。

"中央号召全国组织系统向先进学习，那我们这些受表彰的应该怎么办？"山东临沂市委组织部副部长、沂蒙干部教育基地管理办公室常务副主任邵长来认为，"只有认真总结经验，深入思考提升，才能百尺竿头，更进一步，把未来的工作做得更加尽善尽美，不辜负党中央给予我们的信任和荣誉。"

光荣之旅

这次会议还特意安排与会代表走进中组部机关、登上天安门城楼……对于很多来自基层一线的组工干部来说，许多行程都是他们的"第一次"。这样的安排，让感动和幸福一波又一波地涌入他们的心田……

（略）

"我们只是做了自己应该做的工作，组织上却给了我们这么多的荣誉和奖赏，这让我感到万分荣幸和感激。这份荣誉不只属于我一个人，也属于千千万万个和我一样在基层默默奉献的组工干部。我们一定十分珍惜这份荣誉，以后一定要更好地带头讲党性、重品行、作表率。”安徽枞阳县委组织部组织科科长杨志根的一番话，道出了所有与会代表的心声。

憧憬之旅

“活动有期修身长，忠诚无限党性强。鞠躬尽瘁甘为民，赤胆忠心奉献党……”会议期间，河南煤业化工集团党委常委、组织部长刘慧发把自己的体会和感受总结成一首小诗，一字一句都体现出把“讲重作”坚持到底的坚定信念。

（略）

与会代表一致表示，我们一定要认真贯彻落实中央领导同志讲话精神，把讲党性、重品行、作表率作为组织部门自身建设的永恒主题，争当“三服务”优秀标兵，争创“两满意”模范部门，努力取得组织工作服务科学发展新成效，让党和人民更加满意。

（《中国组织人事报》 2012年9月3日）

六、重大政治事件报道

【范例】

拉萨发生暴力事件

易凌、陈瑶、叶辉

新华社拉萨3月14日电 西藏拉萨14日发生暴力事件，商店遭洗劫，清真寺被烧，人员伤亡严重。

骚乱始于午后，一些人在小昭寺附近与执勤民警发生冲突，并向民警投掷石块。

14时左右，暴徒开始在小昭寺周边集结，纵火焚烧市区两条主要街道和大昭寺、小昭寺以及冲赛康市场附近的店铺。至少五处着火，现场浓烟密布。

目击者看到，一些商店、银行和旅馆被烧毁，电力、通信中断。大昭寺和小昭寺附近的店铺被迫停业。

暴徒肆意打人

西藏自治区政府官员告诉记者，有足够证据证明，这次破坏活动是达赖集团有组织、有预谋、精心策划和指挥的。这些暴力犯罪活动扰乱了拉萨正常的社会秩序，危及无辜群众的人身和财产安全。

记者在拉萨城区看到许多暴徒身背装满石头的背包和汽油瓶，有些人手持铁棍、木棍和长刀，可见他们是有备而来。

目击者说，暴徒肆意殴打行人，连妇女和儿童也不放过。他们砸毁窗户、自动取款机和交通灯，抢劫服装店、餐馆和手机商店。街上散落着正在燃烧的自行车、摩托车和汽车。

15 时左右，暴徒开始焚烧四方超市、兰盾商场和温州商城，火势不断蔓延。晚上，一家清真寺也被点燃。

目击者还看到有人被暴徒纵火焚烧。许多伤者被送往医院。死亡人数尚不清楚。

政府保持克制

警方说，民警不得对暴徒使用武力，但被迫动用了少量催泪弹，并鸣枪示警。许多民警被暴徒打成重伤。

警方尚未公布是否实施逮捕，但称暴徒乔装成普通居民，增加了追捕难度。

午夜，消防队员和民警仍在清除北京中路上燃烧着的车辆。警方加强了管制和巡逻，以防暴徒再度出击。

自治区政府已采取紧急措施营救被困群众，加强对学校、医院等机构的保护，要求机关和企业保证员工安全。当地政府还决定实施局部交通管制，并通过电视通报情况，提醒居民注意安全。

网民描述“骚乱”

当晚，一名叫韩敬山的当地居民在网上发布帖文《亲历拉萨“骚乱”四小时》，描述他亲眼目睹的暴力场面。

韩敬山下午途经市区时，突然发现小昭寺方向浓烟滚滚，救护车呼啸而过。接近小昭寺时，只见满地都是一两公斤重的石块，一辆出租车烧得仅剩骨架。

“我看见十几个暴徒正在焚烧百益超市前的汽车，两百多人围观。”他写道，“17 时 56 分，特警赶到，暴徒逃散，但前面不远处又有两辆出租车被点燃，随后一个满脸是血的汉族女子从我身边跑过。”

“2008 年 3 月 14 日，西藏乃至中国历史上会永远记住这一天。”他写道。

（完）

（新华社　2008 年 3 月 14 日）

七、民族与民族关系报道

【范例】

北京最大少数民族聚居区民族关系和谐社会稳定

张庆水

北京牛街地区现有常住人口 5 万余人，暂住人口 1.2 万人，有 28 个少数民族群众居住，是北京最大的少数民族聚居区，其中回族群众 1.2 万人，占总人口的近五分之一。这里的民族和谐工作是如何开展的呢？

9 月 3 日，记者一走进牛街派出所治安纠纷、民间纠纷调解联合接待室，就被挂满墙的锦旗所吸引，其中一面上写着“调解耐心细致，促进民族团结”。年届七旬的回族调解员马长恩向记者讲述了锦旗背后的故事。

牛街东里居民张某（汉族）与满某（回族）同住在一栋楼里。一天乘坐楼内电梯时，满某推着摩托车进入，张某认为妨碍了他，双方就此发生纠纷。酒后有些失控的张某将满某打伤，法医鉴定为轻微伤。满某认为“自己挨打了无法见老街坊，我们也一大家子人呢，可以教育教育他！”

调解员了解情况后主动找到双方当事人，进行了耐心细致的说服工作，讲清了维护民族团结、邻里和谐的重要性。张某认识到自己的错误并主动作出赔偿，满某也表示谅解。事后两人一起给调解室送来这面锦旗。

“两年来，经过不断摸索和实践，我们感到各类纠纷的当事人以老人和妇女居多，尤其是在牛街这样的少数民族聚居地区，两个民族群众个人间的矛盾处理稍有不慎，就有可能导致民族纠纷。”马长恩感慨地说。

据了解，自 2003 年 11 月北京市公安局试点民事调解进派出所 9 年来，已逐步形成了一整套组织、运行、保障措施，在基层矛盾纠纷化解工作中积累了丰富的经验。2010 年 3 月 30 日，民调进所机制在北京全面推广实施。

牛街派出所政委王鑫对记者说：“为规范民调进所工作运转，我们建立完善了民事调解公示、工作流程公开、调解文书规范等日常工作制度。规范化运转促进了公正解决纠纷，实现了民族和谐。”

据介绍，民调进所又称矛盾纠纷联合调解，是在公安派出所建立治安纠纷、民间纠纷调解联合接待室，通过人民调解走进派出所，针对治安纠纷、民间纠纷，整合政法资源，综合运用行政调解、民事调解、诉讼调解等手段，在矛盾纠纷的最前沿，发现问题解决问题，实现了公安行政调解和人民调解的衔接整合，是人民内部矛盾调解的新机制新方法。

王鑫透露，民调进所机制运行以来，社区居民反映家庭矛盾明显减少，邻里关系更加和谐，有效预防和减少了矛盾纠纷的激化和转化，更加有力地维护了社会稳定。到目前为止，牛街派出所民调室共接待群众 300 多人次，日常回答大量群众咨询法律问题。由于调解员耐心细致的工作，得到了群众的好评，仅表扬的锦旗就收到 6 面。

（《法制日报》　2012 年 9 月 5 日）

第十一章　经济新闻的写作

第一节　经济新闻概论

一、经济新闻的含义与特点

（一）经济新闻的含义

经济新闻，一般是对有关国民经济、生产建设、人民生活等方面的新近发生的有价值的事实进行的报道。

（二）经济新闻的特点

一般来说，经济新闻具有如下特点：

1. 实用价值明显，直接服务于现代经济生活

不管是经济领域的决策者，还是产品的生产者、经营者，以及商品的消费者，都把经济新闻看成现代经济生活中不可缺少的重要信息来源。比起其他新闻来，经济新闻有着明显的实用价值。

2. 政策性强，有突出的指导作用

经济是国家的命脉，它的兴衰，直接关系到国家能否强盛，人民生活水平能否提高。因此，党和国家的一系列方针、政策，都是围绕发展经济这一中心而制定的。经济新闻的一个不可推卸的责任，就是对党和国家经济政策的宣传和阐释，指导人们更好地贯彻落实。

3. 有一定的专业性，需要作者具有相关的知识

经济问题总是有一定的专业性的，有些领域的专业知识甚至很深奥，例如金融、外贸、股市等。因此经济新闻要求自己的作者应该是内行甚至是专家。只有这样，报道才能准确，分析才能到位，解说才能深刻。

二、经济新闻的分类

（一）按题材分

经济新闻按题材的不同，可以分出许多种不同的类型。新华出版社于1993年出版的《经济新闻学初探》把经济新闻分为社会经济新闻、自然经济新闻、边缘经济新闻三大类。

社会经济新闻是人类参与各种社会经济活动的事实的报道，主要反映人与人及人与自然之间的经济关系。

自然经济新闻是关于与自然紧密关联的经济现象以及将影响经济的自然现象的报道。

边缘经济新闻是既涉及经济问题，又涉及其他领域问题的复合型报道。

在上述三大类之下，还可分出许多的小类，大致有：

政策性经济新闻，用于报道最新的经济政策；

分析性经济新闻，对新近发生的重要经济现象进行分析；

述评性经济新闻，就是经济题材的记者述评；

解释性经济新闻，侧重于对经济新闻事实的背景进行补充和解释；

预测性经济新闻，侧重于对某一经济现象的发展方向和未来结局进行预测；

信息性经济新闻，主要提供产品和市场的供求信息；

经验性经济新闻，介绍经济领域里的成功经验；

经济奇闻趣闻，报道经济领域里的一些奇闻趣事；

人物经济新闻，报道经济领域中的主要人物的言论和行动。

（二）按区域及主题分

按区域及主题分，经济新闻又可分为国际经济新闻、国内经济新闻等。

三、经济新闻的写作指导

（一）经济新闻的写作方法

1. 写活人物

作为新闻，它必须要有事件，而事件就是人的行为，因此经济新闻也必须要写好人物。

2. 通俗生动

经济新闻的作者有责任将作品写得更为贴近生活，通俗生动，吸引更多的群众关注经济问题。通俗生动的方法很多，经济新闻中带有大量枯燥的数字，如果利用好了，也能变得十分有趣。

3. 运用多种体式

消息、通讯、特写、专访、调查报告、新闻言论等体式，都可用以报道经济新闻。

（二）经济新闻的写作要求

熟悉国家的各项经济政策，掌握丰富的经济学知识，是写好经济新闻的前提。做不到这一点，首先是不可能发现真正值得报道的新闻题材；不管在什么领域，都是只有内行才能有真正意义的发现，更不要说经济这样专业性较强的领域。其次是难以保证报道的正确性，发表了一些违反了政策的言论，或者犯了知识性错误，自己还浑然不知。最后是表达时也无法准确地运用概念和术语，即使勉强表达出来，也不会有深度。

第二节　经济新闻的写作范例

一、国际经济新闻

【范例】

油价暴跌推动美股飙升

记者　杨柳

由于国际原油期货价格创三个月以来的新低，推动零售和运输板块强劲上扬，8 日纽约股市三大股指涨幅均超过 2%，道琼斯指数上涨超过 300 点。

当天，英国央行和欧洲央行先后如期宣布维持利率不变，美元兑欧元汇率出现近八年来的最大单日涨幅。此外，市场担心全球经济减缓将会导致世界范围内的原油需求下滑。8 日纽约市场国际原油期货价格暴跌近 5 美元，收于每桶

115.20 美元。

受此影响，零售和运输板块增长强劲，并推动道琼斯指数大涨了300点。零售业巨头家得宝和梅西百货的股价分别上涨了7.7%和9.6%。标准普尔500种非必须消费品板块大涨5.2%，是2002年10月以来的最大单日涨幅。美国第二大包裹速递公司联邦快递上涨了5.9%。

此外，全球最大的快餐集团麦当劳7月的销售额超出预期，麦当劳的股价涨至上市43年来的最高水平。道琼斯30家成分股中有28只股票收高。

不过，美国第一大房屋抵押贷款公司房利美报告第二季度亏损23亿美元并表示将降低分红。由于其亏损额是华尔街此前预期的三倍多，令市场大失所望，房利美的股价重挫了近10%。

到纽约股市收盘时，道琼斯30种工业股票平均价格指数比前一个交易日涨302.89点，收于11734.32点，涨幅为2.65%。标准普尔500种股票指数涨30.25点，收于1296.32点，涨幅为2.39%。纳斯达克综合指数涨58.37点，收于2414.10点，涨幅为2.48%。

（新华网　2008年8月9日）

二、国内经济新闻

【范例】

商务部：部署各地建救助机制拓宽蔬菜直销渠道

中新网财经频道从商务部获悉，商务部近日再次发出通知，部署各地商务主管部门采取更加有针对性的措施，组织开展蔬菜“卖难”紧急救助行动，进一步维护好蔬菜市场稳定。

通知要求，各地商务主管部门要组织引导大型连锁超市召开产销对接会，直接采购“卖难”蔬菜。“农超对接”试点企业要积极履行社会责任，把采购价格维持在合理水平，并在超市门店设立“卖难”蔬菜销售专柜，支持销售“卖难”蔬菜。农产品综合试点地区的大型批发市场和流通企业，要发挥示范带动作用，积极购销“卖难”蔬菜。“双百市场工程”等财政资金支持的大型批发市场，要设立“卖难”蔬菜销售专区，减免“卖难”蔬菜场地费。鼓励具备条件的企业，临时收储一批“卖难”蔬菜。

此外，通知还指出要积极发挥商务部“商务预报”、“新农村商网”等网上产销对接平台的作用。出现蔬菜“卖难”的地区，要细化监测品种和范围，建立主要“卖难”品种的交易量、批发价格日监测制度，强化对价格走势的分析预警；及时组织农业合作社和种植户，通过网上产销对接平台发布蔬菜“卖难”信息。销区商务主管部门要积极发布需求信息，组织流通企业开展网上对接撮合。

蔬菜流通环节多、成本高，农民“卖菜难”和居民“买菜贵”并存等问题日益突出。对此，要积极发挥市场机制作用的同时，突出蔬菜流通设施的公益性，建设一批社区平价菜市场。鼓励蔬菜批发市场、农贸市场设立临时性蔬菜直销专区，允许菜农免费进场销售自产蔬菜。要积极会同有关部门创造条件，鼓励开展“农社合作”，在注重质量和安全的基础上，支持农业合作社和农民进入城市社区、街道直销蔬菜；研究在城市特定区域和时段，设立免摊位费的“周末市场”。

（中新网　2011 年 4 月 26 日）

第十二章 法制新闻的写作

第一节 法制新闻概论与写作技巧

一、法制新闻的含义与特点

（一）法制新闻的含义

法制新闻是对新近发生或发现的有关法制问题的事实报道。具体涉及的内容十分广泛，既包括立法、司法、执法等方面，也包括守法、违法、犯法等方面；既涉及公安、检察、法院等机构，也涉及所有单位和所有社会成员。

法制新闻是社会新闻的一个重要组成部分，人们通过法制新闻，可以了解当前社会的现状、特征、发展动态。

（二）法制新闻的特点

1. 突出的政治性

法制新闻是对法律实践的及时报道，而法律是维护国家机器正常运转和人民群众社会权益的武器，从根本上看，法制和政治是很难分开的，法制不管在什么国家都有着极强的政治性。

2. 以法律为准绳

法制新闻的内容，应以阐释法律、宣传法律、维护法律为原则。对遵纪守法的好人好事给以褒扬，对违法违纪的行为予以揭露，对复杂的案情进行分析，对种种有关法律的疑问给以解答等，这一切都以国家的种种法律条文为依托，为准绳。可以说，法制新闻中所报道的人和事，都必须经过法律的眼光来测定。

3. 事实的确切性

法律是非常细致严谨的，事实差之毫厘，性质就有可能发生根本的变化。因此，法制新闻在对事实的报道过程中，特别讲究材料和数据的准确无误，以免出现差错。

4. 风格的严肃性

一般新闻为了增强可读性，可以写得轻松幽默、活泼风趣，但法制新闻很少有这种情况。受报道题材的限制，法制新闻一般都是比较庄严郑重的。

二、法制新闻的写作指导

（一）法制新闻的写作要求

1. 遵循客观性原则

新闻记者不是法官，在法庭没有作出审判之前，记者不能认定案件的性质，也不能随意确定罪名。记者只需把事实说清楚，而不能妄加评论，这是法制新闻的客观性原则。

2. 事实准确清楚

在讲述法制新闻特点时，我们已经提出了“事实的确切性”问题，这是法制新闻的一个要害问题。另外，新闻报道中的法制事件，还要清楚明白，时间、地点、人物、事件、原因、结果等要素，以及事件发生的过程、阶段，都要完备。在有些新闻中出现的要素含混的情况，如时间说成“最近”，地点说成“华北某地”等，一般不得在法制新闻中出现。

（二）法制新闻的写作要点

1. 措辞精当

法制新闻写作的措辞，要比一般新闻更精确、恰当。法律界有许多专用的词语，各自有着特定的含义，以民间所说的“诉状”为例，就有民事起诉状、刑事自诉状、行政起诉状等，各自适用于不同性质的诉讼。

2. 常用“系列报道”、“追踪报道”的形式

有一些法制案件，案情复杂，法律界人士看法不一，很难一下子就审理出结果；还有一些人们关心的法制案件，其侦破、审理的时间有时很长，而且中间常有反复。对这样的法制新闻题材，可采用系列报道或追踪报道的形式。

第二节 法制新闻的写作范例

【范例一】

重大突发事件不能捂 第一时间客观报道

中新社昆明（2008 年）8 月 5 日电 记者刘子倩 “及时、准确、公开、透明、客观、真实”。云南省委宣传部部长张田欣在近日召开的云南省宣传部长座谈会上，为该省今后重大事件特别是突发事件的宣传工作定下了这十二字报道原则。

“在昆明爆炸事件发生后，昆明市相关部门迅速作出了反应，市委市政府的最高领导也第一时间赶到现场。此次事件的处理堪称危机处理的典范。”昆明公交爆炸案发生后，凤凰卫视著名评论员石齐平如此评价昆明相关部门对该起突发事件的处理方式。

据介绍，爆炸案发生两个小时后，昆明警方即召开了第一次新闻发布会，说明爆炸情况，也使“昆明发生多起公交爆炸”的谣言不攻自破，同时也稳定了市民紧张的情绪。警方通过媒体第一时间发布了相关消息，使信息公开成为此次事件处理的亮点。而信息公开也正在成为云南处理重大突发性事件的常态。

张田欣说：“对于重大事件尤其是突发事件，要在第一时间掌握第一手材料，要做到及时、准确、公开、透明、客观、真实。”他还特别强调对此类事件“不能捂”，要客观及时地报道。

【范例二】

跟踪小偷帮忙抓捕作证 四名见义勇为群众受表彰

2011 年 12 月 16 日 20：00，出租车驾驶员张锡禄看到路旁停放着一辆白色小货车，一男子正围着车辆转悠。张锡禄于是放慢车速，仔细观察。只见该男子悄悄打开驾驶室车门，从座位上拿下一深色皮包，随即驾驶一辆黑色本田轿车快速离开。张锡禄边跟踪边拨打电话报警，并记录下车牌照号，及时向民警报告嫌疑人逃窜路线。十多分钟后，警方控制住嫌疑人。

2011 年 12 月 17 日 16：17，公安塘沽分局 110 指挥中心接市公安局指令：报警人张连萍称她在纳海嘉园市场南门发现 12 月 13 日扒窃其钱包的两名小偷，请民警到场抓捕。杭州道派出所民警到达现场后，未找到报警人，与张连萍取得联系后获知两名男子在市场内又扒窃了两名女子。为防小偷逃窜，张连萍跟踪两名小偷到市场北门，民警赶到现场后表明身份，在张连萍的指认下要求嫌疑人出示身份证接受调查。其中一名男子被民警拦住后，掏出匕首刺向民警。民警掏出手枪边后退边对其警告，要求嫌疑人放下凶器。最终，在警告无效的情况下，民警开枪将嫌疑人击伤。此时，该男子的同伙手持斧头从附近冲来，砍向民警，民警鸣枪示警，该男子丢弃斧子逃窜。民警把受伤男子送到医院救治，并请张连萍到派出所配合调查取证工作。

（天津北方网　2012 年 9 月 5 日）

【范例三】

奥运与法治同行　梦想与制度匹配

记者　马建红

导语：在 20 世纪的同一年里，中国人奥运梦想的诞生和一个宪法文件的颁行，其中包含着值得玩味的隐喻：从奥运梦想放飞的那一刻起，它就与保障人之所以为人的法制捆绑在一起，而当奥运梦圆的时候，也需要相应的制度文明与之匹配。通过举办奥运提升中华民族的整体素质和生活质量，才是其价值所在。

生活在当代的我们，无法想象一百年前的中国人是个什么样子。“东亚病夫”的冠名虽让人倍感屈辱，但却是当时中国民众状况的真实写照。

腐败无能的清朝政府，虽然也颁布禁烟令，颁诏禁止妇女缠足，无奈收效甚微。不思进取的清政府，在外交上对列强的欲取欲求尽数满足，在内政上对黎民百姓的疾苦却漠不关心，中华民族的积贫积弱达到了史无前例的境地。于是，摆脱贫弱困境以实现富强，遂成为无数有识之士的梦想。

一个强大的民族，当然需要有强健的体魄。然而，当时沉迷于鸦片烟与三寸金莲的民众，别说是抵御外侮，保卫家国的安全，即便是派出几名体格健壮之士去参加奥运会都不可能。

于是，在20世纪初的1908年，《天津青年》杂志有了这样的设问：中国何时能派一名运动员参加奥运会？中国何时能派一支代表队参加奥运会？中国何时能自己举办一届奥运会？为了回答这些问题，中国人花了整整一百年的时间。

1932年，我们实现了派出一名运动员的梦想；1948年，我们实现了派出一支代表队的梦想，而中国自己举办一届奥运会则要等到百年后的2008年来完成！

20世纪的中国命途多舛，在连绵不断的战乱中，勉强可以派出一名运动员或一支代表队参加奥运会；经历了无休止的内耗和政治运动后，在百废待兴之际和改革开放的初期，奥运健儿们也可以屡屡在运动场上取得骄人成绩；然而，要成功举办一届奥运会却绝非易事，1993年首次申奥的失败，就给我们提出警示：只有国家的综合实力、民族的自信心与凝聚力等均得到国际社会的认可时，我们才有机会。在2001年7月13日北京申奥成功的那个晚上，只有中国人，才能深切体会个中甘苦与艰辛。

百年的奥运梦圆，不仅仅是成功地举办一场奥运会，更是几代中国人的强国之梦！

历史的经验告诉我们，一个国家的强大，不仅需要有强健体魄的国人，而且还需要有精神上独立的、享有尊严的国人。它可以用举办一场奥运会来证明，但它更需要由认同普通人的、主体地位的、提升人格的、公正的制度来保证。在庆贺我们奥运梦圆的同时，我们也不应该忘记前人对制度进步的企盼。就在《天津青年》杂志进行设问的同一年，中国人也开始了施行宪政以保证民众权利的逐梦之旅。

1908年，清朝政府颁布了中国历史上第一个宪法性文件——《钦定宪法大纲》，这个被迫推出以继续维系清廷统治的文本，第一次为公权力的行使设定了界限，第一次用文本的形式将臣民的权利加以固定。从生物学意义上的自然人，到逐渐成为享有做人权利和自由的有尊严的人，从公民权利受法律保护，到“国家尊重并保障人权”，我们也用了将近一百年的时间，中国人民在权利保障事业方面的成绩也是有目共睹的。

在现实中，我们欣喜地看到，中国人已经为奥运梦圆做好了充分的准备：绿色奥运、科技奥运、人文奥运的理念深入人心；鸟巢、水立方等奥运场馆的竣工、北京空气质量的好转、交通状况的改观等，为奥运的成功举办提供了雄厚的物质基础；民众的广泛参与和奥运志愿者的热情，则为奥运编织成了良好的人文氛围，向世界展示了中国人民健康饱满的精神风貌。当2008年8月8日，奥运圣火在北京点燃的时刻，百年来中国人的奥运之梦将如期成为现实。

与此同时，我们也希望在与奥运有关的“软环境”的准备方面较少残缺，不留遗憾。奥林匹克运动实际上是一场由各国人民一起参加的大游戏，既是游戏，就需要参加的各方遵守规则。无论是参赛的运动员，还是看台上的观众，抑或是对奥运兴趣较少或不感兴趣的人，都和各种各样的规则联系在一起，可以说，规则是游戏的灵魂，是奥运的灵魂。

对于运动员来说，公平竞赛是最基本的要求，而使用兴奋剂以提高成绩则有违奥林匹克精神，因此我国的《反兴奋剂条例》和国家体育总局出台的《国家队运动员兴奋剂违规处罚办法》的严格执行，将有利于净化北京奥运的比赛环境。对于观众来说，到现场观看比赛，体验激情，愉悦身心，“享受奥运”的过程，也是“重在参与”的奥林匹克精神的一部分，不过，为了保证奥运会安全有序地进行，做文明的“看客”也是展示人的精神风貌的一个过程，对《奥运场馆观赛规则》的遵守，就成为每一个现场观赛者应尽的义务。进入2008年以来，由于国际上恐怖危险的加剧、分裂势力的抬头、国内各种自然灾害的频繁发生、个别地方社会矛盾的激化，使北京奥运的平安保卫工作任务异常繁重。为确保北京奥运的安全举办，对进京车辆的检查就非常必要，由于安检而给人们生活带来的不便，也需要民众的理解和支持。

举办奥运的硬件设施，可由鸟巢和水立方来体现，而奥运软环境的好坏，则需要我们每个人用心在制度中来体验。无论如何，我们都将为中国人的奥运梦圆喝彩。冥冥之中，当百年前那些面黄肌瘦、蓄辫缠足的前人，看到他们的后人不仅有健全的体魄，而且有健全的人格、体面尊严地生活的时候，他们一定会感到由衷的欣慰。奥运梦圆的时刻，也将托起我们民族复兴的希望。

（《法制日报》　2008年8月7日）

第十三章　社会新闻的写作

第一节　社会新闻概论

一、社会新闻的含义与分类

（一）社会新闻的含义

社会新闻就是从人们的日常生活角度出发，报道类似社会学所研究的范围（人口、就业、道德、秩序、婚姻、家庭等）以及人类与自然界中奇异现象的新闻。在报道社会学研究范围内的主要内容中，多以社会伦理道德为基础，反映社会风尚。

（二）社会新闻的分类

一般来说，社会新闻主要分为道德类、伦理类、生活类、法制类、风光类等。

1. 道德类

其主要是指反映新的道德风尚的新闻。

2. 伦理类

其是指反映恋爱、婚姻、家庭方面的内容，表达评价和维护一定的社会伦理道德的新闻。

3. 生活类

其是指反映新闻人物、社会人物的生活和活动以及人们的日常生活的新闻。

4. 法制类

其是指反映与法制密切相关的社会事件的新闻。

5. 风光类

其是指反映自然风光、风土人情以及自然界和生活中奇异现象的新闻。

二、社会新闻的写作指导

（一）社会新闻的写作特点

1. 社会性

首先表现在题材上，诸如道德风尚、恋爱婚姻、家庭问题、业余生活、邻里关系、世态炎凉、风俗习惯、乡土民情、天灾人祸、民事纠纷、社会治安、名人逸闻、奇异的社会现象或自然现象等，都是社会新闻的报道范围。其次是它的读者群有广泛的社会性。社会新闻取材于民间，反映的都是与人们的日常生活息息相关的事情。

2. 趣味性强

奇风异彩，珍闻趣闻，与众不同的人和事，都会让人感到新鲜、亲切，因而也就受人关注。

3. 涉及面广

社会新闻不受行业的限制，涉及社会领域的方方面面，题材广泛，内容丰富。

4. 重要性

它所报道的内容必须服务于中心工作，引导社会舆论。

社会新闻与其他一些专业或重点新闻报道相比，虽然不直接和专门地去反映和指导“中心工作”，但它报道的是与中心工作有着直接和间接联系的社会生活的各个层面的情况，对于服务于中心工作、引导社会舆论、促进精神文明，对于移风易俗、鞭挞丑恶、匡正时弊、促进社会进步，对于开阔眼界、增长知识、拓宽新闻报道领域等方面，都有着不可忽视的重要作用。

（二）社会新闻的写作要求

1. 注重社会效果

社会新闻必须坚持正确的舆论导向，既要宣传先进典型，也要揭露阴暗面。但这一切都要着眼于社会的稳定和发展。过多报道消极的东西，只会使人产生错觉。多报道先进方面的人和事，才能反映时代，引导人们前进。

因此，写作社会新闻要着眼于社会效果，既要如实报道，又要有目的、有针对性、有选择地确定写作角度和取舍材料，不能损害我们的社会利益，在揭露假、恶、丑的东西时，要寓引导于暴露之中，防止片面性，防止副作用。

2. 要有故事性

故事情节能使受众对事件产生浓厚的兴趣。选择典型的情节，是写作社会新闻的一个起码的要求。

3. 要有健康的知识

帮助读者开阔视野，扩大知识面，增强文化素养，是社会新闻的使命。但是，开什么样的眼界，长什么样的知识，要有选择，不能宣传伪科学和愚昧的东西，不能传播诲淫诲盗的知识。要选择给受众以有益的知识——有益于生活，有益于工作，有益于破除迷信，有益于身心健康，有益于增长科学知识。

4. 要有趣味性

趣味性是社会新闻的一大特性。社会新闻要对社会负责，给受众的情趣必须是健康的、高雅的，必须寓教育性于趣味性之中，要用富有趣味性的词语写出社会生活中多姿多彩的人物、戏剧性的片段、妙趣横生的情节、幽默的细节和耐人寻味的场面，把人们共同的喜怒哀乐表现出来，来吸引受众、感染受众，以取得引人入胜的效果。

需要注意的是，趣味性要健康幽默，趣而不俗。

5. 态度明确

社会新闻一定要带有作者的明确的态度倾向。这种倾向性的表露，一是通过事实本身去鲜明地说明问题，作者只要把事情的来龙去脉讲清楚就行了；二是采取夹叙夹议的写法，依事为据，画龙点睛，这可以采用解释性、分析性报道的形式；三是另外配言论，以编者按、编后语，或者评点的形式出现，明确表示作者或编辑部，或政府有关部门对此所持的态度。

第二节　社会新闻的写作范例

一、一般社会新闻

【范例】

大学生辞掉国企工作　母校门口卖米线

过不惯国企“喝茶看报”的闲适生活，24 岁的大学生马腾辞掉工作跑到云南，拜师学做过桥米线。昨天，马腾和同学合伙的“校缘过桥米线”店开张满两个月，刨除人工费用、设备更新和房租，终于开始收支平衡。

昆明拜师做米线

“当初没想到这么辛苦。”一见面，马腾很坦白。他是重庆邮电大学经济管理学院2003 级的学生，2007 年毕业后，被河南一家大型国企录取。

“日子太舒适了，喝茶看报，周末打牌，我觉得是在浪费青春。”三个月后，马腾辞掉工作回到重庆，被介绍进一家企业，后来，又因为同样的原因辞职。这个时候，他心里开始有了创业的打算。

“我以前在外地吃过过桥米线，觉得特别好吃。”念头一动，马腾直接跑到昆明，找到当地一家比较有名的过桥米线店当起了学徒，拜师学艺。马腾给自己的同学晏涛打了个电话，碰巧晏涛也刚刚辞掉了销售员的工作，赶到昆明与马腾会合。

预计下月可盈利

昆明拜师学艺不到 10 天，两人回到重庆，在母校重庆邮电大学老校门对面租下一个门面，向父母借了 6 万元开店。

考虑到学生的消费水平，马腾他们店里的过桥米线起价只有 6 元。最开始的大半个月，为了节省支出，马腾和晏涛既当厨师又当服务员，“每天 7 点多就要起床去采购，直到深夜才收工。”后来实在撑不下去了，两人才请了服务员。

随着生意慢慢走上轨道，平均一天店里可以卖出70多份米线，马腾他们又增加了菜品种类，加了设备，请了厨师。但人多的时候，两人还是要既当老板又下厨，忙得不可开交。

马腾算了一笔账，两个月下来，他和晏涛没有开过工资，但加上房租、人工、设备更新，现在已经基本收支平衡，下一步，应该可以赢利了。“等到我积累够经验，就可以走出去，开家更大的川菜馆。”

（《重庆晨报》 2008年10月23日）

二、法制类社会新闻

【范例】

广州规定公交司机热天不开空调可罚500元

公交车大热天不开空调，司机最高可被罚款500元；车厢内不配置安全锤等逃生器材的，企业最高可被处以1万元的罚款；而乘客上车不付费，除补交车费外，还可能被罚5倍车费。上述条款出自《广州市公共汽车电车客运管理条例（修订草案修改建议稿）》（以下简称《条例》），为贯彻民主立法原则，广州市人大常委会法工委目前正就该《条例》向社会各界征求意见。

据悉，社会各界人士可在11月30日前，将书面意见发送给广州市人大常委会法制工作委员会法规处，地址：广州市东风中路296号，邮政编码：510030；传真：020-83232962；电子邮箱：taiqing. gzrd@ gmail. com。

司机不给发票，乘客可拒付车费

《条例》规定，公交司机应按照规定的线路、站点运营；无正当理由不得拒载乘客、中途逐客、滞留车站候客；并按照核定票价标准收费，按规定使用公共交通电子收费、空调等设施；因车辆故障不能继续行驶的，要安排乘客免费转乘同线路车辆。

根据规定，如果司机出现飞站、拒载、中途逐客、滞留车站候客等现象，或大热天车厢内不开空调等设施，或者不按照规定安排乘客免费转乘的，将可处以

200 元以上 500 元以下罚款。如果司机不按规定的标准收费或者拒绝出具车票凭证的，乘客可以拒绝支付车费。而车辆故障不能继续行驶，司机又无法安排乘坐同线路车辆的，乘客有权持乘车凭证要求经营者按照原价退还车费。

同时，乘客未按规定支付车费的，经营者及其从业人员可以要求其补交车费，并可以对其按照运营收费标准的 5 倍加收车费。

车内不配安全锤可罚万元

记者了解到，《条例》对于公交车的安全设施配置也有明确要求。如遇险可用于敲碎窗玻璃的安全锤配置不齐，按有关法律、行政法规的规定给予行政处罚；有关法律、行政法规没有规定的，由市交通行政主管部门责令改正，予以警告，并可处以 1000 元以上 1 万元以下罚款，对相关责任人给予处分，构成犯罪的，依法追究法律责任。

占用公交车专用道、在公交车站内摆摊设点，这种情况在广州并不少见。《规定》实施后，将对公交站点及设施的专用性提供保障。例如，《条例》明确指出，非公交车在公交车的停车场、车站停靠或者上下客的，由交通行政主管部门给予当事人处以 200 元以上 500 元以下罚款。覆盖、涂改公交车站牌、标志牌和客运交通标志，或者在车站范围内停放其他车辆、设置摊点、摆放物品的，责令改正，可处以 200 元以上 1000 元以下罚款。

线路经营期不得超 8 年

在规范公交企业的经营管理方面，《条例》明确："线路的经营期限每期不得超过 8 年"，该条款首次写入了广州的地方性法规，这意味着公交企业经营权的终身制被打破，有利于行业良性竞争。同时，如制定线路、调整计划（包括线路走向、停靠站点、发车频率、首末班车时间），应当向社会公示，听取公众意见，并于实施前 20 日向社会公布。

相比上述限制性措施，《条例》也对公交企业的经营提供了政策保障。如提出要建立规范的成本费用评价制度和政策性亏损评估制度，对经营者因实行低票价、月票，老年人、残疾人、伤残军人等减免票措施形成的政策性亏损给予补贴，对经营者因承担政府指令性任务造成的经济损失给予补偿。

（《南方日报》 2008 年 10 月 23 日）

三、伦理类社会新闻

【范例】

一瓶爱情水，见证潜水兵幸福婚姻

崔雨杭　崔　岳　杨朝钊

弱水三千，只取一瓢，爱情因为纯真而分外美好。在北海舰队某潜艇支队，就流传着一瓶爱情水的故事。

3 月 6 日，笔者专程来到该支队，探访故事中的男主角——副艇长胡文佳。不大的办公室里，刚刚出海回来的他还没换下防寒值更服，就已经在制定明天的工作计划。经过我们见缝插针的追问，终于从他断断续续的讲述中，还原了故事的雏形。

2010 年 5 月 16 日，即将再次执行远航任务的胡文佳，与相恋多年的女友在青岛举行了婚礼。现场宾客云集、亲朋齐至，倒香槟、切蛋糕，一切都跟大家熟悉的婚礼流程一样。然而当婚礼进行到互换结婚礼物的环节时，胡文佳却出人意料地抱了个瓶子出来。

"她看到我拿着个瓶子时也很惊讶，因为我们结婚前约定要送给对方一个结婚礼物，但是之前要保密。"回忆起妻子当时的表情，胡文佳的眼里依然带着一丝如孩童恶作剧得逞后的得意神情。"但是当我开始表白时，她的眼里就慢慢地有了泪水，最后哭得我心里也挺难受的。我告诉她这是我亲手取自太平洋深处的纯净海水。如果将来，我因为执行任务而长时间不能联络她时，还有这瓶海水陪伴着她，这瓶海水饱含着我对她最深情、最纯真的爱。"

"那是我第一次远航，刚好也是我毕业第 3 个年头。那一次我们创造了海军同类潜艇执行远航任务的最大下潜深度。远航的日子很苦，很多时候，大家都是用湿巾洗脸，嚼口香糖刷牙。长时间水下航行，舱室里又热又潮，身上总是黏糊糊的。大家只能在水下充电时，用制淡机造出的带着咸味的水洗个澡。记得有一次，我拿 3 瓶矿泉水洗了个澡，第 1 瓶把身体弄湿，第 2 瓶冲掉泥灰，第 3 瓶冲净肥皂。所以，水在我们潜艇人看来，就是最珍贵的礼物。当时我就有了这个念头，在测量水文要素时，拿空矿泉水瓶装了一瓶纯净的海水，打算回来以后送给她。”

听到这里，我们的眼睛也不自觉地湿润了。谁说远航军人铁石心肠，其实他们也有柔情似水；谁说远航军人不解风情，其实他们只是把爱深藏。现在，每次执行远航任务，给妻子带一瓶大洋深处的纯净海水，已经成了胡文佳的习惯。

这几年，胡文佳家里的“爱情水”从1瓶增加到了3瓶。这些珍贵的瓶子都被放在了家里最显眼的位置，他的爱人欧阳予倩每天上班前，都会仔细地擦拭这些瓶子。因为它们记录着胡文佳艰苦的远航经历，也见证着他俩大海般的至深爱情。

（《解放军报》 2012年3月30日）

四、风光类社会新闻

【范例】

八达岭开放夜长城景点

本报讯　记者昨日从八达岭特区办获悉，国庆长假期间，八达岭开放夜长城景点，以方便游客夜游长城最精华的一段。

据介绍，八达岭是国内第一个开放夜长城的景区。1995年，八达岭景区率先在全国同类景区中开放夜长城旅游项目。首期项目开放关城至北四楼，由650盏泛光灯点亮的古长城在夜色中犹如一条金龙腾跃于山脊丛林，与星月交相辉映。2008年奥运会开幕之前，八达岭景区新增开放了八达岭南侧夜长城，并对原有北侧夜长城设备进行了升级改造。

目前，夜长城主要开放路段为八达岭长城的南四楼至北四楼，全长1000米。夜长城景观由2170盏泛光灯组成。今年十一长假，景区对所有线路和灯光进行了检查和维修，以保证将最美的长城夜景呈现在游客面前。

国庆长假期间，夜长城每晚9点停止售票，10点灭灯闭园。国庆长假之后，参观游览夜长城需提前预约。

（北青网　2011年10月2日）

第十四章 科技新闻的写作

第一节 科技新闻概论与写作指导

一、科技新闻的含义与特点

（一）科技新闻的含义

科技新闻是对新近发生的有关科学技术方面的事实的报道，具体地说，它报道与科学技术有关的方针政策，新取得的科研成果和科技成就，已有的科学技术的普及应用情况，科学工作者工作、学习、生活情况，以及人们对科学的认识和反映等。

（二）科技新闻的特点

1. 科学性和知识性

人们对客观事物的本质特征和基本规律的准确发现和把握，就是科学；对这些特征和规律的成功利用，就是技术。而科学和技术实践中不断积累下来的符合规律的认识，就是知识。从科技新闻的功能看，它一方面要报道最新的科学发现和技术创造，让读者了解最新的科技动态；另一方面要宣传现代科技知识，满足人们强烈的求知欲望。

2. 通俗性和生动性

新闻是大众读物，不是学术论文，可是科技新闻又有很强的学术性，这就产生了矛盾：既要讲究科学的深刻和准确，又要让读者大众能够接受、乐意接受。不管二者兼顾起来有多难，我们都不能放弃努力。科学家们能把深奥的科学知识写成通俗生动的科普说明文，专业能力强的记者也应该能够做到这一点。

3. 时代性和时宜性

科技新闻是最具有时代感的文体之一。新的科技发现永远处于时代的前沿，即使是旧的科技事件的解密性报道，也很能让人联想起时代日新月异的变化：当年尖端的科技成果现在已经显得陈旧了。这就像看一张当年的旧照片一样能够引起人们的时代对比。为此有人说，科技新闻其实有着很浓的体现人类进步的人文特色，这种说法是有道理的。

二、科技新闻的写作指导

（一）科技新闻的写作要求

作为新闻工作者一定要有严谨认真的态度和精神，明辨是非，宣传科学，揭露伪科学。

科技新闻的科学性跟真实性有密切的联系。一篇科技新闻即使报道的事实是真正发生的，如果认识有悖于科学原理，那么它也是虚假新闻。

（二）科技新闻的写作技巧

1. 知识、人物、事件三者统一

对于科技新闻而言，科学知识是文章内容的一个构成要素。但是，科技新闻不是科普说明文，不能孤立地介绍科学知识，必须借科技人物和科技事件的表达，来实现知识的传达。

人物是科技新闻的主要报道对象，且不说科技人物消息、科技人物通讯、科技人物专访都是以人物为核心，就是动态性的科技新闻，也要涉及科学技术的实践者。事件当然更是必不可少的，它是科技新闻的核心要素，这一点无须再作详细论述。人物、事件和科技知识，在科技新闻的题材中，本身就是三位一体的，因此，一般性地将三者统一起来，并不是什么困难的事情。

2. 表达的规范性和创造性

科技新闻的表达，既要合“规矩”，又要有一定的“巧”。合“规矩”是对新闻基本文体特征的尊重，“巧”则是作者的创造性发挥。没有规矩不行，而没有巧，文章就没有活性。

第二节　科技新闻的写作范例

【范例一】

探索世纪之谜——大型强子对撞机成功对撞

3 月 30 日，欧洲大型强子对撞机成功实施了总能量达 7 万亿电子伏特的质子束流对撞，这意味着人类在探索宇宙的奥秘方面取得重要进展。诺贝尔物理学奖获得者李政道指出，21 世纪科学的最大谜题是解释暗物质和暗能量。宇宙中暗物质和暗能量占 97%之多，而人类已经认识的常规物质和能量只占 3%。暗物质的构成和普通物质不同。暗能量更是奇妙，它可以使物质的质量全部消失，完全转化为能量。因此，对暗物质和暗能量的研究，将给 21 世纪科学研究带来意想不到的重大发现。而大型强子对撞机的成功对撞有助于人类理解暗物质的构成。

这台目前世界最大、能量最高的粒子加速器主要包括：一个圆周为 27 公里长的地下圆形隧道；隧道中有两条由超导磁铁包覆的质子束加速管；4 个碰撞点及其附近的偏向磁铁和聚焦磁铁，5 台大型探测器。它的主要任务就是寻找希格斯玻色子，解释质量的起源。

众所周知，宇宙中所有普通物质都是由原子构成的，而原子是由质子和中子组成的核子，及绕着核子运动的电子构成的。质子和中子又都是由夸克组成的。20 世纪 60 年代英国物理学家希格斯推断，存在一个质量之源，它是夸克等粒子获得质量的基础。这就是希格斯玻色子。大型强子对撞机通过将两束质子分别加速到极高能量状态并使之对撞，使其接近宇宙大爆炸后不久的状态，产生的瞬间高温是太阳内部温度的 10 万倍。科学家们希望在这种状态下能够发现希格斯玻色子。

如果能揭示质量的起源，更多的宇宙奥秘将随之解开。这是牛顿未完成的工作。届时，人类将可能合成反物质，甚至合成微型黑洞。反物质拥有令人难以置信的力量，仅仅一小块反物质的能量就可以与几百万吨当量的核弹相提并论。它将解决人类面临的能源危机，并且成为太空旅行和星际旅行的首选燃料。对撞机实验还可能发现高能粒子束与云的形成的关系，人们将来也许能通过控制宇宙射线来改变气候。

（《人民日报》 2010年12月28日）

【范例二】

神七获得圆满成功

2008年9月28日内蒙古四子王旗电 17时38分，夕阳西照，彩霞满天。神舟七号飞船返回舱在红白相间的巨大降落伞托带下，安然降落在内蒙古阿古木朗草原，航天员翟志刚、刘伯明、景海鹏平安健康返回。

18时22分，率先出舱的翟志刚迈出最踏实的一步，这一迈饱含着对祖国的眷恋。

经历了三天的太空洗礼，双脚重新稳稳矗立在祖国的大地上，没有失重的感觉，只有成功的喜悦。历史在这里定格：我国第三次载人航天飞行任务在美丽的草原上印下一个完美惊世的句号。

经过约30分钟的地球重力适应后，三名航天员状态恢复良好，依次自主出舱。面对返回舱前的搜救队员和记者，他们频频点头微笑、不断挥手致意。

三人并排坐到返回舱前的三把简易坐椅上，翟志刚铿锵地说："我们顺利地完成了这次载人航天飞行任务，刚刚返回到地面。昨天，中国航天员进行了首次出舱活动，使命光荣，充满挑战，结果圆满，我为祖国感到骄傲！"

"向祖国和人民，敬礼！"在刘伯明、景海鹏简短发言之后，翟志刚发出口令，三人以一个标准有力的军礼，献给祖国和人民，献给脚下这片七次承载神舟着陆的土地。

时光回溯，此前72个小时，42岁的翟志刚迈出了最执着的一步，这一迈凝结着百折不挠的勇气。

从酒泉的航天发射场脐带塔进入飞船，这位神七乘组指令长这一步，记录了中国航天员大队成立10年的发展历程，记录了他和13名战友刻苦训练近3900个日日夜夜的艰辛与汗水，记录了他神五、神六两次入选梯队、两次止步飞船的遗憾。

这一步是执着的胜利，是坚持的结果。翟志刚，胸怀大志，意志如钢。

时光回溯，此前26个小时，身着国产“飞天”舱外航天服的翟志刚迈出了最具挑战的一步，这一迈诠释了中华民族探索的新高度。

像43年前完成人类首次太空行走的苏联航天员列昂诺夫一样，翟志刚的这一步并不轻松。在距地343公里的太空轨道上，沉重的舱门、虚报的火警，都不能阻止五星红旗在太空中高高“飘扬”。

在刘伯明、景海鹏的直接协助下，在三千多个参研参试单位的协同下，在数十万人员的共同努力下，翟志刚圆满完成了空间出舱活动，取回固体润滑材料试验装置。

我国从此成为世界上第三个独立掌握空间出舱技术的国家，迈出太空交会对接、建立空间站的下一步，不再遥远。

第十五章　体育新闻的写作

第一节　体育新闻概论

一、体育新闻的含义和分类

（一）体育新闻的含义

体育新闻，是以消息的形式反映有关体育人物和事件的报道，目的是传播人类体育运动、健身活动及其相关的一些信息，张扬人类向自身的极限挑战、不断战胜自我、超越自我、追求自身的至善至美的一种人文精神。

从体育新闻的活动范围来看，它既从属于新闻事业，又与体育事业密切联系，因此体育新闻的特征必然是在与这两者的交叉与互动中形成，在恪守新闻原则，客观地反映体育事实，遵循大众传播规律的基础上，逐渐形成了自身区别其他新闻传播活动的显著的特征与标志。

（二）体育新闻的分类

1. 综合新闻

综合新闻即全貌性地综合反映某一时间或某一阶段、某一类别、某一范围的体育运动的报道。

2. 比赛新闻

比赛新闻即反映体育竞技运动情况的报道。

3. 人物新闻

人物新闻即反映人们普遍关注的体育运动优秀人物的报道。

4. 会议新闻

会议新闻即有关体育方面重要或有特点的为人们普遍关心的会议的报道。

二、体育新闻的写作指导

（一）体育新闻的写作特点

1. 时效性特别强

体育新闻，特别是其中最重要的一支——赛事新闻，时效性特别强。一般而言，体育赛事的结果发生在何事、何地都是事先预定的，人们在赛事开始以前就已经期待着结果的发生，而且伴随着强烈的情感倾向。比赛一结束，新闻界必须马上向受众提供比赛的结果。

2. 类型最为丰富

体育新闻可分为动态和静态两大类。报道赛事的属于动态新闻，其他的大多属静态新闻。在这两大类中，具体的类型不可胜数。

3. 以表现力量和竞争精神给人以美感

人们阅读体育新闻，特别是赛事新闻，在获得信息的同时，都会有一种精神快感，也就是美感。

（二）体育新闻的写作要求

1. 学会预测与分析

科学、准确地预测报道往往令人拍案叫绝。一般来说，在重大的运动会或某些重要比赛之前，读者需要对比赛进行预测。这要求记者在写作中能总体上把握赛事的情况，根据历史的与新近的情况，分析各队的实力，对比赛的结果进行分析、估计。

这类报道，难度大，风险大，对读者的吸引力大，对记者也是一种挑战。

2. 在深度上做文章

报刊体育新闻写作所追求的“制高点”就是：能从深度上来做文章，从分析体育现场入手，揭示体育运动深层的规律。

3. 把握情趣与理趣

体育新闻写作应该跳出程序化、模式化报道，表现出体育新闻的情趣与理趣。

在体育新闻的写作中，只有记者全身心地投入体育运动中去，才能体察到那份运动中特有的情趣，并用饱含深情的文字表达出来。体育新闻动人的关键就在于此。体育新闻的情趣还表现在语言幽默、富于人情味等方面。

体育新闻的理趣，又是体育新闻写作另一方面的要求。理是事物的内在联系、本质，是含在个别中具有普遍性的东西。理是深层的，无法直接由感官来把握，而需要透过可被直接感知的事与理，经过开掘、分析、研究才能认识。因此有理趣的体育新闻多给人以思想的启迪。

第二节　体育新闻的写作范例

一、综合新闻

【范例】

中国军团取境外参加奥运最好成绩　突破亮点多

中新网伦敦8月12日电（记者　刘通）持续十六天的伦敦奥运会即将落幕。今日，中国代表团召开发布会，总结了本届奥运上中国军团的总体表现。

截至目前，中国队共获得38枚金牌、27枚银牌、23枚铜牌，奖牌总数88枚，排名金牌榜第二、奖牌榜第二。其中，中国选手打破6项世界纪录和6项奥运会纪录。这也是中国代表团在境外参加奥运会的最好成绩。

据中国代表团团长刘鹏介绍，中国队共在11大项中获得金牌，17大项、73小项上获得奖牌。整体项目结构有所优化。

传统优势项目发挥正常。乒羽、跳水、体操、举重等传统强项贡献27枚金牌，占金牌总数71%。乒球继北京奥运后再次包揽四金，羽球首次包揽五金。

潜优势项目取得新进展。帆船、击剑、拳击、跆拳道等项目共取得5金7银6铜。特别是基础大项游泳和田径取得明显进步，共取得6金2银7铜，占金牌总数的16%。

伦敦奥运会上，中国代表团取得了众多突破。有8个项目首次获得奥运会金牌、17个项目首次获得奥运会奖牌。刘鹏指出，这反映出中国竞技体育在项目结构调整、均衡发展上取得了成效。他同时称赞了帆船运动员徐莉佳、男子花剑运动员雷声、男子游泳运动员孙杨等人的表现。

此外，中国队“新老交替，以新为主”的队伍也经受住了考验。刘鹏称，代表团中有62%运动员是第一次参加奥运。在目前获得的金牌中，有23枚是由首次参赛的年轻选手取得。此外，还有11位雅典和北京奥运会冠军蝉联金牌。

“他们展现出了良好的作风，已经成为中国竞技体育新生力量。”刘鹏表示。

（中新网　2012年8月12日）

二、体育比赛新闻

【范例】

佩拉尔塔独中两元　墨西哥2∶1首夺金牌

北京时间8月11日晚22时，2012年伦敦奥运会男足决赛，在温布利大球场，夺冠大热巴西1∶2不敌墨西哥，眼睁睁看着对手拿到历史上首块奥运足球金牌。比赛中，墨西哥前锋佩拉尔塔表现抢眼，上下半场各入一球，一人包办球队的两个进球。巴西前锋胡尔克最后时刻扳回一球。

两队此前都未曾染指过这面分量颇重的金牌。桑巴军团即便五度夺得世界杯，但是他们此前两度（1984年洛杉矶、1988年汉城）打入奥运决赛却两次都只收获了银牌。而此前奥运会男足成绩最好仅为第四名（1968年墨西哥城）的墨西哥队已经创造了历史，但是他们还肩负着为墨西哥代表团在伦敦奥运会上实现金牌零的突破的重任。

虽然这还是两个国家的男足队伍在奥运会上的首度交锋，但是作为两个中北美和南美地区的佼佼者，两队交手机会很多。在国际A级赛事中共有37次碰面，其中巴西21胜6平10负，进69球失36球占据上风。不过，双方在各级别赛事的决赛中有5次碰面，墨西哥竟然保持不败。最值得激动的当属1999年联合会杯决赛中，4∶3击败巴西夺冠以及2005年U17世界杯决赛上，3∶0大胜巴西捧杯。赛前，墨西哥方面传来噩耗。核心多斯－桑托斯肌肉撕裂铁定无缘决赛。在奥运会前的热身赛上，墨西哥正是凭借桑托斯的出色发挥，2∶0爆冷击败过巴西。

巴西沿用了半决赛大胜韩国的新阵，阿莱士－桑德罗继续顶替胡尔克出现在首发名单中，而墨西哥方面则派出了除多斯－桑托斯外的全部主力。

开场仅仅30秒，墨西哥前场左路集体反抢，法比安掐死了拉斐尔往边路的传球线路，曼联边卫不得不回传中路，阿基诺成功判断拉斐尔的传球路线，抢先一脚将球捅给佩拉尔塔，后者得球后在禁区边缘一脚低射攻破加布里埃尔的十指关，1∶0，墨西哥完成闪电进球。

第11分钟，达米昂反身送出半高球，奥斯卡突然前插，墨西哥后卫米尔未能卡住防守位置，好在墨西哥门将科罗纳及时出击将球解围。1分钟后，拉斐尔前插右路突破制造任意球，内马尔将球开至门前，席尔瓦头球冲顶高出。第16分钟，拉斐尔前场拼下机会，罗慕洛突入禁区略显犹豫，他的传中被墨西哥后卫挡出底线。第18分钟，法比安与胡安争顶时遭到对手侵犯，墨西哥获得禁区前任意球机会，恩里克斯的射门打在人墙上。

第20分钟，达米昂左路带球杀入禁区后横敲中路，奥斯卡禁区内转身射门没有打上力量，被站位不错的科罗纳将球稳稳抱住。第31分钟，巴西队进行换人调整，胡尔克登场换下表现不佳的俱乐部队友阿莱士－桑德罗。第35分钟，墨西哥从右路到左路的呈精彩配合，赫雷拉禁区外突施冷箭稍稍偏出。

（略）

第81分钟，墨西哥反击中形成4打4的绝佳机会，佩拉尔塔得球后突入禁区却没有选择横传中路无人盯防法比安，结果他的脚下球被席尔瓦破坏。1分钟后，拉斐尔接胡尔克分球，禁区内扣过雷耶斯的劲射，皮球依然还是打在补位的查韦斯身上出了底线。第83分钟，拉斐尔后场脚后跟传球失误，队友胡安不满曼联边卫处理球太过随意，两人发生口角。随即，巴西队用完最后一个换人名额，卢卡斯换下拉斐尔。墨西哥方面也用希门尼斯换下进球英雄佩拉尔塔。第88分钟，替补登场的韦德里奥拉倒内马尔吃到黄牌。

第90分钟，胡尔克突入禁区一脚低射，皮球从墨西哥门将科罗纳的裆下滚入球门，1∶2，巴西扳回一球。波尔图绿巨人终于打进个人奥运会首个进球。伤停补时阶段，胡尔克右路传中，奥斯卡门前无人盯防的情况下甩头攻门偏出，巴西错失最后扳平机会。最终，巴西1∶2不敌墨西哥，奥运金牌梦破碎，决赛不胜墨西哥的怪圈还在延续。而墨西哥队不但得到了在该国历史上首块奥运足球金牌，而且帮助墨西哥代表团在伦敦奥运会上实现了金牌零的突破。

（搜狐体育　2012年8月11日）

三、体育人物新闻

【范例】

艾弗森称与姚明是好哥们　为打 CBA 已苦练 3 个月

腾讯体育讯　北京时间 9 月 5 日消息，艾弗森将于今年十月前往中国进行巡回比赛，届时广大球迷又可以欣赏到这位巨星的风采。值得一提的是，艾弗森在接受采访时表达了愿意前往 CBA 打球的想法。

在接受采访时，艾弗森的经纪人盖瑞直言。“通常情况下我不会与艾弗森一起来中国，但这次我来了。这是因为中国未来可能会成为艾弗森的新家，并有可能长期留在中国，希望它能学习这里的文化并真正融入日常生活。”

同时盖瑞直言，艾弗森未来的东家必须是一支能够赢球的球队，即 CBA 里的强者，此外他还非常注重当地的文化，因为 AI 也希望像马布里（微博）那样，能够真正的融入中国，而非仅仅只是一个过客。需要指出的是，艾弗森为了能打 CBA，已经认真训练了 3 个月。

值得一提的是，艾弗森认真的表示自己与姚明是“好哥们”，并表示在今天早上他还接到了大姚的问候短信，不过由于时间太紧的缘故，两人之间并没有太多的交流机会。因此，艾弗森希望能在 10 月重返中国的时候，可以坐下来与姚明好好聊一聊。

最后当被问及是否愿意前往姚明的球队，即上海队打球时，艾弗森笑着回答：“这是我的荣幸，如果他们邀请我的话我会认真考虑。”不过随后他补充了一句，“不过首先我想去一支能够赢球的球队。”

根据美媒体的报道，艾弗森如今仍在寻找重返 NBA（微博）的机会，不过若这个愿望无法实现，那么他将考虑前往 CBA 打球。

（腾讯体育　2012 年 9 月 5 日）

四、体育会议新闻

【范例】

青岛群众体育会议召开
确定奥运年是“基础建设年”

2008年全市群众体育工作会议昨天举行，会议在充分肯定2007年我市群体工作的同时，对2008年的全市群体工作提出了更高的要求，确定了以“为了人、依靠人、提高人”为指导方针和“山海本色”为特点的城市体育精神，唱响“全民健身与奥运同行、与全运同行”的主旋律，进一步加强社区（村）健身设施建设，确定全年为健身设施“基础建设”年。

今年我市群体工作将在落实《全民健身计划纲要》二期工程第二阶段任务和《青岛市群众体育工作“十一五”规划》目标，继续加大全民健身工程建设力度，重点抓好青岛市黄金海岸健身长廊、青岛市全民健身中心、市老年体育活动中心、农民健身工程建设。按照规划，投资九千多万元的黄金海岸健身长廊西起团岛角，东至青岛第二中学，延绵43公里；青岛市全民健身中心位于四方区周口路88号，规划总建筑面积16569平方米，总投资5700万元；市老年体育活动中心位于市南区八大峡巫峡路2号，规划占地面积7264平方米，预计需投资1150万元；农民健身工程建设目标是在2009年年底前，确保每个行政村建有一处健身设施，这些设施建成后，将增强我市健身设施布局的合理性和功能的多样性。

会议提出，要紧紧抓住今年是“奥运年”这个有利契机，全力唱响“全民健身与奥运同行、与全运同行”主旋律，以“六大板块”全民健身活动为统领，广泛组织开展方便群众参与、有影响、规模大的群众体育健身活动；完善国民体质三级监测网络，做好“迎奥运、更健康”国民体质监测年活动，使国民体质监测数据成为市民科学健身、合理饮食的主要参考数据；贯彻落实中共中央、国务院《关于加强青少年体育增强青少年体质的意见》，积极推动学校体育场馆向公众开放，为体育传统校培训教师骨干；加强群众体育骨干队伍建设，为构建和完善全民健身服务体系夯实基础。

（《青岛日报》 2008年3月27日）

第十六章　文化娱乐新闻的写作

第一节　文化娱乐新闻概述

一、文化娱乐新闻的概念

文化，广义指人类在社会实践中所获得的物质、精神的生产能力和创造的物质、精神财富的总和；狭义指精神生产能力和精神产品，包括一切社会意识形式，如自然科学、技术科学、社会意识形态等。有时又专指教育、科学、文学、艺术、卫生、体育等方面的知识与设施；泛指一般知识，包括语文知识。娱乐，即欢乐有趣的活动。

阮籍《咏怀》：“娱乐未终极，白日忽蹉跎。”说明古人已经把娱乐作为有意味的或令人沉迷于其中的活动了。

尽管娱乐只是文化的一小部分，但是它在新闻传播方面，现在几乎跟文化并列。版面少一些的报纸，设一个文娱新闻版，也有设文体版的，把文化和体育放到一块；版面多的就把文化和娱乐分开，各设一到几个版。一般每天都有一版，最少的每周也有一版。

二、文化娱乐新闻的基本要求

尽管在新闻界一直存在着重采访轻写作的倾向，在受众那儿也只把很多新闻报道当做信息“快餐”来看待，但还是没有人敢说做记者写报道不需要一个好笔头。

最初的报纸新闻，在写作上的确没有多少技术，但很快，就有了“导语”和“倒金字塔”。这是新闻作为一种文体区别于其他任何一种文体的独创的写作技术，它使记者一旦掌握，工作起来便如鱼得水。而随着新闻业务的发展，一般消息（短新闻）已不能满足受众的需求，有一定长度的报道（通讯）也成为现代新闻媒介的常规发布手段，记者们在写作文化娱乐新闻时要注意以下几点要求：

1. 不能违背新闻报道的基本原则

新闻写作不像文学写作那样可以随心所欲不受事实的约束，而且由于新闻以传播信息为其基本功能，无论如何创新，都不能违背新闻报道的基本原则。这一点，在文化娱乐新闻的写作上也一样。

2. 要具有可读性

从受众对文化娱乐新闻的要求看，其可读性是摆在相当重要的地位上的。一般的政治新闻、经济新闻、科技新闻枯燥一点，还是可以容忍的，但如果连文化娱乐新闻都不好看，那就让读者太失望了。

3. 文化娱乐新闻要好看

从文化娱乐新闻所传播的内容上看，一般只要选材没问题，好看是比较容易做到的。但是内容好并不就等于好看，好看的新闻离不开规范和用心的写作，这就要求记者们在写作时要多多把握了。

第二节　文化娱乐新闻的写作指导

一、娱乐现场的含义

“娱乐现场”是近年来办得较好的电视文化娱乐新闻栏目，可以通过对该栏目的一些报道的分析，具体掌握电视文化娱乐新闻的采写。

二、广播电视的文化娱乐报道与报纸的文化娱乐报道的共性

广播电视的文化娱乐报道与报纸的文化娱乐报道有很多共同的东西，比如采

访，同样要通过记者招待会和个别访问获得素材，写作也要使用导语、倒金字塔这些技法。

三、文化娱乐新闻与明星绯闻的区别

当今媒体越来越重视媒体的娱乐性能，文化娱乐新闻在媒体的地位日渐突出。但是，现在的趋势是媒体的文化娱乐新闻几乎等同于明星绯闻。每天，无数媒体都整版整版不厌其烦反复炒那么几个明星。文化娱乐仿佛就是脱离思想内容的无聊与浅薄。媒体之所以对明星那些鸡毛蒜皮的小事感兴趣，不外乎就是希望以此来吸引受众占领市场。媒体以为抓住了明星、绯闻就抓住了受众，这其实是对受众兴趣的一个认识误区。受众果真像媒体想象的那样对明星绯闻充满了浓厚兴趣吗？其实不然。对媒体热衷的明星绯闻，许多受众都表现出不满与反感。

四、文化娱乐新闻侵害名誉权的表现方式

①错误地报道他人行为违反社会道德。

②错误地认定他人犯罪或违法。

③贬低他人才能。

④以侮辱性言辞贬损他人人格。

⑤评论语言失当。对于社会公共事务和文化、艺术、学术作品的评论意见与事实分开，致使公众易于把意见误解为事实或者用意见修改事实。

第三节　文化娱乐新闻的写作范例

一、个别采访式娱乐新闻

【范例一】

BIMC 个别采访处孔正阳：为奥运服务让我很自豪

北京奥运会期间，2008 北京国际新闻中心（BIMC）是专门为没有取得国际奥委会注册采访证的记者们提供服务的机构。奥运期间，BIMC 的各项服务工作得到了境内外记者们的积极评价，特别是为那些并不熟悉中国情况的境外记者提供采访联络的 BIMC 个别采访处更是得到了境外记者的高度赞赏。今天，就请跟随记者去认识一下 BIMC 个别采访处的联络负责人孔 × ×，听一听她的奥运故事。

8 月 7 日，十多名来自云南的姑娘正在 BIMC 新闻发布厅的舞台上表演着精彩的拉拉队舞蹈。台下十几家海外媒体记者的闪光灯频繁地闪烁着。演出结束后，姑娘们被外国记者们团团围住。而一旁，一位面露微笑的年轻女孩正忙碌着为记者们进行采访协调。她，就是这场拉拉队表演的协调人，BIMC 个别采访处的负责人之一，孔 × ×。

一个月前，大学毕业不久的孔 × × 还是北京发行集团的一名普通员工。7 月初，年轻的她被抽调到 BIMC 新闻信息服务部下属的个别采访处工作。能干的她很快被提拔为个别采访处联络负责人。

7 月 20 日，孔 × × 接到了一份来自德国、西班牙、美国的 3 家媒体的采访申请，他们希望采访奥运赛场上的拉拉队。联系采访的过程十分顺利。很快，她便带着几位外国记者赶赴河北一个奥运拉拉队的训练基地，成功地进行了采访。

这次的成功让更多的国外记者对奥运拉拉队的采访也感兴趣起来。刚从河北回来没两天，又有十多家国外媒体要求采访奥运拉拉队。但是这一次联系采访却不那么简单了。

孔 × × 说："因为他们拉拉队的工作繁忙，不太方便，我们在尽量不打扰他们工作的情况下进行沟通。因为现在很多拉拉队已经进场馆了，基地管得也挺严了。”

孔××可以如实地把情况向境外媒体反映，抱歉地通知他们采访无法安排，但是她却不想这样做。她开始了新的努力。

无法到基地采访，是否可以把拉拉队请到 BIMC 来呢？经过多次联系和沟通，终于，一支将在奥运场馆巡回演出的云南拉拉队同意前来接受采访。功夫不负有心人，这场让国外媒体记者称赞不已的拉拉队表演和集体采访最终还是成功举行了。孔××看着境外记者忙碌的情景，脸上也露出了微笑。

其实，类似于这样的问题和困难在孔××和她 30 多名个别采访处同事们的工作中有着太多太多。而对于这些困难，孔××也早有心理准备，她说：“之前做好了一切吃苦的准备，因为肯定会比较忙碌，包括个人时间等都做好了准备。来这以后，工作环境各方面都不错，可以让我们投入一切的心思，全身心地为奥运服务。”

经过一段时间的工作，孔××也慢慢地总结出一条工作经验。

孔××说：“我们的工作还是落实得比较细，不能因为一点细节上出问题导致整个采访活动不够完美。落实每张申请单都是一个比较有耐心的过程，只要耐心去沟通就没有问题。”

正是因为孔××和她的同事细致耐心的工作，个别采访处受理的采访申请落实率达到了 90% 以上。境外媒体记者们非常认可他们的工作。俄罗斯新闻社记者康斯坦丁·谢平就给予了孔××和 BIMC 个别采访处非常高的评价。

康斯坦丁·谢平说：“这个女孩当然也包括整个新闻中心为我们国外记者提供的服务水平非常高。毫无疑问他们付出了很大的努力，帮助我们获得需要的信息，同时在工作中我们和中方工作人员也建立很好的关系，加深了相互理解。”

大家都在称赞孔××和个别采访处成绩斐然，但他们承受的压力却鲜为人知。BIMC 新闻信息服务部负责人××女士告诉记者：“大家都抱着一个态度，就是工作比较繁重。工作量这么大确实是出乎预料的。早上工作人员 8 点来钟就进入办公室，中午几乎没有休息，下午一直连着工作，很多同志都是吃完晚饭接着又回来工作。”

尽管如此，孔正阳却并不觉得累。她觉得能为奥运服务是一件很光荣的事。只要看到境外记者满意的笑容，她就又充满了动力。

孔正阳说：“我觉得还可以吧，因为我觉得主要是一种激情吧，现在每天都是开开心心地工作，忙得不亦乐乎。走到哪里，说实话，确实有一种自豪感。”

在我们结束采访的时候，孔正阳的电话又响了起来，一个有关奥运票务中心的采访申请正在等待着她去联络。

【范例二】

×××做客综艺节目

中国娱乐网讯　古典美女×××搞怪扮阿拉蕾，你能想象是什么情景吗？日前，×××受邀录制了收视率攀升的综艺节目《时尚星达人》，节目后台，×××一改往日淑女形象，搞怪地模仿起了日本经典卡通形象阿拉蕾，造型夸张，表情生动，显示出了古典美女俏皮活泼的一面。

可爱的娃娃头搭配夸张的黑框眼镜，当天×××的新造型一亮相就引起大家关注。"你们看我像不像阿拉蕾？"×××风趣地问现场工作人员，大家纷纷点头，回应说很像，而且是古典版的阿拉蕾。日本漫画家鸟山明笔下的机器娃娃阿拉蕾，勇敢活泼，单纯热情，总是戴着标志性的黑框眼镜，很讨人喜欢，×××自己也是个不折不扣的"阿拉蕾迷"，而且还幽默地表示，自己以前头大大的，比现在更像阿拉蕾。

二、戏剧性娱乐新闻

【范例一】

"×××世界巡回演唱会"即将在内地开始

"×××××××世界巡回演唱会"4月19日将在广州天河体育场拉开内地巡演的序幕，记者昨日从主办方获悉，携着香港连开15场的佳绩，×××广州站的门票一周内已卖出7成，目前部分等级的门票已全部售罄。×××的经纪人×××更明确表示，×××下一次个唱最快也要等到××××年。

去年10月，×××在香港连开15场个人演唱会，门票火暴到就连老婆徐濠萦也要不停地帮亲戚朋友找票。这次香港演唱会，×××的尺度十分突破，除了跳芭蕾之外，还穿婚纱扮女人，与女舞伴的性感舞蹈更加是儿童不宜，也引起了不少的争议，但毫无疑问，无论是听觉还是视觉上，这次演唱会都是让人振奋、值得期待的。

即将开始的内地巡演，在制作上同样保持了高水准。广州站作为本次世界巡演内地的首场演出，在整个编排和制作上将不计成本，推陈出新，从开始的华丽伦巴舞到末尾的激情帝王装，本次演唱会导演××巧妙地运用歌舞串连的方式，将“七宗罪”作为整场演出的主线，展现人在不同环境下欲望与希望的交织。将戏剧元素融合到演唱会中，赋予演唱会更多内涵，以极尽奢华的舞台效果，展现出×××与众不同的慑人魅力。

演唱会的精彩看点提前曝光。伴随着《白玫瑰》优美旋律，缓缓地升起到巨大的鸟笼中，×××用温柔的情歌，唱出感情世界中痴心人对爱的无限执着与期望。在一群女子的裙下滑过，以最直接的方式演绎出“裙下之臣”，表现出对心爱女子的爱慕和付出，另外从披金戴银的×××大跳《玛利奥派对》一下转换为身着囚服却跳激情舞蹈的场景，带来极强的视觉冲击和戏剧般的矛盾冲突感。以演为最轻，以傲慢为最重，这样也将演唱会现场气氛不断推向高潮。巧妙地将戏剧所拥有的情节体现在整体编排上，从开始的华丽伦巴舞到末尾的激情帝王装束，似乎也预示着七宗罪之中以饕餮的方式融合到演唱会中，演唱会增加了更多看点。使一场演唱会除了听之外，更多了一个大看头。

【范例二】

×××难忘央视秋晚　成“微博新人”要老友请大餐

中国娱乐网讯　近日，刚刚在××××年中秋晚会上第四度担纲主持的全方位才女×××开通微博，成为一名迟到的“微博新人”。而她织的第一条“围脖”就是与大家分享自己的秋晚感受，而她的粉丝也在短时间内破万，足见其经过大晚会之后又积累了超高人气。

谈到刚刚完成的中秋晚会，×××坦言虽已跟它“亲密接触”四次，但到现在仍然很兴奋，她说：“能够跟那么多好朋友站在全世界都看得到的平台上主持，陪全球华人一起过一个如此重要的节日，是一件值得永远珍惜和难忘的事。最重要的还是谢谢大家的支持和鼓励，希望今后还会有第五次，第六次，更多次陪大家一起过节。”

×××表示自己早听说过微博，但因为一直在拍戏或是忙着筹备主持活动，一直没顾上开。对此她还笑言：“我早就看到身边很多朋友都玩得很起劲，像中秋晚会上遇见的蔡××和林××等人在休息空当都在用微博聊天，所以受大家影响我也得赶紧加入，要不就被他们嘲笑落伍了。”开通没多久，粉丝数就疯涨，这让×××很惊喜，而且她也坦言这样的互动方式很轻松有趣。除了分享自己的心情外，她也不忘跟圈内好友聊天，看到好久不见的林志颖，她也不忘开玩笑要他请客，看来微博俨然已经成为难得相聚的明星们最好的交流地。

第十七章　会议新闻的写作

第一节　会议新闻概述

一、会议新闻的含义

会议新闻，是报道会议上发生或与会议有关的新闻。通常也可把会议新闻理解成是报道会议的新闻。

二、会议新闻的种类

1. 工作会议新闻

工作会议新闻包括各级党、政、军、社会团体研究重大问题和主要工作而召开的全会、常委会、代表会、现场会、规划会、例会，也包括各级各部门召开的年终总结表彰大会、庆功会等。这类新闻要突出会议的主要精神，包括重大举措、重要思路、重大人事变动，新成果、新经验等。

2. 集会新闻

集会新闻包括报告会、团拜会、文艺晚会、纪念会、追悼会、声讨会等。这些会议的内容各不相同，但写法大致相同：它们通常采取单向信息的传播形式，报道会议的主要内容。

3. 新闻发布会的新闻

各行各业的新闻发布人对本地区、本单位、本系统、本阶层的新动态、新成果、新经验进行介绍，对重大活动、重大事件进行解释，往往召开新闻发布会或记者招待会。

第二节　会议新闻写作指导

一、会议新闻的写作要求

1. 抓会议中的重要内容

一般说来，每个会议都有一个或几个中心内容，作为记者在报道会议新闻时，应该从其中心内容入手。

2. 挖掘新闻背后的新闻

就会议新闻来说，会议本身的形式和内容的新闻价值较小，报道意义不大，在这种情况下，记者就不要把眼光盯在会议上，而应该从会议圈子里跳出来，通过会议所提供的新闻线索去挖掘会议新闻背后的新闻。

3. 会场采访和会外采访相结合

作为会场采访和会外采访是相辅相成的，只是工作的侧重点不同而已。会场采访，就是记者在各种会议的会场上进行的采访活动；会外采访是指记者在会场以外进行的采访。

会外采访是会场采访的一种配合和补充，记者们常常运用会外采访的方法来挖掘更多的会议新闻背后的新闻。记者可在会外专访一些会议参加者谈与会议有关的问题、意见、要求、心得体会，以及自己参加会议的情况等，也可以采访会议组织者、工作人员谈会议日程、生活安排等，还可以围绕会议主题采访会外公众的反应。

4. 猎取会场上富有人情味的事件或镜头

会场上某些富有人情味的事件或镜头一旦被记者猎取，这样的报道往往会成为会议报道的“鲜活货”。

二、如何才能抓住会议报道的要点

1. 要对会议的性质分类

任何一个会议都有自己的特定内容和历史定位，要搞好会议报道，最大限度地发掘会议的“含金量”，必须准确把握会议的性质、内容和定位。一般会议分三类：一是集会，如演讲会、报告会、表彰会、纪念会、追悼会、声讨会等；二是工作会议，如研讨会、现场会、例会等；三是记者招待会。这些不同的会议，写作上的要求相应不同。我们报纸上报道的大部分会议属于工作会议，所以，对工作会议一般就应该注重其内容而不是其形式，需要的是从“会海”中捞“活鱼”，从中挖掘最新最有价值的新闻信息，即不求其全，择要而写，这样才能跳出从会议报道会议的框框，跳出会议报道的陈旧模式。而对会议本身，就没有必要直接去反映它。如果要说起这个会议，最多只是附带地提一下消息来源于这次会议。

2. 记者要吃透会议精神

会议上领导报告的内容非常多，初出道的记者往往会觉得这也重要，那也有价值。只有吃透会议精神，才能从中选择最主要的、读者最关心的信息来落笔。现在，记者都有一条线在跑，跑线跑的时间长了，应该知道哪些信息重要，哪些信息老百姓关心。有人说，写会议新闻稿时，站在领导的角度上，体现的是较浓的宣传味，站在老百姓位置上突现的就是新闻性。报纸要让领导与群众双满意，记者在写稿时必须找到两者的结合点。

3. 要善于了解会议的背景

每次会议的召开都有一定的背景，以往这些背景材料往往不受重视。其实，这些背景材料可以帮助记者把会议消息写活。新华社的著名记者郭玲春写的会议消息，往往运用大量的背景材料，而把领导的讲话中的最关键几句用直接引语引出来，点缀在背景材料中，使报道的内容更为深厚，主题更为突出。这样读者读来不觉得沉闷，觉得少了些说教味，多了些亲近感。

第三节　会议新闻的写作范例

一、会场采访新闻

【范例一】

东亚论坛第一会场采访稿

（记者　××）3月21日，第三届大学生东亚论坛在北京大学召开，本届论坛围绕的主题是“东亚，在奥运圣火的照耀下”，论坛主要以“东亚如何在新的历史形势下探索新的发展道路”和“亚洲自身主体意识认同”等问题为讨论核心，组织全国在校本科学生就东亚问题进行研究和讨论，以促进不同学校学生之间的相互学习，打造一个属于本科生的交流平台。

3月30日上午，第三届大学生东亚论坛的代表们在国际关系学院C102会议室进行了分组讨论，讨论的议题为“亚洲的主体意识：历史和现实”的课题和“多元视角追问亚洲认同：差异与共识，想象与实际”。与会代表有来自××大学、北京××学院、外交学院、武汉大学、南开大学等高校的同学，××大学××学院的张××副教授担任本次讨论的点评老师。

首先，来自××大学的张××同学就“东亚主体意识缺失”的问题进行发言，她谈到，处于后现代时期，社会和个人的关系面临着重新的定位，东亚国家应该注意个人的培养，在集体主义的价值观上构建自己的价值观念，通过充实每一个人的社会公德来充实个人的自我存在感，在认同自我的基础上认同他人，在肯定自我的基础上肯定他人，从而做到在构建东亚主体意识的同时包容地接纳优秀外来思想。

接着，来自××学院的侯××也就亚洲认同问题阐述了自己的观点，她指出应该采取合理措施来减少历史问题的消极影响，不能使之成为东亚国家在共同合作发展过程中的瓶颈。

两位同学精彩的发言赢得了在场师生的阵阵掌声，同时也激发了同学们的思考，大家纷纷就东亚文化和主体意识的问题展开了探讨，并向发言者提出了很多有启发性的意见，尤其是对于东亚主体认同和文化认同的关系；东亚经济一体化和文化一体化的关系；传统文化在传承中是否需要变通；儒家思想是否需要随着东北亚发展体制的变化而变化等问题进行了广泛而深刻的讨论。在提问回答环节，参加谈论的代表提出了很多有启发性的问题，大家就东亚问题各抒己见，集思广益；同学们独到的视角、深入的剖析、精辟的诠释，赢得了点评老师张植荣副教授的称赞。正如一位来自南开的代表在评论东亚文化交流时所说的那样“有交流才会有碰撞，有碰撞才会有融合”，同学们在讨论中思想的碰撞，观点的交锋，意见的融合，对将来的学习研究都大有裨益。

之后，××大学的韩国留学生朴××与大家分享了她对东北亚一体化进程中核心文化动力的作用的认识。虽然是韩国留学生，但她流利的汉语，对东亚文化的深入了解，得到了在场老师同学的接连称赞。武汉大学的黄英平同学还从传媒合作的角度剖析了东亚认同的可行途径，她的发言也博得了大家的一致好评。

本次讨论在大家的阵阵掌声中圆满结束。会后，许多与会同学表示通过此次讨论，他们获得了知识，增长了见闻，开阔了视野，感觉受益颇丰，并希望以后还能有机会参加此类活动。

【范例二】

期待盛会再铸辉煌——××市第十次党代会会场内外访谈之一

众多的目光关注盛会，众多的期待迎接盛会，中国共产党××市第×次党代会今天隆重举行。这是×城人民政治生活中的一件大事，理所当然地引起了社会各界的极大关注。昨天大会预备会议召开前后，记者分头在会场内外就此进行了采访。

××商业大厦高级营业员胡××准时来到党代会代表报到处。为了迎接这次盛会，她特地穿上簇新的红衣服，人显得特别精神。她告诉记者，领导叮嘱她，作为行业的代表，一定要在党代会召开的当天穿上工作服，以展现商业服务系统这个群体的风采；并希望这次党代会，能给行业带来更大的发展空间，为社会创造更和谐的创业环境。作为参加会议的代表，她肩负着全市党员的重托，一定会以高度的责任感严肃认真对待这次盛会。她的同行、营业员陈××通过她寄语盛会：希望借这次党代会的东风，促进××市经济取得更快更好的发展，老百姓的日子也能越过越好。

率先在××省实现工业化，是新时期××市人民的历史使命，×城30多万产业工人对此次党代会的召开更是分外关注。来自××钢铁公司的代表刘××非常激动，她说这次大会将为××市未来几年的发展制定宏伟蓝图，对××市率先在全区实现工业化至关重要。作为会议代表，深感责任重大，一定不辱使命，积极献计献策。机械行业退休职工白××对党代会即将选举产生的新一届市委班子充满期待，希望领导们为企业的发展创造更好的天时地利人和，带领全市人民早日实现“十一五”的宏伟目标。

个体经营户、非公经济人士对××市这件政治生活中的大事也充满期待。鑫驰出租车司机李善平说，这次大会召开后，一定会加快××市建设的步伐，改善营运环境，在让市民出行更加便利的同时，进一步优化××市的投资环境。白云市场的业主余××说，希望党代会能为个体私营经济发展带来更新的理念，出台更宽松的政策，让老板们更加发财。

××区××镇××村村民谢松发通过手机告诉记者，村里的农民都说，党代会召开是一件大喜事。他们希望这次会议更关注新农村的村容村貌建设，进一步完善各种公共设施包括文化设施。让农民在物质生活水平提高的同时，也能感受到先进文化的魅力。

市九次党代会以来的这几年是××市教育事业发展状态最好、发展速度最快、教育质量最优秀的时期，教育战线的人士对这次盛会也有不少期望。××县××小学校长韦××、××县中学的副校长廖××认为，这次大会必将作出科学规划，促进××市教育事业持续、快速、健康发展。文化、卫生界人士也心系情牵党代会。市作协副主席、作家韦××希望党代会能以××市丰富的历史文化、民族民间文化、企业文化为基础，抓好规划，突出特色，并加强人才队伍建设，创造出更多的文化精品。市中医院纪委书记吴××、市人民医院院长助理韦××认为，这次党代会的召开将给××市的公共医疗事业带来春风，推动××市进一步加大医疗改革的力度，采取具体措施降低医疗成本，改善医疗条件，提高医疗水平，让老百姓看得起病，看得好病。

这次盛会在××工学院大三学生×××心里更有着别样的期待。他学的是社会工作专业，希望有关部门能够出台更多的政策关注××市的社会工作和社会工作者，培养更多的专业人才为社区工作，使社区得到更健康的发展、社会更和谐。

驻×部队和政法部门的同志也对党代会的召开给予了高度关注。××部队政治部主任×××高兴地说：“近年来，××市发展很快，变化很大，能参加这次大会，心情很激动。”××部队战士××、×××，武警市支队干事××要纷纷表示，这次党代会将吹响柳州市各项事业快速发展的“冲锋号”，地方经济发展得好了，对加强国防建设是很大的支持。××要成为广西工业化示范城市，社会治安、法治环境是个重要环节。××区检察院党组书记、检察长×××希望通过这次党代会，使依法治市、民主法制建设的步伐迈得更大一些，全市人民进一步形成学法、懂法、守法、用法的良好风气。

二、新闻发布会的新闻

【范例一】

××自治区召开劳动模范和先进工作者表彰大会新闻发布会

（记者　××）　9月26日，××自治区劳动模范和先进工作者表彰大会新闻发布会召开。×××介绍了表彰大会有关情况，并就下一步宣传工作作出安排。

9月30日上午，2010年自治区劳动模范和先进工作者表彰大会将在××人民会堂召开，目前各项筹备工作基本就绪。本次表彰大会对于深化“热爱伟大祖国建设美好家园”主题教育，营造劳动光荣、知识崇高、人才宝贵、建设伟大祖国的社会氛围；对于充分发挥劳动模范和先进工作者的模范表率作用，为我区经济社会又好又快发展提供强大的精神动力；对于继续解放思想、坚持改革开放、推动科学发展、促进社会和谐，进一步激励和鼓舞全区各族人民为实现新疆跨越式发展和长治久安而努力奋斗，都具有十分重要的意义。

自治区党委、政府历来高度重视劳动模范和先进工作者评选工作。7月下旬以来，经层层推荐、逐级评审、社会公示、筹委会审定，自治区政府决定授予496人自治区劳动模范和先进工作者荣誉称号，其中劳动模范327名，先进工作者169名，分别占总数的65.93%和34.07%。

本届劳模和先进工作者构成较以往各届更加多元化，分布在各领域和各行业，兼顾城乡、企业、事业单位和党政机关。女性和少数民族均超过分配比例，企业一线职工、农民以及领导干部和企业负责人占有一定比例，私营企业负责人也有一定数量，体现出分布广泛、类别齐全、代表性强的特点。

据了解，从9月20日开始，自治区总工会组织开展了“劳模进校园”、“劳模进企业”、“劳模进社区”活动，自治区各大新闻媒体从9月25日起开辟“劳模风采”栏目，重点宣传一批劳动模范和先进工作者的典型事迹，为表彰大会召开营造了良好的社会氛围。

【范例二】

××市浙商国际商贸城9月27日开业

9月24日，××××东北地区日用商品交易会开幕式暨××市浙商国际商贸城开业庆典新闻发布会在友谊宾馆隆重举行。市服务业委员会主任张×、新抚区常务副区长刘××、抚顺浙商国际商贸城董事长曾××等出席发布会。

浙商国际商贸城的开业，标志着××市商业进入了一个新的发展时代。作为全国商业翘楚的浙商集团，近年来，其服务触角一再延展。××××年，浙商进驻××，兴建了浙商国际商贸城，力求为人们奉献良好的购物环境。××市浙商国际商贸城董事长曾××说，××浙商国际商贸城是星星集团布局东北第一个城市综合体项目。从第一个主力商家入驻到数十家出类拔萃的战略合作伙伴，从第一个商户到今天近8000家商户，这离不开市委、市政府和社会各界的大力支持。××市浙商国际商贸城作为市重点招商引资项目，借助自古繁华的裕民商业圈，自成繁华商业氛围，交通便利。浙商国际商贸城入驻××市，力求让这个商业中心区域得到最大的延续和传承。

在新闻发布会现场，曾××就浙商国际商贸城的产品类别和优势等问题回答了记者的提问，他说：“××市浙商国际商贸城总建规模32万余平方米，其中商业经营面积约26万平方米。拥有日用百货精品馆、红星美凯龙家居生活广场，大商抚顺集团，韩国CGV影院，颐高数码连锁等知名商家，是集购物、批发、展示、商务、办公、居住、娱乐、餐饮、仓储、物流等多功能于一身的大型一站式商贸综合体，涵盖日用百货、家居建材、电子数码、时尚精品、超级卖场、娱乐休闲、金融商务等，是××市首座一站式商贸城。同时，浙商国际商贸城具有环境、交通、大市场和品牌的优势，会为人们带来新的购物理念。”

××市服务业委员会主任张×对东北日用商品交易会暨××市浙商国际商贸城开业表示祝贺，他说，市场是我市的经济命脉、发展根基和动力源泉。开业后的浙商国际商贸城，将成为我市最大的日用品消费品市场，也是我市目前规模最大、影响最广的商品交易集散中心，及展示我市形象与风采、交流与合作的一个重要窗口，对促进我市经济发展，建立并推动与外界的交流合作将起到重要的作用。相信，浙商国际商贸城定会创出“小商品、大集聚”，“大品牌、大市场”的无穷魅力，为××市经济建设和社会发展谱写出更加华美篇章。

【范例三】

政协××省第×届委员会第×次会议
将于明天在××市开幕

××台记者×××、×××、×××报道：昨天上午，省政协×届×次会议新闻发布会宣布：政协××省第×届委员会第×次会议将于××××年1月21日到28日在××市召开。

新闻发布会由省委宣传部×××主持。新闻发布人、省政协×××介绍这次会议的指导思想是：在中共××省委领导下，以邓小平理论和党的基本路线为指导，坚持中国共产党领导的多党合作和政治协商制度，认真贯彻中共××届×中全会和中共××省第×次代表大会精神，突出团结民主两大主题，解放思想，实事求是，开拓创新，与时俱进，组织动员广大政协委员参大政、议大事、积极建言献策，为实现我省今年的发展目标作出新的贡献。这次会议的主要议程有五项：一是听取并审议《政协××省第×届委员会常务委员会工作报告》；二是听取并审议《政协××省第×届委员会常务委员会关于×届×次会议以来提案工作情况的报告》；三是协商讨论《政府工作报告》、两院工作报告及其他报告；四是列席××省第九届人民代表大会第五次会议；五是人事问题。

附 录

中国新闻工作者职业道德准则

(中华全国新闻工作者协会第七届
理事会第二次全体会议2009年11月9日修订)

中国新闻事业是中国特色社会主义事业的重要组成部分。新闻工作者要坚持以马克思列宁主义、毛泽东思想、邓小平理论和“三个代表”重要思想为指导，深入贯彻落实科学发展观，高举旗帜、围绕大局、服务人民、改革创新，贴近实际、贴近生活、贴近群众，用马克思主义新闻观指导新闻实践，学习宣传贯彻党的理论、路线、方针、政策，继承和发扬党的新闻工作优良传统，积极传播社会主义核心价值体系，努力践行社会主义荣辱观，恪守新闻职业道德，自觉承担社会责任，敬业奉献、诚实公正、清正廉洁、团结协作、严守法纪，做到政治强、业务精、纪律严、作风正。

第一条 全心全意为人民服务。要忠于党、忠于祖国、忠于人民，把体现党的主张与反映人民心声统一起来，把坚持正确导向与通达社情民意统一起来，把坚持正面宣传为主与加强和改进舆论监督统一起来，发挥党和政府联系人民群众的桥梁纽带作用。

1. 积极宣传党和政府的重大决策部署，及时传播国内外各领域的信息，满足人民群众日益增长的新闻信息需求，保证人民群众的知情权、参与权、表达权、监督权；

2. 牢固树立群众观点，把人民群众作为报道主体和服务对象，多宣传基层群众的先进典型，多挖掘群众身边的具体事例，多反映平凡人物的工作生活，多运用群众的生动语言，使新闻报道为人民群众喜闻乐见；

3. 积极反映人民群众的正确意见和呼声，批评侵害人民利益的现象和行为，依法保护人民群众的正当权益。

第二条 坚持正确舆论导向。要坚持团结稳定鼓劲、正面宣传为主，唱响主旋律，不断巩固和壮大积极健康向上的舆论。

1. 始终坚持以经济建设为中心，服从服务于改革发展稳定大局不动摇，着力推动科学发展、促进社会和谐；

2. 宣传科学理论、传播先进文化、塑造美好心灵、弘扬社会正气，增强社会责任感，坚决抵制格调低俗、有害人们身心健康的内容；

3. 加强和改进舆论监督，着眼于解决问题、推动工作，坚持准确监督、科学监督、依法监督、建设性监督；

4. 采访报道突发事件要坚持导向正确、及时准确、公开透明，全面客观报道事件动态及处置进程，推动事件的妥善处理，维护社会稳定和人心安定。

第三条 坚持新闻真实性原则。要把真实作为新闻的生命，坚持深入调查研究，报道做到真实、准确、全面、客观。

1. 要通过合法途径和方式获取新闻素材，新闻采访要出示有效的新闻记者证。认真核实新闻信息来源，确保新闻要素及情节准确；

2. 报道新闻不夸大、不缩小、不歪曲事实，不摆布采访报道对象，禁止虚构或制造新闻。刊播新闻报道要署作者的真名；

3. 摘转其他媒体的报道要把好事实关，不刊播违反科学和生活常识的内容；

4. 刊播了失实报道要勇于承担责任，及时更正致歉，消除不良影响。

第四条 发扬优良作风。要树立正确的世界观、人生观、价值观，加强品德修养，提高综合素质，抵制不良风气，接受社会监督。

1. 强化学习意识，养成学习习惯，不断提高政治和业务素质，增强政治意识、大局意识、责任意识，努力成为专家型新闻工作者；

2. 深入基层、贴近群众、体验生活，在深入中了解社情民意，增进与群众的感情；

3. 坚决反对和抵制各种有偿新闻和有偿不闻行为，不利用职业之便谋取不正当利益，不利用新闻报道发泄私愤，不以任何名义索取、接受采访报道对象或利害关系人的财物或其他利益，不向采访报道对象提出工作以外的要求；

4. 尊重新闻同行，反对不正当竞争。尊重他人的著作权益，引用他人的作品要注明出处，反对抄袭和剽窃行为；

5. 严格执行新闻报道与经营活动分开的规定，不以新闻报道形式做任何广告性质的宣传，编辑记者不得从事创收等经营性活动。

第五条 坚持改革创新。要遵循新闻传播规律，提高舆论引导能力，创新观念、创新内容、创新形式、创新方法、创新手段，做到体现时代性、把握规律性、富于创造性。

1. 深入研究不同传播对象的接受习惯和信息需求，主动设置议题，善于因势利导，不断提高舆论引导能力和传播能力；

2. 认真研究传播艺术，利用现代传播手段，采用受众听得懂、易接受的方式，增强新闻报道的亲和力、吸引力、感染力；

3. 善于利用新载体、新技术收集信息、发布新闻，提高时效性，扩大覆盖面。

第六条 遵纪守法。要增强法治观念，遵守宪法和法律法规，遵守党的新闻工作纪律，维护国家利益和安全，保守国家秘密。

1. 严格遵守和正确宣传国家的民族区域自治制度、各民族平等团结和宗教信仰自由政策，维护国家主权和社会稳定；

2. 维护采访报道对象的合法权益，尊重采访报道对象的正当要求，不揭个人隐私，不诽谤他人；

3. 维护未成年人、妇女、老年人和残疾人等特殊人群的合法权益，注意保护其身心健康；

4. 维护司法尊严，依法做好案件报道，不干预依法进行的司法审判活动，在法庭判决前不做定性、定罪的报道和评论；

5. 涉外报道要遵守我国涉外法律、对外政策和我国加入的国际条约。

第七条 促进国际新闻同行的交流与合作。要努力培养世界眼光和国际视野，积极搭建中国与世界交流沟通的桥梁。

1. 在国际交往中维护祖国尊严和国家利益，维护中国新闻工作者的形象；

2. 积极传播中华民族的优秀文化，增进世界各国人民对中华文化的了解；

3. 尊重各国主权、民族传统、宗教信仰和文化多样性，报道各国经济社会发展变化和优秀民族文化；

4. 积极参加有组织开展的与各国媒体和国际（区域）新闻组织的交流合作，增进了解、加深友谊，为推动建设持久和平、共同繁荣的和谐世界多做工作。

附则：对本《准则》，中国记协各级会员单位要结合实际制定相应实施细则，认真组织落实；全国新闻工作者要自觉执行；各级各专业记协要积极宣传和推动，欢迎社会各界监督。